Manu *scripta* *Band 3*

Faksimileausgaben literarischer Handschriften
Herausgegeben von Karl-Heinz Hahn

Dr. Ludwig Reichert Verlag
Wiesbaden 1987

Adalbert Stifter *Die Mappe meines Urgroßvaters*

Faksimileausgabe der Dritten Fassung
Transkription von Alois Hofman

Dr. Ludwig Reichert Verlag
Wiesbaden 1987

Erläuterung zur Transkription

Die Transkription der Dritten Fassung von „Die Mappe meines Urgroßvaters" gibt die Handschrift seiten- und zeilengerecht wieder.

Eine Konkordanz der Paginierung befindet sich am Schluß der Transkription.

Die mit Ziffern versehenen Anmerkungen beziehen sich auf die von Adalbert Stifter in die Zeilen korrigierten Passagen.

Sofortkorrekturen, d. h. von Stifter verworfene und innerhalb der Zeile durch andere Wendungen ersetzte Textstellen werden im fortlaufenden Text der Transkription belassen und kenntlich gemacht, d. h. nicht als Fußnote angezeigt, um eine größtmögliche optische Übereinstimmung von Faksimile und Transkription zu gewährleisten.

Alle Korrekturen von Adalbert Stifter, die im Originalmanuskript am linken bzw. rechten Rand erscheinen, wurden in der Transkription durch Kleinbuchstaben gekennzeichnet und als Marginalien gesetzt.

Folgende Zeichen und Abkürzungen wurden verwendet:

———	/	von Stifter gestrichen
⊢——⊣		von Stifter innerhalb einer Streichung gestrichen
‖	‖	von Stifter in den bereits stehenden Text hineinkorrigiert
[	]	von Stifter aus Versehen ungetilgte Variante
/	/	Stifters Schreibversehen und Flüchtigkeitsfehler, vom Bearbeiter richtiggestellt
×		nicht entzifferte Stelle
aR		am Rand
üdZ		über der Zeile
udZ		unter der Zeile
idZ		in der Zeile
mB		mit Bleistift
mR		mit Rötel
maT		mit anderer Tinte
vfH		von fremder Hand
Hg		Herausgeber bzw. Bearbeiter der Transkription
H		Handschrift – Besonderheit in Stifters Schreibweise
in 2. Var.		in zweiter Variante

Die Handschrift von „Die Mappe meines Urgroßvaters" wird im Stifter-Archiv der Staatsbibliothek der ČSR in Prag unter der Signatur 213 aufbewahrt.

Das Originalmanuskript stand für die Zeit der Reproduktion zur Verfügung.

CIP-Kurztitelaufnahme der Deutschen Bibliothek

Stifter, Adalbert:
Die Mappe meines Urgrossvaters / Adalbert Stifter.
Vorw. von Karl-Heinz Hahn. Kommentar von Alois
Hofman. – Wiesbaden : Reichert
　　(Manu scripta ; Bd. 3)
　　ISBN 3-88226-364-4

NE: Hofman, Alois [Bearb.]; GT
Transkriptions-Bd. – 1987.

Gestaltung: Jochen Busch
Lektor: Marlit Leber
Hersteller: Kathrin Frančik
© 1988 by Edition Leipzig
Ausgabe für Dr. Ludwig Reichert Verlag, Wiesbaden
Printed in the German Democratic Republic

Die Mappe meines Urgroßvaters. Eine Erzählung von Adalbert Stifter. I. Band.

> Dulce est, inter majorum versari habitacula, et veterum dicta factaque recensere memoria.
>
> Egesippus.

1.
Die Alterthümer.

Der lateinische Spruch des seligen nunmehr längst vergessenen Egesippus, den ich hier anführe, ~~spielte~~[1] einmal ~~eine Rolle~~ in einer meiner Schulauszeichnungen [a]~~, und schon aus diesem Grunde, da Ruhm in frühester Jugend wenn auch über nichtssagende Dinge nie vergessen wird, hätte ich mir den Spruch für alle meine Zukunft gemerkt, aber~~ er fiel mir ~~auch nach der Zeit~~ sehr oft ein, wenn ich in den Räumen meines Vaterhauses [b]~~herum ging. Dieses Haus steht mit nicht bedeutenden aber weitläufigen Anbauten auf dem Gelände des großen Waldes, der zwischen Österreich Böhmen und Baiern viele Meilen dahin geht, einst alles Hügelland, das jezt zu seinen beiden Seiten bewohnt wird, bedekt hatte, und noch immer Buchten und Inseln mit Akerbau und Wiesenbau in seine Glieder hinein erdulden muß. In einer solchen Bucht, durch die ein schönes Wasser rinnt, steht das Haus meiner Vorelteren. In ihm sind Dinge und Theile von Dingen vorhanden, die von unsern Vorfahrern stammen, liegen und stehen geblieben, und mit andern jüngeren Gegenständen vermischt und unter sie verräumt worden sind. Wenn ich nun unter diesen Dingen herum ging, und herum suchte, empfand ich wirklich die seltsamliche Freude und das Vergnügen, wovon Egesippus in seinem Spruche sagt. Diese Empfindung hatte ich nicht blos als Kind, sie wuchs mit mir heran, verstärkte sich, und mag Ursache sein, daß ich noch immer alte Sachen gerne um mich habe, und liebe. Da ich selber nun alt zu werden beginne, so denke ich jezt schon oft mit einer Gattung Vorfreude auf jene Zeit hinab, in der mein Enkel oder Urenkel unter meinen Einrichtungen herum gehen wird, die ich jezt neu und für die Ewigkeit gründe, und die, wenn sie an den Enkel oder Urenkel gelangen, erstorben und aus der Zeit gekommen sein werden. Es will mich bedünken, daß das hastige Bauen des Greises, die Störrigkeit, auf seine Sazungen zu halten, und die Gierde, auf den Nachruhm zu lauschen, nur der dunkle ermattende Trieb des alten Herzens sind, das so süsse Leben noch über das Grab hinaus zu verlängern. Aber wie selten ver-~~

a von Bedeutung, und deßhalb habe ich mir ihn gemerkt, und

b allerlei alterthümliche Dinge sah. Da ist in der Erinnerung tief aus dem Nebel der Kindheit herauf eine schwarze Weste, ich

---

1 *üdZ* war mir

2.

~~längert er es; denn die Jugend hat nichts Eiligeres zu thun, als die ausgebleichten¹ und,
wie sie meint, geschmaklosen Einrichtungen der Voreltern zu belächeln, und zu ändern, wie ich
und andere, die Ehrfurcht vor alten Dingen haben, ja täglich sehen können.~~
~~Sonderbar aber ist, daß, wenn ich jezt so zurük denke, welche alten Dinge mir in meiner
Kindheit so viel Freude gemacht haben, es im Grunde nur Trödel ist, der mir in das Gedächtniß
zurük kömmt. Da ist tief im Nebel der Kindheit zurük ein schwarzes Wamms, das so wunderbar war; ich~~
hörte die Leute sagen, daß nun gar kein so unverwüstlicher Levantin mehr gemacht werde, und wie man
diese alten Stoffe ᵃ~~aufbewahren solle.~~ Dann trieb sich unter unsern Spielsachen eine dunkle verwitterte Hutfeder herum, deren Rükgrat geknikt war. Aus den Spänen und Splittern der Holzlaube
blikte einmal eine geschundene blaue Deichsel hervor. Im Garten wucherte unausrottbar die
Angelikawurzel, von der sie² sagten ᵇ~~, daß sie der Doctor gepflanzt habe.~~ Daneben stand ein Baum
mit grauem Stamme, den er auch gesezt haben soll, welcher nur mehr zwei Äste hatte, darauf im
Sommer kleine schwarze Vogelkirschen wuchsen, und davon im Herbste blutrothe Blätter herab fielen. Dann ᶜ~~waren zwei himmelblaue~~ Wagenräderᵈ, die ich als Knabe ~~einmal~~ sauber abzuwaschen
strebte, weil sie von darauf geworfenen Pflügen und Eggen voll Koth geworden waren. ᵉ~~Dann bestand, weil man sagte, daß der Doctor~~ ein vornehmes Fräulein ~~soll~~ geheirathet ‖haben,‖³ ᶠauf der
Diele und in der Scheune ~~noch~~ allerlei den jezigen Bewohnern unbekannter Kram, der wohl nicht
~~aller~~⁴ von ihm herrühren mochte; aber wenn unter die berechtigten Hausdinge etwas Wunderliches gerieth, das niemand erklügeln konnte, sagte man immer: „Das ist vom Doctor".

Es mochte damals, als ich und meine Geschwister noch Kinder waren, viel mehr
Alterthümliches⁵ gegeben haben, wenn wir den Schauer vor so manchem unheimlichen Winkel hätten
überwinden können, der noch ~~bestand~~⁶, und wohin sich seit ᵍ~~Ewigkeit her~~ der Schutt geflüchtet hatte.
Da war zum Beispiele ein hölzerner dunkler Gang zwischen Schüttboden und Dach, in dem eine
Menge urältester Sachen lag; aber schon einige Schritte tief in ihm stand auf einem großen
Untersaze eine goldglänzende heilige Margaretha, die allemal einen so drohenden Schein
gab, so oft wir hinein sahen‖.‖ʰ Dann waren die unentdekten allerhintersten Räume der
Wagenlaube, wo sich verworrene Stangen sträubten,⁷ alternde Strohbünde bauschten,
noch bekannte Federn längst getödteter Hühner staken, tellergroße schwarze Augen aus
den Naben alter Räder glozten, und daneben im Stroh manch tieferes Loch gohr, so schwarz
wie ein Doctorhut. Der Knecht steigerte einmal die Scheu noch mehr, da er sagte, daß man durch
‖die‖⁸ Sachen hindurch in die Haberstelle der Scheune kriechen könne, was von uns wohl bestaunt aber nie ~~gewagt wurde.~~⁹

Das Merkwürdigste für uns Kinder bewahrte die Mutter in der
Finsterniß der ⁱ~~Truhe~~. Da waren Kostbarkeiten, die keinen andern Zwek hatten, als daß
sie immer liegen blieben, und gelegentlich, wenn sie unter die Hände kamen, einige Bemerkungen veranlaßten. Wir Kinder, wenn die Mutter etwas Seltenes in der Truhe suchen ging, waren ~~immer~~¹⁰ dabei, stekten die Köpfe mit hinein, und bekamen ᵏ~~gelegentlich Manches~~ zu sehen. Da war eine Schnur angefaßter rasselnder silberner Gupfknöpfe, ein Bündel Schnallen, langstielige Löffel, eine große silberne Schale, von der die Mutter sagte, daß
der Doctor das Blut der vornehmen Leute in dieselbe gelassen habe, dann waren zwei hornerne Adlerschnäbel, einige Bündel von Goldborden, und anderes, was in der Dunkelheit nur
gleißte, und was wir nicht erkennen konnten; denn die Mutter hatte ˡ~~immer~~ nicht Zeit, und mußte die

---

a beachten
möge.

b : „Die hat
noch der Doctor gepflanzt."

c kamen eines Tages zwei
d zum Vorscheine
e Sie zeigten nun
eine recht schöne
himmelblaue Farbe.
Und weil sie sagten,
daß der Doctor, welcher
einer unserer Vorfahrer war,
f so bestand noch
g Urzeit

h , weßhalb wir
uns nicht weiter
wagten.

i Prunktruhe

k manchmal
etwas *l*

l ~~meistens~~
meistens

---

1 idZ ℣
2 üdZ immer
3 habe,
4 üdZ sämtlich
5 üdZ bei uns
6 üdZ war
7 üdZ sich
8 ‖diese‖ die
9 idZ versucht wurde.
10 üdZ stets

Truhe[a] schnell zumachen. Zuweilen aber, wenn die obere Stube, ~~in der die Gastbetten standen, und die~~ Festkleider hingen, und in welcher sich ~~auch~~ die Truhe befand, einmal gelüftet und [b]~~ausgestaubt~~ wurde, und die Mutter eben bei Laune war, zeigte sie wohl gerne etwas freiwillig entweder einer Nachbarin oder auch uns Kindern, die wir [c]~~immer dabei~~ waren, und erklärte es uns. Sie öffnete hiebei auch gerne die Ahnentafel bürgerlicher Häuser, die auf sich [1]etwas halten, nehmlich den Schrein der Brautkleider, die [d]~~ehemals wie~~ Überbleibsel ~~der heiligen Martirer~~ aufbewahrt wurden. Da zog sie steife ekige Dinge hervor, die in der Sonne spielten, und [e]~~blaß und unbekannt~~ waren. Dann ~~kamen~~[2] sammetne und seidene und goldgefranste Hüllen ‖,‖[3] ~~die knisterten.~~ Von dem Doctor war noch der ganze veilchenfarbene Sammethochzeitsanzug übrig, der viele Schleifen und an dem Rande Goldblümlein hatte. Es waren noch die veilchenfarbenen Strümpfe und die Schnallenschuhe mit den rosenrothen Absäzen ~~da~~, eben so die schwarze goldgeränderte Sammethaube. Von seiner Braut war ein aschgraues Seidengewand mit Goldblumen da, das hinten in einen langen Zipfel endigte ~~, der als Schleppe in dem Arme getragen wurde~~. Aus dem Inneren leuchtete das schwefelgelbe Seidenfutter hervor ‖,‖[4] ~~das an vielen Stellen besonders in der Schleppe sichtbar gemacht werden mußte.~~ Der Brautrok der Großmutter war meßgewandstoffig[5] unbiegsam mit großen Falten und großen Seidenblumen. Sie zog ihn noch zuweilen an hohen Festen wie an Weihnacht am ‖Oster-‖[6] oder Pfingsttage an. Mein Vater hatte ‖an seinem Hochzeitstage‖[7] einen rothbraunen Rok und die Mutter ein feuerlilienfarbenes Seidenkleid[8][f]. Von dem Tuche zu des Vaters Hochzeitsanzuge war viel zu viel gekauft worden, und ich erhielt, als der Vater todt war, und ich in die Abtei in die lateinische Schule mußte, von dem Reste ein Sonntagsröklein, das in seiner Farbe nur immer Hohn und Spott von meinen Mitschülern erndtete ‖,‖[9] ~~obgleich mir mein junges Herz jedes Mal um den todten Vater weh that, so oft ich das Röklein anlegte.~~ Als ich die Mutter fragte, ob mein Hochzeitanzug auch aufbewahrt werden würde, antwortete sie: „Du wirst wahrscheinlich im schwarzen Frake getraut werden, und wenn du ‖in demselben‖[10] ~~nachher Besuche machen, zu deinen Vorgesezten gehen, ‖Bälle besuchen‖[11][g] und dergleichen Dinge thun willst, sondern dir hiezu einen neuen kaufen, und den Brautfrak~~ in diesen Schrein stiften willst, so werden wir ihn aufbewahren, und es sollte auch der Brautanzug deiner [h]Kinder und ihrer Nachkommen hier aufbewahrt werden, vielleicht kömmt einmal eine Zeit, in der wieder keine Frake sind."

    In ‖der Zeit‖[12] vor uns Kindern mochte noch weit mehr ~~Alterthümliches da~~[13] gewesen sein. Ich erinnere mich selber noch recht gut, daß man eines klaren Wintermorgens daran ging, einen ungeheuren kaffehbraunen Schrein, der immer so viel Platz in dem Vorhause eingenommen hatte, und auf dem das eingelegte Wort „Zehrgaden" prangte, mit Äxten zu zerschlagen. Ich weiß noch, daß ich einen großen Schmerz hatte, als der braune Berg vor mir in lauter schnöde Späne zerfiel, die zu meiner Verwunderung im Innern so weiß waren wie die Tannenscheite im Hofe. Lange nachher, bis einmal das Vorhaus geweißt wurde, hatte ich noch eine bittere Empfindung, wenn ich den großen lichteren Mauerflek sah, an dem der Schrein gestanden war.

    Und wie viel mochte ~~noch~~ in ~~unvordenklichen~~[14] Zeiten zerstört worden sein. Wir spielten einmal Wallfahrer[i] ~~, und hatten, nachdem man den alten Kehricht, der in dem Winkel zwischen der Wagenlaube und der Scheune gelegen und zusammen getretten worden war,~~

Mappe 3.

a immer
b gereinigt
c gegenwärtig
d in jener Zeit wie heilige
e verschossen und seltsam

f angehabt

g ~~beiwohnen~~

h Gattin und eurer

i , zogen aus dem zusammengetretenen Kehrichte der Wagenlaube

---

1 üdZ selber
2 üdZ waren allerlei
3 idZ
4 idZ .
5 üdZ und
6 Ostertage
7 bei seiner Hochzeit
8 üdZ ~~an~~
9 idZ .
10 denselben
11 ~~Bällen~~
12 den üdZ Jahren
13 üdZ vorhanden
14 üdZ noch früheren
aR mit Blaustift Sigle vfH

4.

a und befestigten ihn

b Da wir heran wuchsen, erzählte uns die Mutter, daß der ᵐᵃᵀ Doctor unser Urgroßvater gewesen ist. Er heilte viele Meilen in der Runde, und war sonst ein fröhlicher Herr.

c sagte die Mutter nicht, und wir fragten auch nicht darnach.

d Er ist sehr alt geworden, ist dann gestorben, und hat seinem Sohne, unserem Großvater hinterlassen, was er erworben hatte.

e ~~Kriegsläufte.~~ noch

d Wir wußten nicht, was das war; aber in dem innersten schönen Zimmer des Hauses standen noch Geräthe von dem Doctor. Der Vater las in diesem Zimmer gerne in einem alten Handschriftenbuche desselben, und der Großvater erzählte uns dort von ihm.

Wenn er an einem Winterabende, da es draußen recht ~~wi~~ kalt war, und der Mondschein in den gefrierenden Fensterscheiben glizzerte

f sprach

~~bis auf den Grund weggeführt hatte, aus den Resten des Grundes~~ einen Seidenlappen hervor ~~gezogen, und~~ ᵃihn als Fähnlein auf ‖einen‖¹ langen ²Stok ~~gehängt. Der Lappen mochte zu einem Kleide gehört haben, das einmal die Glieder eines lieben Weibes bedekt hat.~~ Da wir genugsam gepilgert hatten, legten wir den Lappen in das Gras, strichen an ihm ~~, dessen Farbe nicht mehr zu erkennen war,~~ mit den Fingern hin, und sangen dazu: „Margaretha, Margaretha"; denn die Mutter hatte uns erzählt, daß die Frau des Doctors Margaretha geheißen habe. Wir sangen: „Margaretha, Margaretha", bis wir uns selber vor dem Lappen fürchteten.

ᵇ³‖~~Der Doctor war der Urgroßvater von uns Kindern gewesen.~~‖ ~~Er war unser vornehmster und reichster Ahn. Er war in einem großen Kreise ein weitberühmter Heilkünstler, sonst, wie man meinte, ein eulenspiegliger Herr, und, wie sie sagen, in manchen Dingen ein Kezer.~~ Das alles ist er ~~auf~~⁴ der hohen Schule zu Prag geworden, von wo er aber, da er kaum den neuen Doctorhut auf hatte, wie er selber sagte, gleich einem geschnellten Pfeile fortschießen mußte, um sein Heil in der Welt zu suchen. ~~Die Ursache,~~ ‖warum‖⁵ er so schnell fort gemußt hatte, ᶜ~~wußten wir nicht. Der Großvater der Sohn des Doctors hat sie nicht erzählt, der Vater hat auch nicht davon gesprochen, und wir Kinder fragten nicht darnach. Welche sie aber auch immer gewesen sein mochte, so hat sie ihn doch endlich in die Waldeinsamkeit seiner Heimat geführt, wo er dann viele Meilen in der Runde heilte.~~ Es sind jezt noch nicht viele Jahre vergangen, daß noch eine große Anzahl Stimmen ~~des Thales von ihm redeten, und da ich ein Knabe war,~~⁶ lebten noch die Greise, die ihn gekannt, und mit seinen zwei großen Rappen herum fahren gesehen hatten.⁷

ᵈ~~Da er sehr alt und wohlhabend geworden war, ging er auch den Weg, den die gegangen waren, deren Übel oder deren Alter er nicht zu heben vermocht hatte, und er hinterließ unserem Großvater Ersparnisse und Fahrnisse. Die Ersparnisse sind zuerst fortgekommen, und zwar zumeist durch schlechte Schuldner und~~ ᵉ|Soldatengeschichten.| ~~Von den Fahrnissen ist der Thierstand geändert worden, Hausrath aber ist über geblieben. Die Bruchstüke von Stimmen der Leute in unserem Thale und in der ganzen Gegend über die Art und Weise des Doctors wurden immer kleiner, und wie Eisstüke, welche in einem warmen Strome hinab schwimmen, immer kleiner werden, bis der Strom allein geht, so minderten sich diese Bruchstüke, bis der Strom der ländlichen Überlieferungen für sich so fort ging, und der Name unsers Doctors nicht mehr in ihm war.~~

~~In unserem Hause aber lebte dieser Name noch fort. Der Vater ließ von des Doctors Habschaften,⁸ so weit sie noch da waren, nichts verrüken, und las öfter in einem alten Handschriftenbuche desselben. Die Geräthe des Doctors standen zumeist in dem inneren Zimmer, in welchem der Vater sich hauptsächlich aufhielt, und da wir Kinder sehr häufig zu ihm hinein durften, so lebten wir uns in diese Dinge wie in ein verjährtes Bilderbuch hinein, dazu der Großvater die Auslegung wußte, und sagte. Der Großvater war der eigentlichste und lebendigste Lebensbeschreiber seines Vaters des Doctors.~~

~~Oft, besonders an Winterabenden, kam er gerne in die Stube zu uns herüber, in welcher die Doctordinge standen. Und wenn er nun zwischen diesen Denkmalen nieder saß, und in dem Buche seiner Jugend nachsann, dessen Zeichen jezt nur mehr Gesichtsrunzeln und weiße Haare waren, und wenn~~ er von den Thaten und Abenteuern des Doctors ᶠ~~erzählte,~~ von seiner Furchtlosigkeit bei Tag und Nacht, in Wald und auf Haiden, ~~wenn~~⁹ er so zu seinen Kranken fuhr,¹⁰ wie er Scherze und

---

1 einem
2 üdZ Stabe
3 idZ ~~Doctor unser Urgroßvater gewesen ist~~
4 üdZ in
5 Warum
6 üdZ Es
7 idZ ᵐᵃᵀ Auch redeten noch viele Leute von ihm.
8 idZ ~~nichts~~
9 üdZ wie
10 üdZ und

ᵃS̶c̶h̶n̶u̶r̶r̶e̶n̶ ̶t̶r̶i̶e̶b̶, wie er Arzneigläser hatte, die roth und blauᵇ glänzten wie Karfunkel und Edelstein, wie er Macht hatte über die Dinge auf der Erde und in der Luft, und wenn nun Geräthe in der Geschichte vorkamen, die j̶e̶z̶t̶ noch l̶e̶i̶b̶h̶a̶f̶t̶i̶g̶ vor uns standen, bald, w̶e̶i̶l̶¹ es in einem derselben in einem bedeutungsvollen Augenblike krachte, bald, w̶e̶i̶l̶² ein Glas auf dem Simse ᶜs̶e̶i̶n̶e̶n̶ ̶P̶l̶a̶z̶ ̶w̶e̶c̶h̶s̶e̶l̶t̶e̶,̶ ̶d̶a̶ ̶e̶i̶n̶e̶ ̶b̶ö̶s̶e̶ ̶u̶n̶s̶i̶c̶h̶t̶b̶a̶r̶e̶ ̶M̶a̶c̶h̶t̶ dem Doctor schaden wollte, was dieser aber immer wußte u̶n̶d̶ ̶v̶e̶r̶e̶i̶t̶e̶l̶t̶e̶, bald, w̶e̶i̶l̶³ auf einem derselben ein schwer Verwundeter ächzte, wie ihm der Doctor den Körper wieder fügte, den ein Waldbaum gänzlich auseinander geschlagen hatte, bald, w̶e̶i̶l̶⁴ in einem Fache ᵈv̶o̶n̶ ̶e̶i̶n̶e̶m̶ ̶d̶e̶r̶s̶e̶l̶b̶e̶n̶ ̶e̶i̶n̶ ̶u̶n̶e̶r̶g̶r̶ü̶n̶d̶l̶i̶c̶h̶e̶s̶ ̶G̶e̶h̶e̶i̶m̶n̶i̶ß̶ ̶d̶e̶r̶ ̶A̶r̶z̶n̶e̶i̶k̶u̶n̶d̶e̶ ̶v̶e̶r̶b̶o̶r̶g̶e̶n̶ ̶w̶a̶r̶,̶ ̶w̶e̶n̶n̶ ̶d̶i̶e̶s̶e̶s̶ ̶e̶r̶z̶ä̶h̶l̶t̶ ̶w̶u̶r̶d̶e̶,̶ ̶s̶o̶ ̶e̶r̶g̶o̶ß̶ ̶s̶i̶c̶h̶ ̶e̶i̶n̶e̶ ̶u̶n̶s̶ä̶g̶l̶i̶c̶h̶e̶ ̶B̶e̶d̶e̶u̶t̶u̶n̶g̶ ̶u̶n̶d̶ ̶Z̶a̶u̶b̶e̶r̶e̶i̶ ̶u̶m̶ ̶d̶i̶e̶ ̶v̶e̶r̶a̶l̶t̶e̶t̶e̶n̶ ̶G̶e̶s̶t̶a̶l̶t̶e̶n̶,̶ ̶d̶i̶e̶ ̶d̶a̶ ̶s̶t̶a̶n̶d̶e̶n̶,̶ ̶n̶e̶b̶e̶n̶ ̶d̶e̶r̶ ̶T̶h̶ü̶r̶ ̶e̶i̶n̶ ̶S̶c̶h̶r̶a̶n̶k̶ ̶h̶o̶c̶h̶ ̶u̶n̶d̶ ̶d̶ü̶n̶n̶ ̶w̶i̶e̶ ̶R̶i̶t̶t̶e̶r̶f̶r̶ä̶u̶l̶e̶i̶n̶,̶ ̶w̶e̶n̶n̶ ̶s̶i̶e̶ ̶e̶i̶n̶ ̶G̶e̶w̶a̶n̶d̶ ̶a̶n̶h̶a̶b̶e̶n̶,̶ ̶d̶a̶s̶ ̶g̶l̶e̶i̶c̶h̶ ̶m̶i̶t̶ ̶s̶c̶h̶l̶i̶c̶h̶t̶e̶n̶ ̶F̶a̶l̶t̶e̶n̶ ̶v̶o̶n̶ ̶d̶e̶n̶ ̶H̶ü̶f̶t̶e̶n̶ ̶n̶i̶e̶d̶e̶r̶ ̶f̶ä̶l̶l̶t̶,̶ ̶u̶n̶d̶ ̶a̶n̶ ̶d̶e̶m̶ ̶e̶i̶n̶e̶ ̶T̶a̶s̶c̶h̶e̶ ̶h̶ä̶n̶g̶t̶, er gleißte im Kerzenlichte, und warf einen e̶n̶t̶s̶c̶h̶i̶e̶d̶e̶n̶e̶n̶⁵ Schatten, u̶n̶d̶ ̶w̶i̶r̶ ̶s̶a̶h̶e̶n̶⁶, daß jezt Dinge o̶b̶e̶n̶ auf ihm stehen, die am Tage gar nicht a̶u̶f̶ ̶i̶h̶m̶⁷ gestanden waren, dann d̶e̶r̶ ̶A̶r̶z̶n̶e̶i̶s̶c̶h̶r̶a̶g̶e̶n̶ an der gegenüberstehenden Wand [,] ᵉd̶e̶r̶ ̶h̶e̶i̶m̶l̶i̶c̶h̶ immer leuchtender wurde, der Ahorntisch mit dem eingelegten perlenmutternem Osterlamme, die Uhr mit der Spizhaube, der lange Lederpolster auf der Ofenbank, der mit Bärentazen wie mit lebendigen griff, dann die Stühle, welche Füsse hatten, als wären lauter Kugeln angefaßt, und endlich vorne gleich neben dem Fenster mit bleichen Tropfen und Streifen des herein scheinenden Mondes ᶠbetupft das Schreibgerüste, vielfächrig, vielgliedrig, mit emsig /ausgearbeiteten/⁸ Geländer und Füssen, darauf geschnizte Frösche und Eidechsen und Gewürm krochen, die Schreibplatte überwölbt von einem hölzernen Himmel wie von einem Herdmantel, auf dem ein ausgestopfter Balg saß, den ᵍw̶i̶r̶ ̶n̶i̶c̶h̶t̶ ̶k̶a̶n̶n̶t̶e̶n̶,̶ ̶u̶n̶d̶ ̶d̶e̶n̶ ̶w̶i̶r̶ ̶j̶e̶d̶e̶s̶ ̶A̶b̶e̶n̶d̶s̶ ̶f̶ü̶r̶c̶h̶t̶e̶t̶e̶n̶,̶ ̶u̶n̶d̶ |gleich|⁹ n̶e̶b̶e̶n̶ ̶d̶e̶m̶ ̶S̶c̶h̶r̶e̶i̶b̶g̶e̶r̶ü̶s̶t̶e̶ ̶d̶e̶r̶ ̶M̶o̶n̶d̶e̶n̶g̶l̶a̶n̶z̶ ̶i̶n̶ ̶d̶e̶m̶ ̶F̶e̶n̶s̶t̶e̶r̶,̶ ̶d̶e̶r̶ ̶i̶n̶ ̶d̶e̶r̶ ̶s̶c̶h̶a̶r̶f̶e̶n̶ ̶t̶a̶g̶h̶e̶l̶l̶e̶n̶ ̶W̶i̶n̶t̶e̶r̶n̶a̶c̶h̶t̶ ̶i̶n̶ ̶d̶e̶n̶ ̶E̶k̶e̶n̶ ̶d̶e̶r̶ ̶g̶e̶f̶r̶i̶e̶r̶e̶n̶d̶e̶n̶ ̶S̶c̶h̶e̶i̶b̶e̶n̶ ̶s̶t̶a̶r̶r̶t̶e̶,̶ ̶u̶n̶d̶ ̶w̶e̶n̶n̶ ̶n̶u̶n̶ ̶d̶e̶r̶ ̶V̶a̶t̶e̶r̶,̶ ̶w̶e̶l̶c̶h̶e̶r̶ ̶d̶e̶r̶ ̶e̶i̶n̶z̶i̶g̶e̶ ̶H̶o̶r̶t̶ ̶g̶e̶g̶e̶n̶ ̶u̶n̶s̶i̶c̶h̶t̶b̶a̶r̶e̶ ̶M̶ä̶c̶h̶t̶e̶ ̶w̶a̶r̶,̶ ̶w̶e̶i̶l̶ ̶e̶r̶ ̶n̶i̶c̶h̶t̶ ̶d̶a̶r̶a̶n̶ ̶g̶l̶a̶u̶b̶t̶e̶,̶ ̶u̶n̶d̶ ̶s̶i̶e̶ ̶n̶i̶c̶h̶t̶ ̶f̶ü̶r̶c̶h̶t̶e̶t̶e̶,̶ ̶s̶e̶h̶r̶ ̶v̶e̶r̶t̶i̶e̶f̶t̶ ̶i̶n̶ ̶e̶i̶n̶e̶m̶ ̶B̶u̶c̶h̶e̶ ̶l̶a̶s̶,̶ ̶o̶d̶e̶r̶ ̶g̶a̶r̶ ̶i̶n̶ ̶d̶e̶r̶ ̶O̶f̶e̶n̶e̶k̶e̶ ̶e̶i̶n̶g̶e̶s̶c̶h̶l̶a̶f̶e̶n̶ ̶w̶a̶r̶,̶ ̶s̶o̶ ̶w̶e̶h̶t̶e̶ ̶e̶i̶n̶ ̶s̶o̶l̶c̶h̶e̶s̶ ̶G̶e̶i̶s̶t̶e̶r̶f̶i̶e̶b̶e̶r̶ ̶i̶n̶ ̶d̶e̶r̶ ̶S̶t̶u̶b̶e̶,̶ ̶e̶s̶ ̶h̶a̶t̶t̶e̶ ̶s̶e̶l̶b̶s̶t̶ ̶d̶i̶e̶ ̶M̶u̶t̶t̶e̶r̶ ̶s̶o̶ ̶e̶r̶g̶r̶i̶f̶f̶e̶n̶,̶ ̶u̶n̶d̶ ̶w̶a̶r̶ ̶ü̶b̶e̶r̶ ̶d̶i̶e̶ ̶M̶ä̶g̶d̶e̶ ̶h̶i̶n̶a̶u̶s̶ ̶g̶e̶k̶o̶m̶m̶e̶n̶,̶ ̶d̶i̶e̶ ̶i̶n̶ ̶d̶e̶r̶ ̶g̶r̶o̶ß̶e̶n̶ ̶K̶ü̶c̶h̶e̶n̶s̶t̶u̶b̶e̶ ̶d̶a̶n̶e̶b̶e̶n̶ ̶g̶e̶r̶n̶e̶ ̶s̶a̶ß̶e̶n̶ ̶u̶n̶d̶ ̶s̶p̶a̶n̶n̶e̶n̶ ̶u̶n̶d̶ |hinein|¹⁰ h̶o̶r̶c̶h̶t̶e̶n̶,̶ ̶d̶a̶ß̶,̶ ̶w̶e̶n̶n̶ ̶j̶e̶z̶t̶ ̶j̶e̶m̶a̶n̶d̶ ̶a̶m̶ ̶ä̶u̶ß̶e̶r̶e̶n̶ ̶T̶h̶o̶r̶e̶ ̶g̶e̶k̶l̶o̶p̶f̶t̶ ̶h̶ä̶t̶t̶e̶,̶ ̶e̶s̶ ̶u̶n̶m̶ö̶g̶l̶i̶c̶h̶ ̶g̶e̶w̶e̶s̶e̶n̶ ̶w̶ä̶r̶e̶,̶ ̶s̶i̶c̶h̶ ̶e̶i̶n̶ ̶K̶ö̶n̶i̶g̶r̶e̶i̶c̶h̶ ̶z̶u̶ ̶v̶e̶r̶d̶i̶e̶n̶e̶n̶,̶ ̶b̶l̶o̶s̶ ̶d̶a̶d̶u̶r̶c̶h̶,̶ ̶d̶a̶ß̶ ̶e̶i̶n̶e̶s̶ ̶h̶i̶n̶a̶u̶s̶ ̶g̶e̶h̶e̶,̶ ̶u̶n̶d̶ ̶s̶c̶h̶a̶u̶e̶,̶ ̶w̶e̶r̶ ̶e̶s̶ ̶s̶e̶i̶.̶

Als ich einmal ʰs̶a̶g̶t̶e̶,̶ ̶d̶a̶ß̶ ̶j̶e̶z̶t̶ der Vater, wenn er in der Nacht von einer Reise zurük komme, und später k̶o̶m̶m̶e̶¹¹, als ihn die Mutter erwartete, nur von schlechten Wegen oder vom Regen aufgehalten worden sei, antwortete Ursula die Großmutter: „Ich habe meinen Schwiegervater den Doctor, d̶e̶r̶ ̶u̶n̶e̶r̶h̶ö̶r̶t̶e̶ ̶D̶i̶n̶g̶e̶ ̶e̶r̶l̶e̶b̶t̶ ̶h̶a̶t̶, selber sagen gehört: Alles nimmt auf der Welt ab, der Vogel in der Luft und der Fisch im Wasser. [Und] ⁱes ist wahr, was er gesagt hat, und ich habe es selber erlebt. W̶e̶n̶n̶ ̶e̶s̶ ̶s̶o̶n̶s̶t̶ ̶i̶n̶ ̶d̶e̶n̶ ̶G̶l̶o̶k̶g̶r̶ü̶n̶d̶e̶n̶ ̶v̶o̶n̶ ̶K̶i̶b̶i̶z̶e̶n̶ ̶w̶i̶m̶m̶e̶l̶t̶e̶,̶ ̶d̶a̶ß̶ ̶w̶i̶r̶ ̶s̶i̶e̶ ̶f̶a̶s̶t̶ ̶m̶i̶t̶ ̶d̶e̶r̶ ̶H̶a̶n̶d̶ ̶h̶a̶s̶c̶h̶e̶n̶ ̶k̶o̶n̶n̶t̶e̶n̶,̶ ̶s̶o̶ ̶w̶i̶r̶d̶ ̶j̶e̶z̶t̶ ̶s̶e̶l̶t̶e̶n̶ ̶e̶i̶n̶e̶ ̶F̶e̶d̶e̶r̶ ̶o̶d̶e̶r̶ ̶e̶i̶n̶ ̶F̶u̶ß̶t̶r̶i̶t̶ ̶v̶o̶n̶ ̶i̶h̶n̶e̶n̶ ̶d̶o̶r̶t̶ ̶g̶e̶s̶e̶h̶e̶n̶.̶ ̶D̶i̶e̶ ̶K̶r̶e̶b̶s̶e̶ ̶k̶o̶n̶n̶t̶e̶ ̶m̶a̶n̶ ̶a̶u̶s̶ ̶d̶e̶m̶ ̶H̶i̶n̶t̶e̶r̶h̶a̶m̶m̶e̶r̶b̶a̶c̶h̶e̶ ̶m̶i̶t̶ ̶d̶e̶m̶ ̶N̶e̶z̶e̶ ̶h̶e̶r̶a̶u̶s̶ ̶s̶c̶h̶ö̶p̶f̶e̶n̶;̶ ̶j̶e̶z̶t̶ ̶m̶ü̶ß̶t̶ ̶i̶h̶r̶ ̶s̶i̶e̶ ̶k̶u̶n̶s̶t̶r̶e̶i̶c̶h̶ ̶f̶a̶n̶g̶e̶n̶.̶ ̶D̶i̶e̶ ̶G̶e̶i̶s̶t̶e̶r̶ ̶n̶a̶h̶m̶e̶n̶ ̶a̶u̶c̶h̶ ̶a̶b̶.̶ ̶W̶e̶n̶n̶ ̶m̶a̶n̶ ̶s̶o̶n̶s̶t̶ ̶i̶n̶ ̶d̶e̶n̶ ̶L̶o̶o̶s̶n̶ä̶c̶h̶t̶e̶n̶ ̶o̶d̶e̶r̶ ̶R̶a̶u̶h̶n̶ä̶c̶h̶t̶e̶n̶ ̶a̶u̶s̶ ̶d̶e̶n̶ ̶P̶f̶i̶n̶g̶s̶t̶g̶r̶ä̶b̶e̶n̶ ̶o̶d̶e̶r̶ ̶d̶e̶r̶ ̶H̶a̶m̶m̶e̶r̶a̶u̶ ̶d̶e̶u̶t̶l̶i̶c̶h̶ ̶e̶i̶n̶ ̶W̶e̶i̶n̶e̶n̶ ̶o̶d̶e̶r̶ ̶R̶u̶f̶e̶n̶ ̶g̶e̶h̶ö̶r̶t̶ ̶h̶a̶t̶,̶ ̶i̶s̶t̶ ̶j̶e̶z̶t̶ ̶a̶l̶l̶e̶s̶ ̶s̶t̶i̶l̶l̶,̶ ̶h̶ö̶c̶h̶s̶t̶e̶n̶s̶,̶ ̶d̶a̶ß̶ ̶m̶a̶n̶ ̶e̶i̶n̶ ̶I̶r̶r̶l̶i̶c̶h̶t̶ ̶a̶u̶f̶ ̶d̶e̶n̶ ̶M̶o̶o̶s̶w̶i̶e̶s̶e̶n̶ ̶s̶i̶e̶h̶t̶,̶ ̶o̶d̶e̶r̶ ̶d̶a̶ß̶ ̶d̶e̶r̶ ̶W̶a̶s̶s̶e̶r̶m̶a̶n̶n̶ ̶i̶n̶ ̶d̶e̶r̶ ̶N̶a̶c̶h̶t̶ ̶a̶m̶ ̶U̶f̶e̶r̶ ̶s̶i̶z̶t̶,̶ ̶u̶n̶d̶ ̶s̶i̶c̶h̶ ̶k̶ä̶m̶m̶t̶.̶ ̶D̶i̶e̶ ̶L̶e̶u̶t̶e̶ ̶g̶l̶a̶u̶b̶e̶n̶ ̶a̶u̶c̶h̶ ̶h̶e̶u̶t̶ ̶z̶u̶ ̶T̶a̶g̶e̶ ̶n̶i̶c̶h̶t̶ ̶m̶e̶h̶r̶ ̶s̶o̶ ̶f̶e̶s̶t̶,̶ ̶w̶i̶e̶ ̶s̶o̶n̶s̶t̶,̶ ̶o̶b̶w̶o̶h̶l̶ ̶d̶i̶e̶ ̶A̶l̶t̶e̶n̶,̶ ̶d̶i̶e̶ ̶u̶n̶s̶ ̶v̶o̶n̶ ̶s̶o̶l̶c̶h̶e̶n̶ ̶D̶i̶n̶g̶e̶n̶ ̶e̶r̶z̶ä̶h̶l̶t̶e̶n̶,̶ ̶a̶u̶c̶h̶ ̶k̶e̶i̶n̶e̶ ̶T̶h̶o̶r̶e̶n̶ ̶w̶a̶r̶e̶n̶,̶ ̶s̶o̶n̶d̶e̶r̶n̶ ̶f̶u̶r̶c̶h̶t̶l̶o̶s̶e̶ ̶a̶u̶f̶g̶e̶k̶l̶ä̶r̶t̶e̶ ̶M̶ä̶n̶n̶e̶r̶.̶ ̶D̶i̶e̶ ̶J̶u̶g̶e̶n̶d̶ ̶w̶i̶l̶l̶ ̶j̶e̶z̶t̶ ̶a̶l̶l̶e̶s̶ ̶b̶e̶s̶s̶e̶r̶ ̶w̶i̶s̶s̶e̶n̶,̶ ̶u̶n̶d̶ ̶k̶ö̶m̶m̶t̶ ̶d̶o̶c̶h̶ ̶i̶m̶m̶e̶r̶ ̶w̶i̶e̶d̶e̶r̶ ̶a̶u̶f̶ ̶d̶i̶e̶ ̶R̶e̶d̶e̶n̶ ̶d̶e̶r̶ ̶A̶l̶t̶e̶n̶.̶"
I̶c̶h̶ ̶b̶r̶a̶u̶c̶h̶t̶e̶ ̶g̶a̶r̶ ̶n̶i̶c̶h̶t̶ ̶a̶u̶f̶ ̶d̶i̶e̶ ̶R̶e̶d̶e̶n̶ ̶d̶e̶r̶ ̶A̶l̶t̶e̶n̶ ̶z̶u̶ ̶k̶o̶m̶m̶e̶n̶;̶ ̶d̶e̶n̶n̶|gl|̶ ̶i̶c̶h̶ ̶g̶l̶a̶u̶b̶t̶e̶ ̶o̶h̶n̶e̶h̶i̶n̶ ̶a̶l̶l̶e̶s̶,̶ ̶w̶a̶s̶ ̶g̶e̶s̶a̶g̶t̶ ̶w̶u̶r̶d̶e̶.̶

Mappe 5.

a Schnaken liebte,
b und gelb
c verwechselt wurde, da der Böse

d ein Gift war, das aber sehr heilsam wirkte, so sahen wir mit Verwunderung und Ehrfurcht auf die Dinge. Da stand neben der Thür ein Schrank, hoch und dünn wie Ritterfräulein,
e der Arzneischragen, der gleichsam

f bezeichnet

g d̶e̶n̶ der Vater eine große Eule nannte, dann lange Schemel, niedere Bänke, wie für Kinder, und allerlei Anderes.

h fragte, warum denn

i Und so nimmt auch das Seltsame im Leben ab. Als ich ein Mädchen war, wimmelte die Glökelbergau von Kibizen und der Hinterhammerbach von Krebsen, und jezt ist hie und da nur eine Feder auf der Au und ein Krebs in dem Bache. Man hört nicht mehr in den Loosnächten in den Lüften über der Kehrau weinen, und sieht nicht mehr den Mantel unter dem Heerwagen der Gestirne, höchstens daß auf den Mooswiesen ein Irrlicht scheint, oder der Wassermann an der Moldau sizt./"/

---

1 üdZ wie
2 üdZ wie
3 üdZ wie
4 üdZ wie
5 üdZ scharfen
6 üdZ uns war
7 üdZ dort
8 statt ausgearbeiten
9 üdZ hart h̶a̶r̶t̶
10 üdZ h̶e̶r̶e̶i̶n̶
11 üdZ eintreffe
aR mit Blaustift Sigle vfH

6.

a um Jahr. Sie vergingen sehr langsam, und es mußten viele vorüber schwinden, ehe wir größer wurden.
   Endlich waren wir größer, und es entstand die Frage, was mit uns geschehen solle.
   Da traf uns ein schweres Unglük. Unser
b in die lateinische Schule.
c Ich kam nun jedesmal nur in den Herbstferien nach Hause. Im Laufe der Zeit sagten die Leute
d unbewohnt war.
e wurden neue schöne Geräthe gebracht.
f Als sieben Jahre vergangen waren, und ich mich wieder einmal im Herbste zu Hause befand,
g Sie waren sehr bestaubt, und das Mehl des Bohrwurmes lag unter ihnen. Ich rief zwei Mägde, und ließ sie abwischen, und
h Mir kam zu Sinne, daß sie Zeugen einer langen Geschichte sind, die von den ersten Menschen bis zu ihnen und mir herab geht, und von mir weiter, wer weiß, wohin.

So verging ~~nun ein~~ Jahr^a ~~nach dem andern. Die Jahre waren damals sehr sehr lange. Es mußten viele viele vergehen, ehe wir ein wenig größer wurden.~~
~~Ich war unter meinen Geschwistern das älteste, und an mich kam zuerst die Reihe, daß die Frage gestellt wurde, wohin ich zu weiterer Erziehung gegeben werden sollte. Als ich etwas heran gewachsen war, wurde unser geliebter~~ Vater[1] von einem stürzenden Wagen erschlagen, und alles [2]~~nahm eine andere Wendung als früher. Ich mußte noch in dem ersten Schmerzensjahre in die lateinische Schule.~~ Der Vater meiner Mutter nahm mich an der Hand, und führte mich ~~zu Fuß~~[3] in die Abtei ^b~~und stellte mich dort unter die Schüler bei.~~ Der andere Großvater der Vater unsers Vaters der Sohn des Doctors ~~führte nun~~[4] das Hauswesen, und die Mutter besorgte die Pflege der andern Kinder. ^c~~Die Herbstferien der lateinischen Schüler sahen mich allemal zu Hause. Da kamen Leute, und sagten,~~ die Mutter müsse, da der Großvater immer älter werde, ~~und jeden Tag sterben könne,~~ für das Haus und für die Kinder ~~sorgen~~[5], daß ein ~~tüchtiger~~[6] Verwalter und ~~guter~~ Vater erschiene, und so kam ein Stiefvater in das Haus. Er war ein ~~ehrenwerther~~[7] Mann; aber er ließ ~~im Laufe der Zeit~~[8] die Geräthe des Doctors in die ~~hintere~~ Stube stellen, die ~~über den Gang weg vor~~[9] der Wohnung der Großeltern lag, und immer ^d~~leerstand.~~ In das ~~frühere~~ Doctorzimmer ^e~~waren neue Sachen gekommen. Da ich einmal von der Abtei in den~~ [10]~~Ferien wieder das väterliche Haus besuchte~~^f, ging ich in die ~~hintere~~[11] Stube, und sah die alten Geräthe an. ~~Ich~~^g stellte sie in eine andere Ordnung, wie es mir schöner und ~~zwekmäßiger~~ schien. Als die zwei Mägde ~~, welche mir dabei geholfen hatten,~~ fort gegangen waren, blieb ich in ~~der Mitte~~ der Stube stehen, und betrachtete die alterthümlichen Dinge, wie der sanfte ~~schwermüthige~~ Herbstglanz der Sonne so an ihnen hinstreichelte, und sie beleuchtete. ^h~~Ich war damals schon in den Jahren, daß ich mir Gedanken über Sachen und Verhältnisse zurecht legen, und mich tieferen Empfindungen, die daraus hervor gingen, hingeben konnte. Es beschlich mich die Rükerinnerung, wie oft ich mich von der Abtei weg in dieses Haus zurük gesehnt habe, in~~ /welchem/[12] ~~die Bretter Pfühle und Truhen unserer Vorfahrer stehen. Es nennen die Leute diese Dinge oft Plunder; aber wie rührend ist dieser Plunder. Wenn die Gebeine eines Gewesenen schon verkommen sind, oder zerstreut in Winkeln oder im Grase des Kirchhofes liegen, stehen noch seine Schreine und andere Dinge in seiner alten Wohnung, werden dort wohl zurükgesezt, und werden als die ältesten Gegenstände die Gespielen der jüngsten der Kinder; aber sie erzählen von denen, die vorher gewesen sind. Diese Geschichte geht nur auf den Großvater oder Urgroßvater oder höchstens Ururgroßvater zurük, und hat oft nichts als Kindtaufen Hochzeiten Begräbniße Versorgung der Nachkommen; aber welche Menge von Liebe und Schmerz liegt in diesen Dingen. Wir mußten in der Schule von Schlachten und Blutvergießen lernen, daran uns nichts lag. Das blondgelokte Kind und die neugeborne Fliege daneben im Sonnengolde sind die~~[13] ~~lezten Glieder einer unendlich langen Kette und die ersten einer vielleicht noch längeren. Der Einzelne fühlt sich in dieser Kette nicht mehr so einsam, wenn ihm ein altes Bild eine Trümmer ein Stäubchen von dem erzählt, der vor ihm gewesen ist. Ein Strom von Liebe ist durch tausend und tausend und tausend Jahre durch unzählbare Mutterherzen durch Herzen von Bräuten Vätern Geschwistern Freunden bis zu mir herab geflossen, wohin wird er von mir aus wandeln?~~ Ich blieb, bis es dämmerte, in der ~~hintern~~ Stube. Dann ging ich wehmüthig zu dem Abendessen, das ~~in der Stube neben dem Gemache aufgestellt,~~[14] ~~in welchem die neuen Geräthe des Stiefvaters waren.~~[15]

Als meine ⁱ~~Lernzeit~~ in der Abtei aus war, ging ich ~~in unsere große Hauptstadt~~ [16]Wien, und wenn ich auch ‖die ersteren Jahre‖[17] ^k~~die ich auf der hohen Schule war, in der freien Zeit des Herbstes jedes Mal mein Vaterhaus besuchte, so kamen dann doch Jahre ernsten und strengen Bestrebens, die mir es nur erlaubten, kürzere und seltenere Zeiten in dem Vaterhause zu sein. Ich wurde ein Groß-~~

i Zeit
k in jedem Herbste nach Hause kam, so erschienen doch später Zeiträume von mancher Mühe und Arbeit, die mir nur selten erlaubten, auf kurze Frist meine Heimath zu besuchen. Ich erlebte in

---

1 üdZ wurde
2 üdZ änderte sich nun.
3 üdZ weit fort
4 üdZ leitete
5 üdZ vorsehen
6 üdZ rechter
7 üdZ guter
8 üdZ ~~bald~~ bald
9 üdZ hinter
10 idZ maT Meine Brüder zerstreuten sich auch nach und nach in die Welt.
11 üdZ abgelegene
12 statt welcher
13 üdZ ~~Glieder~~
14 üdZ ~~wurde~~
15 idZ ich mit der Mutter, dem Stiefvater und der Schwester verzehrte.
16 idZ nach
17 in den ersten Jahren

ᵃstädtler, erlebte in der großen Stadt viele Dinge, die mir Freude machten, oder aus denen ich Leiden zog. Ich lernte in ihr das Süsseste kennen, das der Mensch hat, und das ihn nie verläßt, die Kunst, und ich drükte die holden Blüthen, die sie mir both, mit Inbrunst an meinen Busen. In der großen Stadt fand ich endlich auch ein theures weibliches Wesen, das es auf Lebenszeit mit meinem Herzen wagen mochte, und wir traten vor den Traualtar. ᵇLieb Mütterlein jammerte zu Hause sehr, daß sie wegen Kränklichkeit nicht kommen konnte, mit den Angehörigen der Braut den Brautkranz flechten zu helfen, und mit ihnen den Kirchengang zu feiern. Deßhalb beschlossen wir, so bald es möglich würde, zur Mutter zu reisen, und eine gute Weile bei ihr zu bleiben. Es wurde sehr bald möglich gemacht, und ich führte meine junge Gattinᶜ auf dem Schiffe den Donaustrom empor, und dann in einem netten Wägelchen über Hügel durch Felder Wiesen und Wälder in das Haus meiner Vorfahren.¹ Die Mutter wußte den Tag unserer Ankunft, und sie stand, da wir den Erndteweg daher fuhren, bereits auf der Gasse. Da² meine Gattin abgestiegen war, drükte sie die neue blühende Tochter mit Schluchzen an das Herz ||,||³ und konnte kein Wort reden. Wir gingen in die große Stube, sezten uns an den ⁴Buchentisch, und Mütterlein war im Anschauen der Schönheit ihrer Schwiegertochter verloren, ohne uns ᵈetwas anzubiethen. Auf die Erinnerung des Stiefvaters wurden wir in die Stube geführt, in der einst die Doctorgeräthe gestanden waren, und es wurde uns gesagt, daß diese Stube für uns eingerichtet worden sei. Wir legten Hüte und andere⁵ Reisedinge ab, es wurden unsere Habseligkeiten von dem Wagen herein gebracht, und es lösete sich immer mehr das Band der Rede und Gegenrede. Als die Zeit gekommen war, wurde der ᵉgroße Buchentisch gedekt, und wir verzehrten alle ein Mahl, welches ᶠunter der Leitung der Mutter angefertigt worden war. Als der Nachmittag gekommen war, durchwanderten wir alle Räume des Hauses, und wir gingen in den Garten und auf die Wiese, die hinter dem Hause lag, und auf den Anger und auf die Gasse vor dem Hause.

So war ich denn wieder seit Langem zum ersten Male in dem Vaterhause mit der Aussicht, es länger bewohnen zu können.

Aber wie ||vieles||⁶ hatte sich geändert. Die Großmutter Ursula, die Schwiegertochter des Doctors, und der Großvater Augustinus, der Sohn des Doctors, waren nicht mehr in ihrer Wohnung, sieᵍ hatten andere höhere Wohnungen bezogen, ||dafür||⁷ war in den Räumen des alten Paares meine Schwester, die, als ich auf die lateinische Schule ging, noch ein Kind war, mit ihrem Gatten und ihren Kindern, welche Kinder aber nicht blos in diesen Räumen sondern im ganzen Hause spielten, wie wir einst darin gespielt hatten, nur daß das damalige Mütterlein jezt ein Großmütterlein geworden war. Meine andern Geschwister die Brüder waren in der Fremde, und hatten sich Size gegründet. Im Hause war hie und da ein Geländer weggebrochen, hie und da eines befestigt worden, eine Holztreppe war weggenommen, und anderswo eine andere aufgestellt worden, das Brunnenwasser rann in eine neue Kufe, die Gartenbeete waren in einer andern Ordnung, der alte Kirschenbaum stand nicht mehr, dafür warenʰ die ||Angelikawurzeln||⁸ des Doctors noch da⁹, in der Holzlaube war vieles geordneter, aber hinten standen genau noch die alten Stangen und staken die alten Strohbünde. Ich hätte mir jezt nicht mehr gefürchtet, durch sie hindurch auf die Haberstelle der Scheune zu kriechen; aber ich hatte jezt nicht mehr ⁱdie Neigung dazu. In der Hinterstube standen die Dinge in der Ordnung, wie ich sie einst gestellt hatte, aber vieles war noch mehr verfallen, ᵏund der Holzwurm hatte sich an manchem eingefunden, bohrte seine Gänge, und ließ das Holzmehl in dieselben rieseln. Allein ||ich||¹⁰ erkannte jezt, daß diese Geräthe sehr schön sind, daß sie meistens aus einer älteren Zeit sind,¹ als da der Doctor ᵐlebte ,daß er sie gesammelt haben müsse, und daß sie, besonders das wunderschöne geschnizte Schreibgerüste, der Erhaltung und der Aufbewahrung werth sind. Dieⁿ Mutter und ||der||¹¹ Stiefvaterᵒ sagten, ich könne mir davon nehmen, was ich wolle, und könne es in meinen nunmehrigen Wohnort bringen lassen. Die Geräthe, welche der Stiefvater in die Doctorstube hatte neu machen lassen, waren nun auch alt, und das

---

Mappe 7.

a *Fortsetzung von S. 6* der Stadt manches Gute und manches Üble.

b Die Mutter trauerte zu Hause

c in unser Waldthal und in das Haus meiner Vorfahrer. Es *üdZ* war bald nach dem Morgen, da wir ankamen. Die Mutter

d Eine Erquikung

e Tisch in der großen Stube
f für uns bereitet

g waren in das Jenseits gegangen.

h wucherte

i den Drang darnach.

k als einst.

l stammen,
m gelebt hatte [.]
n Ich sprach zu der
o davon, und sie

---

1 *idZ gestrichene Sigle*
2 *üdZ* Als
3 .
4 *üdZ* Tisch
5 *üdZ* die
6 Vieles
7 Dafür
8 Angelikawurzel
9 *üdZ* fort
10 Ich
11 dem
aR *mit Blaustift Sigle vfH*

8.

a Manches, das mir einst gefallen hatte, war
b ledernen

c (Siehe Beilage)

d den Klee oder

e Es war mir, als

f meiner Gattin führten sie zuerst zu einander. Auch die Schwester liebte meine Gattin, und die Kinder hingen an ihr, weil sie ihnen von jedem Gange etwas brachte.
g froh ohne Sorge und Arbeit unter den Meinigen. Die Abwesenheit der Brüder erseztem manche Briefe. Die Mutter zeigte gerne alle Dinge des Doctors und unsern Vorfahrer. Wir forschten in allen Räumen nach dem Schriftenbuche [.]
i Estrich des Hauses
h Mich leitete der Gedanke an die heilige Margaretha und eine Empfindung
k Estrich des Hauses

l Ich begrif, daß man[19] diese Dinge, die man nicht wegwerfen wollte, weil doch ein Theil des Herzens daran hing, in diese Truhe gelegt habe ‖.‖[20]

ªHaus meiner Väter erschien mir jezt kleiner die Fenster niederer und die Stuben gedrükter, als da ich es noch bewohnte oder in der Lateinschule war.[1]

Ich fragte die Mutter um das Leder‖buch‖[2] des Doctors, in welchem der Vater öfter gelesen habe. Sie sagte, daß der Vater oft in einem ᵇSchriftenbuche des Doctors gelesen habe, daß sie aber gar nichts von dem Buche wisse, und daß sie auch nicht sagen könne, wohin es gekommen sei.

ᶜIn den Tagen, die nun erschienen, führte die Mutter meine Gattin in meiner Begleitung auf unsere Felder auf unsere Wiesen und in unsere Holzungen. Sie freute sich, wenn meine Gattin |Amalia| die Getreide oder den Weiskohl oderᵈ die Kartoffeln bewunderte, die auf den Feldern wuchsen, wenn sie auf der Wiese manchen Handgrif ländlicher Arbeit versuchte, wenn sie zwischen den Stämmen des Waldes dahin wandelte, und |mit Vergnügen| manchen eßbaren Schwamm pflükte, und in ihr Körbchen that. Ich |aber| führte Amalia |auf unsern weiteren Spaziergängen| an alle Stellen, welche mir seit meiner Kindheit her lieb geworden waren, in Wälder, an rauschende Bäche, zu ragenden Klippen und auf sonnige Weiden. ᵉ|Sie| ‖wurde‖[3] auf diesen Wanderungen immer blühender[4] |und schöner.|
Wir waren schon zwei Wochen in dem alten Hause und in der Stube des Doctors. Die Mutter und die neue Tochter lebten sich |sehr schnell| in gegenseitige Liebe hinein. Der |gewohnte| Sonnenschein der Freundlichkeit in den Zügen der Mutter und die Güte in ‖ihren‖[5] Augen ᶠ|waren für die klare Herzlichkeit meiner Gattin der rechte Boden. Auch die Schwester zog sie an sich, und die Kinder derselben hängten sich an sie, weil sie ihnen immer, und wenn sie sich nur zehn Schritte vom Hause entfernte, etwas brachte, mit ihnen spielte, und ihnen erzählte.| Der Stiefvater sann öfter Aufmerksamkeiten für die Stiefschwiegertochter aus. Ich lebte ᵍin jener Zeit einzige Tage, die ich jezt noch nach so vielen Jahren nicht vergessen habe. Losgelöst von jedem Geschäfte und jeder Sorge weilte ich unter lauter Menschen desselben Herzens und derselben unverfälschten Liebe und Freundlichkeit‖.‖[6]

Eines Tages, da ein grauer Landregen, der nicht so bald enden zu wollen versprach, Wälder und Hügel und Felder verhing, da die Mutter meine Gattin und die Schwester im Hofstübchen sassen, und plauderten, und selbst die Kinder, die sonst schwer in die vier Wände einzufangen waren, in ein Häufchen zusammen gedukt da saßen, und zuhörten, weil draußen alles in Wasser schwamm, stieg ich auf den[7] Boden[8] empor ‖.‖[9] ʰum die heilige Margaretha anzuschauen. Ich mochte zu diesem Gedanken auch von einem alten Hange angeregt worden sein|, nach ‖welchem es mir‖[10] von jeher |angenehm|[11] war,| das sanfte Trippeln eines stillen Regens auf einem Dache oberhalb mir ‖zu hören‖[12]. Ich[13] stieg die Treppen empor, bis ich auf dem obersten ⁱᵏ|Boden| war. Dort ging ich gebükt in den Gang zwischen dem Schüttboden und dem Dache hinein, weil ich jezt den Schein der heiligen Margaretha nicht mehr fürchtete. Ich trug sie in das Licht hinaus. Sie war ein vergoldetes am Angesichte und an den Händen bemaltes Standbild, halb lebensgroß, aber in dem Laufe der Zeiten bereits vielfach abgerieben und zerschleift. Ich dachte mir, daß das Standbild etwa von einer eingegangenen Feldkapelle unserer Besizungen herrühre, und jezt in dem Hause herum stehe. Es war nichts Merkwürdiges daran. Da ich sie[14] wieder auf ihr[15] Untergestelle sezen wollte, hörte ich, daß dieses keinen Ton gab wie ein Blok, sondern wie ein hohler Raum. Ich untersuchte die Sache näher, und fand, daß wirklich das Untergestelle eine Truhe sei. Ich trug die heilige Margaretha wieder in das Licht hinaus, und zog die Truhe an einer [16]eisernen ‖Handhabe,‖[17] die sie an ihrer Kopfseite hatte, nach. Im Hellen sah ich nun, daß sie nicht versperrt, sondern nur mit einer Arbe in ein Ohr eingeklinkt war. Ich befreite zuerst mittelst eines Brettchens, das ich fand, den Dekel von dem zollhohen[18] Staube, der auf ihm lag, und öffnete dann die Truhe. Was sich mir in ihr zeigte, war zu oberst ein Gewirre von Papieren Schriften Päkchen Rollen Bindzeugen Lappen Handgeräthen und andern Wust. Meist aber waren es Papiere. |Es gibt in jedem Hause Dinge, die man nicht wegwirft, weil doch ein Theil ‖unsers‖[21] Herzens daran ‖hängt‖[22], die man aber gewöhnlich in Truhen legt, auf welche dann nie mehr ein Auge[23] fiel. Ich sezte mich auf den Rand der Truhe, und begann die Sachen heraus zu nehmen, und anzuschauen. Nach einer Stunde saß ich schon bis auf die Knie in Papieren.

---

1 idZ nun klein und unscheinbar.
2 Buch
3 würde üdZ sie
4 idZ /
5 üdZ den
6 / idZ konnten es aber nicht finden.
7 üdZ obern
8 üdZ des Hauses
9 /
10 welcher üdZ ich
11 üdZ gerne
12 hörte
13 idZ ging gebükt
14 üdZ es
15 üdZ sein
16 üdZ ihrer
17 Handhaben
18 üdZ vielen
19 üdZ in 2. Var. Man hatte
20 in 2. Var. , und sie nicht mehr angesehen.
21 üdZ des
22 üdZ hing
23 idZ fällt
aR mit Blaustift zwei Siglen vfH

(Beilage zur Mappe 8.)

In den folgenden Tagen führte die Mutter meine Gattin in meiner Begleitung auf unsere Felder, auf unsere Wiesen und in unsere Holzungen. Sie freute sich, wenn meine Gattin die Getreide oder den Weiskohl oder den Klee[1] oder die Erbsen oder die Kartoffeln bewunderte, die auf den Feldern wuchsen, wenn sie auf der Wiese manchen Handgrif ländlicher Arbeit versuchte, wenn sie zwischen den Stämmen des Waldes dahin wandelte, und manchen eßbaren Schwamm pflükte, und in ihr Körbchen that. Ich führte ~~Amala~~ Amalia an alle Stellen, welche mir seit meiner Kindheit her lieb geworden waren, in Wälder, an rauschende Bäche, zu ragenden Klippen und auf sonnige Weiden. Es war mir, als würde sie auf diesen Wanderungen immer blühender. Im Hause zeigte ihr die Mutter, was in Fächern und Truhen und Schreinen was im Keller und Stalle in der Scheune und Speisekammer und in dem Schüttboden aufbewahrt wurde. Sie suchte indessen auch sorgsam nach dem Buche, um das ich gefragt hatte, konnte es aber nicht finden.

Wir waren schon zwei Wochen in dem alten Hause in der Stube des Doctors. Die Mutter und die neue Tochter lebten sich in gegenseitige Liebe hinein. Der Sonnenschein der Freundlichkeit in dem Angesichte der Mutter und die Güte in den Augen meiner Gattin führten sie zuerst zusammen. Auch die Schwester liebte meine Gattin, und die Kinder hingen ihr an, weil sie ihnen von jedem Gange etwas brachte. Der Stiefvater sann zuweilen Aufmerksamkeiten für die Stiefschwiegertochter aus. Ich lebte froh ohne Sorgen und Mühsal unter den Meinigen. Die Abwesenheit der Brüder ersezten manche Briefe, und die zwei, welche nach mir die ältesten waren, ließen hoffen, daß sie kommen würden, so lange ich noch in dem Hause wäre.

Eines Tages, da ein grauer Landregen, der nicht so bald enden zu wollen schien, Wälder und Hügel und Felder verhing, da die Mutter meine Gattin und die Schwester im Hofstübchen saßen, und plauderten, und selbst die Kinder, die sonst schwer in die vier Wände einzufangen waren, in ein Häufchen zusammen gedukt da saßen, und zuhörten, weil draußen Alles in Wasser schwamm, stieg ich auf den obern Boden des Hauses empor. Mich leitete der Gedanke an die heilige Margaretha und eine Empfindung, nach welcher ich von jeher gerne das sanfte Trippeln eines stillen Regens auf einem Dache oberhalb mir hörte. Ich stieg die Treppen hinan, bis ich auf dem obersten Estrich des Hauses war. Dort ging ich gebükt in den Gang

(Hier geht die Schrift auf Seite 8 weiter)

---

1 *idZ* oder den Flachs   *aR mit Blaustift zwei Siglen vfH*

~~Welche sonderbaren Dinge!~~ Da waren ganz unnüze Blätter, deren Weiß jezt alle andern Farben bekommen hatte, ~~nur nicht die weiße,~~ dann waren andere, auf denen nur ein paar Worte standen, oder ein Spruch, dann solche, auf denen [man] mit Nadeln ᵃ~~ein Herz ausgestochen hatte, und darauf eine Flamme gemalt, solche ausgestochene Blätter mit allerlei Verschlingungen waren sehr viele,~~ dann fand ich meine eigenen Schönschreibbücher, dann einen papierenen Handspiegel, von dem aber gerade das Spiegelglas heraus gebrochen war, dann Rechnungen, dann war eine sehr vergelbte Verhandlung über eine Hutweide da, dann unzählige Blätter mit Liedern, die niemand mehr singt, dann eine ungemeine Menge von Briefen mit den seltsamsten Arten, sie zusammen zu legen, sie handelten von Bestellungen Danksagungen Anfragen Wünschen Beileid und dergleichen, einige waren auch da mit längst ausgebrannter Liebe, sie waren immer auf schöneres Papier geschrieben, und hatten oft am Rande und oben gemalte Verzierungen, auf einigen standen Schäferᵇ, dann waren sehr viele Fächer und Büchschen da theils aus Pappe theils aus Holz selbst aus Porzellan, dann Schnitte für Kleider, die jezt niemand mehr trägt, Rollen Pakpapieres, in das nichts mehr gewikelt wird, auch unsere Kinderschulbücher waren da aufbewahrt, und das Innere der Dekel trug noch die Namen von uns allen Geschwistern; denn eines hatte sie von dem andern geerbt, und gleichsam als sei es das lezte und ewige, hatte es den Namen des Vorgängers mit ‖fester‖¹ ~~Linie~~ Striche ausgestrichen, und den seinigen mit der großen Kinderschrift darunter gesezt, daneben standen die Jahreszahlen, und die Dinte war bald gelb geworden, bald war sie schwarz geblieben. Als ich so diese Bücher heraus legte, schonte ich sorgsam ᶜ~~der Blätter, auf ‖den‖² viele hundert Male die weichen Kinderhände geruht haben mochten;~~ denn ich wollte sie mir erbitten, und sie mir aufbewahren.

Auf dem Boden der Truhe unter den Kinderbüchern lag noch ein Buch, das kein Kinderbuch war. Es war in dunkelrothes Leder gebunden, war fast anderthalbe Schuhe lang und entsprechend breit, hatte metallen vergoldete Eken, einen gleichen Beschlag, und war mitᵈ Spangen geschlossen. Auf dem Dekel standen in Gold die Worte: Calcaria Augustiniana tom. II.³ Aus dem Buche hingen Doppelseidenbändchen von verblaßter rother blauer und grüner Farbe in der Breite von etwa einem halben Zolle heraus, und ihre Enden waren mit rothem oder gelbem Wachse gesiegelt. Ich drükte auf den Kopf der Spangen, mit Krachen öffneten sie sich, und legten mir das Innere des Buches dar. Die Blätter waren lauter Pergament, die Seitenzahlen waren mit dunkelrother Schrift aufgetragen, und stiegen bis achthundert fünfzig; allein nur einhundert drei waren beschrieben, die übrigen waren das leere Pergament. In allen Blättern war ~~mitten~~ in der Nähe des Randes ~~und zwar~~ gleichlaufend mit dem Rande ~~und zwar am oberen unteren und am Seitenrande~~ ein einen halben Zoll betragender Durchschnitt, so daß man ein Seidenbändchen, wie ich sie von dem Buche heraus hängen sah, durchfädeln konnte. Die zwanzig ersten beschriebenen Blätter waren offen, die übrigen drei und achtzig waren in fünfzehn größeren und kleineren Abtheilungen mit den durch die Schnitte gezogenen und an den Enden zusammengesiegelten Seidenbändchen ~~, die aus dem Buche heraus hingen,~~ geschlossen, so daß man die Schrift nicht lesen konnte, ohne das Siegel abzunehmen, und die Bändchen zu beseitigen. Die Schrift auf dem Pergamente war alt, hatte breite Schattenstriche, die ᵉ~~ungleich unserer jezigen Schrift fast von der Rechten gegen die Linke neigten,~~ war ~~schlecht~~ aus deutschen und lateinischen ~~in einander fließenden~~ Buchstaben gemischt, und trug das Gepräge der Eilfertigkeit. Ich wollte etwas lesen; aber ich sah ~~sehr~~ bald, daß ich das Lesen dieses Buches erst lernen müsse. Ohne nun von dem Inhalte etwas zu erfahren, legte ich das Buch zur Seite.

Da der Doctor wie sein Sohn unser Großvater Augustinus hieß, so stammen⁴ diese calcaria Augustiniana⁵, ~~wie ich dachte,~~ gewiß von ihm her, namentlich, da, wie ich mich jezt

	Mappe 9.
	a allerlei Zierath ausgestochen war, meist ein Herz mit einer Flamme darüber.
	b und Schäferinnen,
	c ihrer weichen und abgegriffenen Blätter,
	d gleichen
	e beinahe aufrecht standen,

---

1 festem
2 denen
3 in lateinischer Schrift
4 idZ , dachte ich
5 in lateinischer Schrift
aR mit Blaustift Sigle vfH

10.

a von den
b lagen, eines

deutlich erinnerte, auch das Lederbuch des Doctors, in welchem der Vater öfter gelesen hatte, roth gebunden war. Diese calcaria, die ich nun in der Hand gehabt hatte, waren also der zweite Band des Lederbuches, und der Vater hatte in dem ersten gelesen. Diesen aber hatte ich in der Truhe nicht gefunden. Ich nahm nun ᵃeines der Blumenstäbchen, die man zum[1] Vorrathe in zwei Bündeln hier auf [2]dem Boden ᵇaufbewahrte, ging gebükt wieder in den Gang zwischen dem Schüttboden und dem Dache, und grif mit dem Stäbchen auf dem ganzen Raume vor mir hin und her, bevor ich ihn betrat, ob nicht ein Gegenstand[3] in ihm liege. Ich stieß an der Stelle, wo die heilige Margaretha gestanden war, wirklich auf etwas, nahm es auf, grif es, wie ein großes Buch, und trug es in das Licht hinaus. Es war das Lederbuch. Dasselbe war in das gleiche rothe Leder gebunden wie das andere, hatte dieselben Beschläge und Spangen, und trug auf dem Dekel in Gold die Worte: calaria Augustiniana tom. I.[4c] Ich ließ die

c Es war aber mehr abgenüzt als das andere.
d Es hatte auch üdZ ebenfalls die Durchschnitte in den Blättern, wie das andere, und man konnte an der Erweiterung derselben sehen, daß Bändchen durchgezogen gewesen, aber wieder gelöst worden seien waren.

Spangen springen, und sah in das Buch. Es war wie das andere[5] lauter Pergament, ganz beschrieben, und hatte[6] mit rothen Zahlen angemerkt fünfhundert zwanzig Seiten.ᵈ Ich blätterte in dem Buche, sah vorne rükwärts mitten an verschiedenen Stellen hinein: überall war dieselbe dike in einanderlaufende eilfertige Schrift wie in dem andern Buche. Die Dinte war aller Orten schwarz und vortrefflich. Lesen konnte ich auch hier[7]eben so wenig wie in dem andern [8]Buche.

Ich fand aber in dem Innern dieses Buches[9] etwas anderes, das auf mein Herz[10] einen großen Eindruk machte. Es waren nehmlich einzelne Blätter ja sogar Hefte in das Buch eingelegt, die sämtlich die Handschrift meines Vaters trugen. Ich nahm alle diese Dinge heraus, legte sie auf ein Häufchen zusammen, und begann, darin zu lesen. Es waren Lieder da, die er verfaßt hatte, Gedanken über verschiedene Dinge, auch ein kleines Märchen fand ‖sich‖[11], Erzählungen aus seinem Leben, Worte an uns Kinder, dann waren viele einzelne Kalenderblätter da, auf denen bei gewissen Tagen Ereignisse eingetragen waren. Auf einem derselben stand: „Mit Gottes Segen mein ‖erstes‖[12] Kind ein Sohn geboren worden." Dann fanden sich sehr viele Betrachtungen über die Natur, über den Gang des Wetters, das Wachsen der Getreide, die Fruchtbarkeit der Jahre, die Schönheit unserer Wälder Berge und Bäche. Auch viele Anmerkungen waren da über die Güte Treue und das rechtschaffene Walten unserer Mutter. Ich las sehr lange in diesen Dingen. Manches las ich ganz, in die Hefte, welche Erzählungen enthielten, konnte ich nur Einblike machen. ᵉEine ungemein tiefe Rührung kam über mein ganzes Wesen. Zwanzig Jahre hatte ich das Herz eines Freundes gesucht, das mit dem meinigen gleich fühlte. Jezt glaubte ich es gefunden zu haben, es ist das Herz meines Vaters, aber es liegt schon lange in der Grube.

e Es war mir, als sei da etwas wie das Herz eines gesuchten Freundes, der Freund war mein Vater, und liegt nun in dem Grabe.

Ich hörte endlich zu lesen auf, und[13] band alle Sachen des Vaters mit Bindfäden, die sich da fanden[14], in ein Päkchen zusammen ‖,‖[15] welches ich mittelst der Bindfäden in meine Hand nahm. Dann holte ich eine Laterne und einen Knecht. Mit der Laterne durchging ich den Gang zwischen dem Schüttboden und dem Dache, ob ich noch etwas fände. Ich fand nichts. Mit der Leuchte aber sah ich jeztᶠ, daß der erste Band des Lederbuches des Doctors an der Truhe gelehnt, ‖und‖[16] beim Herausziehen derselben umgefallen war. Der Knecht mußte mir helfen, die Dinge, welche ich heraus gelegt hatte, wieder in die Truhe zu paken, und mußte mitᵍ mir die Truhe, in die ich auch die zwei Lederbücher gelegt hatte,ʰ in mein Zimmer tragen.

f in den Spuren des Staubes

g mit der Hilfe einer Magd
h samt der heiligen Margaretha

Ich ging nun nicht zu den Meinigen, sondern mußte noch eine kleine Zeit einsam sein, damit die Stimmung, welche zulezt in mein Gemüth gekommen war, allmählich ausklinge. Ich ging in den Hof, und sah auf das Steinpflaster, welches der Vater rings an den Gebäuden hatte legen lassen, ich sah auf jedes Brett, von dem ich mich erinnerte, daß er es einst befestigt, auf jeden Pflok, den er einst eingeschlagen hatte, und auf das Thürchen der Scheune, durch das er so oft gegangen war. Ich wanderte troz des Regens sogar in den Garten hinaus, und sah auf jene Bäumchen, die er gepflanzt, oder sonst mit Liebe gehegt hatte. Dann ging ich in meine Stube, und da dort die Spuren des Regens von mir weggetroknet waren, begab ich mich in das Hofstübchen, wo noch immer die Meinigen ver-

---

1 üdZ im
2 idZ auf
3 idZ ih
4 in lateinischer Schrift
5 üdZ auch aus
6 üdZ zeigte
7 üdZ in diesem Buche
8 idZ .
9 üdZ auch
10 üdZ mich
11 ich
12 statt erster
13 üdZ bald
14 üdZ waren
15 idZ .
16 wa
aR mit Blaustift drei Siglen vfH

sammelt waren. Die Mutter sagte: „Du bist ~~sehr~~ lange ausgeblieben. Wir haben indessen die Zeit hier ‖hingebracht‖[1]. Wir haben deiner Gattin von[a] ‖unserem Flachse‖[2] ~~von~~ ‖unserem‖[3] Linnen ~~von unserer Wolle~~ [b]~~von unsern Federn und von andern Dingen gezeigt, die so~~[4] in einem ländlichen Hause [c], ~~wie das unsere und in den Truhen desselben aufbewahrt werden~~. Deine Gattin ist so gut, wir ~~sind nun so lange da, und plaudern~~[5] von allem Erdenklichen, und ich hätte gar nicht geglaubt, daß eine Stadtfrau [6]~~gar so gut lieb und einfach~~ reden könne, als wäre sie hier geboren und erzogen worden. Bleibe nun ein [d]~~wenig~~ bei uns. Das Wetter wird sich ~~auch~~ ändern, und wer weiß, wann dein Stiefvater und dein Schwager [e]~~, die sich auch den heutigen Tag ausgesucht haben, um nach Krumau zu fahren, zurük kehren, ob es nicht schon zu regnen aufgehört hat.~~"[7]

Ich antwortete: „Liebe Mutter, ich habe indessen ~~beide~~[8] ‖Lederbücher‖[9] des Doctors gefunden, in ~~deren einem~~[10] der Vater immer gelesen hat ‖.‖[11]f Ich habe in dem Gange unseres Bodens zwischen dem Schüttboden und dem Dache eine Truhe angetroffen, in welcher allerlei Schriften und Sachen enthalten sind, die ich untersuchen muß. Das eine Lederbuch war in der Truhe, das andere daneben. Ich habe die Truhe samt der heiligen Margaretha in unser Zimmer bringen lassen. Ich werde die Sachen in diesen Tagen ~~sichten und~~ ordnen. Und noch etwas ~~anderes~~ habe ich gefunden, ein Päckchen Schriften unseres Vaters, die in einzelnen Blättern oder in Heften in das erste Lederbuch des Doctors eingelegt worden waren. Ich habe [g]~~mir alles in dieses Päkchen mit Bindfäden zusammen gebunden.~~"

Mit diesen Worten zeigte ich ihr [12]~~das Päkchen, das ich mittelst einer Schlinge der Bindfäden noch immer in der Hand trug~~. Sie nahm es in ihre Hände, besah es genau, legte es dann vor sich auf den Tisch, und sagte ‖,‖[13] ~~indem sie noch immer ihre Finger darauf hielt~~: „Das wird dich sehr freuen ‖,‖[14] ~~daß du diese Schriften gefunden hast~~. Du sollst es auch sein, der [h]~~sie aus einander legt, und~~ zu erst liest. Du wirst sie uns dann bringen, wirst uns sagen, was darinnen steht, und wirst uns[15] vorlesen. Dein Vater ist ein ungewöhnlicher Mann gewesen. Er hat immer in den verschiedensten Büchern gelesen, er hat viel geschrieben, eine eigene Lampe hat er sich machen lassen, die man zu dem Bette stellen konnte, daß er oft in der Nacht zu lesen im Stande war. Ich bin seiner nicht würdig gewesen. Er hat mir vieles[i] gesagt ~~, und hat mir manches erzählt~~; aber ich hatte nicht Zeit, sehr genau auf die Dinge zu merken; die fünf Kinder haben mir mehr Arbeit gegeben, als ich oft zu verrichten im Stande war, dann kam das Hauswesen, auf das ich zu sehen hatte, und hie und da war etwas in den Feldern nöthig; denn dein Vater war in manchen Stüken auch ein [k]~~leichter Mann~~ ; er hat aber doch das, was ich gethan habe, geehrt. Auf dich hat er große Stüke gehalten. Oft hat er gesagt: Ich [l]~~darf es~~ dem Knaben gar nicht zeigen, wie sehr ich ihn lieb habe. ~~Ach daß er~~[16] nicht erlebt ~~hat, zu sehen, wie du jezt bist, und deine liebe schöne Ehefrau zu betrachten~~. Aber Gottes Fügung ist Gottes Fügung. Wenn er in dem Lederbuche las, und es zumachte, klopfte er oft mit dem Finger auf den Dekel, und sagte: Das ist ein Mann gewesen. Ich habe die Schrift nicht lesen können,[m] ~~darum~~[17] hat er mir von dem Doctor erzählt. Die alte Truhe, von der du sagst, kenne ich recht wohl, sie ist immer in der hintern Stube gestanden, und deine Tante Marianne hat, ehe sie die lange Krankheit bekommen hat, an der sie gestorben ist, Manches in dieselbe hinein gelegt. Später, als die alten Sachen des Doctors in die hintere Stube kamen, ist sie auf die Diele gestellt worden, ich habe sie dort oft stehen gesehen. Wie sie in den Gang gekommen ist, weiß ich nicht. Der Webeknecht Simon, den wir in dem äußeren Wiesenstübchen hatten, wo er jahraus jahrein die Hausweben machte, hat auf derselben Stelle der Diele viele Jahre, da du in der Abtei warst, sein Bett stehen gehabt, vielleicht hat er, um Plaz zu bekommen, die Truhe in den Gang geschoben. Du erinnerst dich ja noch des alten Simon, zu dem ihr Kinder und auch die erwachsenen Mädchen der Nachbarschaft oft in das Wiesenstübchen an den Webstuhl gekommen seid, und den ihr so lange gequält habt, bis er euch die [n]~~schnatternde Gans~~ oder den Prinz ‖Eugenius‖[18] sang?"

„Wie sollte ich mich nicht[o] erinnern," antwortete ich, „da ich ~~noch oft~~ als großer La-

Mappe II.

a Bereitung
b erzählt
c vorkömmt

d Weilchen
e mB, darüber mT zurük kommen,

f mB, darüber mT und noch ein anderes dazu.

g das Päkchen selber herab getragen."

h die Schriften

i aus den Büchern

k wenig fahrlässig
l werde mit ihm sprechen, wenn er erwachsen ist, jezt aber darf ich
m und

n Schnatter Schnattergans
o des alten Simon

1 zugebracht
2 unseres Flachses
3 unserer
4 üdZ wie es
5 üdZ sprachen auch
6 üdZ so
7 idZ , ob es sich nicht schon aufgehellt hat."
8 üdZ das
9 Lederbuch
10 üdZ dem
11 idZ ,
12 üdZ es.
13 idZ :
14 idZ .
15 üdZ daraus
16 üdZ Er hat es
17 üdZ er
18 Eugen
aR mit Blaustift zwei Siglen vfH

12.

a noch oft bei seinem Bette saß, wenn der Regen auf das Dach rieselte, und mir von ihm erzählen ließ. Er suchte gerne sehr zeitig das Bett."

b gelegt

teinschüler ᵃfür eine Nacht, wenn der Regen auf dem Dache trippelte, zu Simon in das Bett, das auf der Diele stand, schlüpfte, und wir recht froh waren, wenn wir unsere Füsse unter der Decke warm fühlten, während draußen alles plätscherte und trommelte."

„Ja, du hast dich manche Nacht zu ihm gelegt¹ , ich weiß es," sagte die Mutter, „er hat immer die freie Luft, die auf der Diele wehte, vorgezogen, und hat nur im Winter im Wiesenstübchen geschlafen. Er hat auch das rothe Lederbuch nach dem Tode deines Vaters immer herum getragen. Ich glaube, daß er auch darin zu lesen versucht hat. Da wird er es in den Gang zu der heiligen Margaretha gelehnt^b haben, und da wird es, da wir auch ihn endlich in den Kirchhof getragen hatten, vergessen worden sein."

„Freuen wir uns, daß es jezt entdekt worden ist," sagte ich, „ich werde es zu verstehen suchen, und werde dann daraus vorlesen² und auch aus den andern Dingen. Heute, wenn der Stiefvater und der Schwager zurük gekommen sind, werden wir uns in meinem und meiner Gattin Zimmer, wo die Truhe ist, versammeln, und werden ihren Inhalt anschauen."

„Und du wirst da manches finden, das du dir mit nimmst, da du an alten Dingen solche Freude hast," sagte die Mutter.

c die Mutter

„Ich werde allerlei auslesen," sagte ich, „werde die Geschwister von den Stüken verständigen, und wenn sie und ᶜlieb Mütterlein nichts dagegen haben, werde ich sie zu mir nehmen."

„Wir werden dir nicht viel in den Weg legen," sagte die Mutter.

Nach diesen Worten blieb ich noch eine Weile in dem Hofstübchen, und wir redeten von verschiedenen³ Dingen.

d hörte auf, und auf dem Scheunendache zeigte sich ein gelblicher Schimmer von dem auf der andern Seite des Hauses stehenden Abendhimmel. Wir trennten uns /endlich/⁴, und da ich in die große Stube kam, sah ich durch die Fenster breite Stüke des Abendgoldes.

e eingetreten herein gebrochen

Die Wahrsagung der Mutter erfüllte sich, und das Wetter schritt zur Besserung. Der Regen ᵈ, wie es in unserm Waldthale so oft geschieht, daß, wenn der Morgen Mittag und Nachmittag so emsig träufeln, der Abend nicht mit ihnen hält, hatte gänzlich aufgehört, die Wolken zogen in weißen Ballen über den blauen Wald hinaus, und aus dem Scheine, der auf dem Stalldache sichtbar wurde, schlossen wir, daß am Abendhimmel schon heitere Stellen sein müssen; denn das Hofstübchen sah nicht nach Abend, sondern nur mit einem Fenster nach Mittag, mit den zwei andern nach Morgen. Wir trennten uns endlich, und da ich in die große Stube kam, sah ich, da mittlerweile der Abend ᵉ|gekommen| war, daß sich in der That zwischen den Wolken schon große Stellen des⁵ goldenen Abendhimmels zeigten, und ihren Schein durch die Fenster in die Stube warfen. Später war sogar hie und da ein Sternlein in ihnen sichtbar. Der Stiefvater und der Schwager kamen ⁶von ihrer Fahrt zurük, und da troz des Wagendaches ihre Kleider naß geworden waren, wechselten sie dieselben.⁷

f sichtlich waren

Nachdem wir das Abendessen verzehrt hatten, wurden die Lichter in unser Doctorzimmer getragen, und wir gingen alle hinein. Selbst die Kinder der Schwester waren nicht schlafen zu bringen gewesen, und gingen mit. Wir sezten uns um die Truhe herum. Ich nahm die Lederbücher heraus, und legte sie auf den Tisch. Alle wunderten sich über die seltsame Zusieglung einzelner Abtheilungen des zweiten Buches durch ‖seidene‖⁸ Bändchen. Einige meinten, da müssen Geheimniße sein. Andere sagten, dann müßten in beiden Büchern Geheimniße gewesen sein, die dann offenbar geworden sind; denn ᶠoffenbar sind auch andere Abtheilungen in beiden Büchern versiegelt gewesen, und sind später aufgelöst worden.

„Schneide die Bändchen entzwei," sagte die Schwester.

„Das werde ich nicht thun, mein liebes Kind," antwortete ich, „denn zu irgend einem Zweke wird die Feßlung der Blätter schon vorgenommen worden sein, und ich will den Zwek vorerst ehren.⁹ In dem, was offen ist, steht vielleicht die Aufklärung, und ich will es¹⁰ lesen, und es wird sich zeigen, was dann zu thun ist."

---

1 üdZ das hat er gethan
2 idZ .
3 üdZ anderen
4 statt enlich

5 üdZ heiteren
6 üdZ heim,
7 idZ [,] und wechselten ihre Kleider.
8 üdZ die seidenen

9 idZ Ich
10 üdZ sie udZ es
aR mit Blaustift zwei Siglen vfH

Mit diesem Plane war die Mutter meine Gattin und der Stiefvater einverstanden. Man besah also das Äußere der Bücher und von dem Inneren, was offen war. Die äußerst schöne Arbeit der Einbände wurde allgemein bewundert. In den Inhalt sah bald das eine bald das andere, und blätterte neugierig herum. Daß ~~es eine und~~ die nehmliche Schrift[a] sei, erkannten alle; aber lesen konnte die Schrift niemand[b], und wenn auch hie und da einzelne Säze [c]~~ergrübelt wurden, so konnte man sie nicht mit dem andern zusammen stellen und erklären.~~ Die Mutter sagte, in den Büchern sei das Leben des Doctors[1]. Ich sagte: „Wenn der Vater diese Schrift lesen gelernt hat, wenn vielleicht sogar der Webesimon daran gegangen ist, so werde ich sie auch lesen lernen. Ich werde mich daran versuchen, so lange ich noch da bin, und wenn ich etwas zu Stande gebracht habe, werde ich ~~es~~[2] erzählen ||oder||[3] vorlesen. Ich werde sodann die Mutter den Stiefvater und die Geschwister um die Erlaubniß bitten, die Bücher mit mir nach Wien nehmen zu dürfen. Dort werde ich den ganzen Inhalt abschreiben. Dann mag durch gemeinschaftlichen Rath bestimmt werden, wo die Bücher in Zukunft aufbewahrt werden sollen. Ich ||würde glauben||[4], daß das väterliche Haus der rechte Plaz dafür sei; aber sie müßten in gute Obhut genommen bleiben."

Alle ~~waren mit~~[5] meinem Vorschlage ~~einverstanden.~~[6] [d]

Die Angelegenheit mit den Büchern war also erledigt. Meine Gattin machte noch auf die hie und da schön gemalten Anfangsbuchstaben und auf [e]~~brennend rothe~~ Aufschriften aufmerksam ||,||[7] ~~hinter denen aber allemal die abscheulichste Schrift kam.~~ Hierauf wurden die Bücher zugemacht, und zur Seite geschoben.

~~Die Kinder der Schwester waren bei der Verhandlung gestanden, und hatten zugehört, als verstünden sie die Sache, das älteste ein /Mädchen/[8] von vier Jahren Franziska ein braunes Trozköpfchen hatte aus der Truhe, deren Dekel jemand aufgemacht hatte, ein Blatt genommen, und hielt es in der Hand, darauf ein Altar mit Liebesflammen abgebildet war, die vielleicht einmal ein Ahne des Trozköpfchens in geheimer Wonne an das Herz gedrükt haben mochte. Das zweite dreijährige Mädchen ein noch ärgeres blondes Engelstrozköpfchen[f] hatte aus Nachahmung auch einen Lappen aus der Truhe genommen, und hielt ihn[g], der ein graues Papier war, darauf mit großen Buchstaben eine Unthat gedrukt war, welche vor hundert Jahren begangen worden war. Das jüngste Kind auf dem Schoße der Mutter hatte doch der Schlaf in die Arme genommen.~~

Nach den Büchern wurde von der heiligen Margaretha geredet. Die ~~zwei~~ Kinder wichen scheu zurük, als ~~sie~~ der Schwager[9] ein wenig näher gegen uns rükte. Die Mutter sagte, sie wisse nicht, woher die heilige Margaretha ~~rühre~~[10]. Sie sei immer auf dem Boden im Gange gestanden, und niemand habe daran gedacht, warum sie da stehe. Sie könne sich auch nicht erinnern, je gehört zu haben, daß sich irgendwo in unsern Feldern eine Kapelle befunden habe. Jezt sei keine und es seien auch keine Überreste da. [h]~~Jemand älterer als die Mutter, der hätte Auskunft geben können, befand sich nicht in der Versammlung.~~

Nun kam die Reihe an die Truhe. Jedes nahm irgend etwas daraus heraus. Ich legte ~~eine Menge~~[11] Dinge auf den Tisch, und die Kinder, ~~in die bei diesen Auskramen neues Leben gekommen war,~~ standen mir hierin am hilfreichsten bei. Oft wurde ein Gelächter über den Wust, der sich da befand, oft erkannte die Mutter ein Stük, weil es in ihrer Jugend schon ein Alterthum gewesen, und ihr öfter vor die Augen gekommen war, oder weil[12] es in ihrer Jugend noch [i]~~im Gebrauche gewesen war, oft wunderte sie sich, wie dieses oder jenes hieher gekommen sei, sie hätte es lange gesucht, und dann vergessen.~~ Von ~~dem Meisten~~[13] hatte weder sie noch irgend ~~wer~~[14] eine ~~Ahnung.~~[15] Über ~~Vieles~~[k] wurden wir einig, daß man es sogleich den Kindern geben könne, die sich damit bepakten. [l]~~Das Meiste~~ blieb ununtersucht, und man gab mir die Vollmacht, die Sachen zu ordnen, und dann vorzuschlagen, was mit ihnen zu geschehen habe. Ich war damit zufrieden, und sagte, daß ich ~~jezt~~[16] an manchem

---

Mappe 13

a in beiden Büchern ~~sei~~
b im Zusammenhange
c ergründet wurden, so kam wieder etwas, das nicht zu enträthseln war, und den Sinn unterbrach.

d mB stimmten bei

e die feurig dunkelrothen

f ~~Johanna~~
g ~~in der Hand~~

h mB + ; darüber mT Der Großvater und der Vater hätten vielleicht Auskunft geben können; aber sie lebten nicht mehr.

i gebraucht hatte.

k Mehreres
l Der größte Theil

---

1 üdZ enthalten
2 üdZ davon
3 und
4 glaube
5 üdZ stimmten
6 idZ bei.
7 idZ .
8 statt Madchen
9 üdZ das Bild
10 üdZ stamme
11 üdZ viele
12 üdZ man
13 üdZ Anderem
14 üdZ jemand
15 üdZ Kenntniß.
16 üdZ bald
aR mit Blaustift drei Siglen vfH

14

a Wir trennten uns dann, und suchten die Nachtruhe.

b ging ich daran,

c die Dinge der Truhe

d entwirren

e die Thränen

f der Vater
g dann;
h kaum
i An den nächsten Abenden

Abende nach dem Essen etwas vorlesen werde. Wer zuhören wolle, könne in unser Zimmer herein kommen. ᵃS̶i̶e̶ ̶w̶a̶r̶e̶n̶ ̶e̶i̶n̶v̶e̶r̶s̶t̶a̶n̶d̶e̶n̶.̶ ̶U̶n̶d̶ ̶h̶i̶e̶r̶a̶u̶f̶ ̶e̶r̶h̶o̶b̶e̶n̶ ̶s̶i̶e̶ ̶s̶i̶c̶h̶,̶ ¹w̶ü̶n̶s̶c̶h̶t̶e̶n̶,̶ a̶l̶l̶e̶n̶ ̶K̶r̶a̶m̶,̶ ̶w̶i̶e̶ ̶e̶r̶ ̶d̶a̶ ̶w̶a̶r̶,̶ ̶l̶i̶e̶g̶e̶n̶ ̶l̶a̶s̶s̶e̶n̶d̶,̶ ̶u̶n̶s̶ ̶e̶i̶n̶e̶ ̶r̶u̶h̶e̶v̶o̶l̶l̶e̶ ̶N̶a̶c̶h̶t̶,̶ ̶u̶m̶ ̶s̶i̶c̶h̶ ̶z̶u̶ ̶e̶n̶t̶f̶e̶r̶n̶e̶n̶.̶ D̶i̶e̶ ̶S̶c̶h̶w̶e̶s̶t̶e̶r̶ ̶s̶c̶h̶l̶e̶p̶p̶t̶e̶ ̶s̶i̶c̶h̶ ̶m̶i̶t̶ ̶i̶h̶r̶e̶m̶ ̶e̶n̶t̶s̶c̶h̶l̶a̶f̶f̶e̶n̶e̶n̶ ̶K̶i̶n̶d̶e̶,̶ ̶u̶n̶d̶ ̶d̶i̶e̶ ̶z̶w̶e̶i̶ ̶a̶n̶d̶e̶r̶n̶ ̶z̶o̶g̶ ̶d̶i̶e̶ ̶M̶u̶t̶t̶e̶r̶ ̶m̶i̶t̶ ̶d̶e̶n̶ H̶ä̶n̶d̶e̶n̶ ̶n̶a̶c̶h̶ ̶s̶i̶c̶h̶.̶ ̶M̶e̶i̶n̶e̶ ̶G̶a̶t̶t̶i̶n̶ ̶u̶n̶d̶ ̶i̶c̶h̶ ̶l̶i̶e̶ß̶e̶n̶ ̶a̶l̶l̶e̶ ̶S̶a̶c̶h̶e̶n̶ ̶a̶u̶f̶ ̶i̶h̶r̶e̶m̶ ̶P̶l̶a̶z̶e̶,̶ ̶u̶n̶d̶ ̶b̶e̶g̶a̶b̶e̶n̶ ̶u̶n̶s̶ ̶z̶u̶ ̶B̶e̶t̶t̶e̶.̶

Am andern Tage ᵇd̶e̶s̶ ̶f̶r̶ü̶h̶e̶s̶t̶e̶n̶ ̶M̶o̶r̶g̶e̶n̶s̶ ̶s̶a̶ß̶ ̶i̶c̶h̶ ̶s̶c̶h̶o̶n̶ ̶a̶n̶ ̶d̶e̶m̶ ̶T̶i̶s̶c̶h̶e̶,̶ ̶u̶m̶ den Inhalt der Truhe zu ordnen. Ich band das Zusammengehörige in Päkchen. Vieles würde für sich genommen unbedeutend gewesen sein; in Bezug auf unser Haus aber hatte es seinen Werth, und blieb da. Manches bekamen die Kinder, da sie eine Vorneigung für ᶜd̶i̶e̶s̶e̶ ̶T̶r̶u̶h̶e̶n̶s̶a̶c̶h̶e̶n̶ offenbarten ‖, und ‖² völlig unnüz war wie morsches Pakpapier, w̶a̶s̶ ̶a̶b̶e̶r̶ ̶i̶m̶m̶e̶r̶ ̶i̶n̶ ̶s̶e̶h̶r̶ ̶s̶c̶h̶ö̶n̶e̶ ̶R̶o̶l̶l̶e̶n̶ ̶z̶u̶s̶a̶m̶m̶e̶n̶ ̶g̶e̶l̶e̶g̶t̶ ̶w̶a̶r̶,̶ wurde zum Verbrennen bestimmt. Da ich fertig war, ließ ich die Truhe in das hintere Zimmer bringen, und legte dann die Papiere des Vaters in Ordnung, und machte ein Verzeichniß darüber. Dann schrieb ich an die Brüder über die Lederbücher, über die Schriften des Vaters und über den Inhalt der Truhe ‖,‖³ d̶e̶r̶ ̶g̶e̶s̶o̶n̶d̶e̶r̶t̶ ̶v̶o̶r̶ ̶m̶i̶r̶ ̶a̶u̶f̶ ̶d̶e̶m̶ ̶T̶i̶s̶c̶h̶e̶ ̶l̶a̶g̶.̶

Da dies geschehen war, widmete ich nun alle Zeit, welche ich nicht mit den Meinigen verbrachte, oder welche mir nicht Besuche von Nachbarn wegnahmen, zuerst der Lesung der Schriften des Vaters. I̶c̶h̶ ̶h̶a̶b̶e̶ ̶n̶i̶e̶ ̶e̶t̶w̶a̶s̶,̶ ̶s̶e̶l̶b̶s̶t̶ ̶w̶a̶s̶ ̶a̶n̶ ̶W̶e̶r̶t̶h̶e̶ ̶w̶e̶i̶t̶ ̶ü̶b̶e̶r̶ ̶d̶i̶e̶s̶e̶n̶ ̶D̶i̶n̶g̶e̶n̶ ̶s̶t̶a̶n̶d̶,̶ ̶m̶i̶t̶ ̶s̶o̶ ̶t̶i̶e̶f̶e̶m̶ ̶m̶e̶i̶n̶e̶ ̶g̶a̶n̶z̶e̶ ̶S̶e̶e̶l̶e̶ ̶u̶m̶f̶a̶s̶s̶e̶n̶d̶e̶n̶ ̶G̶e̶f̶ü̶h̶l̶e̶ ̶g̶e̶l̶e̶s̶e̶n̶.̶ Als ich fertig war, bewahrte ich die Papiere vorläufig in einem Schreine auf, und ging dann an das erste Lederbuch des Doctors. Ich begab mich hiezu in die Hinterstube ‖,‖⁴ t̶h̶e̶i̶l̶s̶,̶ ̶w̶e̶i̶l̶ ̶e̶s̶ ̶d̶o̶r̶t̶ ̶r̶u̶h̶i̶g̶e̶r̶ ̶w̶a̶r̶,̶ ̶t̶h̶e̶i̶l̶s̶,̶ ̶w̶e̶i̶l̶ ̶i̶c̶h̶ ̶m̶i̶c̶h̶ ̶d̶a̶ ̶g̶l̶e̶i̶c̶h̶s̶a̶m̶ ̶m̶i̶t̶t̶e̶n̶ ̶i̶n̶ ̶d̶e̶r̶ ̶L̶u̶f̶t̶ ̶d̶e̶s̶ ̶D̶o̶c̶t̶o̶r̶s̶ b̶e̶f̶a̶n̶d̶.̶ Ich reinigte die Platte des Schreibgerüstes, legte das Buch darauf, und sezte mich⁵ dazu. Anfangs war es mir äußerst schwer, diese Schrift zu ᵈe̶n̶t̶r̶ä̶t̶h̶s̶e̶l̶n̶,̶ dann aber wurde sie mir immer bekannter, und endlich konnte ich sie wie eine ziemlich deutliche lesen. Sie enthielt wirklich das Leben des Doctors; aber nicht gerade so Schritt für Schritt sein Leben ,̶ ̶w̶i̶e̶ ̶i̶c̶h̶ ̶g̶l̶e̶i̶c̶h̶ ̶i̶n̶ ̶d̶e̶n̶ ̶e̶r̶s̶t̶e̶n̶ ̶B̶l̶ä̶t̶t̶e̶r̶n̶ ̶b̶e̶m̶e̶r̶k̶e̶n̶ ̶k̶o̶n̶n̶t̶e̶, sondern Abtheilungen, die ihm ‖merkwürdiger‖⁶ geschienen haben mochten. Auch Betrachtungen Ansichten Naturereignisse waren eingetragen. Ich begann, die ersten Blätter in unsere Schrift u̶n̶d̶ ̶S̶p̶r̶a̶c̶h̶e̶ zu übertragen.

In der nächsten Zeit las ich ⁷a̶n̶ ̶m̶a̶n̶c̶h̶e̶m̶ ̶A̶b̶e̶n̶d̶e̶,̶ ̶w̶i̶e̶ ̶i̶c̶h̶ ̶g̶e̶s̶a̶g̶t̶ ̶h̶a̶t̶t̶e̶,̶ ̶e̶t̶w̶a̶s̶ ̶v̶o̶r̶.̶ D̶i̶e̶ ̶M̶u̶t̶t̶e̶r̶ ̶m̶e̶i̶n̶e̶ ̶G̶a̶t̶t̶i̶n̶ ̶u̶n̶d̶ ̶d̶i̶e̶ ̶S̶c̶h̶w̶e̶s̶t̶e̶r̶ ̶w̶a̶r̶e̶n̶ ̶i̶m̶m̶e̶r̶ ̶z̶u̶g̶e̶g̶e̶n̶,̶ ̶d̶i̶e̶ ̶z̶w̶e̶i̶ ̶ä̶l̶t̶e̶r̶e̶n̶ ̶M̶ä̶d̶c̶h̶e̶n̶ ̶m̶e̶i̶n̶e̶r̶ ̶S̶c̶h̶w̶e̶s̶t̶e̶r̶,̶ ̶a̶l̶s̶ ̶w̶ä̶r̶e̶n̶ ̶s̶i̶e̶ ̶u̶n̶e̶n̶t̶b̶e̶h̶r̶l̶i̶c̶h̶,̶ ̶f̶ü̶h̶l̶t̶e̶n̶ ̶k̶e̶i̶n̶e̶n̶ ̶S̶c̶h̶l̶a̶f̶,̶ ̶u̶n̶d̶ ̶h̶ö̶r̶t̶e̶n̶ ̶z̶u̶.̶ ̶D̶i̶e̶ ̶z̶w̶e̶i̶ ̶j̶ü̶n̶g̶e̶r̶e̶n̶ ̶K̶i̶n̶d̶e̶r̶ e̶i̶n̶ ̶z̶w̶e̶i̶j̶ä̶h̶r̶i̶g̶e̶r̶ ̶u̶n̶d̶ ̶e̶i̶n̶ ̶e̶i̶n̶j̶ä̶h̶r̶i̶g̶e̶r̶ ̶K̶n̶a̶b̶e̶ ̶w̶u̶r̶d̶e̶n̶ ̶v̶o̶r̶h̶e̶r̶ ̶z̶u̶r̶ ̶R̶u̶h̶e̶ ̶g̶e̶b̶r̶a̶c̶h̶t̶.̶ ̶D̶e̶r̶ ̶S̶t̶i̶e̶f̶v̶a̶t̶e̶r̶ ̶u̶n̶d̶ d̶e̶r̶ ̶S̶c̶h̶w̶a̶g̶e̶r̶ ̶w̶a̶r̶e̶n̶ ̶m̶a̶n̶c̶h̶e̶s̶ ̶M̶a̶l̶ ̶b̶e̶i̶m̶ ̶L̶e̶s̶e̶n̶ ̶z̶u̶g̶e̶g̶e̶n̶,̶ ̶m̶a̶n̶c̶h̶e̶s̶ ̶M̶a̶l̶ ̶n̶i̶c̶h̶t̶.̶ ̶D̶a̶ ̶s̶a̶s̶s̶e̶n̶ ̶w̶i̶r̶ ̶d̶a̶n̶n̶,̶ ̶w̶e̶n̶n̶ ̶d̶a̶s̶ A̶b̶e̶n̶d̶e̶s̶s̶e̶n̶ ̶v̶o̶r̶ü̶b̶e̶r̶ ̶w̶a̶r̶,̶ ̶u̶n̶d̶ ̶d̶e̶r̶ ̶A̶b̶e̶n̶d̶h̶i̶m̶m̶e̶l̶ ̶u̶n̶d̶ ̶s̶e̶i̶n̶e̶ ̶W̶o̶l̶k̶e̶n̶ ̶i̶h̶r̶ ̶G̶o̶l̶d̶ ̶u̶n̶d̶ ̶i̶h̶r̶[̶e̶]̶ ⁸R̶o̶t̶h̶ ̶a̶u̶s̶g̶e̶g̶l̶ü̶h̶t̶ ̶h̶a̶t̶t̶e̶n̶,̶ ̶b̶e̶i̶m̶ ̶S̶c̶h̶e̶i̶n̶e̶ ̶d̶e̶r̶ ̶K̶e̶r̶z̶e̶n̶ ̶b̶e̶i̶s̶a̶m̶m̶e̶n̶,̶ ̶u̶n̶d̶ ̶h̶ö̶r̶t̶e̶n̶ ̶W̶o̶r̶t̶e̶ ̶e̶i̶n̶e̶s̶ ̶u̶n̶s̶e̶r̶e̶r̶ ̶V̶o̶r̶g̶ä̶n̶g̶e̶r̶.̶ ̶A̶l̶s̶ ̶i̶c̶h̶ ̶a̶u̶s̶ d̶e̶n̶ ̶S̶c̶h̶r̶i̶f̶t̶e̶n̶ ̶d̶e̶s̶ ̶V̶a̶t̶e̶r̶s̶ ̶l̶a̶s̶,̶ ̶k̶a̶m̶e̶n̶ ‖anfänglich‖⁹ einzelne Tropfen aus den Augen der Mutter, u̶n̶d̶ ̶i̶h̶r̶ ̶a̶l̶t̶e̶r̶n̶d̶e̶s̶ ̶A̶n̶t̶l̶i̶z̶ ̶r̶ö̶t̶h̶e̶t̶e̶ ̶s̶i̶c̶h̶; dann aber, als von den Kindern die Rede war, und als die Schriften von ihr selber erzählten, strömten s̶i̶e̶ᵉ rükhaltlos über ihre Wangen herab, sie hatte ihre Hände auf den Tisch gelegt, und diese zitterten. Die Schwester wendete das Antliz ab, um ihr krampfhaftes Weinen zu verbergen, und meine Gattin sah mit thränenschwimmenden Augen in mein Angesicht. I̶c̶h̶ ̶l̶a̶s̶ ̶d̶i̶e̶j̶e̶n̶i̶g̶e̶n̶ ̶S̶t̶ü̶k̶e̶,̶ ̶w̶e̶l̶c̶h̶e̶ ̶d̶a̶s̶ ̶H̶e̶r̶z̶ ̶z̶u̶ ̶s̶e̶h̶r̶ ̶b̶e̶w̶e̶g̶t̶ ̶h̶a̶b̶e̶n̶ ̶w̶ü̶r̶d̶e̶n̶,̶ ̶g̶a̶r̶ ̶n̶i̶c̶h̶t̶ ̶v̶o̶r̶.̶ Es war z̶u̶ ̶j̶e̶n̶e̶r̶ ̶Z̶e̶i̶t̶ fast ein Vierteljahrhundert, seit e̶r̶ᶠ in der Erde ruhte. Die Mutter beschrieb ihn uns ᵍ[;] denn leider war kein Bild von ihm vorhanden, und ich und die Schwester konnten uns seines Aussehens ʰn̶o̶c̶h̶ ̶r̶e̶c̶h̶t̶ ̶g̶u̶t̶ erinnern ‖,‖¹⁰ o̶b̶w̶o̶h̶l̶ ̶w̶i̶r̶ ̶f̶a̶s̶t̶ ̶n̶o̶c̶h̶ ̶K̶i̶n̶d̶e̶r̶ ̶w̶a̶r̶e̶n̶,̶ ̶d̶a̶ ̶e̶r̶ ̶b̶e̶g̶r̶a̶b̶e̶n̶ ̶w̶u̶r̶d̶e̶.̶

ⁱN̶a̶c̶h̶ ̶d̶e̶n̶ ̶S̶c̶h̶r̶i̶f̶t̶e̶n̶ ̶d̶e̶s̶ ̶V̶a̶t̶e̶r̶s̶ las ich a̶n̶ ̶m̶a̶n̶c̶h̶e̶m̶ ̶A̶b̶e̶n̶d̶e̶¹¹ aus dem Lederbuche des Doctors. W̶i̶r̶ ̶s̶a̶s̶s̶e̶n̶ ̶i̶n̶ ̶d̶e̶m̶s̶e̶l̶b̶e̶n̶ ̶G̶e̶m̶a̶c̶h̶e̶,̶ ̶d̶a̶s̶ ̶d̶e̶r̶ ̶D̶o̶c̶t̶o̶r̶ ̶b̶e̶w̶o̶h̶n̶t̶ ̶h̶a̶t̶t̶e̶,̶ ̶o̶b̶w̶o̶h̶l̶ ̶s̶e̶i̶n̶e̶ ̶G̶e̶r̶ä̶t̶h̶e̶ ̶a̶u̶s̶ ̶d̶i̶e̶s̶e̶m̶

---

1 üdZ u̶n̶d̶
2 idZ . Was
3 idZ .
4 idZ .
5 statt m̶
6 merkwürdig
7 üdZ nun aus den Schriften des Vaters vor.
8 G̶l̶
9 Anfänglich üdZ kamen
10 idZ .
11 üdZ dann
aR mit Blaustift drei Siglen vfH

~~Gemache fort gebracht, und in die hintere Stube gestellt worden waren.~~ Die Meinigen hörten sehr aufmerksam zu, und die Mutter [,]ᵃ durch die Worte des Doctors ᵇ~~angeregt, frischte den Inhalt des Kästchens ihrer Erinnerungen auf, und erzählte dann selber von dem Doctor und von der Vergangenheit, theils wie sie die Dinge selber erlebt hatte, theils wie sie von dem Großvater erzählt worden waren, denn sie hatte als junges Mädchen den Doctor und seine Rappen noch gekannt, und es war, da sie kurz nach seinem Tode in sein Haus kam, die Rede von ihm noch sehr lebhaft. Wir saßen an solchen Tagen~~¹ ~~gewöhnlich bis spät in der Nacht beisammen. Die Schwester sagte einmal, das, wo die Gespenster und die Geister vorkommen, müsse an einer andern Stelle des Lebens des Doctors stehen, es ist Schade, daß ich nicht länger da bleiben könne, daß wir die ganzen Bücher des Doctors auslesen könnten. Ich antwortete ihr, daß ich die Schriften des Doctors abschreiben werde, und daß sie dann alles, wenn ich wieder komme, oder durch Sendungen erfahren könne.~~

  Die Brüder ᶜ[hatten] auf meine Briefe ~~geantwortet~~, daß sie mit allem einverstanden seien, was die Mutter anordne, und ich möge über die Sachen bestimmen, wie ich es für gut finde. ᵈ~~Es wurde auch~~² der Gedanke angeregt, daß wir uns im nächsten Jahre ein Stelldichein bei der Mutter geben, und alle an einem Tage bei ihr eintreffen sollten. ~~Es wurden~~ ‖die‖³ Verhandlungen über Feststellung des Tages ~~eingeleitet.~~⁴

  Endlich rükte die Zeit unserer Abreise heran. Wir waren sechs Wochen bei der Mutter gewesen. ᵉ~~Obwohl der Lieblingsgegenstand ihrer Gespräche Erzählungen aus~~ den ersten Zeiten ihrer Kinder ᶠ~~gewesen war, so hatte sie diesen~~ Gegenstand ~~doch~~⁵ nicht erschöpft; denn immer kamen wieder neue Ereignisse zum Vorscheine. Ich ~~merkte~~⁶ mir diejenigen, die ich nicht schon kannte,ᵍ auf. Ich bedauerte, daß ich ~~mir~~ nichts von den ~~vielen~~ Liedern ‖aufgeschrieben‖⁷ hatte, welche unsʰ die ~~aus ihrer Jugendzeit⁸ gesangsberühmte~~ Großmutter Ursula gesungen hatte, ⁱ~~und davon manche~~ von ländlichen Dichtern unseres Thales ‖herrührten.‖⁹ᵏ Ich hielt als Schüler der lateinischen Schule derlei Sachen für ~~viel~~ zu geringe. Wir wurden alle etwas stiller, je näher der Tag der Abreise rükte. Ich und meine Gattin versprachen der Mutter, jedes Jahr ~~einmal~~ zu ihr zu kommen, und so war die Trennung ~~ja eigentlich keine~~¹⁰. Das Schreibgerüsteˡ des Doctors ~~und andere Geräthe desselben~~ wurden in ‖Kisten‖¹¹ gepakt, und voraus gesendet. Alles, was die Mutter als Aussteuer uns zu geben sich nicht nehmen ließ, so wie die Bücher des Doctors und andere Merkwürdigkeiten wurden gleichfalls gepakt, und unsers Weges vorangeschikt. Die /Mutter/¹² ~~ließ die Bräuche unsers Thales nicht fahren, und~~ gab der Schwiegertochter Flachs ~~und Wolle mit, obwohl diese dieselben nicht verspinnen konnte, sie gab ihr~~ Linnen, Garn ~~zu~~ Zwirn ⸝ Mehl Bohnen und Eßwaaren, dann kleine Geräthe aus guten Metallen oder feinem Holze, ein Kreuzlein mit echten Steinen als Schmuk, dann zwei Nadeln, womit man die ehemaligen ~~platten und gestikten~~ Hauben aus bunter Seide an dem Kopfe befestigte, und endlich alte Thaler und Goldmünzen. Sie wollte ihr auch die silberne Schale des Doctors geben; aber meine Gattin ᵐ~~erwiederte, seit sie ihr selber gesagt habe, daß der Doctor das Blut der vornehmen Leute hinein gelassen habe, empfinde sie einen Schauer vor der Schale. Obwohl nun meine Mutter gesagt hatte, wer weiß es, ob dieses wahr sei, und bei uns gäbe es gar keine vornehmen Leute, so beharrte sie doch nicht auf ihrem Ansinnen, und behielt ihr seltsames Geschenk zurük.~~¹³ ⁿ

  Da alles fortgeschikt war, und nur wir selber und ein Lederkoffer, der das Allernöthigste enthielt, übrig waren, um in einem Wagen fortgeschafft zu werden, kam der Tag, an dem dieses geschehen sollte, und der Wagen hielt im frühesten Morgengrauen vor dem Hause. ~~Wir mußten bald aufbrechen, weil wir eine starke Tagereise vor uns hatten.~~ Wir nahmen Abschied. Die Mutter und meine Gattin lagen¹⁴ schluchzend ~~einander~~ an dem Halse, mir rannen die Thränen über die Wangen, ~~weil es mich so rührte und freute, daß sich meine Mutter und meine Gattin so liebten,~~ dann verabschiedete ~~sie~~ sich ᵒ~~herzlich und~~ innig von der Schwester, herzte die Kinder, alle verabschiedeten wir uns von einander, der Stiefvater stand vor meiner Gattin, seine Unterlippe zitterteᵖ, er reichte ihr die Hand, sie aberᵠ küßte ihn, und so auch den Schwager. Dann hob ich sie in den Wagen, und stieg zu ihr ein. Als wir

---

Mappe 15

a frischte
b ihre Erinnerung auf, es fiel ihr Manches ein, was sie vergessen zu haben meinte. Sie erzählte nun im Flusse von dem Doctor. Wir sassen an solchen Tagen oft bis spät in die Nacht beisammen.
c antworteten
d Die zwei konnten nicht kommen; es

e Sie hatte sehr oft von
f gesprochen; aber der
g flüchtig
h Kindern
i die in ihrer Jugend eine berühmte Sängerin des Thales gewesen war. Manche dieser Lieder stammten
k und manche fand ich später unter den Volksliedern, wie das von den drei Grafen im Schifflein.
l und andere Dinge

m hatte eine Scheu davor.

n Das meinige war in der That ein schwarzer Frak gewesen ‖.‖ ᵐᵃᵀ, das der Braut ein ~~schweres~~ graues Seidenkleid.

o meine Gattin
p vor verhaltenen Thränen
q umfaßte ihn, und

---

1 üdZ [oft]
2 üdZ aber
3 Die
4 idZ wurden eingeleitet.
5 üdZ war
6 üdZ schrieb
7 geschrieben
8 idZ G
9 her
10 üdZ leichter
11 neu
12 irrtümlich mitgestrichen
13 idZ Wir ließen unser Brautgewand für die Brauttruhe in dem väterlichen Hause zurük.
14 üdZ sich sich
aR mit Blaustift Sigle vfH

16.

a in /demselben/¹
b ~~wie ein christliches Weib,~~
c und alle waren aus unsern Augen.
e ~~und fort.~~
d nach den Zurükgebliebenen umsehen. Da es warm geworden war, und der Kutscher den Wagen zurük gelegt hatte,
f kamen am zweiten Tage nach Wien.

ᵃ~~drinnen~~ sassen, kam die Mutter noch herzu, sie stand vor uns, blaß, noch in Thränen, aber freundlich gefaßtᵇ und machte den Segen des heiligen Kreuzes auf uns hinein. Wir dankten, ~~es wurde das Zeichen gegeben,~~ die Pferde zogen an, ~~die Räder drehten sich in dem morgenfeuchten Staube, und unsere~~ ᶜ~~Lieben wichen hinter uns zurük.~~ Da der Wagen der Morgenkühle wegen geschlossen war, konnten wir nicht mehr [auf] ᵈ~~sie zurüksehen. Wir sassen Anfangs stumm da, und der Wagen rollte fort~~ᵉ. ~~Hügel und Berge legten sich nach und nach hinter uns, und da wir, als es wärmer wurde, den Wagen zurük legten,~~ sahen wir hinter uns den Wald nur mehr blau und dämmernd, der jezt so viele Tage mit seiner lieblichen Färbung auf uns nieder und durch unsere Fenster herein geschaut hatte.

Wir ᶠ~~legten die Tagereise an die Donau zurük. Am nächsten Morgen ging ich mit meiner Gattin auf das Schif, und am Abende brachte uns vom Schiffe ein anderer Wagen in die Stadt zu unsrer Wohnung. In derselben fanden wir schon die Kisten mit den Geräthschaften des Doctors und den andern Dingen.~~

Ich nahm mir vor, mit meinen Brüdern zu sprechen, daß, wenn ~~wer immer von uns~~² das väterliche Haus [einmal] übernehmen sollte³ ╪ ~~denn so lange die Mutter lebt, soll sie darin wirthschaften~~ ╪ er an demselben nicht so viel ändern möge, daß es aufhöre, unser Vaterhaus das Haus unserer Erinnerungen zu sein.

---

1 *statt* denselben
2 *üdZ* einmal einer
3 *idZ* ,
aR mit Blaustift Sigle vfH

2.
Das Gelöbniß.

Nun folgen Auszüge aus dem Lederbuche des Doctors.

Auf der ersten Seite des ersten Bandes standen in lauter dunkelrother Drukschrift die Worte: Sei gegrüßt, mein Buch. Kollmann in Prag hat dich recht gemacht, du bist schön und fest für die ernste Sache. Sei gegrüßt, und sei der Ekstein meiner Zukunft. Weil es seit einem Monate gewiß ist, daß ich mir kein Weib antrauen werde, und daß ich keine Kinder haben werde, so sei du mein Weib und mein Kind, und irgend ein fremder Mensch wird dich nach meinem Tode ehren.

Thal ob Pirling am Tage des heiligen ~~Medardus~~[1] im Jahre ~~des~~[2] Heiles 1731. Augustinus.

Die zweite Seite des Buches war leer. Auf der dritten Seite stand mit dunkelrother Drukschrift die Aufschrift: Gelöbniß. Dann standen mit derselben dunkelrothen Drukschrift die Worte: Es sei mir statt eines Eides, was ich hier schreibe. Ich will mein Leben in dieses Buch eintragen. Es ist nicht Schuldigkeit, an jedem Tage und ein Jedes, das sich ereignet, einzutragen, sondern nur das, was mir wichtig erscheint; dieses einzutragen aber ist Schuldigkeit, und es ist Schuldigkeit, die Blätter dann für meine Augen abzusperren, daß sie nicht mehr darauf fallen können, bis drei Jahre vergangen sind. Dann darf ich die Sperre lösen, und das Eingetragene wieder durchbliken und wie Sparpfennige gebrauchen. Ich will Alles aufschreiben, wie es vor meinem Verstande gewesen ist, da ich es aufgeschrieben habe. So will ich es halten bis zu dem Ende meines Lebens. Helfe mir Gott.

Thal ob Pirling am Tage des heiligen ~~Medardus~~[3] im Jahre unsres Heiles 1731. Augustinus.

Die vierte Seite war wieder leer. Auf der fünften begann die Schrift-

---

1 üdZ Martinus
2 üdZ unsres

3 üdZ Martinus
aR mit Blaustift zwei Siglen vfH

Die in der Dritten Fassung fehlenden Manuskriptseiten 17 und 18 wurden der Vierten Fassung entnommen.

18. führung, und nun war keine Seite mehr ganz leer. Das Buch war in Absäzen geschrieben, jeder Absaz begann nach dem oberen Drittṫheile der Seite mit einer dunkelrothen Aufschrift in Drukbuchstaben, worauf die Schrift folgte. Wenn ein Absaz vor dem Ende der Seite endigte, so blieb der Rest der Seite leer. So ging es fünfhundert sechzehn Seiten fort.

Die erste Aufschrift hieß: Von den zwei Bettlern.

(Hier folgt die Beilage) Mappe 19.

3.
~~‖Die Geschichte der zwei Bettler.‖~~[1]

~~Ich habe diese Angelegenheit schon früher aufgeschrieben, da ich noch ziemlich jünger war. Sie ist mir sehr tief in das Gemüth gegangen, obgleich in demselben viel Leichtsinn herrschte. Auch können die Gerichte einmal darüber sprechen, deßhalb habe ich alle Beweisstüke und Aushilfen angemerkt, und an dem rechten Orte nieder gelegt. Ich werde die Worte der Angelegenheit in dieses Buch eintragen, wie sie damals geschrieben worden sind, |wie mein Wesen war, und sich offenbarte|[2]. Die Worte aber sind, wie folgt.~~[a]

~~Es waren zwei Menschen, Augustinus und Eustachius. Die zwei Menschen waren Schüler in der hohen Schule der alten und ehrwürdigen Stadt Prag. Ob unter den sehr vielen Schülern, die aus allen Gegenden der Welt zu der uralten Schule in Prag zusammen kamen, noch mehrere Augustinus und Eustachius hießen, ist einerlei, zwei hießen so. Augustinus erlernte die Arzneikunde, Eustachius die Rechtskunde. Sie waren so alt, daß sie das zwanzigste Jahr schon überschritten hatten, aber nicht weit jenseits waren. Augustinus trug einen schwarzen Sammetrok, wie sie damals gebräuchlich waren, und ein schönes Sammetstuzhäubchen. Eustachius trug auch einen solchen Rok und ein solches Häubchen. Augustinus trug oft einen scharfen Schläger in der Scheide an seiner Seite, und wenn er diesen nicht hatte, so pflegte seine Hand mit einem Stabe zu spielen, der wie eine Keule war. Eustachius trug nichts dergleichen, sondern öfter nur geschriebene Hefte, die er in die Schule mitnahm. Augustinus hatte halblange dunkelbraune Haare und dunkelbraune Augen, Eustachius hatte gleichfalls halblange aber fast blonde Haare und ganz schwarze Augen. Augustinus ging gerne schnell und scharf, Eustachius langsamer und stiller. Sie wohnten beide ‖in der Tischlergasse‖[3], und wenn sie sich begegneten, oder trafen, lüfteten sie die Hauben. Damals hatten sie noch nicht beide einen schwarzen Rok, sondern nur Augustinus, Eustachius trug einen braunen, der schlecht war. In ‖ihrer Nähe‖[4] befand sich die Schenke, welche der graue Hase hieß. Man bekam dort leichtes Bier und wohlfeile Würste. Augustinus saß oft mit vielen seiner Kameraden dort, und Eustachius[5] war auch zuweilen an einem Tischlein. Augustinus fragte hier den Eustachius, ob er auch aus fernen Theilen des Landes gekommen sei, und in der Stadt gar niemanden habe, dem er angehöre. Eustachius antwortete, er sei zwar nicht weit hergekommen, habe aber gleichwohl in der Stadt niemanden, zu dem er gehöre. Augustinus stieg sogar einmal fünf Treppen zu Eustach empor, weil dieser gesagt hatte, seine Miethfrau Cäcilia mache sehr schöne Hemden. Cäcilia war eine dünne fünfzigjährige Person, die von einem sehr kleinen Einkommen eines sehr kleinen Vermögens sehr gut lebte, weil sie fast nichts brauchte, und noch Eustach, wenn er krank war, auserlesene ‖Suppe‖[6] brachte. Sie hatte zwei Stübchen mit zwei Thüren auf den Gang und einer Verbindungsthür. In einem Stübchen wohnte sie, das andere vermiethete sie, und die Verbindungsthür war ein Kleiderschrein. In dem vermietheten Stübchen saß Eustachius als Miether. Er sah auf eine Menge von Giebeln Dächern Schornsteinen und Dachfenstern hinaus.~~

a mB fast unleserlich von Aprents Hand:
  Dieses Stück bleibt und bildet den Anfang.

---

1 Von den zwei Bettlern.
2 mB vfH; der Absatz mB vfH angestrichen
3 maT
4 maT
5 idZ sa
6 Suppen

20.

~~Augustinus ließ sich Hemden machen, und kam da und später noch zu Eustachius. Da sassen sie in dem Stübchen, und sahen auf die Giebel und Schornsteine hinaus, und zankten, oder vielmehr, Augustinus zankte mit Eustachius.~~

~~Eines Tages, als Augustinus auf die Schule ging, sah er in der großen Halle des Carolins, wie sie damals die Schule von ihrem Gründer dem Kaiser Karl hießen, unter den vielen Schülern, die sich da trieben, ein Wesen, welches einen grünen Rok und ein gelbes Wamms an hatte, und an den Beinen eine graue bauschige Hose trug, wie sie zu Ende des dreißigjährigen Krieges gebräuchlich waren, und die röthlichen Strümpfe endigten in große Schuhe. Augustinus, der gerne auf einen schönen Anzug hielt, besonders auf einen feinen dunklen, wie sie damals die schönen Herren trugen, ehe die bunten aufkamen, die sich jezt schon sehen lassen, ging mit andern Leuten dem Wesen nach, und hörte, wie sie sagten: „Wir haben nunmehr das aufgeklärte achtzehnte Jahrhundert stark angeschnitten, und zehren davon, und der betet zu den verplunderten Gözen," und sah, wie immer mehrere sich an das Wesen drängten, und ging selber zu dem Wesen hinzu, und schlug alle Hände zusammen, es war Eustachius. Sofort nahm er ihn unter dem Arme, und sagte: „Jezt gehe mit mir." Er führte ihn drei Male in den Hallen auf und nieder, dann schwenkte er seitwärts,~~ ǁführteǁ[1] ging[2] ~~bei dem Thore der Schule hinaus, und führte ihn in seine Wohnung.~~

Des andern Tages ging Augustinus in demselben Anzuge nur noch vermehrt durch einen starken Schläger an seiner Seite in den Hallen hin und her. Er ging nach oben und nach unten und nach links, und nach rechts, und sah alle an ǁ, undǁ[3] da er nirgends einen Anlaß ~~sah~~ zu einem Spane mit irgend jemanden[4], so ging' er vor dem ǁCarolinǁ[5] wieder fort.

Man mußte ihn damals für einen Anführer neuer Dinge gehalten haben; denn nach Kurzem kamen bei sehr jungen Leuten bunte Anzüge vor.

Eine Zeit nach diesem Ereignisse saß er einmal bei Eustachius in der Stube desselben, und fragte ihn: „So sage einmal, du Taube der Arche Noahs, wie es denn war, da du neulich wie ein Zeisig auf dem ǁCarolinǁ[6] herum gegangen bist?"

„Ach das ist verwikelt, lieber Augustinus," entgegnete der andere ǁ, „ichǁ[7] bin in Friedland fünfzehn Meilen von Prag geboren worden. Aber alle sind gestorben, mein Vater, meine Mutter, meine Großeltern, meine Geschwister, meine Vettern und Muhmen. Mein Vater ist ein Tuchmacher und ~~sonst~~ ein ~~so~~ guter Mann gewesen ǁ,ǁ[8] [a]~~daß er~~ allen Leuten ~~geborgt hat,~~ bis er selber ~~gar~~ nichts mehr ~~hatte~~[9]. Nach seinem Tode hatte ich ~~noch mehr~~[10] gar nichts[11] ~~als er~~. Der Schneider Franz [b]~~Koden~~, der etwa ein sehr weiter Verwandter des Vaters ist, jedenfalls aber von ihm stets Tücher gekauft hat, [12]~~gab mir zu essen, er ist~~ ein alter Mann ohne Weib und Kind[,][c] und da sie sagten, daß ich in der Schule sehr fleißig lerne, nahm er sich mit [d]~~knappen~~ Mitteln meiner an, daß ich in die lateinische Schule kam, und von Jahr zu Jahr[e] gelangte. Als die lateinische Schule aus war, sagte er: „Du mußt jezt nach Prag," und dann, sagte er, er werde mir einen sehr vornehmen Anzug machen, in welchem ich mich schon zeigen könne; aber ich müsse ihn mit der äußersten Vorsicht schonen, da er sehr theuer ~~sei~~ und fein vom Stoffe[13]. Er machte nun den grünen Rok das gelbe Wamms und die grauen Hosen ǁ, dieǁ[14] ~~rothbraunen~~[f] Strümpfe kaufte er, und die Schuhe hatte er selber, ein ganz neues Paar. Dann schrieb er in seinem Stüblein einen Empfehlungsbrief an den einzigen Mann in Prag, von dem er wußte, an [15]Emerich ~~Bolzon~~[g]. Er kannte ihn selber nicht, aber er ließ sich von ihm seit dem Tode meines Vaters das Tuch schiken, dunkles und buntes, wie er es brauchte ǁ, und aufǁ[16] einen Kunden, meinte er, werde der Kaufmann Emerich ~~Bolzon~~[h] schon schauen. Dann wurde der Koffer, ~~auf dem du sizest, Augustinus,~~ durch den Frächter zu dem Knechte des schwarzen Rosses nach Prag [i]~~geführt~~, ich erhielt ein ledernes Beutelchen mit Geld, und ging dann die fünfzehn Meilen ~~eine nach der andern~~ nach Prag. Der Kaufmann Emerich [k]~~Bolzon~~ wußte gar nichts von dem Schneider Franz ~~Koden~~[17] in Friedland, und erst aus einem großen Buche [l]~~schlugen sie ihm auf,~~ daß ~~dieser~~[18] zuweilen[19] Tuch kaufe, und bar bezahle. ~~„Es ist schon recht,"~~ sagte ǁderǁ[20] Kaufmann ~~,und~~ lud mich zeitweilig zum Mittagessen ein. Ich fand hier oben[m] Unterkunft ~~, bin immer hier,~~ und der Schneider Franz ~~Koden~~[21] [n]~~gibt mir noch~~ ǁimmerǁ[24] ~~etwas, und ich erwerbe mir auch etwas, indem ich unvernünftigen Kindern, die noch nichts können, geringe Kenntnisse einpräge~~. Den Anzug ~~, welchen er mir machte,~~ habe ich so geschont, daß ich ihn [25]zum ersten Male ~~auf dem Carolin anhatte."~~[26]

„Und warum hast du ihn denn nicht noch weiter geschont ǁ,ǁ[27] ~~du Guter?~~ fragte ~~ihn~~ Augustinus,

---

a Er borgte

b Lind

c war, gab mir zu essen,

d seinen geringen

e in ihr weiter

f rothen

g ~~Mildon~~ Waldon

h ~~Mildon~~ Waldon

i gefördert

k Waldon

l lasen sie ihn heraus

m ~~in der Stube~~

n in 2. Var. ~~trägt~~[22] noch zuweilen[23] ~~nach, ich lehre unvernünftige Kinder den Anfang des Wissens, und erwerbe mir Kleinigkeiten.~~

---

1 idZ gestrichen
2 üdZ ~~mit ihm~~
3 idZ . Und
4 üdZ fand
5 Karolin
6 Karolin
7 " Ich
8 idZ .
9 üdZ besaß
10 üdZ auch
11 idZ .
12 üdZ und
13 . sei.
14 . Die
15 üdZ den Kaufherrn
16 . Auf
17 üdZ Lind
18 idZ er
19 üdZ ~~von ihm~~
20 Der
21 üdZ Lind
22 üdZ in 3. Var. schikt
23 üdZ in 3. Var. etwas.
24 üdZ ~~fortan~~
25 udZ ~~wirklich~~ nun
26 idZ ~~benüzte."~~ trug."
27 ?"

[1](Beilage zu Seite 19 der Mappe des Urgroßvaters)[2]

Beilage zu 19 der Mappe.

&.[3]
Von den zwei Bettlern.

[4]In der hohen Schule der alten ehrwürdigen Stadt Prag war ein Schüler, der Augustinus hieß. [a]Er hatte das zwanzigste Jahr überschritten, war aber noch nicht weit über dasselbe hinaus. Er trug einen schwarzen Sammetrok, wie sie gebräuchlich waren, und ein schönes schwarzes Sammetstuzhäubchen. Oft trug er an der Seite einen scharfen Schläger in der Scheide, und wenn er keinen Schläger trug, so hatte er einen Stok in der Hand, der wie eine Keule war. Er ging gerne schnell und scharf. Unter der schwarzen Sammethaube [b]~~gingen~~[5] hinten halblange braune Haare nieder, und vorne sahen braune Augen unter derselben heraus. Er wohnte in der Tischlergasse. In der hohen Schule der alten ehrwürdigen Stadt Prag war auch ein anderer Schüler, der Eustachius hieß. Er lernte die Rechtswissenschaft. Er war auch schon ein wenig über das zwanzigste Jahr hinaus. Er trug einen braunen Rok, der schlecht war, ~~und eine braune Haube, die ebenfalls schlecht war. An~~[6] seiner Seite trug er nie einen Schläger und in der Hand nie einen Stok, sondern manches Mal nur beschriebene Papiere, die er in die Schule mitnahm. Er ging gerne ‖stille und langsam‖[7]. ‖Unter der[8] braunen Haube hatte er‖[9] halblange fast blonde[10] und ganz schwarze Augen. Er wohnte ebenfalls in der Tischlergasse. Weil beide Schüler oft des nehmlichen Weges gingen, so grüßten sie einander, ~~und lüfteten die Hauben.~~[11] In der Tischlergasse war eine Schenke, die der graue Hase hieß. Augustinus saß oft mit vielen seiner Kameraden dort, und aß und trank. Eustachius war auch ~~manches Mal~~[12] an einem kleinen[13]. Da redete einmal Augustinus mit ihm, und fragte ihn, ob er auch aus der Entfernung herbei gekommen sei, und in der Stadt niemanden habe, dem er angehöre. Eustachius antwortete, er sei zwar nicht weit hergekommen, habe aber gleichwohl in der Stadt niemanden, zu dem er gehöre. Augustinus stieg dann einmal mit ihm fünf Treppen hinauf, weil er gesagt hatte, daß seine Miethfrau sehr schöne Hemden mache, und weil Augustinus sich Hemden bestellen wollte. Eustachius führte ihn in das Stübchen seiner Miethfrau, und sagte zu[14] ~~dieser:~~ „Jungfrau Cäcilia, dieser junge Herr will sich Hemden bestellen."

„Ich werde sie ihm machen, daß er zufrieden sein soll/,/" antwortete Cäcilia.

Augustinus bestellte sich Hemden.

Dann führte ihn Eustachius über den Gang in sein Stübchen. Dasselbe war neben dem Cäcilias, und hatte zu ihm eine Verbindungsthür, die jezt ein Kleiderschrein war. Eustachius wollte für Augustinus einen hölzernen Stuhl abwischen, aber Augustinus sezte sich auf einen Koffer, der da stand. Eustachius sagte: „Cäcilia ist nun schon über fünfzig Jahre alt, sie lebt reichlich von einer kleinen Rente eines kleinen Vermögens, und macht für die Leute schöne Sachen. Gegen mich ist sie[15] sorglich, ~~und gibt mir, wenn ich krank bin, sehr heilsame Suppen.~~[16] Ich wohne hier recht gut. Da sind viele Giebel, Dächer, Schornsteine und Dachfenster. Ich habe sie schon alle gezeichnet."

Augustinus führte Eustachius auch einmal in seine Stube, und zeigte sie ihm.

a Er lernte die Arzneikunde.

b gingen

---

1 *Darüber von Aprents Hand mB: Für den Setzer: Das mit Bleistift ausgestrichene oder beigefügte ist zu beachten.*
2 *Darunter von Aprents Hand mT: Ich habe diese Angelegenheit schon früher aufgeschrieben, als ich noch ziemlich jünger war. Der Anfang und mehreres Andere stand auch in der lustigen und ernsten Stadtchronik gedruckt, aber mit räthselhaften Namen, daß andere sie nicht verstehen konnten. Da mir aber die Sache sehr tief ins Gemüthe gegangen ist, so will ich jezt hier Alles nach der Ordnung eintragen, und auch die Beweisstücke und Aushilfen dazu legen, damit man Alles finden kann, wenn es etwa einmal nöthig ist. (Als Einleitung von dem Herausgeber beigefügt.)*
Unter diesem Text sind Spuren unleserlicher Sätze mB.
3 *mB vfH gestrichen*
4 *von Aprents Hand mB (fast unleserlich): (Siehe das beiliegende Blatt)*
5 *üdZ* ~~hingen~~
6 *mB vfH gestrichen*
7 *stille, und ‖langsam‖ langsamer*
8 *idZ* ~~Haube~~
9 *mB vfH Er hatte*
10 *üdZ Haare*
11 *mB vfH*
12 *üdZ zu weilen*
13 *üdZ Tischlein*
14 *idZ ihr:*
15 *üdZ vfH sehr*
16 *mB vfH gestrichen*

Eines Tages, als Augustinus in die Schule ging, sah er in der großen Halle des Karolins, wie sie die Schule von ihrem Gründer hießen, unter den vielen Schülern, die sich da trieben, ein Wesen, welches einen grünen Rok und ein gelbes Wamms an hatte, und an den Beinen eine graue bauschige Hose trug, wie sie zu Ende des dreißigjährigen Krieges waren. Dann kamen röthliche Strümpfe, und diese staken in großen Schuhen. Augustinus, der gerne auf einen schönen Anzug hielt, besonders auf einen feinen dunkeln, wie sie damals die jungen Herren trugen, ehe die bunten aufkamen, ging mit andern Leuten dem Wesen nach, und hörte sagen: „Wir haben nunmehr das aufgeklärte achtzehnte Jahrhundert angeschnitten, und schon ein Stük davon verzehrt, und dieser bethet zu den verplunderten Gözen."

Augustinus sah, wie sich immer mehrere an das Wesen drängten, und ging selber zu dem Wesen hinzu, und schlug beide Hände zusammen, es war Eustachius. Sofort nahm er ihn unter dem Arme, und sagte: „Jezt gehe mit mir."

Er führte ihn drei Male in den Hallen auf und nieder, dann schwenkte er seitwärts, ging mit ihm durch die Thür des Gebäudes hinaus, und führte ihn in seine Wohnung.

(Hier folgt die Schrift in 20 weiter.)

/"/ und bist ~~immer in deinem~~¹ braunen Roke gegangen?"

ᵃ~~„Der braune Rok ist naß geworden," antwortete Eustachius, „und da habe ich ihn in der Küche zu dem Herde gehängt, an dem Cäcilia die Suppe kochte, und es ist in ihn ein Loch wie ein Kopf gebrannt, und der Flek, den sie darauf gesezt haben, ist gar häßlich, wie du jezt alle Tage siehst."~~

~~„Ja, der ist sehr häßlich," sagte Augustinus.~~

~~Nach einer Weile aber sprach Augustinus: „Nun es ist gut. Das Spechtgefieder~~ darfst du nicht mehr aufsteken. Wenn ich es auch zu Ehren gebracht habe, da ich es auslieh, und anzog, so gilt das nur von mir. Dein Schneider ~~Gaudium~~² ist ein ᵇ~~Scherendreifuß,~~ wie gut er sonst auch sein mag. Du mußt dir nach und nach schönere Fähne anhängen. ~~Ich rathe~~³ feines Schwarz ~~auf den Rok und~~ einen ~~sehr~~ weißen Kragen, dann die Haare zurük ~~geschlagen~~⁴, ein ~~höchst~~ wiziges Häubchen darauf, und keke Augen. Das ~~sieht wie~~⁵ ein junger Ritter ~~aus~~, und gewinnt alle Mädchen. Nun, die willst du nicht gewinnen, weil du nicht kannst."

„Das wäre kläglich, wenn man sie mit Kleidern gewänne," sagte Eustachius.

⁶~~„Spornen- und Schwertgeklirre, widersprich mir nicht in Ewigkeit," sagte~~⁷ Augustinus, ~~„durch was denn? und alle Frauen noch obendrein.~~ Ich muß das wissen, ich habe mit tausenden gesprochen, du mit keiner. ~~Mit dem,~~ ‖was‖⁸ innerhalb ⁹‖ihrerᶜ schönen Hülle‖ ~~ist, geben sie sich nicht ab, sie~~ ergründen¹⁰ nichts, nur mit den Augen, die außerhalb sind, langen sieᵈ und kleben etwa an einem Lappen oder an schönen Loken oder braunen Wangen. Ein Schläger an der Seite ist immer auch sehr gut. Und was sie sonst ~~auch~~ wissen, und was sie ~~freuen mag~~¹¹, ~~man muß ihnen zuerst gefallen."~~¹²

Eustachius sprach kein Wort mehr ‖.‖¹³ᵉ

~~Und die zwei Menschen Augustinus und Eustachius lebten die Zeit allgemach dahin, ihre Schuldinge näherten sich dem Ende, und sie hatten sich nur mehr auf ihre Doctorprüfungen vorzubereiten. Eustachius hatte sich nach und nach den schwarzen Rok erworben, von dem Augustinus gesprochen hatte, und ging in ihm herum, er trug auch ein schwarzes Sammetstuzhäubchen, hatte die Loken zurük gestrichen, und sah fröhlich aus.~~

Einmal kam Augustinus zu ~~ihm~~¹⁴, und sagte: „Du ~~Lehrmann~~¹⁵ der Gerechtigkeit, du mußt jezt mit mir trinken gehen. Ich habe ein Geld, welches ich mir nicht erbettelt sondern mannhaft erworben habe. ~~Ich will~~ ‖dieses‖¹⁶ Geld¹⁷ ehren, und einen feinen Trunk thun; aber¹⁸ nicht allein¹⁹, du²⁰ mit mir²¹, und wenn uns einer, mit²² wir es vom ‖Carolin‖²³ her gut meinen, in die ~~Fittige~~²⁴ kommt, ~~er auch mit uns."~~²⁵

„Das ist schon gut," sagte Eustachius, „ich gehe mit; aber wie meinst du denn das mit dem Betteln?"

~~„Du frägst?"~~²⁶ sagte Augustinus, ~~„du bist selber ein Bettler~~ du bist noch ein ganzer, ich nur mehr ein halber. Einmal bin ich gar keiner gewesen, dann bin ich ein ganzer geworden, jezt ein halber. Steh nur nicht, und lege dein Gewand an, ~~bei den Gläsern~~²⁷ werde [ich] dir ~~alles sagen."~~²⁸

Eustach that seinen Rok aus der Zwischenthür, zog ihn an, sezte sein Häubchen auf, sie gingen die Treppen hinunter, zogen durch die Stadt, und wanderten in das Dorf Nusle ‖.‖ᶠ

²⁹ᵍʰ~~Als sie an dem Brettertische unter einer großen Linde saßen,~~³⁰ ~~und die erste Labung |zu sich| ‖genommen‖³¹ hatten, sprach Augustinus: „Die Verachtung wird eingetheilt in die grobe und feine. Die grobe schert sich gar nicht um ihren Mann, sondern läßt ihn in der Ferne stehen oder gehen, weicht ihm in der Nähe aus, oder wirft ihm einen Broken oder Heller zu. Diese genießen die Bettler, welche auf der Straße oder an den Thüren Almosen heischen. Sie erlangen es, und selten ein Wort dazu. Die feine halten die Menschen innerlich³² gegen die, welche weniger besizen als sie, und von ihnen abhängen. Sie meinen sie so innerlich zu haben, daß es niemand merkt, und manche lassen sich äußerlich sehr herab. Diese Verachtung genießen alle jene Bettler, welche zuerst etwas leisten, wofür ihnen dann eine Vergeltung gegeben wird, die man immer für zu groß hält. Ich rede nicht von denen, die auf der Strasse Hunde tanzen lassen, ich rede nicht von denen, die in der Schenke zum Tanze den Dudelsak blasen, ich rede nicht von dem Manne, der auf der Gasse von einer großen Tafel herab denen, die vorüber gehen, Unthaten, die geschehen sind, singt, oder von dem, der in einer Bude den Hanswurst zeigt: ich rede von denen, die in die Häuser gehen müssen,~~

Mappe 21.

a *mB* verbessern sonst +, darüber *mT*
„Es war der Namenstag meines Wohlthäters," antwortete Eustachius.
„Gut, und du hast ihn gefeiert," sagte Augustinus. „Das Gefieder

b Biegeldreifuß

c in 2. Var. ~~lokigen Hauptes~~ in 3. Var. Stirne ist, mit dem

d umher

e anziehen wolle.
Von dieser Zeit ab leitete Augustinus den Eustachius an, wie er in allerlei Dingen Unterricht geben, und sich Geld erwerben könne, und er verschafte ihm Gelegenheiten zu diesem Unterrichte. Eustachius bekam allgemach einen schwarzen Sammetrok, er trug ein schwarzes Sammetstuzhäubchen, und hatte die Loken zurük gestrichen. So gingen die zwei Menschen mit einander herum, ihre Schulzeit floß dahin, ja sie war eines Tages ganz aus, und sie hatten sich nur mehr auf ihre Doctorprüfungen vorzubereiten.

f hinaus.

h Siehe Beilage

g ~~Augustinus und Eustachius sezten sich nieder und tranken rothen Wein und aßen gute Dinge, die in der Stadt bereitet wurden. Da sprach endlich Eustachius: Sage mir das von dem Betteln."~~

---

1 *udZ* nicht weiter im
2 *üdZ* Lind
3 *üdZ* Nimm
4 *üdZ* gekämmt
5 *üdZ* ist
6 *idZ* „Durch was denn?"
7 *üdZ* sprach
8 Was
9 in 2. Var. ihres ~~schönen~~
   in 3. Var. ihrer
10 *üdZ* sie
11 *üdZ* freut
12 *idZ* das Erste ist, man muß ihnen gefallen."
13 *idZ* von den Mädchen. Er verhieß nur, daß er das bunte Gewand nicht mehrᵉ
14 *üdZ* Eustachius
15 *üdZ* Bräutigam
16 Dieses
17 *üdZ* will ich
18 *üdZ* ich will
19 *üdZ* trinken
20 *üdZ* mußt es
21 *üdZ* thun
22 *üdZ* dem
23 Karolin
24 *udZ* Falle
25 *idZ* trinkt er mit uns."
26 *idZ* „Du bist selber ein Bettler,"
27 *üdZ* ich
28 *idZ* schon Alles sagen."
29 *idZ maT* Dort war eine Schenke, und eine große Linde und Brettertische.
30 *idZ* ~~sprach A~~
31 ~~eingenommen~~
32 *üdZ* ~~und zwar~~

22.   um da etwas Erziehung und Unterricht darzureichen, und sich dann wieder von hinnen zu begeben. Und wenn
dann eine Zeit aus ist, bekömmst du dein Geld, und niemand kümmert sich um dich, weil du durch die Noth verdammt
bist, diesen Erwerb zu treiben. Und wenn du warm und gefühlvoll wirst, und in einer Stunde ein Stük deiner
eigensten Seele hinreichst, und dann aufstehst, demüthig Abschied nimmst, und fortgehst, während dein Schüler an dem
Fensterglase steht, und trommelt, und wenn er dich dann unten weggehen sieht, von Wägen, die da fahren, mit Koth besprizt, denkt er sich mehr zu sein als du, sein Vater ohnehin. Und ist das nicht Hunde tanzen lassen, Dudelsak
pfeifen, Unthaten singen, den Hanswurst zeigen, und dann mit der Papierdüte sein Geld sammeln gehen? Thust
du nicht das, und thue ich es nicht auch? Siehe, du Mann des Rechtes, ich, der ich viel weiter von hier weg geboren bin,
als du in deinem Friedland, sagte zu meinem Vater Eberhard: ich werde nach Prag gehen, und werde dort die
Schule der gelehrten Männer besuchen. Er hat ein Haus in dem Walde, der im Mittage dieses Landes ist, der
groß ist wie kein einziger des Landes, der tausend Hügel hat, tausend Rüken und eine Million frischer Quellen, der uns von Österreich und Baiern trennt, und dieses Haus hat Waldwiesen Waldfelder Holz einige Hausthiere Waldfrüchte aber wenig Geld. Der Vater sagte: Wer wird denn nach meinem Absterben das Haus besorgen,
dein Bruder Kaspar hat nicht den Kopf dazu, und deine Schwester Anna kann ihm nicht helfen? Ich antwortete:
Kaspar wird es schon treffen, und ich werde ihm, wenn ich zurük komme, helfen, und Anna wird auch ihr Fortkommen
finden. Und als ich dann in dem Roke von dem groben grauen Tuche, das wir selber im Hause machen, und das auch
der Vater und Kaspar trägt, mit den Viehtreibern nach Prag ging, so langsam, als das Vieh schreiten konnte, und als wir in dreizehn Tagen Prag erreichten, und als ich draußen in Podol[1] ein winziges Stübchen hatte, und von ihm alle Tage den weiten Weg in die Schule machte, und immer den groben Rok trug, und mir
von dem Mehle den Erbsen den Linsen den Rüben dem Kohle und dem Brote und Rauchfleische, das mir
die Viehtreiber zu Zeiten vom Hause brachten, meine Nahrung bereitete, und von dem allwenigen Gelde,
das auch /vom/[2] Hause kam, Bücher kaufte, und Sonstiges bestritt, und da ich dieses durch mehrere Jahre that, und
selber im Schnapsake, wenn ich in die Ferien nach Hause ging, meine Kost mittrug: so war ich kein Bettler,[a]
denn seinen Bedarf von seinem Hause und Vater beziehen, ist nicht betteln. Aber da kam der Satan der
Hoffahrth über mich, ich wollte im Puze gehen, und ein Geklein sein, und da[3] wurde [ich] so ein ‖Unterrichts-
bettler,‖[4] wie ich dir sagte, und ich bettelte recht waker, ich kaufte nun[5] schöne Röke, einen Schläger, schöne
Stöke, zog in die Stadt, aß beim Garkoche zu Mittag, both den Meinigen nach Hause, sie hätten nicht
mehr nöthig mir etwas zu schiken, und lenkte[b] die Bewunderung auf mich, da ich in den Wald nach Hause kam, und dort stolzirte, und kam[6] endlich mehrere Jahre[7] schon nicht mehr nach[8] Hause, und wußte gar
nicht, daß ich von einem Könige, der ich im grauen Roke war, ein[9] Bettler geworden war,[10] bis es mir
ᶜeinleuchtete, und ichᵈ den ganzen Kram ‖verfluchte‖[11]. Als dein Schneider dir zu essen gab, und dich ausstattete,
warst du kein Bettler. Denn er ist dein Ziehvater geworden, und hat die Schuldigkeit eines Vaters
übernommen. Als er[12] aber gestorben war, und du thatest wie ich, und dir bessere Dinge schafftest, bist du
ein Bettler geworden [13]wie ich. Du bist noch ein ganzer, ich nicht mehr, ᶠdenn höre: die Wittwe des
Kriegsherrn — ich weiß nicht, welche Stelle er hatte — die auf dem Schlosse wohnt, und die immer die
großen Blumen auf ihrem Gewande hat ‖,‖[14] du kennst sie schon."

„Du hast sie mir gezeigt, Augustinus," sagte Eustachius.

„Nun die hat bei dem /Kaufherrn/[15] Just geklagt," fuhr Augustinus fort, /„/ daß ihr Käz-
chen krank sei. Ich sagte, ich wolle dem Käzlein kraft meines Amtes, der ich ein Arzt im Entstehen
bin, helfen. Ichᵍ ging zu ihr, und half dem Käzlein ‖.‖[16] Und sie sagte es weiter, und ich hatte noch bei andern Witt-
wen und alten Frauen drei Kazen und zwei ‖Schoßhunde‖[17] zu heilen. Und heute sind für die ärztliche
Hilfe an den Thieren die ersten Zahlungen eingegangen, und neue flehentliche Ansuchen sind auch
wieder gemacht worden, meine geschikte Hand an andern erkrankten ʰLieblingen zu versuchen.
Ich bin also jezt einmal ein Thierarzt, und ein glüklicher, und das Geld, das dafür kommt, ist ehrenfest
in landgebräuchlichen Diensten erworben, und wir vertrinken einen Theil davon. Für dieses

a sondern ein König in meinem Wahne und in meiner Macht;

b da ich in den Wald und nach Hause kam, und dort stolzirte

c Jezt aber sehe ich den Schnak.

d begann

e Höre mich an: du kennst die Wittwe des

f mB +, darüber mT alten Hauptmanns, der in der Heuwaggasse wohnte, und so oft zum grauen Hasen kam, weißt du, die so gerne die

g Es war ihr genehm, ich

h Thieren

1 maT
2 statt von
3 üdZ ich
4 Unterrichtsmensch
5 üdZ dann
6 üdZ erschien
7 üdZ lange
8 üdZ zu
9 üdZ zum
10 üdZ gesunken bin /./
11 zu verfluchen.
12 üdZ du
13 idZ .
14 idZ ."
15 statt Kaufhern
16 idZ ,
17 Hunde

(Beilage zu 21 der Mappe des Urgroßvaters)

   Augustinus und Eustachius sezten sich nieder, und tranken rothen Wein,
wie er an der Elbe wächst, und aßen gute Dinge, die vorher in der Stadt bereitet worden waren.
   Da sprach endlich Eustachius: „Sage nun das von den Bettlern."
   Augustinus antwortete: „Die Verachtung wird eingetheilt in die grobe
und feine. Die G̶r̶ grobe wirft dem Manne Broken oder Heller hin, und schaut ihn nicht an. Diese ge‑
nießen die Thürenbettler und die Straßenbettler. Die feine haben die Menschen innerlich gegen
die, welche ihnen vorher etwas geben, dafür man den Lohn stets zu groß hält. Da sind die Come‑
dienspieler, Gaukler, Pfeifer,[a] Thierabrichter, Hannswurstzeiger, Riesen, Zwerge und Solche.
Da sind die, welche in die Häuser gehen müssen, um ein wenig Erziehung und Unterricht darzurei‑
chen, und sich dann wieder von hinnen zu begeben. Und wenn eine Zeit um ist, bekömmst du dein Geld,
und niemand kümmert sich um dich. Und wenn dich dein Herz überkömmt, und du aus ihm zu dem Schüler
redest, und dann aufstehst, und in Demuth Abschied nimmst, und fort gehst, und wenn er an dem Fenster steht,
und auf den Scheiben trommelt, und dich unten weggehen sieht, von Wägen, die da fahren, mit
Koth besprizt, dann däucht er sich mehr zu sein als du, und die Seinigen denken auch so. Und ist das
nicht Hunde tanzen lassen, Dudelsak pfeifen, Unthaten singen, den Hannswurst zeigen, und dann
mit der Papierdüte sein Geld sammeln gehen? Mir ist es schon lange bis zur Kehle. Und bist nicht
du so, und bin nicht ich so? Siehe, du Mann des Rechtes, ich bin viel weiter her als du aus deinem Fried‑
land. Ich bin in dem Walde geboren, der so groß ist wie kein einziger des Landes, der tausend
Hügel hat, tausend Rüken, und eine Million frischer Quellen. In diesem Walde hat mein Vater
Eberhard ein Haus. Das Haus hat Waldwiesen, Waldfelder, Holz, einige Hausthiere, Waldfrüchte,
aber wenig Geld. Ich sagte zu meinem Vater: ich werde nach Prag gehen, und werde dort die Schule
der gelehrten Männer besuchen. Der Vater antwortete: Wer wird denn nach meinem Abster‑
ben das Haus besorgen?

   (Hier geht die Schrift auf 22 weiter)

[a] Marktschreier /,/

Geld bin ich[a] kein Bettler mehr, nur für das andere; darum bin ich nur mehr ein halber. ~~Trinke, und habe Hochachtung vor mir, der ich jezt mehr bin als du. Das gelbe Gold dieses Weines lacht uns so sehr wie~~[b] den ||Kaisern||[1] und Churfürsten. Stoße an."

Sie stießen an, und leerten die Bechergläser.

Dann sagte Eustachius: „Das hast du gut ausgesonnen, Augustinus, es hat den Schein, als pfiffen wir den Dudelsak ||."||[2]

[3]„~~Es~~ hat nicht den Schein, ~~Wetter und~~[4] Himmelslichter," sagte Augustinus, „wir pfeifen[5] in Wahrheit und Wirklichkeit, und ~~wenn~~[6] auch einer ~~ist~~, der uns den Groschen mit Erkenntlichkeit ||hingibt||[7], ~~weil wir ihn uns chrbar verdient haben,~~ so sind wieder zehne, die[8] den Silberling hinwerfen ~~,daß wir~~[9] ||Schluker||[10] ~~doch auch etwas haben, und die dazu schreien, pfeift auf, damit sie ihre Lebenslust genießen, und wir die Werkzeuge sind.~~"

„Es ~~haben~~[11] manche ~~doch gute Empfindungen,~~"[12] sagte Eustachius, „[c]der Kaufherr Emerich ~~Bolzon~~[d] besizt schöne Bücher und Bilder / und [e]~~genießt sie und ehrt sie, und hält auf höheres Leben, und hat Achtung vor mir,~~ und würde solche Dienste erkennen, wenn ich sie ihm leistete."

„Nun ja, der Christine kannst du keinen Unterricht geben," sagte Augustinus, „er mag einer sein mit dem Groschen; aber was ist das gegen die tausend mit dem Silberlinge. Ich [f]~~bin zu allen gekommen.~~ Da ich den schönen sammetnen Rok anthat, und weiße Krausen hatte, und den Schläger führte, da erhielt ich Freunde, der eine hing sich hier an, und der andere dort, der dritte führte mich am Arme vom ||Carolin||[13][g] ~~auf den Roßmarkt,~~ und der vierte stieg in meine Stube hinauf, und sie zogen mich zu ihren Eltern und Oheimen und Muhmen und zu deren Freunden und Bekannten ||,||[14] wenn es ein Fest und einen Tanz gab, und da war der Herrlichkeit und Freude ~~ein~~[15] Maß voll; aber die Dinge haben[h] ein Angesicht, daß jeder ein Geschäft haben muß, davon er sein Geld bezieht, wie ~~es herkömmlich und~~[16] im Brauche ist, [i]~~er gilt, und~~ wenn er Würste macht; aber der ||Studienunterricht||[17] ~~in den Häusern~~ ist keine Zunft, ~~er ist Schlukerei, und du~~ ~~stehst~~[18] außerhalb ~~der andern~~, ||sie denken||[19] ~~nicht viel an dich,~~ [und] [k]~~als ich sah, wie jeder nach Leibesgütern und nach Leibesfreuden hascht, und in Selbstsucht jedes Maß des Guten verlernt, so ergrimmte ich, und war froh, wenn ich vor dem Veitstanze in meine einsame Stube hinauf stieg. Ich wußte, daß ich in der Wüstenei der Stadt herum gehe, und kein fremdes Herz mir gehört, außer man findet wieder einen, der so ist wie wir, und der dann unser Kamerad wird, wie du Eustachius der meinige geworden bist, oder man findet~~ einen getreuen Sinn unter denen, die mit uns beim Hasen oder beim Rosse trinken, und oft halb Lumpe halb gute Menschen sind. ~~Wir zwei Bettler, Eustachius, sind zuerst in der Stadt jeder allein herum gegangen, jezt gehen wir mit einander. Stoße an.~~"[20]

Sie stießen an.

Eustachius sagte: „Es ist recht gut, Augustinus, wie du sprichst, du wirst es besser wissen, und gute und bedeutsame Menschen werden selten sein, weil sie gute und bedeutsame sind, und es wird nicht leicht sein, sie zu finden."

[l]„~~Du findest keinen,~~" sagte Augustinus, „~~wie du auch fröhlich bist, und alles~~[21] ~~gut anschaust, du würdest doch wieder das Schlechte daran erkennen. Die~~ aus unserer Zunft, die keine Zunft ist, sind[22] erst die Verwerflichsten, die verdienen den Fußtritt, weil sie um ihn buhlen, ~~und in Demuth einander übervortheilen wollen, und sich verwohlfeilern ||."||~~[23]

„Ich habe doch dich gefunden," sagte Eustachius, „und habe dich aus unserer Zunft gefunden ||."||[24]

[25]„~~Donnerstrahlen und Sturmgeheul,~~" erwiederte Augustinus, „es ist gut; ich habe ja dich gefunden, und ||wie||[26] die Spize nicht die ersten Hunde sind, aber ganz wakere Bursche kek und durchschlägig, so mögen wir[27][m] auch unter den Menschen sein[28], [n]~~und~~ „es wäre ja der Hölle, wenn ~~unsere Zunft keine Ausnahmen hätte. Stoße an. /"/~~[29]

~~Sie stießen an.~~[30]

~~Augustinus sprach:~~[31] „Am leidlichsten ~~geht~~[32] es noch bei den Mädchen.[33] Sie sehen weniger auf den [o]~~äußeren Stand, weil sie nicht in der Welt herum kommen, und unter den Mut-~~

Mappe 23.

[a] nun also
[b] Dieser rothe Wein ist wie für

[c] denn siehe,
[d] Waldon
[e] Zeichnungen, und ehrt sie, es sind oft schöne Musiken bei ihm, er hat Achtung vor der Gelehrsamkeit, ist freundlich gegen mich,
[f] kenne alle.

[g] fort

[h] in der Welt

[i] dann gilt ~~er~~ er, selbst

[k] und du bist nichts. Man muß nur wieder einen finden, der ist /wie/ wir selber, so wie ich dich gefunden habe. Oder man trift

[l] „Gut, es ist nicht leicht," sagte Augustinus, „Und die

[m] zwei
[n] erwiederte Augustinus,
[o] Beruf, und glauben leichter Worten Mienen und /Kleidern/[34], wie ich dir gesagt habe.

Fortsetzung auf S. 35

---

1 Kaiser
2 *idZ* „, und sängen Unthaten."
3 *idZ* „Gut, es
4 *üdZ* ihr
5 *idZ* und singen
6 *üdZ* ist
7 gibt
8 *üdZ* uns
9 *üdZ* als
10 Schlukern /."/
11 *üdZ* werden aber doch
12 *üdZ* anders sein,"
13 Karolin
14 *idZ* . *idZ* Und
15 *üdZ* das
16 *üdZ* es
17 Stubenunterricht
18 *üdZ* bist
19 keiner denkt
20 *idZ* Stoßen wir wieder mit den Gläsern an."
21 *üdZ* für
22 *üdZ* oft
23 *idZ* um den Nebenwerber zu übervortheilen."
24 *idZ* , die keine Zunft ist."
25 *idZ* ~~Wetterstu~~
26 „Wie
27 *üdZ* ~~zw~~
28 *idZ* "
29 *idZ* es nicht Ausnahmen gäbe. Wir müssen die Ausnahmen leben lassen."
30 *idZ* Und sie ließen die Ausnahmen leben."
senkrechter Strich mB vfH
31 mB vfH gestrichen
32 *üdZ* ist
33 *üdZ* mB von Aprents Hand: sprach Augustinus.
34 statt Kleider

24.

a zu erdenken vermöge.

nur ~~immer verlange.~~[a] Aber selbst bei den Mädchen, ich weiß es nicht, wenn einer unserer Zunft ~~im Ernste ein~~ tieferes Bündnis erreichen wollte, und strebte, daß er einst eine als Ehefrau heim führte, ob sie es wagen würde. Du hast Augen, Eustachius, die so schwarz und groß und schön sind, daß sie den Mädchen gefallen müßten; aber du weißt nichts mit ihnen anzufangen, du trägst sie in deinem Kopfe, als hättest du sie ausgeliehen, ~~und gäbest auf sie Acht."~~[1]

„Meine Augen sind so, wie sie sind," sagte Eustachius.

b senkrechter Strich mB vfH: ~~Von jezt an will ich mein Haupt tummeln, daß es recht schnell vor sich bringe, was mir noch zu den scharfen Prüfungen brauche. Dann will ich mir mein rechtschaffenes Brod verdienen. Bis dahin aber will ich mich nicht duken und beugen.~~

c Nicht einmal ein reicher Mann will ich unter diesen Leuten werden. Sondern ich werde zu den Meinigen nach Hause gehen, und allen helfen, die es bedürfen und

„Gut," entgegnete Augustinus, „sie sind, wie sie sind, und werden so bleiben. [b]~~Darüber werden wir nicht streiten.~~ [Wenn wir aber auch in unserem Stande sind, wie wir sind, so ~~wollen wir uns~~[2]] ~~nicht duken, und wollen uns geradezu nicht beugen. Ich will~~[3] über den Roßmarkt schreiten, als wäre es gar nicht wahr, daß von all den Häusern um ihn herum keines mir gehöre, ich biethe Troz sowohl den ~~grünen~~ Erkern und Giebeln den großen Thoren und Fenstern als auch den ~~funkelnden~~[4] Augen darinnen, nein,[5] denen biethe ich nicht Troz, sondern ich will des Bürgermeisters Jakoba, wenn sie herab schaut, durch Zurükstreichen meiner Haare und durch Hinaufrichten meiner Augen beglüken. Dann gehe ich weiter, und pfeife mir ein Liedlein. [c]~~Und du sollst es auch so machen. Und dann streben wir, daß es hier zu Ende geht, und daß wir in unserem Amte sind, das eine ordentliche Zunft ist, und uns Geld verdienen, und keine Bettler mehr sind. Ich will unter dem Volke hier kein reicher Mann werden, sondern unter~~[6] ~~Leute gehen, denen ich helfe, und die~~ mich achten. Thue deßgleichen."[7]

d „Just in dem Walde nicht viel," antwortete Augustinus, „aber nahe bei ihm. Das wäre wohl schön, stoße an."

Eustachius antwortete: „‖Mein Ziehvater ist gestorben,‖[8] ~~er war ein Mann, der keine Bräuche der Welt kannte; aber mir war er der beste Mann. Ich habe jezt in Friedland keine Heimath mehr, und sonst auch an keinem Orte."~~[9]

[d]~~„Das wird sich finden," sagte Augustinus, „stoße an."~~

e Es kam Lodron, Emeran, Bleischbein, Zirder und Kuno. Sie

Sie stießen an.

Es ~~hatten indessen~~[10] einige Kameraden des Augustinus ‖erfahren‖[11], daß er in ‖Nusle‖[12] size, und trinke[,] [e]~~und sie kamen zu ihm, und~~ sezten sich um den Brettertisch unter die Linde. [f]~~Man trank, und schwazte, und trieb Possen, und war fröhlich,~~ bis die Nacht kam, und auch wohl ein wenig in die Nacht hinein. [g]~~Dann zog man~~ gemeinschaftlich in die Stadt.

f ~~Und nun wurde ein Trinken und Schwazen und Possentreiben August~~ Man trank, und schwazte und trieb Possen,

g Augustinus bezahlte Alles. Darauf zogen sie

h kam

i Wildon

~~Die Zeit ging nun wieder hin, wie sie geht.~~

[13]~~Es war beinahe ein Jahr vorüber, als~~ Augustinus einmal über ‖den Roßmarkt‖[14] ~~ging,~~ und gerade um die Eke der ‖Wassergasse‖[15] [h]Eustachius heraus ~~kam. Er~~ ~~war fröhlich, schaute nicht rechts und links,~~ schaute auf kein Fenster, und schaute auf keinen Erker, und ging gerade gegen Augustinus los. Als ihn dieser ~~so glänzend~~ hervor kommen sah, rief er ihm zu: ~~„Ei, ei, Felsensteine und Herzklopfen,~~ ‖was‖[16] bist du denn ~~wiederum~~ so ~~unverschämt~~ vergnügt, als hättest du den Altstädter Ring gestohlen, und ~~verkauft, und~~ bist doch nicht einmal im Stande, des Krämers [i]~~Bolzon~~ Tochter zu christlich erlaubter Liebe zu verführen, und issest doch ~~Sonntag und Feiertag~~[17] mit ihr an ihres Vaters Tische. Sie sagen ohnehin auf dem ‖Carolin‖[18], sie ~~bohre dir den Geken. Nun, so rede doch etwas."~~[19]

k in das Karolin gehe/./

„Sei gegrüßt, Augustinus," sagte Eustachius, „du weißt ja ohnedem, daß ich nicht mehr viel [k]~~auf dem Carolin verkehre, ich habe noch im Kurzen das lezte examen rigorosum, und dann muß ich dahin gehen, wie du sagst, und ein Amt haben.~~ Und Christine ist ein ~~recht liebes feines~~ Mädchen, das ihres Vaters werth ist ‖,‖[20] ~~und sohin~~ [—"]

l so nimm ein Schwert, und haue einem in die Rippen oder in die Schultern, daran er gerade nicht stirbt," sagte Augustinus.

„Es wird auch ohnedem anders werden," entgegnete Eustachius.

„Es wird ohnedem anders werden, wenn du fort bist," sagte Augustinus, „aber

m wie du von deinem Kazengelde gesagt hast,

„Nun, [l]~~und sohin, Friedensjüngling," fiel ihm Augustinus ins Wort,~~ [,] wo wolltest du denn ~~eben~~ hin, da du ~~so schimmernd die Häuser herab kamst, und~~ mir begegnetest?"

„Ich komme von der lustigen und ernsten Stadtchronik," antwortete Eustachius, /„/ und wollte dich auf die ‖Schüzeninsel‖[21] abholen, ~~um~~[22] Melniker ~~zu~~ trinken."

„Melniker, ~~Melniker,~~" sprach Augustinus, „ja/ sage, ~~du Abenteuerlichkeit,~~ hast du wirklich den Altstädter Ring gestohlen?"

„Nein, aber ~~siehe," entgegnete Eustachius,~~ [„]ich habe ~~schon längst~~ Hirngespinnste gemacht, [23]und nun habe ich einige verkauft, und da dies das erste Geld ist, welches ich mir ~~nicht erbettelt sondern~~ mannhaft erworben habe,[m] und da ich nun auch nur mehr ein halber Bettler bin ~~wie du~~, so will

---

1 idZ und müßtest auf sie Acht geben."
2 mB vfH gestrichen; üdZ von Aprents Hand: will ich doch
3 mB vfH gestrichen
4 üdZ schönen
5 üdZ nein
6 üdZ und aR getilgtes Zeichen
7 Der ganze Absatz durch einen senkrechten Strich mB vfH gestrichen.
8 Seit mein Ziehvater gestorben ist, üdZ habe ich niemanden zu Hause.
9 idZ Vielleicht gehe ich mit dir, wenn sie mich in dem Walde brauchen können."
10 idZ kamen jezt
11 die erfahren hatten
12 maT
13 idZ Ein Jahr darnach ging
14 maT
15 maT
16 „Was
17 üdZ so oft
18 Karolin
19 idZ hänsle dich."
20 idZ /./"
21 maT
22 üdZ daß wir
23 üdZ /"/ sprach Eustachius,/„/

~~terflügeln hoken, und nicht zu unterscheiden lernen. Sie glauben leichter freundlichen Worten und herzlichen Augen und schönen Angesichtern, und sind gütig und gefühlvoll dagegen, wenn ein schönes Gewändlein dabei ist, wie ich dir sagte, Eustachius.~~ Als ich den grauen Rok hatte, und^p König war, kümmerte sich keine um mich als die kleine Lidwina meiner Zimmervermietherin, welche meinte, ich könne alles, was man

^p ein

ich dieses Geld auch ehren wie du, und will einen Theil vertrinken, aber ᵃ~~mit dir, wie du mit mir gethan hast."~~¹

„Hirngespinnste verkauft, Melniker trinken," erwiederte Augustinus, „sage, hast du nicht etwa schon ~~viel~~ Melniker getrunken?"

„Nein," antwortete Eustachius, „aber ᵇ~~lasse mich ausreden. Die Hirngespinnste habe ich auf Papier geschrieben, auf viele Blätter, schon lange, und da war der Gedanke von dem Betteln in mir, wie du gesagt hast, und es ist mir die Verwegenheit gekommen, auf die Schreibstube der lustigen und ernsten Stadtchronik zu rennen, und etwas vorzuzeigen. Da haben sie es nun gedrukt, einen wildfremden Namen vorangesezt, und mir fast eine halbe Handvoll Goldstüke gegeben."~~

~~„Nun Libanon und Cedernbäume," sagte Augustinus, „so bin ich begierig, was das alles ist."~~

~~„Du wirst es erfahren, wenn wir einmal auf der Insel sizen, und den Wein vor uns haben," sagte Eustachius.~~

„Gut," entgegnete Augustinus, „ich bin des Melnikers wegen gar nicht abgeneigt."

ᶜ~~Und~~ „Die Goldstüke, die wir nicht vertrinken, ~~„sagte Eustachius,"~~ werde ich dir zum Aufheben geben."

„O du ~~siebenfacher~~ Thor, ich verthäte sie ~~in einem Tage~~², " sagte Augustinus, „~~im Gegentheile,~~ wenn es³ einmal ~~mir widerfahren sollte, daß ich Hirngespinnste schriebe, und~~ Goldstüke bekäme, so gäbe ich sie dir aufzuheben; doch dir stehlen sie dieselben wieder ||.||ᵈ ~~Wenn wir getrunken haben, so gehe nach Hause, thue die andern Goldstüke in einen ledernen Beutel, und schreibe wieder Hirngespinnste. Doch in Einem, du duftiger Geselle, folge mir, du goldherziger Bruder, lasse dich auf der Schule nicht hudeln. Ich schlage dir vor: stich einen durch drei Finger oder in die Schulter, davon er nicht stirbt, und es wird besser sein, als hättest du noch mehr Hirngespinnste geschrieben."~~

„Das wird jezt ohnehin anders werden," sagte Eustachius.

~~„Gut, so werde es," sagte Augustinus.~~

~~Und nun~~⁵ gingen ~~sie~~, um auf ||die Schüzeninsel||⁶ zu kommen. Sie ließen sich überfahren, undᵉ sezten⁷ sich ~~dort~~ an ein kleines Tischchen mitten in dichtes grünes Laub, das angenehm flüsterte. Die Flasche mit dem Weine ᶠ~~mußte in kleines Eis gestellt werden, daß der Wein kühl bliebe. Da in die Bechergläser eingeschenkt war, und sie das karfunkelrothe Blut dieses Gewächses in den Gläsern in ihren Händen hielten, stießen sie auf dauernde Gesundheit und fröhliche Zukunft an, und leerten die Gläser in einem Zuge. Sie saßen sehr abseits im Gebüsche, daß von den andern Menschen, die zugegen waren, kein Laut zu ihnen kam. Nur von einer entfernten Kegelbahn hörten sie zuweilen schwach das Prasseln der Kegel, oder einen Ruf oder ein Lachen der Menschen, die bei den Kegeln waren. Sonst war nur Vogelgezwitscher um sie, und in den Bäumen, die neben dem Gebüsche standen, mitunter der Schrei eines Staares.~~

„Nun, ~~und~~ wie ist denn das mit ~~diesen~~⁸ Hirngespinnsten?" ~~sagte Augustinus.~~

ᵍ„Das ist so," entgegnete Eustachius, „wenn draußen Mondschein war, und ~~etwa recht schöne weiße Wolken um den Mond~~ʰ ~~und die Theinthürme dunkel empor ragten, oder wenn Sturm und Schnee tosten, und die Menschen unten doch recht fuhren, weil sie zu Ball und Tanz mußten, oder wenn eine mausestille Sommernacht war, schrieb ich allerlei auf, daß ich doch ein heimliches Eigenthum hätte, welches ich mir aufbewahrte. Siehe, theurer Augustinus, ich will dir mein Geheimniß endlich sagen: Du sahst den Koffer in meiner Stube, der mit Dachshaut überzogen ist, es ist gar keine Wäsche darinnen, auch keine Kleider, das hängt alles zwischen den Doppelthüren, sondern viele Päke von Schriften, er ist fast voll davon, ich sperre immer zu, und sorge, daß nichts verlegt werde."~~

Augustinus sprang auf, ~~pakte~~⁹ den Freund bei dem Halse, und küßte ihn so herzhaft in das Angesicht, wie er kaum die ~~wunderschönen~~ Lippen Jakobas geküßt hätte ||,||¹⁰ ~~wenn sie ihm entgegen gekommen wären~~. Dann rief er: „Du machst ja Augen wie ⁱ~~ein Verliebter; aber du ge-~~¹¹

Mappe 25.

a du mußt mit mir trinken,

b entschließe dich nur, ich werde dir Alles erzählen."

c „So gehen wir," sagte Eustachius, /,/ und

d und nun gehen wir."

e als sie angekommen waren,

f wurde gebracht, Gläser wurden gebracht, sie schenkten ein und tranken. Sie saßen sehr abseits in dem Gebüsche, daß von andern Menschen nur manches Mal ein Ruf herein tönte oder das Rasseln von Kegelspiele.

Da sagte Augustinus:

h ~~standen~~

g (Siehe Beilage)

i einer der ~~glüklich~~ glüklich ist, mich aber

---

1 idZ , wie ich mit dir getrunken habe."
2 üdZ dir
3 üdZ ich
4 idZ ,
5 idZ Sie
6 maT
7 üdZ sie
8 üdZ den
9 üdZ ~~ergrif~~ nahm
10 idZ .
11 idZ und aR mB Setzerzeichen

26.

a von den Leuten in meine Stube kam, so war es mir

b , ich rufe Gott und alle Heiligen,

c „Es kann sein, Augustinus," sagte Eustachius.
„Und gar zu toll wäre es, /"/ sprach Augustinus, /"/

d /,/ „wenn ich schrieb, habe ich nicht an Homeros und Tasso gedacht."
„Gut, du bist auch nicht Homeros und Tasso", sprach Augustinus.
„Nein," sagte Eustachius.

e als der in Nusle war,

f trinken.

g Ich habe die Leute in den Verruf gethan.

h bis wir fort gehen. Vorher will ich

i in 2. Var. ich werde sie[23] aus drei Gründen küssen:

~~liebtester aller übergeschnappten Schüler,~~ mich pakt ‖eine Todesangst‖[1], ob nur das ‖geschriebene‖[2] ~~Zeug~~ auch etwas werth ist."

Eustachius antwortete ~~leise~~: „Sei stille,[3] das habe ich mir selbst schon gedacht. Aber wenn ich [a]~~wunden Herzens in der Stube oben saß, und schrieb, und sann, und das vor Langem Geschriebenes las, so war es mir oft nicht anders,~~ als sei das Ding ~~mehr~~[4] werth ‖,‖[5] ~~als die ganze Stadt unter mir."~~

„Es ist auch ~~mehr~~[6] werth," rief Augustinus, „das heißt, ~~ich will sagen,~~ dein Herz ist ~~mehr~~[7] werth ~~als das Lumpenbak unten~~, und wenn du ~~dieses~~[8] Herz ~~des Weiteren und Breiteren~~ ‖aufzuschreiben vermochtest‖[9], so sind [b]~~am Ende, weiß Gott, und bei allen Lucifern~~ die Schriften auch ~~noch~~ etwas werth. [c]~~Und toll wäre es, es wäre ja gar zu toll,~~ wenn du ~~zulezt~~ noch ein Dichter wärest, wie etwa Homeros oder Torquato Tasso.[10] ~~Es wäre entsezlich, du, den sie zu hänseln wagten, und den ich, verzeih mir Gott, selber hänselte."~~

„Nicht Homeros nicht Tasso," sagte Eustachius [d]~~schnell, „das ist Frevel; aber wenn ich so in dem ermattenden treibenden Tage herum gehe, und so ein Wust Menschen reitet, fährt, schiebt, drängt, als wäre es ein Narrenhaus, da wird es mir unliebsam in der Seele, und wenn ich mich verarmt fühle, und in meine Stube emporsteige, und der liebe Gott und Herr die stillen Himmelsblüthen die Sterne nach einander über der staubenden Stadt aufhängt, silbern und rein, dann nehme ich mir von diesem Gute ein großes Maß, weil es die andern nicht achten, und erfülle mein Herz damit, und dann ist es ja kein Wunder, wenn ich das Fach eröffne, die Päke überzähle, mich an dem, was in den Blättern ist, erlabe, ohne an Homeros oder Tasso zu denken, weil all das innere Wogen und Wallen so ‖in die Seele geht."‖[11]~~

„Und ~~das~~[12] hast ~~du alles~~[13] so in deinem Kopfe?" fragte Augustinus.

„In dem Kopfe," antwortete Eustachius.

„Und in dem Koffer?" fragte Augustinus.

„Sorglich eingepakt, daß nichts naß und staubig wird," antwortete Eustachius.

„Gut, aber die Wäsche und Kleider zwischen den Doppelthüren werden muffig und staubig," sagte Augustinus.

„Lasse die," sagte Eustachius, „und gewöhne dir, Augustinus, das abscheuliche Sprichwort ab, zu sagen: gut, wenn etwas schlecht ist."

„Gut, ich werde mir es abgewöhnen," sagte Augustinus, „das ist ~~ja~~ eine ~~verrükte~~[14] Geschichte, aber sie ist, wie sie ist ‖,‖[15] ~~und sie wird sich zeigen;~~ ‖ich‖[16] bin ~~jedoch heute~~ so freudig, ~~wie ich viele Jahre nicht gewesen bin, und ich werde dir, blödester Schüler, auch mein Geheimniß sagen. Mein Geheimniß aber ist dies~~ ‖:‖[17] da steht ein Wein, der ~~so~~ ‖herrlich‖[18] ist, [e]~~wie es wenige auf Erden gibt, in den Gläsern ist er, in~~ ‖die Flasche‖[19] ~~ist auch noch einer,~~ und in dem Keller ist noch mehr, wir ~~wollen ihn ehren, und~~ wollen Gott ~~preisen~~, der ihn erschaffen hat, ~~und wir wollen ihn~~ dadurch preisen, daß wir ihn [f]~~zu kosten und zu empfinden verstehen, und bei ihm bleiben, und das ganze Geschlecht verachten.~~ Da lege ich ein großes Silberstük auf die Tischeke, das werden wir noch ganz vertrinken, ehe wir fort gehen. [g]~~Sie sind alle ein Gehudel, und ich habe sie längst in den Verruf gethan, die Milchsuppe auf der Schule und die in den Straßen nach ihren Lüsten keuchen, und seit ich ausgedacht, daß wir Bettler sind, verachte ist sie noch wilder.~~ Ich könnte augenbliklich hin gehen, und den Bürgermeister einen Esel heißen; aber ich thue es nicht, weil ich fröhlich bin /./ ~~wie ein junger Hahn. Ferner ist mein Geheimniß noch das: du~~ ‖schreibe‖[20] ~~Hirngespinnste fort~~, ich will Kröten Hunde und Kazen heilen, [h]~~daß wir uns in der Zeit, in der wir noch hier sind, auch ehrenfesten Lohn verdienen: aber lernen wollen wir auch in dieser Zeit, daß die Kinnbaken Funken geben, daß wir bald unsere lezte Prüfung vorüber haben. Jawohl /~~ und ich will[21] noch übermüthig sein, alle schönen Mädchen lieben, ~~alle großen Stadtherren verspotten, und wenn sie mir etwas anhaben, wild sein wie ein Eber,~~ dann werde ich[22] die gewaltig schöne Christine küssen,[i] erstens ‖küsse ich sie‖[24], weil sie den Schreiber nicht will, der um sie tänzelt, zweitens ‖küsse ich sie‖[25] aus Rache,

---

1 die Angst
2 Geschriebene
3 üdZ Augustinus,
4 üdZ doch etwas
5 idZ ."
6 üdZ etwas
7 üdZ etwas
8 üdZ dein
9 aufgeschrieben hast
10 idZ "
11 idZ ~~erquikt."~~
12 üdZ du
13 üdZ diese Dinge
14 üdZ närrische
15 idZ .
16 Ich
17 idZ ,
18 herrlicher
19 der Flasche
20 Schreibe üdZ du
21 üdZ indeß
22 üdZ und ~~noch~~
23 üdZ in 3. Var. werde ich
24 üdZ ~~werde ich sie küssen~~
25 udZ ~~werde ich sie küssen~~

(Beilage zu 25 der Mappe)

Eustachius antwortete: „Ich habe an das, was du von den Bettlern gesagt hattest, immer gedacht. Ich habe dir einmal gesagt, daß ich Dächer und Häuser und Thürme von meinem Fenster aus gezeichnet habe. Ich habe auch Büsche und Bäume und den Garten und das Haus des Kaufmannes Waldon gezeichnet. Ich wollte von diesen Zeichnungen etwas verkaufen; aber es kaufte niemand etwas."

„Hast du dem Kaufmanne Waldon Zeichnungen angebothen?" fragte Augustinus.

„Nein, dem habe ich sie nicht angebothen, und dem biethe ich sie auch nicht an," erwiederte Eustachius.

„Gut, so erzähle weiter," sagte Augustinus.

„Ich habe noch etwas anderes gethan," sprach Eustachius. „Wenn der Mond schien, oder auch, wenn es in der Nacht stürmte und toste, oder wenn recht viele Sterne waren, schrieb ich in meiner Stube Manches auf, das mir in mein Herz gekommen war. Ich schrieb recht vieles auf. Und wenn ich mich in meinem Berufe abgearbeitet hatte, und wenn ich noch so allerlei Anderes hatte thun müssen, so waren diese Dinge jezt mein Eigenthum, und ich schrieb wieder neue hinzu. Da ging ich nun in die Stube der lustigen und ernsten Stadtchronik, und zeigte ihnen etwas von dem Geschriebenen. Sie lasen es, drukten es dann mit einem fremden Namen voran, und gaben mir mehrere Goldstüke. Siehst du, Augustinus, du weißt, daß in meiner Stube ein Koffer steht, der mit einer Dachshaut überzogen ist. In demselben sind gar keine Linnen oder Kleidersachen sondern die Päke der Dinge, die ich geschrieben habe. So ist die Sache."

(Hier geht die Handschrift auf 25 weiter)

weil sie gegen alle Männer spröde ist, und drittens ªwerde ich sie küssen, um zu wissen, wie ein Kuß auf so rothe Lippen schmekt, dann löse ich um schweres Geld und eine schwere Prüfung, auf die ich ja eben so gelernt habe, ein Doctorpergament, und abiit, excessit, erupit, evasit. Dann ist es mit dem Bettelstande aus, ich gehe heim, und heile weit und breit im Lande meiner Geburt, was Odem hat, und krank wird, und mich ruft. Sie haben nicht viel Reichthum, ich brauche aber auch nicht viel. Du, Eustachius, thue deßgleichen,ᵇ bestehe im Kurzen¹ dein leztes examen rigorosum, wie du sagst, auf das du auch so gelernt hast, und fahre dann in ein Amt, denn die Päke im Koffer möchten dich |doch nicht| am Ende doch nicht so nachhaltig aus dem Stande heraus führen, in dem wir jezo wandeln. Im Übrigen sollen ‖alle‖² lustigen Bettler hoch leben."³

    Eustachius ᶜsah seinen Freund besorgt an, aber der Augustinus saß ruhig da wie ein Eichenstamm, und blieb so bei dem Weine sizen. Eustachius schwang sich nun unverzagt selber zu dem dritten Glase, stieß an, und ließ die lustigen Bettler hoch leben.

    Sie blieben sizen, und sprachen allerlei, und es war fast der erste Tag, an dem sie nicht zankten, sondern sie machten Pläne, und zeigten Aussichten, die sich ihnen öffneten, und endlich erschien sogar der Wiz, und wenn die Schleuße der Lachlust einmal geöffnet ist, so fließt der Bach |der Lachlust|, wie jedermann weiß, von selber fort. So geschah es auch hier, bis die Sonne schon tief unter den Ästen herein schien, und in dem Weine rothe zukende Flammen machte. Dann standen sie auf, tranken noch das Wohl aller Menschen, bis Flasche und Gläser leer waren, bezahlten, und gingen so fröhlich von dannen, als hätten sie auf der Insel wie einst jene drei Römer auf der ihrigen die Welt mit einander getheilt.

    Sie gingen auf dem Heimwege durch die große Gasse, wo Jakoba wohnte, dann schlenderten sie mehrere Male über die schöne Brüke hin und her, dannᵈ durch allerlei Gassen, in denen Staub und Abendröthe war, und erst, da schon ᵉjene silbernen Himmelsblüthen, von denen Eustachius gesagt hatte, ⁴über ihnen hingen, und prangten, trennten sie sich an der Treppe zu Eustachius Stube.

    „Gute Nacht, Eustachius," sagte Augustinus.

    „Gute Nacht, Augustinus," sagte Eustachius.

    Eustachius rannte die Treppe hinauf, und da Augustinusᶠ noch eine Weile stehen blieb, und das Haus anschaute, erblikte er oben den Kopf seines Freundes, der herab sah, und winkte. Augustinus winkte hinauf, und nach einigen solchen Grüssen schieden sie erst, und Augustinus schritt die lange Gasse hinab. Damals dachte er sich: jezt wird das Erste sein, daß sie ihm die andern Goldstüke stehlen, dann wird er zum Zweiten das Unglük haben, daß er sich um kein Amt bewirbt, und da wird er in der muffigen Stube sizen, und indessen einen ganzen Berg von Hirngespinnsten geschrieben haben, in denen die merkwürdigsten Sachen sein mögen, aber auch, weiß Gott, welche wunderlichen Dinge, daß man früher närrisch wird, ehe man sie ausgelesen hat. Wenn nicht einmal ein Weib um ihn anhält, so bleibt er ledigen Standes. Gut.

    Und so schritt Augustinus in das Haus, in welchem er wohnte.

    Sofort hatte er nun nichts Eiligeres zu thun, als das Hirngespinnst, das ihm Eustachius in der lustigen und ernsten Stadtchronik zeigen mußte, zu lesen, aber er konnte nicht erklügeln, wie tief und groß oder närrisch das Ding sei, und so ging nun die Zeit wieder dahin wie vorher.

    Auf der Schule höhnten sie den Augustinus, daß er mit dem kopfhängenden semmelfarbenen Eustachius umgehe; aber er schlug sich erst mit zweien, und hieb ihnen etwas stärkere Fezen vom Leibe, als er einst dem Eustachius gerathen; den andern aber drohte er, daß er sie erwürgen wolle, wenn nur einer von ihnen den Eustachius noch semmelfarben heiße. Sodann hatte er Ruhe, und sie wurden beide artig gegrüßt, wenn sie etwa einmal wieder zusammen auf dem Carolin erschienen.

    Der Umgang der zwei Bettler hatte nicht das Ende, das sie sich dachten, daß wahrlich jeder nach seinen lezten Prüfungen in eine andere Gegend kommen, und dort wirken werde, sondern es ergab sich auf folgende Weise.

    Eines Tages sehr früh des Morgens erschien ein junger Herr, welcher ein Schreiber bei dem Gerichte war, |und den|⁵ Augustinus flüchtig kannte, obwohl sie sich gegenseitig nie besucht hatten, in der Stube des Augustinus, und erzählte ihm, wie er so eben vernommen, daß der Eusta[chius] heute Nachts flüchtig geworden, und daß man eben auf dessen Wohnung die Pfändung vornehme

---

Mappe 27.

a weil du sie nicht küssest.

b außer dem Küssen, was du nicht kannst,

c sagte: „Es wäre doch gut, wenn du weniger tränkest, Augustinus."
„Gut," sagte Augustinus, „size ich nicht wie ein Eichstamm hier?"
„Ja," entgegnete Eustachius.
„Also," sagte Augustinus.
Sie blieben sizen, und sprachen allerlei und machten Pläne, was sie in dem Walde thun wollten, wenn sie einmal in ihm wären. Und es kam auch Lachen und Scherzen, bis die Sonne schon sehr schief durch die Bäume schien.

d gingen sie durch die Gasse, wo Jakoba wohnte, dann noch

e die Sterne

f ging in der Gasse gegen seine Wohnung hin.
In der nächsten Zeit las er nun in der lustigen und ernsten Stadtchronik, was Eustachius geschrieben hatte. Er konnte aber nicht erklügeln, wie groß oder närrisch das Ding sei.
Die Geschichte der zwei Schüler hatte aber nicht den Ausgang, den sie sich gedacht hatten. Da sie ihrer lezten Prüfung schon sehr nahe waren, kam eines Tages im frühesten Morgen ein junger Gerichtsschreiber zu Augustinus, und sagte ihm, er habe erfahren, daß der Doctorandus Eustachius

---

1 *üdZ* [flugs]
2 Alle
3 *idZ* sollen hoch leben."
4 *udZ* am Himmel waren
5 *üdZ* welchen

28.

a	Schulden halber. Er bringe die Nachricht,
b	Waldon
c	auch Antheil an ihm nehme,
d	ließ ihn nicht ausreden, sondern rief: „Du Angesicht, hebe dich von hinnen. Eustachius hat gar keine Schulden." Der junge Gerichtsschreiber ging fort. Augustinus aber kleidete sich schnell an, und
e	dort angekommen war,
f	und die Kleider, Alles, Alles."
g	ist es denn?"

ªwegen einer Menge Schulden; er sage ihm das, weil er, der die entfernte aber schmeichelhafte Hoffnung habe, des Kaufherrn Emerich ᵇBolzon schöne Tochter Christine als Braut zu gewinnen, den jungen Mann zuweilen bei seinem verhoffentlichen Schwiegervater gesehen habe, und an ihm Antheil nehme, und da¹ [er wisse], daß Augustinus ᶜdem Flüchtigen auch gut gesinnt war, so könnten sie zusammen helfen – –"

Augustinus aber ᵈhatte ihn nicht ausreden lassen; sondern sprang aus dem Bette, fuhr mit Händen und Füßen in die Kleider, sagte zu dem dastehenden Herrn: „Käsegesicht, Eustachius hat gar nie Schulden gehabt," rannte die Treppe hinab, und lief pfeilgerade auf Eustachius Stube.²

Da er ᵉankam, stand auf dem Gange die Miethfrau seines Freundes Cäcilia, und weinte entsezlich. Als sie den Augustinus heran stürmen sah, rief sie ihn an: „O lieber Herr! das ist ja ungeheuer betrübt, alle die blüthenweißen Hemden, die ich selber gemacht habe, und von denen ich ihm noch keines habe anziehen lassen, und die andern, ᶠer ließ sie aber auch immer unachtsam auf den Brettern zwischen den Thüren herum fahren, und hatte auf nichts Acht, er sezte keine Schlafmüze auf, obgleich er zuweilen Kopfweh hatte, und da kam nun alles heraus."

„Gut, und was ᵍkam heraus?" fragte Augustinus, „³ist jemand in seiner Stube?"

„Nein, sie sind schon alle fort," sagte Cäcilia.

„Nun gut, wenn eine Möglichkeit vorhanden ist, so ‖sagt einfach‖⁴, was ist es denn?"⁵ fragte Augustinus.

„Ich habe ihn nie leiden können," sagte sie, „wenn er [so] um den gutherzigen⁶ Eustachius tänzelte, und schwänzelte."⁷

„Korschiz?" fuhr Augustinus los.

„Ja,⁸ dieser," antwortete sie, „⁹war immer da, seit mein armer junger

h	zu Hause, und am Morgen
i	auf das er
k	hat
l	Geld oder

Herr das viele Geld aus der Drukerei bekommen hatte, und da lief¹⁰ Eustachius gestern fort, und kam¹¹ die ganze Nacht nicht ʰheim, und heute früh Morgens kamen die Herren vom Amte, und brachten ein Papier ins Haus, ⁱund zeigten immer darauf, seht, lieber Herr, da hat er einfältig seinen Namen darauf gesezt ᵏ, und nun wollten sie ˡalle seine Sachen. Ich begriff nun alles, und warum er gestern so verwirrt gewesen ist, mehr als sonst immer. Wie sie nun das Leinenzeug und die schönen Kleider heraus rissen, so wollte mir das Herz im Leibe zerspringen, ich hatte selbst alles geglättet und geordnet, weil

m	immer gesperrt hielt, und ich sagte, da sei vielleicht das Geld;
n	beschriebenes
o	das Papier
p	aber kein Geld,
q	wieder in die Hand. Lösten einige Bändchen, und fingen zu lesen an. Dann aber legten sie die Papiere neben den Schriften,
r	denselben,
s	„O heiliger Gott im Himmel," rief Augustinus, „die hat einen Brief, in dem Alles enthalten sein wird, und gibt ihn nicht her." Er entriß ihr den Brief, lief
t	ich übergebe dir alle meine Schriften. Lese sie, du darfst Alles lesen.

er nichts schonte, und da fiel mir in der Angst ein, wie er selber einmal gesagt hat, in [seinem]¹² Koffer ᵐhabe er Reichthum genug, und da dachte ich, ehe sie die Sachen verschleudern, könnten sie ja lieber das Geld selbst nehmen, und ich sagte ihnen daher, daß im Koffer genug sei; aber, o lieber Herr, als sie den Koffer erbrochen hatten, war nichts darin als lauter ⁿPapier, und noch dazu ganz angeschriebenes, mit schönen rothseidenen Bändchen in lauter Päke gebunden, die Herren warfen ᵒalles nach einander heraus, und als endlich der nakte Boden des Koffers erschien, ᵖda sahen sie einander an, und ich war erschroken und voll Scham, sie aber nahmen¹³ ‖die Papiere‖¹⁴ ᵠwieder vor, rissen viele Bänder entzwei, und fingen zu lesen an, und da sie so lasen, so begannen zwei von ihnen zu lachen, der dritte aber gräulich zu fluchen, und dem Eustachius Schimpfnamen zu geben, die ich nie gehört habe, und gar nicht nachzusagen vermöchte. Die Schriften ließen sie alle liegen, die andern Sachen warfen sie in den Koffer,ʳ und versiegelten ihn. Ich bitte euch Herr, redet dem Eustachius zu, daß er wieder komme, und saubere Ordnung mache."

„Ja, weißt du¹⁵, wo er ist?" fragte Augustinus.

„Das wird wohl in dem Briefe stehen, den ich euch geben soll," sagte sie.

ˢ„Brief und Räderwerk und Mühlenklappern, so gib und rede nicht Unsinn, Gott der Herr, da wird alles darinnen stehen, und sie wärmt ihn in der Tasche und schwäzt," rief Augustinus zornig, entriß ihr den Brief, stürzte in Eustachius Stube, zerriß das Petschaft, und las ‖.‖¹⁶

Die Worte aber lauteten: „Lieber Augustinus! ᵗLese alles, du darfst alles lesen, und dir gebe ich es auch ganz und gar in die Obhut. Ich habe es aus der Tiefe und Liebe meines Herzens geschrieben, und übergebe dir alles, denn es ist meine Seele und meine Liebe darinnen. Zwei Päke,

---

1 *üdZ* wisse	7 *idZ* so schmeichelte."	12 seinen
2 *idZ* lief gegen Eustachius Wohnung.	8 *idZ* "	13 *üdZ* sie
3 *üdZ* und	9 *üdZ* er	14 das Papier
4 sage nur	10 *üdZ* war	15 *üdZ* denn
5 *üdZ* ist"	11 *üdZ* heute	16 *idZ* die Worte des Briefes.
6 *üdZ* guten		

nimm gleich die, auf denen 1 und 2 steht, lasse druken, das wird sie[a] bezahlen; aber die andern nimm zu dir in deine Wohnung ||,||[1] [b]und liebe sie, denn jedes kleine Stükchen ist dein Eustachius. Auch die Briefe, die im achten Pake verstekt sind, darfst du lesen; denn jezt ist alles aus, es ist ganz und gar aus, nun wird fortan Unehre auf meinem Namen haften, und ich darf an all das nicht mehr denken. Ich habe für einen Freund gebürgt, der reiste aber ab, und kam nicht zu rechter Zeit zurük ||,||[2] [c]sie forderten das Geld von mir. Morgen wird gepfändet, du wirst mich schon zu rechter Zeit einstens wieder einmal sehen, und so lebe wohl, Augustinus, und weine nur nicht."

      Dieser aber heulte laut auf vor Grimm und Schmerz, Cäcilia, die ihm[3] nachgegangen war, lief erschrekt davon[d][,] er rannte blind[4] in der Stube auf und ab, und wußte nicht, was er denn anpaken solle, und was er denn zertrümmern solle[,] [e]und gegen wen er denn fluchen solle. Ein solches Übermaß von Wuth und Weh kam über ihn, daß er sich nicht zu helfen wußte, und in seiner Ohnmacht meinte, er müsse sich auf den Koffer nieder sezen, und sich alle Haare ausraufen. Er wühlte auch so mit der Faust darinnen, als wollte er jeden Augenblik den Entschluß wahr machen. Und zum Unheile war es ihm um die Stirne so dik wie Blei, daß er nicht einen Gedanken erhaschen konnte, obwohl es ihm war, als schwärmten tausend zerstükte Glieder von Gedanken in seinem Gehirne herum. Und in dem Augenblike, als er sich ermannte, fiel er wieder derselben ohnmächtigen Pein seines Gefühles anheim. Er schlug die Hände gegen einander, daß sie schmerzten, und rief: „O du verruchter Freund, o du dummer ||Eustach!"||[5]

      Und ||dann||[6] [f]jammerte er wieder: „Jezt wird er dahin gegangen[7] sein, [g]der verdammte Hasenfuß, und wird sofort verzagt haben, und sich in der Übereilung ein Leides angethan. Und einen Namen hinterläßt er ⫽ aber bei allen heißen Teufeln, dem ist ja am Ende abzuhelfen!"[8]

      Und eine solche Freude kam bei diesem Gedanken in sein Herz, [h]daß er beinahe gelacht hätte. „Du einfältiger Eustachius," sagte er zu sich, „ja da werden sie froh sein, deine Päke zu haben, und läge die ganze griechische Weisheit darinnen, was gilt es ihnen? Da will ich etwas Besseres bringen."

      Und ||somit||[9] ging er auf den Gang hinaus, lachte der Cäcilia ins Angesicht, daß diese jezt über sein Lachen noch mehr erschrak als früher über ||seinen||[10] Zorn,[i] nahm sie beim Arme, und sagte: „Gut, Gespenst, warum hast du den Brief nicht gestern gebracht – schweig, Weib, ich weiß alles, wie dumm du bist. Jezt sperre das Zimmer zu, und laß niemanden hinein, sonst zerschlag ich dich auf [k]zweihundert kleine Trümmer, und wenn [l]der Hund der Mäkler kömmt, so sag' ihm, er solle sich sein[11] Geld auf dem Gerichtshause holen, Gut ||, aber||[12] wie viel ist denn das Ding?"[13]

      „Fünf und sechzig Thaler, lieber Herr," sagte Cäcilia.

      „Gut," rief Augustinus.

      Und nun lief er die Treppe hinab, und Cäcilia sagte ihm[14] nach: „Das ist erst ein wilder Mensch ein abscheulicher."[15]

      Augustinus [m]hatte es gehört, aber es ging ihn das elende Weib nichts an, und er [16]rannte die Gasse entlang dem ||Gerichtshause||[17] zu. Da er dort angekommen war, verschaffte er sich Gehör, und sagte in Sachen des Rechtsbeflissenen Eustachius [aus,] [18]daß dieser abgereist sei, [n]daß er den Auftrag habe, für ihn fünf und sechzig Thaler zu erlegen, und daß er[19] zu spät gekommen sei, da man dort gepfändet habe. Die lieben Herren möchten eine Stunde warten, dann werde er das Geld hieher bringen.

      „Ist das so?" fragte ein junger Rathsherr.

      Augustinus sah ihn wild an.

      Da trat ein alter Herr hinzu, und sagte: „Wenn die Zahlung geleistet wird, so ist das Übrige dem Gerichte einerlei."

Mappe 29

a Alles

b Im achten Pake sind Briefe verstekt. Du darfst sie lesen; aber verschweige sie.

c Ich werde kommen, wenn ich es mit der Ehre kann, und kränke dich nicht zu sehr, Augustinus!"
   Dieser kränkte sich aber, er heulte laut auf, daß

d lief. Er

e /./ Dann sezte er sich auf den Koffer, und wollte sich die Haare ausraufen. Dann schlug er die

f rief er wieder:

g und seinen Namen werden sie verunglimpfen. Aber

h und er rief: „Ich bringe etwas, das besser ist als alle griechische Weisheit."

i Heulen, er

k zweitausend

l einer

m hörte es, aber das Weib ging ihn

n er müsse für ihn

---

1 *idZ* .
2 *idZ* .
3 *üdZ* ins Zimmer
4 *üdZ* dann
5 *idZ* Eustachius!" verruchter Freund."
6 Dann
7 *üdZ* verzagt
8 *idZ* Lezten ist abzuhelfen."
9 so
10 sein
11 *üdZ* das
12 . Aber
13 *idZ* weißt du etwa, wie viel es ist?"
14 *üdZ* noch
15 *idZ* : „Der wilde, abscheuliche Mensch."
16 *üdZ* lief in das
17 Gerichtshaus
18 *üdZ* sei
19 *üdZ* sei

30.

a   „Sie wird geleistet werden," sagte Augustinus.
b   Er ging fort. Dann

c   sondern dir etwas verkaufen. Willst du mich betrügen, so

d   ließ dessen Habschaft in seine Wohnung bringen.
e   nach einander.

f   nächsten
g   ritt er weiter, und
h   heischte er Kunde,
i   So ging es mehrere Meilen auf der Straße hin. Des andern Tages that er auf einer andern Strasse eben so, des folgenden auf einer
k   ob jemand wie Eustachius in ein Schif gestiegen sei, und sie antworteten: Nein. Nun fing er an,
l   suchen,
m   aufzufinden, und er

n   ~~unsinniger~~ üdZ Freund

o   freilich

p   ~~vom Eustachius~~

q   ~~scheute sich~~ in 2. Var. zögerte aber, und wollte sie bis zu des Freundes Zurükkunft

^a~~Er blikte hiebei den Augustinus freundlich an, daß dieser hoch erröthete; denn es war der Bürgermeister gewesen, der gesprochen hatte.~~

‖Augustinus mußte noch‖[1] Namen und Wohnung angeben, und wurde ~~dann~~ entlassen.

^b~~Sofort lief er von dannen,~~ zerrte[2] einen Gassenjuden in seine Stube, nahm dort eine Rolle Thaler aus einem Fache, legte sie vor den Juden, und sprach: „Hier siehst du Thaler genug, ich habe sie in Jahren zusammen gespart, um damit die Auslagen für mein Doctorpergament zu bestreiten. Jezt brauche ich aber einige Thaler, ich will sie von hier nicht nehmen, ^c~~du siehst hier Geld genug, daß du mich nicht betrügst, sonst~~ borge ich von hier, und nehme das Pergament später."

„Ich werde nicht betrügen," sagte der Jude.

Augustinus verkaufte ihm nun von seinen Habseligkeiten so lange, bis er fünf und sechzig Thaler hatte, dann jagte er ihn fort.

Der Jude hatte den Augustinus[3] betrogen, ~~daß es zum Himmel schrie, dieser~~[4] aber ~~nahm~~ das Geld, trug es auf das Gerichtshaus, erlegte es dort, und verlangte, daß Eustachius Stube frei gemacht werde. Es geschah, und Augustinus ^d~~war beträchtlich erleichtert.~~

Die guten Gedanken kamen nun ^e~~Schlag auf Schlag.~~ Er ging ~~ungesäumt~~ zu einem Pferdeverleiher, dessen Kunde er ~~längst~~ war, lieh auf Borg einen Klepper, ritt gelassen davon, so lange ihn der Pferdewucherer sehen konnte, dann aber schnell, so sehr der Klepper zu laufen vermochte, dem^f Stadthore zu. Draußen ^g~~angekommen legte er~~ sich auf Fragen und Forschen ‖, bei‖[5] jedem Hause, bei jeder Schenke, bei jedem begegnenden Wandersmanne, bei jedem an der Straße sizenden Mütterlein^h, ob sie nicht ein Ding gesehen, wie er ihnen den Eustachius beschrieb. Alle antworteten: Nein[6] ⁱ~~vom Anfange an bis ein gut Stük Meilen in die Straße hinein. So that er des andern Tages auf der zweiten, des folgenden auf der~~ dritten, und so auf allen Straßen, ja zulezt auf allen Fußwegen, und überall sagten sie: Nein. Er fragte auch alle Schifeigenthümer und Schifführer, ^k~~und alle sagten: Nein. Es ward ihm endlich wirbelig, und er dachte, der arme Eustachius könne nicht anders, als aus der Stadt geflogen sein. Oder sollte +? Er fing nun plözlich an wie ein Uferwächter~~ am Strome zu forschen, ob er keine Leiche ausgeworfen, und nach Berichten und Befundzetteln zu ^l~~jagen,~~ ob nicht an diesem oder jenem Orte ein ertrunkener Mann gefunden worden sei; aber auch das blieb zu Augustinus Freude über einen Monat vergeblich. Er mußte ~~endlich alle~~[7] Hoffnung fahren lassen, den Eustachius ^m~~aufzutreiben, und entszlich ausschelten zu können. Er~~ fügte sich ~~deßhalb~~ der Erwartung, ob der Vermißte nicht selber einmal komme. Aber er kam nicht.

[8]~~„Siehst du," sagte Augustinus, „da muß der Heilmann den Rechtsmann belehren. Sie hätten dir ja nichts anhaben können,~~ thörichterⁿ ~~Eustachius~~ , deine Bürgschaft galt nicht, weil du nicht großjährig bist. Für dich handelt dein Vormund; aber wo hast du einen Vormund, wenn nicht ich es bin, der selber minderjährig ist, und unter seinem Vater steht? Nach Vormund und Vater fragte bisher^o niemand, und was wir schuldig waren, mußten wir zahlen.[9] ~~Gut."~~

~~Nach langer~~[10] Zeit ging Augustinus ~~einmal~~ daran, die Schriften[11] ‖Eustachs‖[12] ~~, die er so wie alle andern Habseligkeiten desselben in seine eigene Wohnung hatte bringen lassen,~~ anzusehen, was denn ~~um Gottes willen für Jammerzeug~~ in den ~~mächtig~~ vielen Päken stehen möge. Zuerst nahm er jenen^p angezeigten achten Pak vor, und löste das Band und den Umschlag. Da fiel ein ganzer Stoß von Briefen heraus, alle aus einander gefaltet, der Reihe nach geordnet in schöne himmelblaue Seide gewikelt. Er hatte aus Eustachius Briefe die Erlaubniß, sie zu lesen; ^q~~aber er betrachtete sie mit einer Scheu, und dachte, er wolle sie lieber~~

---

1   Dann mußte er
2   üdZ er
3   üdZ doch
4   üdZ dieser wußte es, nahm
5   . Bei
6   idZ .
7   üdZ die
8   üdZ Augustinus rief: „Du
9   idZ "
10   üdZ ~~geraumer~~ idZ Nach einer
11   üdZ des
12   idZ ~~-stachius~~ üdZ -stachius

aufbewahren. ᵃAllein in der Hoffnung, in ihnen einen Aufschluß über den Flüchtling zu erhalten[1b], nahm er sie doch wieder vor, that die himmelblaue Seide vollständig hinweg, langte nach dem einen Briefe, der noch zusammen gefaltet ²ᶜder Sammlung noch nicht einverleibt, und daher wahrscheinlich der jüngste war, entfaltete ihn, und las ihn. Er lautete:[3]

„Lieber theurer Eustach! Beruhige dich, es kann nie geschehen, und wenn er hundert Jahre freite. Du mißachtest mich, wenn du nur so lange zweifelst, als man ein Auge zu schließen und zu öffnen vermag. Ich achte sie nicht, die da eine schöne Feder auf die Haube steken, und ihren Leib in Seide hüllen ||,||[4] ich achte sie nicht. Und ||wem||[5] ich mein Herz einmal aus freier Wahl gegeben, dem bleibt es auch in Ewigkeit. Du thust dir Unrecht, wenn du dich nur ein winzig Theilchen Zeit mit solchen in Vergleich sezest. Und, lieber Eustach, lasse mich hier die schüchterne Frage thun: sollte denn jener Augustinus das Gold deines Herzens und die Gewalt deines Geistes erkennen können? Es thäte mir weh, wenn es nicht so wäre.[6] Es lebt aber nur ein einziger Mensch auf dieser Erde, der dich kennt. Nur ||dieser||[7] einzige kennt dich[8]. Lebe wohl, komme bald, bringe aber nicht so erschütternde Dichtungen wie das lezte Mal."

Christine[9]. W.

„Ei[10] Hexe!" rief Augustinus, „so? so? so?, ≠ und besser als du kennt er sathanas[11] Gold! Und der Eustachius! nun schau die heilige Geduld den unerhört verwegenen Menschen an!"[12]

Es entfiel ||dem||[13] Augustinus ᵈfast das Blatt, und er sah käferhaft in die Stube[14] hinaus. Dann nahm er den Pak, schleuderte[15] die Seide, die ihm in den Händen geblieben war, weg, [16]ᵉ||riß den Pak auseinander||, um nach den Unterschriften zu sehen: „Christine, Christine, Christine," alle von ihr, und eine ganze Menge!

„Nun, ᶠVerschwörung und Bartholomäusnacht!" rief Augustinus, „ich will gerade in diesem Augenblike noch nicht närrisch werden, sondern alle diese Schreiben lesen."

Aber[17] sie waren ihm bei dem Auseinanderlegen und dem Forschen nach den Unterschriften durcheinander gekommen, und da er ᵍhastete, sie zu ordnen, wurden sie immer wirrer,ʰ und die Zahlen, mit denen sie bezeichnet waren, sprangen, statt sich zu reihen, stets wilder durcheinander, so daß er alles hinwarf, und las, wie es lag.[18]

Zahl[.] 9. „Küssen Sie in Zukunft Briefe aus unserem Hause nicht[19], wenn es unsere Magd[20] sieht; aber besser ist es, sie[21] zerreißen dieselben wie neulich, und geben die Stüke den Windenⁱ. Ich soll Sie auf morgen zu Tische bitten./"/

Christine.

Zahl[.] 13. „Der Vater bittet Sie auf heute zu Mittag, und ich, daß Sie uns wieder solche Dinge lesen."

Christine.

Zahl[.] 19. „Es kann sein, es kann nicht sein. Lassen Sie künftig die Hefte weg. Das[22] ist ein seltsamer Mensch. Oder bringen Sie doch wieder solche[23] Hefte. Reden Sie nicht mehr solche Dinge, wie Sonntags in dem Garten, und kommen Sie bald, der Vater wünscht es. Doch wozu so reden, mich empört es, falsch zu sein, es empört mich meinetwegen und Ihretwegen, ich will aus Stolz nicht falsch sein. Sie schreiben die Hefte, und Christine wünscht, daß Sie bald kommen. So ist es, und nun läugnen Sieᵏ, wenn Sie dürfen."

Christine.

„Ei die Hexe hat Wiz,"[24] sagte Augustinus, „und am Ende kennt sie ihn doch[25] mehr als ich. Lasse also weiter sehen: Zahl 7. Zahl 5. Zahl 10 Einladungen, das ist nichts. Zahl 22. Lasse sehen."[26]l

Zahl 22. „Ich habe Ihr Blatt in meinen Schrein gelegt, und mir däucht, ich habe eine glühende Kohle hinein gelegt. Verstehe ich das Blatt, und soll ich darauf antworten? Was enthält es? Nichts. Was enthält es? Alles. Da schwebt ein Ding in der Luftᵐ! Sie sagen nichts, und doch stelltten Sie es

---

Mappe 31.
a Aber da kam ihm der Gedanke, in den Briefen möchte ein
b sein, und er beschloß, von ihrem Inhalte Kenntniß zu nehmen. Er legte die himmelblaue Seide auseinander. Da lag oben ein Brief
c war, der also der

d fiel das Blatt fast aus der Hand. Es sah wie ein Zerrütteter
e in 2. Var.
  die Briefe
  in 3. Var.
  nahm den Pak, und riß die Briefe heraus,
f so soll ich denn jezt närrisch werden," rief er, „aber vorher will ich alle diese Briefe lesen."
h die Blätter glitten ihm in den Händen
g beim Ordnen sich überhastete
i zu geben.

k noch,

l mB Da steht noch mehr."

m dem Raume

---

1 üdZ sein
2 üdZ war
3 idZ sein mußte. Er entfaltete, und las ihn. Er lautete:
4 idZ .
5 Wem
6 idZ Einer
7 Dieser
8 idZ ganz.
9 idZ B.
10 idZ „
11 üdZ das
12 idZ Sanftmuth den Eustachius an."
13 Dem
14 idZ .
15 üdZ er
16 in 2. Var. riß^e auseinander
17 Allein
18 idZ hinlegte, und las, wie es lag.
19 üdZ erst
20 üdZ nicht mehr
21 üdZ zu
22 üdZ Darin
23 üdZ die
24 üdZ So, so"
25 idZ .
26 idZ maT Da steht mehr."

32.

    hin. Ahne ich es? Ahne ich es nicht? O, berühren Sie es nicht, es schwebe zwischen uns. Fürchten Sie die Zukunft. Ich zittere. Entweder muß ich hier abbrechen, oder ich schreibe gleich einen Bogen voll wie Sie. Gott sei mir gnädig, ich berühre es am Ende selber. Ein selig Angstvolles baut sich zwischen uns, ich soll, ich muß Sie tadeln; denn Sie sind es, der es baute. Es ist, wie es alle Tage her war, und doch ist es nicht so. Wir sprechen ~~Worte~~, wie alle andern Leute ~~sie sprechen~~; aber es ist, als wären es nicht diese Worte. Ihr Brief spricht dieselbe ‖Räthselsprache‖[1], und bei meinem heiligen Gotte, Sie verstehen die Sprache, und ich, ich verstehe sie auch. Lassen Sie alles schweben, gehen Sie um keine Messerschneidebreite weiter, ich bitte Sie, wenn Sie mich – Lassen Sie ᵃ~~die Blume, berühren Sie sie nicht~~ , ich flehe darum, ich weiß nicht, warum mir so todesängstlich ist, als ᵇ~~fielen dann plözlich alle ihre Blätter in den Abgrund.~~ Leben Sie recht wohl, mehr wohl als Ihre

                                                                                             Christine.

    N.B. Dieses Schreiben soll Sie auf Sonntag in unsern Garten einladen./"/

                                                                                               Ch.

    Augustinus suchte nun mit Angst und Hast nach der Zahl 23.

    Zahl 23. „Theurer einziger Freund! Es mußte so kommen. Aber da das Wort gefallen ist, das ich so gefürchtet, und lasse mich es sagen, nach dem ich so geglüht habe, so gelte es nun auch mit all der furchtbaren Innigkeit unsäglich für Zeit und Ewigkeit. Sage, wie ist mir denn? Als mit jenem Worte all die starre Vergangenheit hinwegzukte wie ein Bliz, so steht eine Zukunft da, als wäre sie dunkel selig; aber ach, ich begreife sie noch nicht, und zage dem Glüke entgegen. Es mußte so kommen. Schon Wochen und Tage her trat es mir zu, daß es so kommen werde. Das Herz, vor dem ich Anfangs bangte, so rein so schön so gut und so ᶜ~~glühend~~ , erst sah ich es dunkel träumend, dann klar in sich ruhend, dann, wie es entzükt war, da es an mich heran wuchs, so sachte, so innig, und immer mehr, und immer mehr, an mich, die ich voll und ahnungsreich ᵈ~~zitternd~~ war, bis die ᵉ~~bebende himmlische Frucht~~ dicht vor meinen Augen hing. Ach, Eustach, du wirst es sehen, wenn du wieder kommst, in den Flammen meiner Wangen."

                                                                                           Christine.

    Dem Augustinus wurde es fast schwindlig vor den Augen, und er legte das Blatt weg, und sah vor sich hin. Seine Stube, ihre Wände und Fenster ~~, und die Gasse draußen kamen ihm ganz anders vor.~~[2]

    „Das ist ja ganz unaussprechlich," ᶠ~~rief er, „das ist ja + + was ist es denn?~~ Eustachius! Eustachius ‖, wo‖[3] wird er denn jezt sein, und wo wird er denn sein!"

    Dem Augustinus war es, wenn er nur ~~jezt~~ den Eustachius ~~nur~~ auf eine Stunde da hätte. Es war ihm so unerträglich, ~~ganz~~ allein zu sein. Er ging einige Male in der Stube hin und her, dann sezte er sich wieder nieder, um weiter zu lesen.

    Und immer tiefer und immer zärtlicher wurden Christinens Briefe, daß Augustinus ausrief: „Die ist ~~am Ende~~ doch anders["] /./ ~~als die meisten."~~ ᵍ

    ~~Und er wäre jezt auch auf die Briefe des Eustachius recht neugierig gewesen.~~

    Dann las er weiter.

    Zahl 36. „Theurer Freund! Es ist nicht möglich, du mußt dich aufreiben. Schreibe nicht mehr in der Nacht. Ich bitte dich darum. Seit jenem ersten Abende, da die Blätter in dem Laubgange raschelten, und die Musik des Vaters gedämpft aus dem Gartenhause herüber schallte, und deine Worte wie ʰ~~glühende~~ Funken in meine Seele fielen, seit „jener Flamme um unsern Mund", wie du es nanntest – o Eustach, nicht einmal ein weiblicher Mund hat noch ⁱ~~meine Lippen~~ berührt – seit jenem Abende habe ich ein Recht, daß du dich schonest, und heiter und glüklich seiest. Ich habe deine Nachtgedanken gelesen. Ach ich liebe dich ja, und möchte nichts,

---

a Alles

b wäre dann ein Abgrund geöffnet.

c sprühend

d bebend

e Himmelsfrucht

f das ist unaussprechlich," rief er./"/

g Und nun möchte ich die Briefe des Eustachius lesen."

h brennende

i den meinen

---

[1] Sprache   [2] *idZ* drehten sich vor ihm.   [3] . Wo

als in Ewigkeit fort von dir geliebt werden. Du hast ein sonderbares Herz, und so habe ich es von Kindheit auf gewollt und geträumt: ein Herz, ᵃg̶r̶ö̶ß̶e̶r̶ als die ganze Welt,[1] müsse mein sein mit einer Liebe ohne Grenzen, und nun ist es mein, s̶o̶ ̶r̶e̶i̶n̶ ̶s̶o̶ ̶u̶n̶b̶e̶w̶u̶ß̶t̶, lasse mich tauchen in seinen Abgrund, Seele um Seele, Herz um Herz, daß keine Welt mehr ist, nicht einmal die Sterne. Nur den leisen Schmerz, der manches Mal um deine Züge ist, verscheuche, er ist sonst nicht deines Wesens, und deine schönen Augen hatten nie etwas davon gesagt. Bist du denn nicht glüklich? was Besiz? was Ehe? Nicht ein einzig herzlich Wort soll die r̶o̶h̶e̶ Männerschaft von mir erlangen, du blikst ein ander Mädchen kaum an, wie solltest du auch, wie kann sie dich denn so lieben wie ich? Und so laß uns bewahren das süsse Geheimniß, laß uns selig sein im süssen Geheimniße, und so immer fort, immer fort, mögen Zeiten um Zeiten kommen, ich flehe nichts, als daß sie sich nicht ändern, und so immer fort eine einzige seelenvolle Gegenwart und Ewigkeit. Ich werde nie eines andern Mannes, du nie eines andern Weibes. Du willst Werke herausgeben. Wie ist mir denn? Wird nicht der holde Duft der Dichtungen ᵇv̶e̶r̶w̶e̶h̶e̶n̶, die uns vereinten? Thue, wie du es erkennst. Du willst ein Amt haben, und dann um mich werben. Thu' es, oder thu' es nicht; das ändert an meinem Herzen nichts. Bist du stark und demüthig in deinem Muthe, so bin ich stark a̶l̶s̶ ̶h̶a̶n̶d̶e̶l̶n̶d̶ ̶W̶e̶i̶b̶ und demüthig in ᶜd̶e̶i̶n̶e̶r̶ Liebe. Der Himmel segne und schüze dein liebes Haupt. Lebe wohl."
                           Christine.

 Und so und noch heißer waren alle Briefe.
 Dem a̶r̶m̶e̶n̶ Augustinus ᵈz̶o̶g̶e̶n̶ ̶s̶i̶c̶h̶ ̶d̶a̶m̶a̶l̶s̶ ̶V̶o̶r̶h̶ä̶n̶g̶e̶ ̶n̶a̶c̶h̶ ̶V̶o̶r̶h̶ä̶n̶g̶e̶n̶ ̶a̶u̶f̶,̶ ̶u̶n̶d̶ ̶e̶r̶ ̶s̶a̶h̶ ̶i̶n̶ ̶e̶i̶n̶e̶n̶ ̶u̶n̶g̶e̶h̶e̶u̶e̶r̶e̶n̶ Raum. Es war ihm, als sei d̶r̶a̶u̶ß̶e̶n̶ auch schon s̶o̶[2] ein Wesen, dem er mit einer solchen Liebe v̶e̶r̶f̶a̶l̶l̶e̶n̶ ̶w̶e̶r̶d̶e̶.[3]ᵉ
 Dann legte er die Briefe wieder[4] der Ordnung n̶a̶c̶h̶ zusammen, umwikelte das Päkchen mit der himmelblauen Seide, und legte es w̶i̶e̶ ̶e̶i̶n̶ ̶K̶l̶e̶i̶n̶o̶d̶ in ‖seinen‖[5] Schrein.
 Desselben Tages ging er am Abende auf den Schloßberg, ᶠs̶c̶h̶w̶e̶i̶f̶t̶e̶ ̶d̶o̶r̶t̶ ̶w̶e̶i̶t̶ ̶u̶n̶d̶ ̶b̶r̶e̶i̶t̶ ̶i̶m̶ ̶G̶r̶ü̶n̶e̶n̶ ̶h̶e̶r̶u̶m̶,̶ ̶s̶a̶h̶ auf die schwarze l̶u̶f̶t̶i̶g̶e̶ Stadt hinab, w̶a̶r̶ ̶f̶a̶s̶t̶ ̶s̶o̶ ̶t̶r̶ä̶u̶m̶e̶r̶i̶s̶c̶h̶ ̶w̶i̶e̶ ̶e̶i̶n̶s̶t̶ ̶s̶e̶i̶n̶ ̶n̶u̶n̶m̶e̶h̶r̶ ̶v̶e̶r̶l̶o̶r̶e̶n̶ ̶g̶e̶g̶a̶n̶g̶e̶n̶e̶r̶ ̶F̶r̶e̶u̶n̶d̶, und dachte an Christine.
 An den folgenden Tagen las er auch, wenn ᵍe̶r̶ ̶z̶u̶ ̶a̶r̶b̶e̶i̶t̶e̶n̶ ̶a̶u̶f̶h̶ö̶r̶t̶e̶, in den Päken des Eustachius; aber er ʰh̶a̶t̶ ̶k̶e̶i̶n̶e̶m̶ ̶M̶e̶n̶s̶c̶h̶e̶n̶ ̶g̶e̶s̶a̶g̶t̶,̶ ̶w̶a̶s̶ ̶i̶n̶ ̶d̶e̶n̶ ̶S̶c̶h̶r̶i̶f̶t̶e̶n̶ ̶s̶t̶e̶h̶e̶.
 ⁱE̶s̶ ̶v̶e̶r̶g̶i̶n̶g̶ ̶W̶o̶c̶h̶e̶ ̶a̶n̶ ̶W̶o̶c̶h̶e̶ ̶M̶o̶n̶a̶t̶ ̶a̶n̶ ̶M̶o̶n̶a̶t̶,̶ ̶o̶h̶n̶e̶ ̶d̶a̶ß̶ ̶E̶u̶s̶t̶a̶c̶h̶i̶u̶s̶ ̶k̶a̶m̶,̶ ̶o̶d̶e̶r̶ ̶a̶u̶c̶h̶ ̶n̶u̶r̶ ̶e̶i̶n̶ ̶H̶a̶u̶c̶h̶ ̶e̶i̶n̶e̶r̶ ̶N̶a̶c̶h̶r̶i̶c̶h̶t̶ ̶v̶o̶n̶ ̶i̶h̶m̶.̶ ̶A̶u̶g̶u̶s̶t̶i̶n̶u̶s̶ ̶f̶i̶n̶g̶ ̶m̶i̶t̶ ̶e̶i̶n̶e̶m̶ ̶M̶a̶l̶e̶ ̶s̶o̶ ̶z̶u̶ ̶a̶r̶b̶e̶i̶t̶e̶n̶ ̶a̶n̶,̶ ̶d̶a̶ß̶ ̶e̶r̶ ̶s̶i̶c̶h̶ ̶f̶a̶s̶t̶ ̶d̶e̶s̶ ̶g̶a̶n̶z̶e̶n̶ ̶T̶a̶g̶e̶s̶ ̶k̶e̶i̶n̶e̶ ̶S̶t̶u̶n̶d̶e̶ ̶d̶e̶r̶ ̶R̶u̶h̶e̶ ̶g̶ö̶n̶n̶t̶e̶,̶ ̶u̶n̶d̶ ̶d̶a̶ß̶ ̶s̶i̶c̶h̶ ̶a̶l̶l̶e̶ ̶d̶i̶e̶j̶e̶n̶i̶g̶e̶n̶ ̶s̶e̶h̶r̶ ̶v̶e̶r̶w̶u̶n̶d̶e̶r̶t̶e̶n̶,̶ ̶m̶i̶t̶ ̶d̶e̶n̶e̶n̶ ̶e̶r̶ ̶s̶o̶n̶s̶t̶ ̶h̶e̶r̶u̶m̶ ̶g̶e̶s̶c̶h̶l̶e̶n̶d̶e̶r̶t̶ ̶w̶a̶r̶.̶ ̶E̶r̶ ̶a̶b̶e̶r̶ ̶w̶u̶ß̶t̶e̶ ̶w̶o̶h̶l̶,̶ ̶w̶a̶r̶u̶m̶ ̶e̶r̶ ̶d̶i̶e̶s̶ ̶t̶h̶a̶t̶.̶ ̶U̶m̶ ̶d̶i̶e̶s̶e̶ ̶Z̶e̶i̶t̶ ̶f̶i̶n̶g̶ ̶e̶r̶ ̶a̶u̶c̶h̶ ̶a̶n̶,̶ ̶a̶l̶l̶e̶r̶l̶e̶i̶ ̶G̶e̶s̶c̶h̶i̶c̶h̶t̶e̶n̶ ̶z̶u̶ ̶e̶r̶s̶i̶n̶n̶e̶n̶,̶ ̶u̶n̶d̶ ̶i̶n̶ ̶d̶i̶e̶ ̶l̶u̶s̶t̶i̶g̶e̶ ̶u̶n̶d̶ ̶e̶r̶n̶s̶t̶e̶ ̶S̶t̶a̶d̶t̶c̶h̶r̶o̶n̶i̶k̶ ̶z̶u̶ ̶s̶e̶z̶e̶n̶,̶ ̶d̶i̶e̶ ̶s̶o̶ ̶a̶b̶g̶e̶f̶a̶ß̶t̶ ̶w̶a̶r̶e̶n̶,̶ ̶u̶n̶d̶ ̶s̶ä̶m̶t̶l̶i̶c̶h̶ ̶d̶a̶h̶i̶n̶ ̶z̶i̶e̶l̶t̶e̶n̶,̶ ̶u̶m̶ ̶d̶e̶n̶ ̶E̶u̶s̶t̶a̶c̶h̶i̶u̶s̶ ̶z̶u̶ ̶l̶o̶k̶e̶n̶,̶ ̶d̶a̶ß̶ ̶e̶r̶ ̶s̶i̶e̶ ̶v̶e̶r̶s̶t̶e̶h̶e̶n̶ ̶s̶o̶l̶l̶e̶,̶ ̶d̶a̶ß̶ ̶a̶l̶l̶e̶s̶ ̶a̶u̶f̶s̶ ̶B̶e̶s̶t̶e̶ ̶a̶u̶s̶g̶e̶g̶a̶n̶g̶e̶n̶ ̶s̶e̶i̶,̶ ̶u̶n̶d̶ ̶d̶a̶ß̶ ̶e̶r̶ ̶s̶o̶f̶o̶r̶t̶ ̶w̶i̶e̶d̶e̶r̶ ̶z̶u̶r̶ü̶k̶ ̶k̶o̶m̶m̶e̶n̶ ̶m̶ö̶g̶e̶.̶ ̶A̶b̶e̶r̶ ̶E̶u̶s̶t̶a̶c̶h̶i̶u̶s̶ ̶v̶e̶r̶s̶t̶a̶n̶d̶ ̶s̶i̶e̶ ̶n̶i̶c̶h̶t̶,̶ ̶o̶d̶e̶r̶ ̶l̶a̶s̶ ̶s̶i̶e̶ ̶n̶i̶c̶h̶t̶,̶ ̶u̶n̶d̶ ̶k̶a̶m̶ ̶a̶u̶c̶h̶ ̶n̶i̶c̶h̶t̶.̶
 A̶n̶ ̶j̶e̶d̶e̶m̶ ̶S̶o̶n̶n̶t̶a̶g̶e̶ ̶a̶n̶ ̶j̶e̶d̶e̶m̶ ̶F̶e̶s̶t̶t̶a̶g̶e̶ ̶u̶n̶d̶ ̶a̶u̶c̶h̶ ̶a̶n̶ ̶a̶n̶d̶e̶r̶n̶ ̶K̶i̶r̶c̶h̶e̶n̶t̶a̶g̶e̶n̶ ̶g̶i̶n̶g̶ ᵏ|e̶r̶| i̶n̶ ̶d̶e̶n̶ ̶D̶o̶m̶ ̶d̶e̶s̶ ̶h̶e̶i̶l̶i̶g̶e̶n̶ ̶V̶e̶i̶t̶,̶ ̶u̶m̶ ̶C̶h̶r̶i̶s̶t̶i̶n̶e̶ ̶z̶u̶ ̶s̶e̶h̶e̶n̶,̶ ̶d̶i̶e̶ ̶a̶n̶ ̶s̶o̶l̶c̶h̶e̶n̶ ̶T̶a̶g̶e̶n̶[6] e̶r̶s̶c̶h̶i̶e̶n̶.̶ ̶S̶i̶e̶ ̶s̶a̶ß̶ ̶m̶i̶t̶ ̶i̶h̶r̶e̶m̶ ̶V̶a̶t̶e̶r̶ ̶i̶n̶ ̶e̶i̶n̶e̶m̶ ̶e̶i̶g̶e̶n̶e̶n̶ ̶g̶e̶s̶p̶e̶r̶r̶t̶e̶n̶ ̶S̶t̶u̶h̶l̶e̶,̶ ̶w̶a̶r̶ ̶i̶n̶ ̶S̶c̶h̶m̶u̶k̶ ̶u̶n̶d̶ ̶r̶e̶i̶c̶h̶e̶n̶ ̶K̶l̶e̶i̶d̶e̶r̶n̶,̶ ̶u̶n̶d̶ ̶s̶c̶h̶ö̶n̶ ̶w̶i̶e̶ ̶d̶e̶r̶ ̶M̶o̶r̶g̶e̶n̶,̶ ̶w̶e̶n̶n̶ ̶a̶u̶c̶h̶ ̶i̶h̶r̶e̶ ̶W̶a̶n̶g̶e̶n̶ ̶e̶t̶w̶a̶s̶ ̶b̶l̶a̶s̶s̶e̶r̶ ̶w̶a̶r̶e̶n̶ ̶a̶l̶s̶ ̶s̶o̶n̶s̶t̶.̶ ̶D̶i̶e̶ ̶B̶l̶i̶k̶e̶ ̶j̶u̶n̶g̶e̶r̶ ̶H̶e̶r̶r̶e̶n̶ ̶s̶u̶c̶h̶t̶e̶n̶ ̶s̶i̶e̶ ̶o̶f̶t̶,̶ ̶u̶n̶d̶ ̶m̶a̶n̶c̶h̶e̶r̶ ̶m̶o̶c̶h̶t̶e̶ ̶d̶e̶n̶ ̶s̶c̶h̶o̶n̶ ̶i̶m̶ ̶V̶o̶r̶h̶i̶n̶e̶i̶n̶ ̶b̶e̶n̶e̶i̶d̶e̶n̶,̶ ̶d̶e̶m̶ ̶s̶i̶e̶ ̶e̶i̶n̶m̶a̶l̶ ̶z̶u̶ ̶T̶h̶e̶i̶l̶ ̶w̶e̶r̶d̶e̶n̶ ̶w̶ü̶r̶d̶e̶.̶ ̶A̶u̶g̶u̶s̶t̶i̶n̶u̶s̶ ̶s̶a̶h̶ ̶ö̶f̶t̶e̶r̶ ̶n̶a̶c̶h̶ ̶i̶h̶r̶e̶n̶ ̶s̶c̶h̶ö̶n̶e̶n̶ ̶g̶r̶o̶ß̶e̶n̶ ̶t̶i̶e̶f̶s̶i̶n̶n̶i̶g̶ ̶l̶o̶d̶e̶r̶n̶d̶e̶n̶ ̶A̶u̶g̶e̶n̶,̶ ̶v̶o̶n̶ ̶d̶e̶n̶e̶n̶ ̶n̶i̶e̶m̶a̶n̶d̶ ̶a̶h̶n̶e̶n̶ ̶k̶o̶n̶n̶t̶e̶,̶ ̶w̶a̶s̶ ̶h̶i̶n̶t̶e̶r̶ ̶i̶h̶n̶e̶n̶ ̶i̶n̶ ̶d̶e̶m̶ ̶H̶a̶u̶p̶t̶e̶ ̶v̶o̶r̶g̶e̶h̶e̶;̶ ̶d̶e̶n̶n̶ ̶s̶e̶l̶b̶s̶t̶ ̶A̶u̶g̶u̶s̶t̶i̶n̶u̶s̶ ̶k̶o̶n̶n̶t̶e̶ ̶n̶i̶c̶h̶t̶ ̶i̶m̶ ̶g̶e̶r̶i̶n̶g̶s̶t̶e̶n̶ ̶e̶i̶n̶ ̶Z̶e̶i̶c̶h̶e̶n̶ ̶a̶n̶ ̶i̶h̶r̶ ̶w̶a̶h̶r̶n̶e̶h̶m̶e̶n̶,̶ ̶w̶i̶e̶ ̶e̶s̶ ̶i̶n̶ ̶i̶h̶r̶e̶m̶ ̶I̶n̶n̶e̶r̶n̶ ̶s̶e̶i̶.̶ ̶M̶a̶n̶ ̶b̶e̶g̶a̶n̶n̶,̶ ̶i̶h̶n̶ ̶d̶e̶r̶ ̶L̶i̶e̶b̶e̶ ̶z̶u̶ ̶i̶h̶r̶ ̶z̶u̶ ̶z̶e̶i̶h̶e̶n̶,̶ ̶w̶e̶i̶l̶ ̶e̶r̶ ̶s̶t̶e̶t̶s̶ ̶z̶u̶ ̶i̶h̶r̶e̶r̶ ̶Z̶e̶i̶t̶ ̶i̶n̶ ̶d̶e̶r̶ ̶K̶i̶r̶c̶h̶e̶ ̶w̶a̶r̶.̶
 E̶n̶d̶l̶i̶c̶h̶ ̶n̶a̶h̶t̶e̶ ̶d̶i̶e̶ ̶l̶e̶z̶t̶e̶ ̶S̶t̶u̶n̶d̶e̶ ̶s̶e̶i̶n̶e̶s̶ ̶A̶u̶f̶e̶n̶t̶h̶a̶l̶t̶e̶s̶ ̶i̶n̶ ̶d̶e̶r̶ ̶S̶t̶a̶d̶t̶ ̶P̶r̶a̶g̶.̶ ̶E̶r̶ ̶m̶a̶c̶h̶t̶e̶ ̶d̶i̶e̶ ̶l̶e̶z̶t̶e̶ ̶P̶r̶ü̶f̶u̶n̶g̶,̶ ̶l̶e̶g̶t̶e̶ ̶d̶i̶e̶ ̶R̶o̶l̶l̶e̶ ̶s̶e̶i̶n̶e̶r̶ ̶T̶h̶a̶l̶e̶r̶ ̶h̶i̶n̶,̶ ̶u̶n̶d̶ ̶h̶o̶l̶t̶e̶ ̶s̶i̶c̶h̶ ̶h̶i̶e̶r̶a̶u̶f̶ ̶s̶e̶i̶n̶ ̶P̶e̶r̶g̶a̶m̶e̶n̶t̶.̶ ̶D̶a̶n̶n̶ ̶p̶a̶k̶t̶e̶ ̶e̶r̶ ̶s̶e̶i̶n̶e̶ ̶H̶a̶b̶s̶e̶l̶i̶g̶k̶e̶i̶t̶e̶n̶,̶ ̶u̶n̶d̶ ̶s̶a̶n̶d̶t̶e̶ ̶s̶i̶e̶ ̶m̶i̶t̶ ̶d̶e̶m̶ ̶F̶r̶ä̶c̶h̶t̶e̶r̶ ̶f̶o̶r̶t̶.̶ ̶H̶i̶e̶r̶a̶u̶f̶ ̶p̶r̶e̶ß̶t̶e̶ ̶e̶r̶ ̶d̶e̶m̶ ̶K̶o̶r̶s̶c̶h̶i̶z̶

Mappe 33.
a das tiefer ist

b verweht worden

c meiner

d öfnete sich ein weiter weiter
e mB anheim

f schaute

g seine Arbeitszeit aus war,
h sagt es nicht, und will es nicht sagen, was in ihnen steht.
i (Hier folgt die Beilage)

k A̶u̶g̶u̶s̶t̶i̶n̶u̶s̶

---

1 aR und idZ getilgtes Zeichen   3 idZ anheim fallen werde.   5 einen
2 üdZ da   4 üdZ in   6 üdZ d̶o̶r̶t̶

34.

a mB Zahl

die fünf und sechzig Thaler ab, erstach ihn beinahe im Zweikampfe, und¹ sogleich in der Nacht noch auf abgelegenen Fußwegen, die er kannte, daß ihm die Häscher nicht ergreifen konnten, von dannen.
So endete die Geschichte der zwei Bettler.
Ich habe die Worte in das Buch eingetragen, wie ich sie damals aufgeschrieben hatte. Jezt sind ‖fünf‖²ᵃ Jahre vergangen, und ich trage Folgendes nach:
Der eine Bettler blieb verschollen, und in der alten großen Stadt³ funkelt traurig ein unschäzbar Juwel, das er verschleudert, der andere sizt in einem Waldthale, und schreibt in neuem großen Lederbuche. Auch über ihn ist eine leuchtende Erscheinung aufgegangen, und dann ist es wieder finster und kalt geworden. Er ist nun kein Bettler mehr, sondern hat sich fast ein neues Haus gebaut, und hat Garten und Feld. O Eustachius, dort im gebohnten Schreine liegen alle deine Päke, in dem verschlossenen schwarzen glänzenden Kästchen von Ebenholz, das ich habe machen lassen, liegen die Briefe Christinens, dein Zeisiganzug ist da, daß ich ihn anlegen könnte, dein brauner Überzug, in dem ich dich kennen lernte, die neuen Hemden, die Cäcilia gemacht hat, und alles: Du aber bist auf und davon gegangen, weil du ein Narr warst. Wo er nur sein mag? Da werden sie ihm nun alles anthun, und er wird alles leiden wie eine Henne; denn die Kinder dieser Welt sind klüger als die Kinder des Lichtes. Wenn du nur hier wärest, so könntest du in der großen Stube oben sizen, und vor deines Lebens Ende noch Hügelketten und Bergeslasten von Hirngespinnsten schreiben, oder du könntest auch manches Mal mit deinem Freunde auf den Reutbühel steigen, und ihm helfen hinüber schauen auf das weiße Haus am ᵇ|Eichenbestande| oberhalb Grünberg, in welchem das andere Juwel funkelt, das der andere Bettler verschleudert hat.
„Margarita, süsses sanftes Perlenlicht, ich segne dich, wenn du noch mein gedenkst, ich segne dich auch, wenn du schon auf mich vergäßest."/

b Buchenbestande

---

1 üdZ ging   2 maT   3 üdZ da

Beilage zu 33
der Mappe.

(Beilage zur Mappe 33)

Er forschte nun, in welche Kirche Christine gehe, und erfuhr, daß sie mit ihrem Vater an jedem Sonntage und an jedem Festtage dem großen Gottesdienste in der Teynkirche beiwohne. Er ging nun auch jedes Mal in diesen Gottesdienst, und sah nach Christinens Augen. Dieselben waren groß und dunkelbraun. Es war aber in ihnen gar nicht zu erkennen, was in ihrem Gemüthe vorgehe. Sie blikte ruhig entweder gegen den Priester oder in ihr Buch. Sie saß mit ihrem Vater jedes Mal in einem eigenen Stuhle. Man konnte leicht bemerken, daß manche junge Männer ihretwillen in der Kirche waren, und jeder mochte schon den beneiden, dem sie einstens angehören werde. Auch den Augustinus zieh man der Liebe zu ihr, er machte sich aber nichts daraus.

Er fing auch an, allerlei Geschichten zu ersinnen, und in die lustige und ernste Stadtchronik zu sezen, die so abgefaßt waren, den Eustachius zu loken, daß er sie verstehen solle, und daß er wisse, Alles sei auf das Beste ausgegangen. Aber Eustachius gab kein Zeichen, und kam nicht.

Augustinus arbeitete nun noch viel eifriger als sonst.

Endlich machte er seine lezte Prüfung, legte seine Thaler hin, und erhielt sein Pergament. Nun pakte er seine Habseligkeiten zusammen, und sandte sie mit dem Frächter fort. Darauf kündete er seine /Wohnung/ [1]. Als dieses Alles geschehen war, forderte er den Mann Korschiz auf Schläger. Der Plaz war ein Gebüsch des Laurenzberges. Bei Augustinus war Lodron, bei Korschiz der Mann Greuten. Augustinus erstach beinahe den Korschiz. Lodron und Greuten untersuchten denselben, und sagten, man könne ihm schon wieder aufhelfen. Darauf ging Augustinus gar nicht mehr in die Stadt, sondern seines Weges in die Welt.

So war es mit den zwei Bettlern.

Seitdem sind ~~fünf~~ Jahre ~~vergangen. verflossen.~~ vergangen.

Augustinus sizt ‖im‖[2] ~~seinem eigenen~~ Hause.[a] Auch über ihn ist ein Schein aufgegangen, und dann ist es wieder finster geworden. Eustachius blieb verschollen. ~~In der großen Stadt ist ein~~ O Eustachius, dort im [b]~~gebohnten Schreine~~ liegen alle deine Päke, in dem Ebenholzkästchen, das eigens gemacht worden ist, liegen die Briefe Christinens, dein Zeisiganzug ist da, dein braunes Gewand ist da, in dem du zuerst in Prag herum gegangen bist, die neuen Hemden, die Cäcilia gemacht hat, und Alles. Du könntest in der großen Stube oben sizen, und Bergeslasten von Hirngespinsten schreiben, oder an das Juwel denken, das du verschleudert hast. Oder du könntest auch manches Mal mit deinem Freunde auf den Reutbühel steigen, und ihm hinüber schauen helfen auf das weiße Haus am Buchenbestande, in welchem das andere Kleinod ist, das der andere

a seiner Väter

b Schreibgerüste

---

1 *statt* Wohnug
2 in

Bettler verschleudert hat.

      Margarita, süsses sanftes Perlenlicht, ich segne dich, wenn du noch mein gedenkest, ich segne dich auch, wenn du schon auf mich vergassest.

(Hier folgt die Handschrift auf 35 weiter)

Mappe 35.

4.[1]
~~Thal ob Pirling.~~[2]

[3]~~Ich will alles in dieses rothe Buch einschreiben, wie es sich zugetragen hat bis auf die jezige Zeit, und wie das rothe Buch selber entstanden ist. Möge Gott es segnen, daß es alle die Wirkungen bringe, um derentwillen es angelegt worden ist.~~
Als ich den Korschiz beinahe umgebracht hatte, und als mir ~~auf dem Plaze~~ Lodron ~~, der zu mir ein guter Geselle war,~~ gesagt hatte, ~~man~~[4] werde ᵃ~~den zähen Balg dieses alten Schülers schon wieder zusammen fliken, ging ich von der Stelle gar nicht mehr in meine Wohnung, die ich schon aufgegeben hatte, sondern gleich in die weite Welt. Ich~~ ging[5] von Prag[6] gegen Mitternacht[,]ᵇ weil ich dachte, die Schergen könnten mir gegen Mittag als den Weg nach meiner Heimath folgen. Es ist auch so geschehen, wie mir kund geworden ist. Ich ging auf einem Pfadlein zwischen Wiesen und Feldern, und da ᶜ~~gleich~~ die Nacht kam, ging ich die ganze Nacht hindurch, und aß ein Stük Brod, das ich ~~bei~~[7] mirᵈ hatte. Am Morgen zechte ich in einer Bergschenke, und ging dann wieder weiter. Ich ging nun die ganzen Tage, und manches Stük Nacht. Ich war mit nichts zum Tragen belastet ‖,‖[8] ~~mit keinem Füdlein Linnen oder Kleidern oder sonst einem Dinge.~~ Ich hatte mein alltägliches Gewand an ⁄ und ~~hatte die Schulhaube auf dem Kopfe.~~
‖Den‖[9] Schläger ~~hatte ich mir mit einem Riemen~~ an die[10] Seite ~~geschnallt. Die fünf und sechzig Thaler, die ich dem Korschiz entrissen hatte ‖,‖ und einiges langwierig ersparte Geld trug ich in meinem Wamse.~~ Ich ging auf Fußwegen nach Schlan, von da durch den Wald nach Mies, dann auf Fußwegen nach Taus, und von da in den bairischen Ort Fürth.ᵉ Von Fürth ging ich auf bairischem Grunde am Saume des großen Waldes, ~~der mich vom böhmischen Lande trennte,~~ mittagwärts bis zu dem Orte Freiung. Von Freiung ging ich wieder mittagwärts bis zu dem wilden ausgebreiteten unwirthbaren Walde, der ᶠ~~dort~~[11] anfängt, gegen Morgen zu gehen ‖,‖[12] ~~und in dem~~[13] ein Ort ~~ist~~ , der den Namen Klafferstraß hat. Dort miethete ich mich in einer ~~hölzernen~~ Schenke ein. Ich stieg nun alle Tage in den hohen Wald hinauf, und untersuchte seine Kräuter und Pflanzen, und strebte, wie er sie hat,[14] kennen zu lernen. Die ich gepflükt hatte, legte ich zwischen weiches Papier in Päke. Oft kam ich in der Nacht nicht nach Hause, sondern war bei Holzschlägern oder allein unter einer Tanne, an der ich ein Feuer angezündet hatte. Als nach fünf Wochen von Lodron die Nachricht kam, Korschiz gehe wieder als ᵍ~~langwieriger rükständiger~~ Schüler auf dem ‖Carolin‖[15] herum ~~wie vordem~~, nahm ich meine Pflanzenpäke an einer Schnur um die Schulter, und wanderte über den Wald in meine Heimath hinüber. Und als ich an dem Hause meiner Voreltern angekommen war, ~~war~~ʰ der Vater da und der Kaspar und die Annaⁱ. Ich grüßte alle. Sie hatten eine große Freude, und grüßten, und herzten mich. Und der Knecht und die Mägde und der Stallbube kamen auch ᵏ~~herzu~~ , und unter den Thüren der Nachbarhäuser standen Leute, und sahen von ferne her.
Der Vater sagte: „Wir haben dich schon sehr lange erwartet, deine Truhe, die du von Prag gesendet hast, steht ~~schon~~ˡ in den[16] zweiten Monate im Hause ‖."‖[17]
„Es ist etwas dazwischen gekommen," sagte ich.
„So gehen wir in die Stube," sprach der Vater.

a wieder aufkommen,
b fort. Ich ging gegen Mitternacht,
c bald
d gestekt
e ~~Dort kaufte ich mir schlechtes Linnen und einigen Bedarf.~~
f der an der Mihel ist, und dort
g alter
h stand schon
i auf der Gasse.
k heraus
l bereits

---

1 Darüber mB von Aprents Hand +, darüber von Aprents Hand mT: Von dem ersten Kranken, der ~~mit~~ durch Gottes Hilfe bei mir gesund ward. Ich will jetzt auch dieses ~~gleich~~ hier eintragen, und das, was sich zugetragen hat, als da ich von Prag fortging.
(Überschrift und Einleitung von dem Herausgeber beigefügt)
2 mB von Aprents Hand gestrichen
3 üdZ mB Aber ich schreibe in Gottes Namen weiter.
4 üdZ er
5 üdZ ich
6 üdZ in der Richtung
7 üdZ zu
8 idZ .
9 den
10 üdZ der
11 üdZ ~~da~~ .
12 idZ .
13 üdZ ~~dort~~ Da ist
14 üdZ sie
15 Karolin
16 H
17 idZ , und es ist dir auch nachgefragt worden."

36.

a hinein. Von
  der Stube aber führten
  sie mich gleich in die Kammer daneben.
b hatte/./
c hatten sie
d frei
e und dann

~~Dann~~[1] führten ~~sie mich~~ ᵃ~~in das Haus.~~ Sie hatten mir die Kammer ,[2] ~~neben der großen Stube ist, und deren zwei Fenster auf den finstern Wald hinausschauen,~~ zur Wohnung hergerichtet, wie ich ~~ja~~[3] immer, wenn ich in schulfreien Zeiten von Prag nach Hause kam, ᵇ~~dort schlief. Sie hatten~~ ‖den‖[4] ungeheuren Schrein, der seit Menschengedenken in der Kammer gestanden war, ~~und den größten Theil derselben erfüllt hatte,~~ ᶜin das sehr geräumige Vorhaus geschafft, und an ‖der‖[5] lange Wand, die nun ᵈ~~bloß gestellt~~ wurde, ein ‖Bettgerüste‖[6] mit weißen Linnen gethan und zwei kleine Schreine mit Laden. Der Ahorntisch war näher an das Licht gerükt, die Fenster hatten weiße Vorhänge, ⁷ᵉ~~und dann~~ waren noch sechs Buchenstühle da. Den Fußboden hatten sie gescheuert und mit feinem weißen Sande bestreut, und darauf stand mein Koffer mit der ~~rauhen~~ Schweinshaut. Ich legte meine Pflanzenpäke auf den Fußboden und meinen Schläger auf den Koffer, und wir sezten uns ~~nieder.~~[8]

„Was hast du denn in den Päken," fragte der Vater, „und könnte nicht jemand die Dinge heraus nehmen, und in eine Lade ordnen?"

„In den Päken sind Kräuter," sagte ich, „und ich werde sie schon selber ordnen[?] /."/

„Zum Heilen?" fragte der Vater.

„Zum Heilen und zum Wissen," sagte ich.

„So, so," sagte der Vater.

Und als ich nach einer Weile den Koffer ~~aufsperrte~~[9], und zuerst den Zeisiganzug des

f Gewand

Eustachius heraus nahm, dann ‖seinen braunen alten‖[10] ᶠ~~Überzug mit dem häßlichen Fleke, wo das Loch hinein gebrannt gewesen war~~ , dann die neuen Hemden, die Cäcilia gemacht hatte, und sonstiges Linnen, ~~dann eine schlechte Haube,~~ dann die Päke Hirngespinnste und die Briefe Christinens, und da ich das allesᵍ in die Lade eines Schreines

g mit Annas Hilfe
h der Vater und Kaspar zu.
i weg

legte, sahen mir ʰ~~die Meinigen zu, und schauten mich an.~~ Es blieb nun, und wenn ich ~~selber~~ meine wenigen Bücher dann die Hefte, die ich mir in der Arzneischule zusammen geschrieben hatte, und die Doctorwerkzeuge, die ich mir schon als Schüler erworben hatte, ⁱ~~hinzu~~ rechnete, so wenig in dem Koffer übrig, da ich von dem Juden so schmählich ausgekauft worden war, daß ich diese Habseligkeit leicht in ein Tuch hätte binden, und den Bündel mit dem Schläger über der Schulter hätte forttragen können. Ich warf das alles in einen Schrein, und rükte den leeren Koffer in einen Winkel.

Es war indeß einige Zeit vergangen.

Die Anna begann nun mit den Mägden den ~~großen Ahorntisch~~[11] in der großen Stube mit weißen Linnen zu deken, und mit Tellern und Eßgeräthen zu versehen. Es sollte, obwohl es noch lange nicht Abend war, zum Abendessen sein. Man hatte es, ausnahmsweise, weil ich angekommen war, und etwa hungrig und durstig sein konnte, früher gerichtet. Wir wurden bald gerufen, auch der Knecht die zwei Mägde und der Stallbube mußten herzu, und wir sezten uns an den Tisch. Ein großer ~~kräftiger~~ rosenfarbener gebratener Schinken ~~, welche Bereitungsweise im Walde gebräuchlich ist,~~ prangte mit gesäuertem Weißkohle auf ihm. Ein Krug mit

k daneben.
l Vater hatte eine Anzahl
m mit Wein auf meine Ankunft zusammen gespart.
n vorüber
o (Hier folgt die Beilage)
  mB besser

Bier stand ~~da.~~ᵏ Für mich und den Vater waren noch zwei junge gebratene Hähne mit Kresse und ähnlichen Dingen und eine große Flasche mit funkelndem Weine vorhanden ‖, der‖[12] ˡ~~aus dem Keller stammte, in dem eine Anzahl~~ wohlverpichter Flaschen ᵐ~~meiner Ankunft geharrt hatte.~~ Wir thaten den trefflichen Dingen die wirksamste Ehre an, wenn wir sie auch nicht zu bewältigen vermochten. Dann saßen wir noch in Gesprächen, die stets fröhlicher wurden, eine Weile beisammen, und gingen endlich, obschon die lange Sommerabenddämmerung noch nicht ⁿ~~erblaßt~~ war, zur Ruhe. Und so legte ich mich denn zum ersten Male als Mann eines Berufes in meinem väterlichen Hause nieder, in dem ich nun lange zu weilen gedachte.

ᵒ~~Als ich am andern Tage das Grab meiner Mutter und den Pfarrer in Pirling besucht hatte, besah ich alles, wie es in unserem Hause stehe.~~

~~Das Haus befand sich, wo es sich noch befindet, und wo ich eben schreibe, zu Thal ob Pirling, in dem weiten flachen Thale, das in Mitternacht und Abend von Pirling in den Wald hinein geht, und in dem eine zerstreute Bürgerschaft lebt, deren Häuser einander nahe genug sind, um im Verkehre zu sein, und doch nicht so nahe, um sich an Aussicht oder sonstigem Thun und Lassen zu stören. Unser Haus steht wie alle die sonstigen Waldhäuser und Bürgerhäuser und Kleinhäuser mäßig erhöht, daß es auf die Wiesen und Felder herum sicht, und mit der weißen Mauer und den vielen kleinen Fenstern darin im Waldsonnenscheine weithin glänzt. Seine Mauer war damals schneeweiß, die Fenster nicht gar groß, und darüber ein flaches Dach, auf dem wie auf allen an-~~

Fortsetzung auf S. 54

1 idZ Sie
2 üdZ ~~die~~
3 üdZ sie
4 Den
5 die
6 Bettgestelle
7 üdZ ~~es~~
8 idZ auf Stühle.
9 üdZ öffnete
10 sein braunes altes
11 üdZ Tisch
12 . Der

Beilage zu 36
der Mappe

(Beilage zu 36 der Mappe)

Am andern Tage ging ich nach Pirling zu dem Grabe der Mutter. Dann besuchte ich den Pfarrer.

Als ich auf dem Heimwege in unser flaches Thal gekommen war, das in der Richtung zwischen Abend und Mitternacht von Pirling in den Wald hinein geht, und schier selber ein Wald ist, betrachtete ich unsere Häuser von Thal ob Pirling, in denen eine Bürgerschaft so zerstreut lebt, daß sie sich nicht beirren, und doch so nahe, daß sie im Verkehre sind. Unser Haus leuchtete von seiner Höhe, so wie die andern Waldhäuser, Bürgerhäuser, Kleinhäuser, daß es auf seine Wiesen und Felder sieht, ~~gegen~~ mit seiner weißen Mauer und seinen weißen Steinen auf dem flachen Dache gegen mich herüber. Da, dachte ich, wirst du deine Wirksamkeit beginnen. Wird sie zu ~~deinem~~ dem Heile derer sein, die dir vertrauen, und zu deinem Heile?

Als ich bei den Meinigen angekommen war, sagte der Vater, er werde mich in dem Hause herum führen.

Ich wußte nicht, warum er das thue, da mir das Haus ohnehin ganz bekannt war. Aber ich folgte ihm aus der großen Stube in die Hofstube und Hofkammer, in die Kammer der Knechte und Mägde, und in die große und kleine Vorrathskammer. Dann stiegen wir zur Zierstube empor, die unter dem Dache zwischen zwei Schüttböden war, und in der sich schöne Geräthe, manches Bild, ein geschniztes Schaustük, die schönen Kleider und die Werthdinge befanden. Hierauf gingen wir in den Keller und in die Anbauten. In dem Stalle waren[1]

(Hier geht die Schrift auf 37 weiter)

---

[1] *idZ mB von Aprents Hand: die Rinder und Zugochsen. In der Scheune etc.*

dern schwere Waldsteine lagen. Sein innerer Raum war groß, hatte die weitläufige Ekstube gegen Mittag und Abend mit je drei Fenstern und daneben die Kammer mit zwei Fenstern gegen Abend. An der Morgensei-

~~te war die Hofstube gegen Mittag und Morgen und die Hofkammer gegen Morgen. Nach Mitternacht schauten die Kammer der Knechte die Kammer der Mägde und ein Kämmerlein zu allerlei Dingen und die große Kammer der Vorräthe, aus der man in den Keller gehen konnte. Unter dem Dache war gegen Abend die große obere Zierstube, in der die schönen Geräthe, hie und da ein Bild, ein geschniztes Schaustük, die schönen Kleider und die Werthdinge waren. Daneben befanden sich zwei Schüttböden. An das Haus war gegen Morgen im Vierecke, daß ein Hof gebildet werde, der Stall angebaut, die Scheune und die Wagenlaube. Im Stalle fand ich in den Gelassen~~ vier Zugochsen sechs Kühe drei Kälber und drei heranwachsende Rinder, dann zwölf Schafe zu Hausweben[1] sechs Schweine ᵃ~~und in~~ sehr luftigem Raume ᵇ~~mit leichtem Aus- und Eingange~~ das Federvieh. Oberhalb des Stalles war unter dem Dache das Viehfutter und außen ein hölzerner Gang, auf dem man allerlei aufhängen konnte. In der Scheune war das leere Stroh undᶜ die Pläze, in welche das körnerschwere gethan werden konnte, wenn es geerntet sein würde. In der Wagenlaube, daneben das Einfahrtsthor war, befanden sich Wägen und Akerzugwerke, und an der hintern Wand war das Brennholz aufgeschlichtet. Wir gingen auch in den Garten hinaus, der Gemüsebeete etwas Blumen und Rasen hatte, darauf Obstbäume standen, wie sie in der Waldgegend gedeihen. Vom Garten wegᵈ gegen Mitternacht des Hauses ~~war eine~~[2] Wiese, auf welcher nahe an der Hausmauer eine große gezimmerte Kufe stand, in die frisches lebendiges Wasser rann, zu dem man durch das kleine Brunnthürlein heraus kommen konnte.

   Als wir wieder in der Stube waren, sagte der Vater: „Augustinus, du hast nunmehr wiederum ‖alles‖[3] gesehen, es ist in deinem lezten Fortsein nicht weniger geworden, wenn wir es auch nicht mehr haben machen können. Die Felder die Wiesen und die Waldtheile kennst du, die zu dem Hause gehören, sie sind die nehmlichen geblieben. ᵉ~~Wenn du~~ ‖alles‖[4] übernehmen willst, so nimm es, du bist der älteste. Ich ᶠ~~werde alt~~, und dann bin ich auch einer der Gemeindeältesten und Geschworenen, und habe darin Pflichten, und wenn auch der Kaspar ~~sehr tüchtig~~ arbeitet, wie ich es nicht anders sagen kann, und die Anna, und wenn auch der Knecht und der Stallbube und die Mägde zu zählen sind, so würde ich doch einmal sehr mangeln, wenn ich nicht mehr könnte ‖,‖[5] ~~und die Sache nicht in einer Hand wäre. Und wie es mit dem Kaspar ist, weiß ich nicht.~~ Du dürftest dich wegen des Hinauszahlens des Antheiles an Kaspar und Anna nicht kränken. Anna hat bisher das Haus nicht verlassen wollen, wenn sich auch Freier gemeldet haben ‖, und‖[6] soll sie einmal fortgehen wollen, so wird sich auch alles vermitteln lassen, und wegen des Kaspars ~~, da~~ werdet ihr ~~auch~~ in keine Feindschaft ~~mit einander~~ gerathen, er ~~ist sonst sehr gutherzig und still, und jezt wäre gerade die passendste Zeit.“~~[7]

   „Vater," sagte ich, „ich kann das Haus nicht übernehmen, weil ich hieher gekommen bin, die Leute zu heilen, die krank werden, und mich begehren, und wenn ich einmal auch noch ein Gemeindeältester würde, so hätte ich gar drei Pflichten. Gebt das Haus in Gottes Namen dem Kaspar, wenn ihr es einmal übergeben wollt. Ich werde hier wohnenᵍ, und ihm mit Rath, wenn er ihn braucht, und mit der That, wenn ich kann, beistehen, ihr führtʰ die Aufsicht und die Leitungⁱ / so lange ihr könnt, und übergebt ihm dannᵏ. Und die Anna kann mir beistehen, wenn etwas am Feuer zu bereiten ist, oder sonst ein Ding nothwendig wird, das in ‖ihr Geschäft schlägt‖[8], ich will ihr es nach Kraft vergelten, und wenn sie einmal fort will, so wird sich ‖alles‖[9], wie ihr sagt, vermitteln ‖. Wer‖[10] weiß, was für Umstände kommen können, und so werden wir die Dinge nach unserer Einsicht und nach unserem Vermögen weiter ~~leiten.“~~[11]

   „Da müssen nun auch die andern Geschwister ihre Meinung sagen," antwortete der Vater.

   „Der Bruder wird es schon wissen," sagte Kaspar, „und mir ist ‖alles‖[12] recht."

   „Ich thue dir jeden Dienst umsonst, Bruder," sagte Anna, „und richte mit dem Vater und Kaspar die Sache, wie ihr wollt."

   „~~So~~[13] wirst du ~~immerfort~~ bei uns wohnen, Augustinus," sagte der Vater, „dasᵐ ~~ist recht schön und recht gut, und die Eintracht wird bewahrt bleiben.~~ Ich will das Haus führen,ⁿ so lange ich kann, und werde es dann vor Gericht dem Kaspar übergeben. Ihr werdet ihn mit eurer Einsicht nicht verlassen. Die Eintheilung in unserem Hause ist dann auch recht leicht zu machen. Du bleibst in der Kammer, Augustinus,ᵒ

Mappe 37.

a , in einem
b welcher leichte Ausgänge und Eingänge hatte, war
c es waren

d gingen wir

e Du kannst sie auch morgen anschauen. Wenn du nun
f komme in die Jahre

g wenn es euch genehm ist,
h jezt noch
i fort,
k Alles

l liegt

m freut mich und wird deine Geschwister freuen.
n wie du sagst,
o dann ist

---

1 üdZ und
2 üdZ auf die
3 Alles
4 Alles
5 idZ . getilgtes Zeichen
6 . U üdZ Und
7 idZ ist sehr gut und willig."
8 ihrem Geschäfte
9 Alles
10 , wer
11 idZ bringen."
12 Alles
13 idZ „Also

Fortsetzung auf S. 57

38.

a Nach einer Weile stand ich vor dem Hause, und sah herum. Da war
in der Richtung gegen Abend hin der Wald,
und hinter ihm wieder ein Wald. Rükwärts
des Hauses war der Wald, gegen Morgen
ein Wald, und nach Pirling hin Bäume wie
ein Wald.
  Da dachte ich: Augustinus, da willst du wirken, unter diesen

b ~~und dann wieder Berge mit den zakigen Tannengipfeln gegen die weißen Wolken, und dann erst der lange weite dunkle Waldzug hin, dann überall die Höhenspizen mit den finstern Tannen, und hinter mir die dreifach ansteigenden Schwellen mit den Fichten, die unser Thal säumen, dann vor mir gegen Pirling die Hänge mit lauter Buchen und Buchen, dann hinter ihnen wieder der Wald, und so geht es noch weiter fort, wußte ich, wenn ich es auch nicht sah~~

c /„/Und gerade da will ich wirken,/"/ sagte ich mir.
  Und nach diesen Worten ging ich wieder in das Haus.
d und Büchschen

e gesehen
f die in den Büchern enthalten sind,
g bei den Krankheiten.
h alle meine
i schnitt viele Federn, und legte sie daneben. Dann noch

k dergleichen Unterkleider
l ~~diese Sachen Dieses~~ Alles
m dann noch
n in Prag bestellte ich Arzneien,
o Von dem Tage an ging ich

heit derselben, weil sie sonst seit dem Absterben des Söldners Matthäus leer stünde. Und so kann es bleiben, und so wird es recht sein."

„Es ist gut, es ist recht, und ich habe eine große Freude," rief Anna.

„Und ich bin auch voll Freude," sagte Kaspar.

„So schlagt ein, und wir sind in Ordnung," rief ich.

Sie reichten mir die Hände, ich ergrif sie, und wir schüttelten sie uns.

„So lebt geschwisterlich mit einander, das wird das Beste sein," sagte der Vater.

„Ja, das Beste, das Beste," rief die Schwester.

Und mit diesen Worten ~~trennten wir uns.~~[1]

a~~Als diese Sache im Reinen war, stand ich ein wenig vor dem Hause, und sah den Kreis meiner künftigen Thätigkeit an. Diese hohen Berge hintereinander mit den zakigen Tannengipfeln~~ [gegen die weißen Wolken,] *b*~~dieser ferne bläulich dämmernde Waldzug mit der funkelnden Sommerlast über seinen langen Gliedern, diese Höhenspizen mit dem finsteren Tannenschmuke, die Hochwiesen in dem sanften grünen Glanze, hinter mir in großem Halbbogen die erhabenen Fichtenschwellen, die das Thal umgeben, in dem unsere zerstreute Gemeinde ist, dann die Buchenhänge gegen Pirling hin, und die Wälder jenseits, und was ich nicht sehen konnte, dachte ich mir~~ [bis in die Ebene hinaus,] ~~oder in das Land, wie die Leute hier sagen.~~

~~„Und da willst du nun ein Arzt sein,"~~ sagte ich zu mir, /„/ ~~und da willst du unter den Leuten, die auf diesen Hügeln auf diesen Höhen in diesen Thälern in diesen Schluchten an den rauschenden Wässern und an Felswänden leben, wirken? Unter den~~ Leuten, die nicht einmal wissen, was ein Arzt ist, geschweige ein Doctor mit der geregelten Einübung der Heilkunde? Haben sie nicht bisher nur von Weibern, die erfahren zu sein glaubten, Mittel gegen Schäden genommen? Oder von einem Bauer oder einem Bürger, der ein Gewerbe trieb, und helfen zu können versprach? Und ist nicht manches Mal mit einer Tragbahre ein Tiroler gekommen, der Fläschchen mit Dingen und Säften hatte? Und haben sie nicht von ihm gekauft, und die Sachen für alle Fälle, die in dem Jahre vorkommen können, in den Wandschrein gestellt? Und hat nicht einer, der an dem Bache wohnte, und das Heilen als Geschäft betrieb, alles andere daneben gethan? Haare geschnitten, Bärte geschert, geweissagt, Diebe gebannt, Quellen gefunden, Zeichen gebrannt?"

c~~„Ja, so ist es,"~~ gab ich mir zur Antwort, ~~„ich will angreifen, und wir werden das Weitere sehen."~~

Ein Kästchen, das in der großen Stube bisher gedient hatte, daß Nägel Bohrer und dergleichen darin lagen oder hingen, wurde in die Kammer gebracht, damit ich Arzneifläschchen*d* hinein stellen könnte. Wir breiteten ein dunkles Tuch auf den Ahorntisch, und stellten das Kästchen darauf. Dann legte ich meine Hefte auf diesem dunkeln Tuche des Tisches zurecht. Ich hatte sie alle selber geschrieben, alle Krankheiten standen darinnen, die wir auf der Schule ~~gehabt~~*e* hatten, und alle anderen auch,*f* und die Mittel standen *g*~~dabei~~. Neben die Hefte legte ich *h*~~meine~~ Bücher ||,||[2] ~~in welchen ich Rath finden konnte in allen erdenklichen Fällen~~. Neben die Hefte und Bücher legte ich auch das Fach mit den Werkzeugen des Arztes, damit ich es gleich bei der Hand hätte. Und herwärts von ||allen diesem||[3] stellte ich ein großes Dintenfaß ~~auf den Tisch~~, *i*~~legte viele geschnittene Federn daneben und~~ einen großen Pak ||weißes Papier||[4], damit ich darauf schreiben könnte, was nöthig wäre, insonderheit, welche Kranken ich habe, was ich jedem gegeben, und wie ich ihn behandelt habe, damit, wenn die Menge etwa groß würde, ich einen schnellen Überblick hätte, und nicht Wirrungen machte.

Ich bestellte mir noch desselben Tages einen groben grauen Rok und *k*~~eine gleiche Hose~~ und schwere dike ~~Leder+~~ Lederstiefel, wie man *l*~~diese Dinge~~ in der Gegend trug, und*m* einen grünen Waldhut ||,||[5]*n* ~~welche Dinge ich alle bezahlen würde, wenn ich einmal Kranke hätte. Das Geld aber, das noch mein Eigenthum war, sandte ich des nächsten Tages nach Prag, daß man mir Arzneistoffe schike,~~ die ich bezeichnete.

o~~Ich ging~~ nun in der Gegend herum, die Leute sahen mich an, ja sie traten unter die Thüren, wenn ich vorbei ging, und sahen mir nach; aber ich wurde zu keinem Kranken gerufen.

Der Vater der Kaspar die Anna der Knecht die Mägde der Stallbub thaten ihre Geschäfte/

Fortsetzung auf S. 58

1 *idZ* war die Sache abgethan.
2 *idZ* .
3 allen diesen
4 ||weißen Papieres|| weißen Papier H
5 *idZ* .

~~und~~ die große Stube ~~ist auch daneben~~, in welche die Leute kommen können, die von uns oder von dir etwas wollen,¹⁴ in welcher wir essen, und sonst auch manchmal sind.ᵖ Die Himmelbetten mit den Vorhängen, die mein und deiner Mutter Ehebetten waren, standen seit jeher in ᑫ~~der Hofstube~~, dort seid ihr geboren worden, dort ist sie von mir weggestorben, dort schlafe ich in einem der Betten ~~schon viele Jahre allein~~, und von dort werde ich ihr nachsterben. Anna schläft in der Hofkammer neben mir. Die Mägde sind in der Mägdekammer, und Kaspar und der Knecht und der Stallbube schlafen ohnedem schon lange nicht mehr im Hause sondern in der Sölde zur Sicher-

p Ich bin seit Langem schon in der Hofstube.
q ihr

---

14 üdZ und

~~wie immer~~, und ich konnte ihnen zuschauen, und die Dinge kennen lernen, wie ich es ~~gekonnt~~[7] hatte, wenn /ich/ in schul-

---

7 *udZ* gethan

freien Zeiten von Prag hieher gekommen war.

Der neue Anzug wurde ~~bald~~ fertig, und mir in unser Haus geschikt. Ich ~~warf nun die Schülerfähnlein, mit denen ich in Prag umher gegangen war, in eine Lade, und~~ zog[a] die grobe graue Beinbekleidung an, und die schweren Stiefel, die mit Nägeln beschlagen waren, und das grüne Wamms, und den ~~weiten~~ grauen Rok, ~~der mit grauen Schnüren gesäumt war,~~ stekte eine blaue Taubenfeder auf den grünen Hut, der nun mein Haupt bedeken sollte, und legte mir einen starken Kreuzdornstok zu recht, den der Kaspar geschnitten hatte. Mit diesen Dingen wollte ich ~~nun~~ alle Wege begehen, die es in der ganzen Gegend gibt, um sie auf das Allergenaueste kennen zu lernen, damit ich nicht ~~mehr~~[b] gehindert ~~und gesäumt~~ wäre, wenn ich ~~auf diesen Wegen~~ nach allen Richtungen zu meinen Kranken [c]~~gehen müßte.~~

Die Kistchen und Ballen mit den Arzneidingen kamen endlich auch mit dem Frächter von Prag an, und ich ging mit den Meinigen ~~sogleich~~ daran, alles auszupaken, und zu ordnen. Ich stellte die Fläschchen, in denen Flüssigkeiten waren, in das Kästchen ~~, welches wir von der großen Stube hereingetragen, und auf das dunkle Tuch des Ahorntisches gestellt hatten~~; allein sie fanden darin nicht Plaz, und ich mußte eine Anzahl derselben auf das dunkle Tuch um das Kästchen ~~herum~~ stellen. Dazu stellte ich auch die Gläser, in denen Pulver oder andere feste Gegenstände waren. Die Päkchen mit Kräutern und dergleichen brachte ich in der oberen Lade eines Schreines unter. Der Vater und die Anna freuten sich über die [d]~~klaren Wässer und die farbigen Dinge, die in den Gläsern waren. Der Kaspar sah auch die Sachen an, und sah sie immer wieder an.~~ In einer eigenen Kiste waren zulezt die ‖Tiegel‖[1] und Schalen und ~~solche~~ ‖Geräthe‖[2]. Ich legte ~~sie~~[e] in die zweite Lade des Schreines, den ich schon zu meinem Berufe erkoren hatte. Die kleine Wage stellte ich auf das dunkle Tuch des Ahorntisches.

[f]~~Ich ging in den nächsten Tagen nun daran, in einigen Stunden der Zeit, die ich zu Hause war, die Zeichnung eines Arzneischreines zu versuchen, in welchem ich alles unterbringen könnte, was ich nur immer nöthig hätte, und der in meiner Stube stehen sollte. Ich dachte hiebei an die alterthümlichen und seltsamen Geräthe und Gerüste entweder in eingelegter Arbeit oder geschnizt, die ich in Prag in der Judenstadt gesehen hatte, mit denen da Kauf und Tausch getrieben wird, wie mit andern altem Geplunder und Fezen und dergleichen. Es reute mich, daß ich damals diesen Dingen zu wenig Aufmerksamkeit geschenkt hatte. Solche Sachen würden in unsern Wald passen. Es kam mir zu statten, daß ich in Prag einige Zeit dem ‖Zeichnungsunterricht‖[3] beigewohnt hatte. Ich änderte meinen Entwurf mehrere Male ab, und hoffte endlich damit ins Klare zu kommen.~~

In unsern Gehöften und an sonnigen Pläzen und an Steinwänden ~~hatte ich~~[4] Kräuter ~~gefunden~~, welche in der Arzneipflege angewendet werden. Ich ~~trug~~[5] davon[6] nach Hause, was ich ~~fassen und tragen~~ konnte, und an Sonntägen wurden die Mägde, denen ich die Kenntniß solcher Kräuter beigebracht hatte, hinaus geschikt, zu pflüken [g]und zu bringen, was sie fänden. Die Blätter die Wurzeln die Stängel [h]wurden entweder getroknet, oder in Säfte gepreßt, ~~die~~[7] im [i]~~Geiste~~ aufbewahrt [8]~~wurden.~~

Ich [k]~~lernte auf meinen Wanderungen viele Menschen kennen.~~ In Pirling steht ein Haus, welches alle andern ~~an Größe und Schönheit~~ übertrift. Wenn ~~nach diesen Eigenschaften~~ geurtheilt würde, so wäre es der König, und die andern ~~Häuser, die herum stehen, wären~~ das Volk. Es steht mit seiner Vorderseite gegen den Marktplaz, hat einen schön geschweiften zierathreichen hohen Giebel ~~, der~~[9] zwei ‖Stokwerke‖[10] ~~hegt. Keiner der Giebel der anderen Häuser, der gegen den Marktplaz schaut, ist so groß~~[11]. ~~Von den Häusern, die in einer Gasse oder in Gärten stehen, ist ohnehin keines so ansehnlich.~~ [l]~~Der~~ das Haus gebaut hat, und der nicht mehr lebt, [m]war ein Mann, der im Walde geboren war, und alle Leute des Waldes kannte. ~~Er hatte einen beharrlichen Willen und einen fleißigen Sinn.~~ Er begann Weibern und alten Mütterlein, die spannen, ihre Gespinnste, so weit seine Mittel reichten, abzukaufen, Linnenweben anfertigen zu lassen, selbe zu bleichen, zuzurichten, und in entfernte Gegenden zum Verkaufe zu fördern. [n]~~Der Wald hat guten feuchten Boden, in welchem der Flachs gedieh, und der Anbau des Flachses kam in Aufnahme, und er übertraf den, der in anderen Gegenden wuchs.~~ Der Mann machte Gewinn, konnte sich ausdehnen, hielt aber

Mappe 39.

[a] nun

[b] durch Weg~~unkenntniß~~ unkunde

[c] gerufen würde.

[d] Dinge, und der Kaspar bewunderte die Farben, die in den Gläsern waren. Es kam auch die Kiste mit den

[e] diese Sachen

[f] Nun schritt ich rüstig und waker Wald aus Wald ein, Berg auf Berg ab, Thal aus Thal ein. Ich begann auch, wenn ich zu Hause war, eine Zeichnung zu einem ~~Arzneis-~~ Arzneischreine zu entwerfen.
Auch etwas anderes that ich. In

[g] zu graben

[i] Weingeiste

[h] die Blüthen

[k] knüpfte Bekanntschaften mit Menschen wieder an, die ich früher gekannt hatte, und lernte neue kennen.

[l] Von dem, der
[m] hat mir mein Großvater viel erzählt. Er

[n] Da fingen sie an, Flachs zu bauen, und er gedieh in dem feuchten Waldboden besser als in anderen Gegenden.

---

1 Tiegeln
2 Geräthen
3 ~~Zeichnungsunterrichte~~
4 üdZ wuchsen
5 üdZ sammelte
6 üdZ und trug
7 üdZ und
8 idZ .
9 üdZ von
10 Stokwerken/./
11 üdZ [hoch]

40

a wurden gereutet, und mein Großvater sagte, daß man damals
b konnte,
c In dieses Haus war ich schon als Schüler der Hochschule gekommen, und kam jezt auch in dasselbe, und wurde freundlich aufgenommen. Der Sohn
d war
e in dem Hause
f und Großvater Mathias Ferent heißt,
g von kaum siebzehn Jahren
h , wenn ich kam,
i wenn noch andere
k den Waldstern,

l Blach
m Waldbach
n denen der Wald das Holz gab
o schleifen
p schneiden ließ

q diesem

r war in dem Hause heiter, und es entstanden Schnurren.
s nach einer andern Lage hin, als die Glashütte
t Er und seine Gattin

u Eisen bedarf.

den Gewinn nicht für sich zurük, sondern ließ ihn auf die, welche ihm lieferten, überfließen, wie das Maß es ‖geboth‖[1] ‖, er‖[2] hob sie,[3] er ermunterte ~~andere,~~[4] ‖manche‖[5] Stellen des Waldes ᵃ~~reuteten sich, und auf~~ ⁶~~mehrfachen~~ Hochwiesen ~~konnte man~~ im Grün weiße schimmernde Streifen sehen[b] [,] welche bleichende Leinwand waren. Er baute sich das Haus, führte darin eine bürgerliche Wirthschaft, und hinterließ alles seinem Sohne. ᶜ~~Dieser, der wie sein Vater Mathias Ferent heißt,~~ sezte die Handlungsweise seines Vaters fort, andre ahmten ihn nach, und so sah ich ~~jezt~~ auf meinen Streifereien[7] auf mancher grünen Höhe in manchem grünen Thale die weißen Leinwandstellen glänzen, hörte in mancher Hütte, an der ich vorbei ging, den Webstuhl klopfen, und sah auf manchem Waldfelde die schöne blaue Blüthe des Flachses. ~~Ich war schon in das Haus gekommen, wenn ich meinen Vater von Prag aus als Schüler besuchte. Jezt wurde ich sehr freundlich aufgenommen, und so oft ich kam, zum Wiederkommen eingeladen.~~ Es ~~ist~~ᵈ eine wirthliche Gattin ~~da~~ᵉ, ein Sohn, der wie sein Vater ᶠ~~wieder Mathias heißt,~~ und zwei Töchter Franziska und Josepha. Franziska von achtzehn Jahren ‖hat‖[8] schwarze Haare schwarze Augen ein blühendes Angesicht und kirschrothe Lippen. Josephaᵍ ‖hat‖[9] braune Haare braune Augen und ein sanfter gefärbtes Angesicht. Man machte ʰein wenig Musik, ~~wenn ich da war,~~ oder zeigte Bilderbücher vor, oder sprach etwas, ⁱ~~und da meistens auch andere Gäste~~ da waren, wurde oft ein Menuet getanzt, und zweimal gingen wir auch ein ganzer Zug auf ᵏ~~die Waldalm~~ und in der Nacht mit Fakeln durch den Tannenwald herab. Ich dachte schon zuweilen, ob mir denn Gott nicht eins der zwei Mädchen etwa zu meinem Eheweibe bestimmt hat, vielleicht die heitere Franziska mit den dunkeln Augen und den ~~wizigen~~ Bliken.[10]

Dann hatte sich der junge Krämer Geran ein recht frisches kleines Haus in der untern Gasse von Pirling gebaut, hatte sich mehr Gegenstände zum Verkaufe angeschaft, als sein Vater gekannt hatte, und rief mich jedes Mal an, wenn ich an sein Haus kam, und vorüber gehen wollte. Seine junge Ehefrau sezte auch immer eine Kleinigkeit zum Naschen und Nippen auf den Tisch.

Dann war die Hammerschmiede in Rohren. Gerhard Rohr hatte die Waldwässer im Rohrthale in seine Tannenschlotte gefangen, und leitete sie auf Räderwerk, das ihm Bälge und Hämmer und anderes trieb, mit denen er in Verbindung ‖vieler Arbeiter‖[11] Eisen zu Sensen Sicheln und dergleichen hämmerte. Er hatte einen Garten, darin er viele Rosen pflegte, sein Eheweib ging mit einem Schlüsselbunde herum, seine drei Söhne hatten Hakenbüchsen zu allerlei Vergnügen, er hegte einigen guten Wein im Keller, und gab gerne aus dem großen Behälter frischen Wassers, den er zur Speisung seiner Werke angelegt hatte, Forellen auf den Tisch ‖,‖[12] ~~wenn Gäste zugegen waren.~~

Dann stand ~~tief zurük~~ drei Stunden von dem Hause meines Vaters entfernt im ~~waldigsten Grunde am Saume des langen steinigen hochaufstrebenden~~ ‖Tussiwaldes‖[13] die Glashütte des Glasmeisters Johannes ~~Bloch~~ˡ, der in Stampfwerken, die der ᵐ~~Planizbach~~ trieb, ~~der vom Hochwalde herab stürzte,~~ den Kies der Gegend stampfte, ihn in Glühöfen, ⁿ~~die die Klöze des Hochwaldes fressen,~~ schmolz, und Glastafeln Schalen Trinkgläser Flaschen und anderes machte, und die Glasgegenstände in Werken ᵒ~~schlief,~~ und feine Zierathen in sie ᵖ~~schnitt. Er opferte dem Teufel des Feuers jährlich tausende von Stämmen, und der Wald machte keine Miene, als ob ihm etwas mangle.~~ Es kamen manche Gäste in dieses Haus, ~~es kamen~~[14] von ferne,[15] wohin er seine Waren sendete, ~~öfter Leute zu ihm in die Wildniß, um seine Werke~~[16] seine Ansiedlung ‖und den Wald‖[17] zu sehen. Es war[18] ‖fröhliches‖[19] ~~Thun in dem~~ᑫ Hause ‖, die‖[20] Ehefrau ~~des Hammerschmiedes~~ war ‖heiteren‖[21] ~~Sinnes,~~ die vier Söhne desgleichen, und die einzige blonde zwanzigjährige Tochter mit den schönen blauen Augen, obgleich stilleren Wesens und mit zierlichen Arbeiten beschäftigt, dämpfte nicht die Fröhlichkeit, sondern zierte sie vielmehr. Ich ʳ~~mußte zur Heiterkeit mithelfen, wenn ich kam, und wurde in Schnurren gezogen.~~

Dann hat der Herr Paul Köfner am Kirwalde ~~wieder zwei Stunden von dem Hause meines Vaters~~ ˢin andern Richtung eine Meierei errichtet, in der er das schönste und schwerste Waldvieh hegt, Rinder dunkelbraunen Schlages ~~mit breiter Fahne,~~ oder schwarz oder schwarz und weis geflekt. ~~Er hat eine Zahl Mägde, und liefert Käse und schöne Zuchtrinder in die Ferne.~~ ᵗ~~Seine Gattin~~ und seine Tochter Ludmila ~~, die sein einziges Kind ist, sind stille, und~~ empfingen mich[22] freundlich.

Dann ~~ist~~[23] ‖Herrmann‖[24] Löff, der gegen das Land hinaus schönen Getreideboden erworben und zusammen gerundet hat, und sich daran ergözte.

Dann ~~ist~~[25] der Schmied im Thaugrunde nahe bei uns, zu dem sie bringen, was beschlagen werden muß, und was ᵘ~~Klammern und Nieten und Nägel und eiserne Spizen und Haken bedarf.~~

Fortsetzung auf S. 62

1 gebot
2 . Er
3 *üdZ* und
4 *üdZ* sie und andere.
5 Manche
6 *üdZ* manchen
7 *üdZ* jezt
8 hatte *senkrechte Striche mB vfH*
9 hatte
10 *idZ* lichten Bliken.
11 *üdZ* mit *idZ* viele/n/ Arbeitern
12 *idZ* .
13 Tussiwalde
14 *üdZ* auch
15 *üdZ* her
16 *üdZ* um
17 im Walde
18 *üdZ* ~~ein~~
19 fröhlich
20 . Die
21 heiter
22 *üdZ* ~~stets~~
23 *üdZ* war
24 Hermann
25 *üdZ* war

auf einem Hügel, an einem Kreuzwege, Waldwirthe, oder solche, die nur zeitweise etwas ausschenken.

Und dann ist manches Haus oder Häuslein, in das ich kam, wo sie Landwirthschaft treiben, oder ein Paar Kühe haben, oder der Besizer ein Holzknecht ist, oder Schwellen Tröge und dergleichen aus Waldsteinen haut, oder feste Schuhe und Stiefel für Waldgänger, oder Rechen und Feuerschwamm macht, oder Ähnliches.

Mit manchem Mütterlein redete ich, das mit blöden Augen nur mehr einen groben Faden durch die Feder auf ihre Spule laufen lassen kann.

Aber niemand hat mich zu einem Kranken gerufen, der Heil von mir begehrt hätte.

Es ging schon gegen die Ernte, während, da ich gekommen war, kaum das Korn geblüht hatte.

In unserem Hause ging das Hauswesen so fort, wie es vor meiner Ankunft ~~und vor dem Antrage auf die Übernahme desselben~~ gegangen war. Der Vater leitete ‖alles‖[1], und arbeitete überall als Vorgesezter der Leute mit. Kaspar that ~~nur~~ immerfort das, was der Vater gesagt hatte, fragte ihn ~~jeden Augenblik~~[a] um Weisung, und plagte sich auf eine Art, wie kein anderer neben ihm[2] ~~that~~. Sie hatten das Heu troken und schönfärbig in die Futterräume gebracht. ~~Jezt wurde das Brennholz im Walde gerichtet und geschlichtet.~~ Zu der Heuarbeit waren die Mägde mitgegangen, und Anna hatte ganz allein zu Hause das Essen besorgt.[b] Zum Holze ging nur die gröbere Magd mit, und es wurden ~~ständig~~ in der Zeit zwei Tagelöhner gehalten. Der Vater ging an ‖halben Feiertagen‖[3], oder wann ~~sonst immer~~ eingesagt worden war, in die Gemeindesizung, und half dort berathen. [c]~~Wenn jemand kam,~~ einen Dienst von ihm zu erbitten, oder um einen Rath zu fragen ‖,‖[4] empfing [er] ~~ihn~~[5] in der großen Stube, und ertheilte das Gebetene in dem Maße, wie er es für rathsam erachtete.

~~Nach dem Heuen~~[6] verkaufte ~~mein Vater~~[7] eine Kuh, und sagte zu mir, er wolle mir einiges Geld leihen, daß ich ~~die bestellten und erhaltenen Kleider bezahlen könnte, und~~ etwas in der Tasche hätte, wenn sich ein Erforderniß einstellen sollte.

Ich nahm es an.

~~Es meldete sich noch immer kein Kranker.~~

~~Die großen Papiere, die ich auf das dunkle Tuch des Ahorntisches gelegt hatte, daß ich meine Krankenbemerkungen darauf schreibe, blieben unbeschrieben, die Schwester hatte am Feuer keinen Heiltrank zu kochen, sondern nur für uns die täglichen Speisen, der Inhalt der Arzneigläser minderte sich nicht, höchstens verdarb manches, und die getrokneten Kräuter, die ich von Prag bekommen hatte, die ich selber gesammelt hatte, und die mir die Mägde gebracht hatten, neigten sich dahin Staub zu werden.~~[d]

Ich hatte nun alle Wege erforscht, die im Waldlande bestanden,[e] die Fahrwege, ~~eigentliche Straßen waren damals noch gar nicht,~~ die Fußwege, welche von Ort zu Ort führten, die Steige, ~~die zu mancherlei Zweken entstanden waren, in ein Holz zu leiten, zu einem Wasser zu führen, in ein Feld zu gehen, von einer Stelle etwas zu holen,~~ von einem Hause zum ~~Nachbar zu gelangen~~[8], auf ebenen Boden, über Hügel und Kämme, scharfes Gerölle hinab, an Wässern und durch ~~Sümpfe Moore~~ und Schlamm, über Wurzeln durch Farrenkräuter und Brombeergesträuche ~~, dann solche, die unbestimmt endeten, oder die nicht mehr im Gebrauche waren, ich kannte sie alle, und wußte, wozu man sie benüzen könnte. Selbst die, welche durch Viehtrieb, wie es auf die Weide ging, entstanden waren, blieben mir nicht unbekannt.~~[9]

[f]~~Indessen war die~~ Ernte gekommen. ~~Der wenige Weizen, der in der Gegend war~~[10], das Korn, die ~~goldene~~ Gerste, selbst der Haber war in die Scheuer gebracht.

~~Bei mir hatte sich nichts geändert.~~[11]

[g]~~Unter den Menschen, die nicht so recht einen festen Plaz im Waldlande hatten, wie ich früher mehrere genannt habe, sondern gleichsam überall waren, befanden sich Schleifer Krämer Bettler Hausirer Jäger Tiroler Zigeuner Bärentreiber Puppenspieler, und ich.~~

Ich fing nun auch an, mein Zeichnungsbuch mit mir zu tragen, und gelegentlich eine Hütte einen Fels ein Thal einen Waldtheil einzuzeichnen. Schön wäre es, wenn ich zum

---

1 Alles
2 idZ .
3 den Tagen
4 . idZ Er
5 üdZ sie
6 üdZ Er
7 üdZ maT in der Zeit
8 üdZ andern
9 idZ /./ Selbst die Wegefurchen durch Viehtrieb, alle kannte ich sie jezt.
10 üdZ ~~wuchs~~
11 idZ Ich aber harrte meiner Zeit.

Mappe 41.

a stets

b Dann wurde das Brennholz im Walde gerichtet und geschlichtet.

c Öfter kamen Leute,

e sie mochten von was immer für einer Art sein,

d ~~Da ich das Gewand, welches ich mir bestellt hatte, nicht gleich sondern erst nach einiger Zeit bezahlt hatte, wird mir auch bei den Leuten nicht genüzt haben.~~

f Die weißen Papiere zu Krankenbemerkungen waren unbeschrieben, die Schwester hatte an dem Feuer nur die Speisen zu kochen, der Inhalt der Arzneigläser minderte sich nur durch Verderben, und die getrokneten Kräuter neigten sich dahin, Staub zu werden. Indessen war die

g Nur Eines war Böse in meinem Herzen. Zuweilen saß ich auf einem Steine,

Fortsetzung auf S. 63

Dann ~~ist~~[26] der Hermüller und der Grundmüller und der Aumüller, die ihre Werke an Waldwassern haben.

Dann ~~sind~~[27] viele Wirthe, zu denen ich ~~komme~~[28], Wirthe in Ortschaften, Wirthe in ˅~~Einschicht, und~~

v Einschichten

---

26 udZ war   27 udZ waren   28 üdZ kam

~~Ende meiner Dinge hier im Lande noch ein Maler würde.~~
 ~~Ich dachte oft, was würden meine Kameraden in Prag sagen, Galub, Lodron, Queran, Schreier, Becel, der langhalsige Dolon, und selbst der muffige Korschiz, der nun~~

42.

a	schreklicher
b	schreklicher

~~schon sieben Jahre die lezten Prüfungen macht. Und was noch dazu kam, war, daß ich oft auf einem Steine saß,~~ und seufzte: „O du ᵃ~~ruchloser~~ Eustachius! o du ᵇ~~ruchloser~~ Eustachius! ~~Wohin wird er denn gegangen sein? Wie wird es mit Christine sein? Wie wird es mit Christine sein?"~~

Einmal gesellte sich einer zu mir, da ich über die Felder jenseits des Thaugrundes gegen ~~das~~¹ Haus meines Vaters ging ‖,‖² ~~wo einer der größten ebenen Fleke des Waldes ist. Es waren hie und da noch Stoppeln, der größte Theil der Felder aber war schon umgeakert. Er kam auf einem Fußwege zwischen den Feldern gegen den Fahrweg heraus, auf dem ich ging.~~ Erᶜ grüßte mich,³ ich grüßte ihn⁴ ~~wieder~~. Er war gekleidet wie ich, und fragte, ob ich noch weit des Weges gehe.

c	kam mir nach,

„Ins Thal hinauf," antwortete ich.

„Da ᵈ~~trennen wir uns jenseits des Thaubaches," sagte er, „ich gehe dort links in die untere Astung hinüber, wenn es nehmlich erlaubt ist, mit euch zu gehen."⁵~~

d	könnten wir bis über den Thaubach mit einander gehen, wenn es erlaubt ist," sagte er,
e	sagte er

„Mit allem Fuge ~~,"antwortete ich.~~⁶

„Da es schon Abend wird, ist es kurzweiliger, eine Ansprache zu haben,⁷ᵉ als so allein auf den langen Feldern zu gehen ‖,‖⁸" ~~sagte er.~~

„Es ist überall kurzweilig, Gespräche zu führen," sagte ich, ᶠ~~„wenn auch diese Felder nicht lang sind, draußen im Lande sind~~ wohl fünfzigmal wohl hundertmal längere ᵍ~~und breitere, auch in der Astung mögen die groß erscheinen, weil ihr lauter Hügel- Wald- und Bächewerk habt. Es ist kurzweiliger~~ zu sprechen, als ~~wenn man~~ allein ʰ~~ist~~, und sich höchstens etwas ~~denken kann."⁹~~

f	„draußen im Lande aber sind die Feldfleke
g	als hier. Es ist überall kurzweiliger
h	zu sein

~~„Und"~~¹⁰ sich immer das Nehmliche denkt," antwortete er, „wir haben heuer eine schöne Zeit gehabt."

„Eine schöne Zeit," entgegnete ich.

„Alle haben ihre Wünsche erreicht," sagte er.

„Haben das alle?" fragte ich.

„Das Heu ist so schön eingebracht worden, wie ~~jezt in~~¹¹ zehn Jahren nicht," antwortete er, „das Getreide noch schöner, das Korn schüttet an, ⁱ~~daß man den Plaz nicht groß genug schäzen kann für die Körner aus den Garben, und der Balg ist in dem trokenen Sommer dünn geworden, daß der Kern mehlreich ist, und jezt scheint auch die Sonne immer~~ [,] ‖der‖¹² Meilhauer hat Holzäpfel, die nie so rothe Wangen gehabt haben, er macht Äpfelwein daraus, der in mehreren Jahren wie ein Wein wird. Aus den süssen Äpfeln des Löff draußen wird kein guter Obstwein, und ᵏ~~sie halten~~ sich auch so nicht lange. Die Johanna des Löff wird in die Glashütte hinauf heirathen, den ältesten Sohn des Glasmeisters ~~Bloch~~, der dann auch einmal das Werk übernehmen wird ‖, es‖¹³ sind Herrichtungen, wie man sie nie gesehen hat."

i	und ist mehlreich.
k	er hält

„Nun, da wird ~~ja auch~~ Jubel ~~sein~~ und Freude ~~an allen Enden~~,"¹⁴ sagte ich.

„Ja," entgegnete er, „heute mir, morgen dir ‖,‖¹⁵ ~~es wechselt alles auf der Welt~~. Uns hat es heuer hart getroffen ‖,‖¹⁶ ~~und wir harren, daß es sich ändert. Es wird kommen."~~

„Was ist euch denn widerfahren?" fragte ich.

„Nun, die Felder drüben sind ohnedem nicht lehmhaltig,¹⁷ ~~und haben keine schwere Scholle,"~~ antwortete er, „und die unsrigen gehen ~~noch mehr~~ gegen den Schwentberg hinan, es istˡ Sandfurche und Kies, und die warme Sonne hat uns die Wurzeln ergriffen, und hat uns ein kurzes dünnes Korn gemacht ~~,das~~ ᵐ‖kleine‖¹⁸ ~~leichte~~ Ähren ~~hat~~. Und die Gersteⁿ und alles, wir haben ‖eine‖¹⁹ ᵒ~~schlechte~~ Ernte gemachtᵖ. ~~Und die stärkste Kuh ist uns~~ ᑫ~~bei dem Kälbern unglüklich genesen, wir mußten die Kuh und die Frucht verschlachten. Und der Bruder, der mit mir ist, hat ohnehin schon lange gesicht. Es stekte seit dem Winter in ihm. Er ist kleinmüthig gewesen, und erschrekt, und hat sich gleich zornig geberdet, wenn ein Hase über den Weg lief.~~ Mit Wachholderbeerensud hat er sehr geschwizt, und ist besser geworden ‖, aber‖²⁰ ~~mägerer, und da er in nassen Schuhen mähte,~~²¹ hat es ihn mit Frost ergriffen, ~~daß er sich legen mußte ‖, das‖~~²² ~~Schwizen hat ihm dieses Mal nicht geholfen, der Schweis schlug sich in die Glieder, die Zunge wurde lehmig~~, er hatte²³ Hize, und lag und schlief, und öffnete zuweilen die Augen, und dann schlief er wieder ‖,‖²⁴ ʳ ~~und mochte nichts essen, und trank öfter, und dann stand er endlich auf, und saß länger da, und war~~ besser, undˢ wurde wieder übler, [und] aß etwas, und hatte wieder Abscheu vor dem Essen, und so ist es, er ist mager, und schaut ängstlich mit den Augen."²⁵

l	da lauter
m	mit
n	ist auch so
o	so gute
q	~~im Frühlinge~~
p	wie die da unten. Und im Frühlinge ist uns eine Kuh beim Kalben umgekommen. Und mein Bruder ist krank geworden. Er hat die Kleinmuthskrankheit gehabt. Er ist zornig geworden, wenn ein Hase auf dem Wege war.
r	Endlich wurde er
s	aß, und

„So fragt den neuen Doctor, welcher ~~jezt~~ in der Gegend ist," sagte ich.

„Ach der Doctor," antwortete er, ~~und lächelte, da er dieses sagte~~, „wer wird denn zu

---

1 üdZ das
2 idZ .
3 udZ und
4 idZ .
5 idZ „ich gehe in die unter Astung/." / H
6 idZ ist es erlaubt," antwortete ich.
7 idZ " "
8 idZ "
9 idZ zu denken."
10 idZ „Und wenn man
11 üdZ seit
12 Der
13 . Das
14 üdZ sein,"
15 idZ .
16 idZ "
17 idZ "
18 kleinen
19 keine
20 . Aber
21 üdZ bei dem Habermähen
22 ~~Das~~
23 idZ dann
24 idZ .
25 idZ . und jezt schaut er so ängstlich."

dem Doctor gehen?"

"Warum denn nicht?" fragte ich.

"Ach nein," sagte er, und schüttelte den Kopf.

"Aber einen Grund ~~könnt ihr doch angeben?" sagte ich.~~[1]

~~Er gab keinen an, und schüttelte nur das Haupt.~~[2]

[a]~~Und wenn ich wieder fragte, und drängte, oder nur Miene dazu machte, schüttelte er blos den Kopf, und sagte weiterhin |nun| gar kein Wort mehr.~~

~~Ich schwieg auch, und so hatten wir endlich~~ den Thaugrund ~~erreicht, und waren~~[3] über den schmalen Steg des Thaubaches ~~gegangen.~~ Er ~~schien beinahe froh, des Gesprächgegenstandes los zu sein, und~~ sagte: „Da muß ich nun links bei des Meilhauers Hause und der Schmiede vorüber gehen, ihr geht rechts in das Thal hinauf. Es ist doch recht vergnüglich gewesen, daß wir mit einander ~~gegangen sind~~[4]. Kommt gut nach Hause."

„Ihr auch," antwortete ich.

Wir trennten uns, er ging links gegen die untere Astung hinüber, ich rechts nach Thal ob Pirling.

[bc]~~Und so war der späte Herbst gekommen, Nebel lagen oft in den Wäldern, der Thau währte bis gegen Mittag, leichte Reife erschienen, das Spätgrün der Stoppelrüben bedekte manche Aker, und der Weißkohl, die lezte Frucht des Sommers, rundete seine Häupter dem Ausschlagen entgegen. Da bekam ich meinen ersten Kranken. Es ist zu Zeiten ein Mann zu uns gekommen, ich erinnere mich seiner, seit ich denke, und habe ihn auch gesehen, wenn ich als Schüler von Prag nach Hause kam. Er hieß Tobias, und war ein Bettler. Er hatte ein heiter rothes Angesicht, bekam nach und nach weiße Haare, trug gewöhnlich einen weißen leinenen Rok, ging gerade und aufrecht, kam zuweilen in ein Haus, erhielt dort Speise Trank und eine Schlafstelle, blieb einen Tag und eine Nacht, und ging dann wieder weiter. Was er vorher gewesen war, ehe er ein Bettler wurde, fragten die Leute nicht, er war der Bettler Tobias. Dieser Mann war an einem Tage des Herbstes zu uns gekommen. Er schlief bei uns in der Heustelle der Sölde, die ein viel kleineres Häuschen ist, als sie gewöhnlich sind, und zu dem Mutterhause gehören, daß darinnen ein Söldner mit seinem Weibe und seinen Kindern wohne, und dem Stammhause arbeitspflichtig sei. Der Knecht hatte ihm zu dem veralteten Heue des früheren Söldners Mathäus ein Paar Arme voll frisches aus dem Heuboden des Hauses hinüber getragen. In der Nacht kam der Kaspar zu dem Hause herab, klopfte, und sagte dem Vater, Tobias stöhne und ächze in dem Heu,~~ daß es einem Unmenschen das Herz brechen müßte. Der Vater sagte es mir, wir kleideten uns an, und gingen mit einer Laterne zu der Heustelle des Bettlers. Er lag[d]~~entkleidet~~ in dem Heu, ~~mit einer wollenen Deke zugedekt, kalte~~ Schweistropfen standen ihm auf der Stirne, und er krümte sich wie unter entsezlichen Schmerzen. Ich ließ ihn durch Kaspar und den Knecht in die Stube tragen, und [e]~~da seit des früheren Söldners Hinscheiden Kaspar und der Knecht und der Stallbube in der Stube der Sölde schliefen, war aus dem vorhandenen Vorrathe schnell ein Bett gemacht, und der Bettler wurde hinein gelegt.~~[5]

„Ach, Herr Augustinus," sagte er, „muß ich denn sterben, ich bin ~~so glüklich~~ auf der Welt ~~gewesen?"~~[6]

„Nun, Tobias," sagte ich, „wo thut es denn weh?"

Er wies auf den Unterleib.

Ich fragte ihn nun kurz über alles, was bei uns in der Schule gefragt worden war, und da er geantwortet hatte, wie sie öfter bei uns in der Schule geantwortet hatten, ~~und wie sie auch nicht geantwortet hatten,~~ und da ich ihm, wie in der Schule geschah, den Puls die Stirne die Brust befühlt, den Bauch an verschiedenen Stellen angegriffen, und die Hize des Athems untersucht hatte, dekte ich ihn besonders unten mit Hüllen warm zu, [7]sagte, sie sollen ihn so lassen, ich werde gleich wieder kommen‖, und‖[8] ging in das Haus hinab. Auf dem Wege begegnete mir Anna, ich wendete sie um, nahm sie mit hinab, und sagte, sie solle sogleich Feuer auf dem Herde machen, und Wasser ‖zu[f]stellen‖[9]. Ich ging in meine Kammer, nahm meine Hefte, stekte sie zu mir, nahm Arzneiflächchen in eine Tasche, nahm Kräuter ~~heraus,~~ [g]~~gab sie Anna,~~ sagte, sie solle einen Thee daraus bereiten, und ihn heiß in die Sölde bringen, sie soll die Mägde weken,

---

Mappe 43.

a „Nun, so geht nicht zu dem Doctor," sprach ich.
„Ja, ja, da habt ihr Recht," antwortete er, „wir gehen nicht zum Doctor."
„Vielleicht wird er auch ohnedem gesund," sagte ich.
„Freilich," antwortete er. „Denn er nimmt ja immer heilsame Sachen."
Wir kamen nach und nach in

b ~~Endlich bekam ich meinen ersten Kranken.~~ |Es kam der Bettler Tobias zu uns| Eines Tages kam der Bettler

c (Hier folgt die Beilage)

d angekleidet

e ihm aus Kaspars und des Knechtes Bett ein drittes Bett bereiten.

f demselben

g ging zu Anna, gab sie ihr,

---

1 idZ müßt ihr doch haben," sagte ich/./
2 idZ „Der Grund ist, daß wir nicht zu dem Doctor gehen," sagte er/./
3 üdZ und gingen
4 udZ gesprochen haben
5 idZ Er wurde hinein gelegt.
6 idZ so glüklich gewesen."
7 üdZ und
8 . Ich
9 zu stellen

44.

es müßten wollene Tücher hervor gesucht werden, und in der Küche der Sölde müsse man ein Feuer machen, daran man die Tücher /wärmen/¹ könnte, und Töpfe und Schalen und Ähnliches müßte hinauf gebracht werden, wenn etwas zu kochen wäre. Dann ging ich wieder in die Sölde, ging zu dem Kranken, reichte ihm auf einem Löffel etwas von einer der mitgenommenen Arzneien, strich dann sanft mit meiner Hand von Außen über die schmerzende Stelle, und gab ihm, da Anna gekomen war, zeitweilig von dem warmen Tranke. Indessen hatten die Mägde Feuer in der Küche gemacht, die Wolllappen wurden gewärmt, und ich strich mit denselben über den Bauch des Kranken, und zeigte es dem Knechte, daß er es dann verrichten konnte. Ich ging nun zu dem Tische, breitete bei einem Lichte dort meine Hefte aus, suchte in denselben nach dem gegenwärtigen Falle mich zurecht zu finden, und mischte aus mitgenommenen Stoffen dann eine Arznei, die am Feuer gekocht werden mußte. Da sie fertig war, gab ich dem Kranken in Zeitabschnitten etwas davon.

Anna hatte nun doch einen Heiltrank am Feuer gekocht.

Ich blieb bei dem Kranken, sah ihn von Zeit zu Zeit an, untersuchte ihn, rieb ihn, oder nahm sonst etwas vor, las wieder in den Heften, und ging dann wieder an die Behandlung. Der Vater half mir, und Anna war auch da geblieben, wenn sie etwa nöthig sein sollte.

Der Bettler ließ alles mit sich geschehen, was man nur immer vornahm, und schlukte alles

a ich

hinunter, was ~~man~~ᵃ ihm in den Mund gab. Ich weiß nicht, ob er es gewußt hat, daß ich ein Doctor sei ‖,‖² ~~ich zweifle aber daran, denn sonst hätte er gewiß nichts eingenommen.~~

Gegen den Morgen hin besserte sich sein Zustand ‖, ich‖³ wechselte die Arznei, und da es licht geworden war, befand er sich wohl, und fiel in einen Schlaf, der mit einem warmen heilenden Schweise bis zum Mittage dauerte. Ich blieb bei ihm, und betrachtete die Krankheit. Am Nachmittage

b einige

waren alle Schmerzen verschwunden, und Abends konnte ich ihm schon ~~zwei~~ᵇ Löffel voll Suppe geben. Des

c gegen mein Verbot

nächsten Tages war Tobias gesund. Ich ließ ihn aber nicht aus dem Bette, und damit er nicht ᶜ~~selbstständig~~ aufstehe, blieb ich bei ihm. Ich gab ihm wohlthuende Speisen. Am Tage darauf stand er auf, wurde aber noch an diesem und dem folgenden Tage bei uns verpflegt. Da aber der nächste Tag gekommen war, hatte er schon am frühen Morgen seinen Stab in der Hand, um weiter zu gehen. Wir hinderten ihn nicht mehr daran.

Er reichte meinem Vater die Hand, und sagte: „Schönen Dank, Eberhard, das war eine längere Herberge ‖,‖⁴ ~~und etwas umständlich.~~"

„Du hättest auch noch länger bei uns bleiben können, Tobias," sagte mein Vater, „und wir ließen dich überhaupt nicht von hinnen, wenn mein Sohn der Doctor nicht gesagt hätte, du kannst ungefährdet deinen Weg fortsezen, es werde dir eher heilsam sein./"/

d Das ist also ein Doctor.

Der Bettler schaute mich an, und sagte: „Es ist noch kein Doctor bei mir gesessen, wenn ich krank war. Ich bin aber auch nie ~~so~~ krank gewesen.ᵈ Gott vergelte es euch."

„Geht im Namen des Herrn, Tobias," sagte ich, /„/und hüthet euch vor Verkühlung."

„Nun, wie es ist," antwortete er, „was unser einem nie geschadet hat, schadet doch einmal. Vergelte ['] es Gott."

e Nach einer Zeit kam einer zu mir, der eine unheilbare Krankheit hatte. Kurz darauf kam wieder einer, und dann mehrere, lauter solche, die untilgbare ~~Schäden~~ Schäden hatten, und ~~Salben und~~ an denen Salben und Tränke und Wunder vergeblich gewesen waren. Ich sah die widerwärtigsten Krankheiten. Ich gerieth in ein Wirrsal von Hoffnungslosigkeit, und

f durch und durch berieth,

Und mit diesen Worten ging er fort, und wir sahen ihn ~~in seinem weißen Roke~~ gegen den Thaugrund hinab wandeln.

ᵉ~~Der Mann Tobias wurde nun aus seinem freien Ermessen mein Sendbote. Er war alle Tage in einem anderen Hause und in einer anderen Gegend, und |überall|⁵ erzählte er, wie er in Thal ob Pirling gestorben wäre, wenn ihm der Doctor nicht geholfen hätte, daß er am dritten Tage wieder fortgehen konnte. So zog er meinen Namen weit und breit in dem Lande umher.~~

~~Die Folgen kamen bald, aber auf eine sonderbare Weise. Es erschienen⁶ zuerst alle bei mir, die an unheilbaren Schäden litten, und schon langwierig her Salben und Pflaster und Tränke und Umschläge und Besprechungen und Segnungen und Zeichen und Wunder und Ähnliches |angenommen hatten| vorgenommen hatten. Ich gerieth in ein Wirrsal von Hoffnungslosigkeiten, und sah widerwärtige Gestalten von Krankheiten. Ich~~ wußte nicht, was nun zu beginnen sei. Und wenn ich meine Bücher und meine Hefte ᶠ~~umkehrte, und stürzte, und wendete,~~ und vorne und rükwärts las, so

---

1 *statt* warmen
2 *idZ* .
3 . Ich
4 *idZ* .
5 *üdZ* ~~da~~
6 *üdZ* ~~nehmlich~~

Beilage zu 43
der Mappe

(Beilage zu 43 der Mappe)

Endlich bekam ich meinen ersten Kranken. Eines Tages kam der Bettler Tobias zu uns, da schon an den Morgen starke Herbstreife auf den Wiesen lagen. Ich hatte schon in meiner Kindheit den Bettler Tobias in seinem weißen Roke mit dem rothen Angesichte und den weißen Haaren herumgehen gesehen. Er kam zuweilen zu uns, blieb einen Tag da, bekam Herberge und Nahrung, schlief eine Nacht bei uns, und ging dann weiter. Dieses Mal kam er gegen den Abend. Er aß seine Suppe nicht so tüchtig wie sonst, was mein Vater bemerkte. Seine Schlafstelle erhielt er in dem frischen Heu der Sölde. In der Nacht kam Kaspar zu dem Hause herunter, klopfte, und da ihm aufgemacht worden war, ging er zu dem Vater, und sagte ihm, Tobias stöhne und ächze in dem

(Hier geht die Handschrift auf 43 weiter)

half alles nichts: Meine Kranken standen ~~alle drinnen~~ᵃ aber ohne Rettung. Wir hatten sie alle auf der Schule gehabt; aber keiner von allen war geheilt worden. Diese werdenᵇ nun die Verkünder deiner Ohnmacht werden ‖,‖¹ ~~dachte ich~~ Ich sagte einem jeden, daß es schwer sei, eine Krankheit zu ᶜ~~ergreifen~~, die schon so lange daure, man müsse Geduld haben, die Anwendung von Mitteln müsse ~~auch~~ längere Zeit ~~dauern~~ᵈ, man müsse gewissenhaft die Mittel gebrauchen, und nichts Anderes darunter mischen, was schaden könnte. Ich gab nun einem jeden die Arznei und die Anweisung seines sonstigen Verhaltens, wie sie in den Heften in den Büchern und in der Schule als
                                                                                  lindernd
wenn auch nicht heilend gelehrt wurden. Was kommen würde, mußte ich erwarten.

    ~~Zu dieser Erscheinung der unheilbaren Leute kam dann auch noch eine zweite.~~ Diese Kranken gingen ᵉ~~nehmlich~~ mit der Arznei und dem Rathe fort, ohne dafür etwas zu zahlen oder nach einer ᶠ~~Zahlung zu fragen. Ich dachte, sie würden wieder kommen; aber da auch solche, die selber sagten, daß sie nur dieses Mal da seien, oder aus deren Reden und Fragen ich schließen mußte, daß sie nicht wieder kommen wollten, mit einem bloßen Vergelte es Gott fortgingen,~~ deutete ich ~~nun denen, die zunächst kamen,~~ an, daß ~~sie~~² für das, was ich gebe und ratheᵍ so wie für die andern Dinge, die im Verkehre sind, etwas zahlen ‖müssen‖³. ʰ~~Zum Öfteren kam nun mit Ängstlichkeit die Antwort, daß der Tobias nichts habe geben müssen.~~

    ~~Wir erfuhren nun also auch, daß sie der Bettler gesendet habe.~~

    Von denen, die arm waren, nahm ich auch fürder nichts, die Übrigen gaben⁴ ein Geringes.

    Der erste Kranke, der nicht zu mir kam, sondern zu dem ich gerufen wurde, war der Knecht des Meilhauer. Weil das Haus des Meilhauer rechts vom Walde des Thaugrundes das nächste Bauerhaus bei Thal ob Pirling ~~war~~⁵, so standen der Meilhauer und mein Vater in genauer Bekanntschaft. Da der Knecht erkrankte, kam der Bauer selber herauf, und bath mich, zu Hilfe zu kommen. Ich stekte Arzneien, die in der Schule am öftesten vorkamen, in meine Taschen, nahm den grünen Hut und den Kreuzdornstok, und ging mit dem Bauer in sein Haus ~~hinunter~~. Der Kranke lag in einem Fieber, das er sich durch Verkühlung zugezogen hatte. Ich fragte und untersuchte ⁱ~~regelmäßig~~, und gab ihm, was wir in der Schule in einem solchen Falle immer gegeben haben, und was ich ~~,da es wohl am öftesten vorkam,~~ schon bei mir hatte. Die Menschen des Meilhauerhauses standen alle um mich herum, da ich bei dem Kranken war, und schauten mich an, da sie nie einen Doctor bei einem Kranken gesehen hatten. Dieser nahm gerne ein, was ich ihm gab.

    Ich ging nun in unser Haus zurük, und schrieb auf die weißen Papiere die ersten Krankenbemerkungen.

    Den nächsten und die folgenden vier Tage ging ich täglich zwei Male zu dem Knechte, dann jeden Tages einmal. Nach zwei Wochen war er gesund. Der Meilhauer kam selber herauf, um nach der Schuldigkeit zu fragen. Ich forderte, was ich für billig und recht erachtete. Er entrichtete es.

    In Thal ob Pirling wurde ein Kind von ᵏ~~Fraisen~~ befallen, man holte mich, und nach ˡ~~mehreren Tagen~~ war das Kind genesen.

    Im Hag war auch ein Fall, welcher sehr schnell zu Gutem verlief.

    Und so hatte ich nun Mehreres zu thun, so daß ich täglich zu Kranken gehen mußte.

    Größer aber war die Zahl der ᵐ~~Leidenden,~~ die zu mir kamen, um in dem einen oder dem anderen Dinge meinen Rath und meine Hilfe in Anspruch zu nehmen. Ich ließ sie in die große Stube kommen, und nahm jeden einzeln in meiner Kammer vor.

    Der Vater hatte Freude, und ging mit einem ~~sonnenschein~~ hellen Angesichte in dem Hause herum. Von der Schwester Anna kam es mir vor, als habe sie schönere Gewänder an, als sie sonst in dem Hause zu tragen pflegte.

    ~~Ehe~~⁶ der Winter kam, ließ ich das ~~ganze~~ Linnenzeug des flüchtigen Eustachius durchwaschen, ⁿ~~daß es frisch und rein den Winter über in dem Schreine liegen könne.~~ Ich ~~hatte~~ᵒ meinem Vater und der Anna das Fortgehen des Eustachius ~~erzählt~~, und daß er mir seine Habseligkeiten aufzubewahren gegeben habe. Von Christinen ᵖ~~hatte ich geschwiegen. Auch seine Kleider ließ ich lüften, und klopfen und bürsten~~ ‖.‖⁷ᑫ Die Mägde bewunderten die neuen schönen Hemden, das Werk Cäcilias, die ohne getragen zu werden vor lauter Liegen in die Lage kämen, gewaschen werden zu müssen.ʳ Aber noch mehr⁵ ~~erregte~~ [ihr freudiges Erstaunen] ‖der‖⁸ Zeisiganzug. ~~Sie konnten ihn nicht genug betrachten. „Du närrischer Eustachius, /"/ dachte ich,~~

Mappe 45

a darin
b , dachte ich,
c fassen
d geschehen

e auch alle
f Schuld zu fragen. Da ich erkannte, daß es wirklich so sei, und daß sie mit einem „Vergelte es Gott/"/ danken,
g gerade
h Nun antwortete jeder, Tobias habe gesagt, daß er nichts habe zahlen dürfen. Sie sagten auch, Tobias habe erzählt, er hätte in dem Hause des neuen Doctors sterben müssen, der Doctor habe ihn aber in einer Nacht geheilt. So verkündete also Tobias auf seinen Wanderungen meinen Namen.
i nach der Regel

k Frieseln
l der gehörigen Zeit

m Siechen,

n und seine Kleider lüften und bürsten
o erzählte
p sagte ich nichts/./
q ~~die rothbraunen Strümpfe säubern und die Schuhe des guten Schneiders Koden, die einmal neu gewesen waren, puzen.~~
r getilgtes Korrekturzeichen, siehe s
s [und] ~~sie~~ bewunderten ~~die~~ üdZ sie zierlichen Schuhe.

---

1 idZ .
2 üdZ man
3 müsse
4 üdZ aber von nun an
5 üdZ ist
6 idZ Als
7 idZ ∕
8 den

46

/,/hier hättest du dein Zeisiggewand anziehen können, und wärest weit mehr der Gegenstand der Bewunderung gewesen als einst auf dem Carolin."

Da schon hoher Schnee im Walde lag, wurde ich mit einem Schlitten, darauf sich Pelze und Deken befanden, in die Glashütte abgeholt. Die Tochter des Herrn Johannes Bloch Agnes das blondlokige Mädchen war erkrankt. Es richtete die blauen Augen auf mich, da ich an das Bett trat, als verlangten sie Hilfe. Ich rief alles, was ich an Wissenschaft und Kenntniß in mir finden konnte, auf, um den Fall zu ergründen, und ihn behandeln zu können. Ich gab etwas, und ordnete das Verhalten an. Man führte mich in dem Schlitten wieder in unser Haus zurük. Und täglich wurde ich nun mit dem Schlitten geholt. Ich schrieb genau auf, was ich in der Krankheit bemerkt, und gegeben hatte, suchte in allen Büchern, die ich hatte, und in meinen Heften nach, wie die Sache sei, und nahm alle Arzneistoffe in den Schlitten, die etwa nothwendig sein konnten. Agnes wurde wieder gesund.

Auch die siebenzehnjährige braunäugige Tochter des Herrn Mathias Ferent in Pirling Josepha wurde krank. Man bath mich um Hilfe, ich ging täglich nach Pirling hinunter, berieth mich fleißig mit meinen Büchern, gab strengstens, was sie anwiesen, und Josepha wurde gesund.

Sonst[1] hatte ich [a]jezt auch tapfer in der Gegend herum zu gehen.

Ich[b] bestellte mir einen zweiten landesüblichen Anzug und wärmere Winterkleider, die ich aber jezt gleich bei der Übernahme bezahlen konnte. Und so ging [ich] [c]schleunig im grauen Anzuge mit dem grünen Hute, auf dem noch immer die blaue Taubenfeder war[d], mit dem Kreuzdornstoke und mit dem ledernen Arzneisake, den ich mir hatte machen lassen müssen, um gleich alles bei der Hand zu haben, und den ich an einem Riemen um die Schulter trug, die schneeigen Pfade dahin.

Auch von den[2] Unheilbaren, die ich[3] gefürchtet hatte, [e][trugen mehrere zu meinem] Rufe bei, theils, weil sie wirklich Linderung spürten, und [f]den neuen Doctor priesen, theils, weil sie von meinen Anordnungen ‖abwichen‖[4], und wenn sich eine Verschlimmerung zeigte, sprachen[5], der Doctor hat es gesagt[.][6][g] Da war ‖ein‖[7] Schuster, welcher zwanzig Jahre halb taub war, und zwanzig Jahre dagegen Mittel genommen hatte ‖. Auch‖[8] bei mir war er gewesen, und ich hatte ihm etwas gegeben. [h]Wenn jezt jemand sagte, er höre noch nicht, so wurde er wüthig, und behauptete, der neue Doctor habe ihm geholfen ‖.‖[9]

Dem Vater konnte ich die Schuld, die mir gegen ihn aus der verkauften Kuh erwachsen war, noch vor Eintrit des neuen Jahres erstatten.

[i]Ich machte jezt auch Anstalten, dem abwesenden Eustachius wissen[10] zu lassen, wo ich sei, und wohin er kommen möge[k]. Ich schrieb zuerst an Lodron und an Schreier und an Galub,[l] ob sie nichts von ihm[11] wüßten, ob er nicht nach Prag zurük gekehrt sei,[12] ob seine gewesene Miethfrau Cäcilia nichts [m]wisse. Dann schrieb ich Neuigkeiten aus meinem[13] Walde, fragte um Neuigkeiten in Prag, fragte um des Bürgermeisters Jakoba, um andere Mädchen, und nebenbei um des Kaufherrn Emerich Bolzon[n] Tochter Christine. Ich schrieb an alle drei, damit doch einer antworte, wenn etwa die andern nicht mehr in Prag wären, oder mit der Antwort säumten. Ich nannte in jedem Briefe neben Christinen nicht die nehmlichen Mädchen, daß, wenn etwa zwei Briefe oder gar alle drei verglichen würden, [o]die Mädchensache ein unbedeutendes Ansehen gewänne. Es antworteten mir aber alle drei Kameraden. Jeder sagte, daß Eustachius nicht in Prag sei, und daß er nichts von ihm[p] in Erfahrung habe bringen können. Galub und Lodron waren bei Cäcilia gewesen. Sie habe sehr um[14] Eustachius [q]gejammert, der ein gutes Blut sei, nur[15] jezt gar nicht komme. Sie habe nun einen alten Musikus auf ihrer Miethstube, der immer geige, und nicht folge. Über Christine sagte Galub gar nichts, Schreier sagte, sie sei schöner als je, und Lodron sagte, sie werde aus Hochmuth eine alte Jungfrau werden, wenn sie nicht etwa gar auf mich warte, der ich mich um sie erkundige, um zu erfahren, ob sie recht treu sei, und der [ich] zu oft in die [r]Veitskirche gegangen sei ‖,‖[16] um in ihre Augen zu bliken. So hatte ich nun die Antworten.

Ich ging [s]also daran, ein[17] anderes Mittel zu versuchen[18]. Ich verfaßte eine Erklärung, [t]daß Augustinus, nachdem er[19] das Heildoctorpergament erhalten habe, von Prag abgereist sei, daß er sich[u] zu Thal ob Pirling nicht weit von dem landesherrlichen Marktfleken Pirling im Mittage des[v] Landes als Arzt aufhalte, und daß er[20] alle auffordere[21], die etwa eine Forderung, einen Aufbewahrungsgegenstand zu holen, oder sonst ein Anliegen an ihn[22] hätten, sich dahin zu verlautbaren. Diese Erklärung

---

a tüchtig
b ließ mir einen ledernen Sak für meine Arzneien machen, den ich umhängen konnte, und
c ich dann gewöhnlich rasch
d stak
e waren auch zu meinem Wohle. Sie spürten
f priesen den neuen Doctor, oder sie wichen
g daß es so kommen würde, wenn ich nicht folge.
h Da er dann besser hörte,
i Obwohl Eustachius wissen mußte, wo ich jezt sei, machte ich doch
k könne.
l erzählte ihnen meine Begegnisse, und fragte
m sagen könne.
n Waldon
o nicht
p wisse
q gesprochen,
r Tein Teynkirche
s nun
t worin ich sagte, daß ich
u ich mich
v des Königreiches als Arzt befinde

---

1 *idZ* Auch sonst
2 *idZ* Die
3 *üdZ* so
4 ab
5 *üdZ* sie
6 *idZ* /,/
7 Ein
8 *idZ* , *üdZ* war
9 *idZ* , wenn jemand behauptete, er höre noch immer nicht.
10 *üdZ* ihm bekannt werden
11 *üdZ* Eustachius
12 *üdZ* und
13 *üdZ* dem
14 *üdZ* von
15 *üdZ* und
16 *idZ* .
17 *üdZ* etwas
18 *üdZ* thun
19 *üdZ* [ich] ich
20 *üdZ* ich
21 *üdZ* aufrufe
22 *üdZ* mich

sendete ich nach Prag und Friedland, dann in alle größeren Städte des Landes zur Kundmachung. Ich erhielt bald die Antworten zurük ‖,‖[1] ~~daß die Erklärung bekannt gemacht worden sei. In einigen Orten~~ ist ~~sie~~ gerichtlich hinaus gegeben worden, ~~in~~[2] andern[b] an die Mauern geklebt[3][,] [c]~~und in Pilsen haben~~ sie dieselbe bei Trommelschlag [d]~~verkündigt wie eine Versteigerung. Aber es half nichts. Da ich die Bekanntmachungsgebühren bezahlt, und drei Briefe beantwortet hatte, in denen~~ einer des Zipperleins wegen ‖angefragt hatte‖[4], ein anderer wegen verkrümmter[5] Finger, und wieder einer wegen Kahlköpfigkeit ‖,‖[6] [e]~~war alles wie vorher. Eustachius hatte sich nicht gemeldet, und war nicht gekommen.~~

Ich schikte nun auch wieder in die lustige und ernste Stadtchronik kleine Geschichten, wie ich es früher gethan hatte, ~~welche Eustachius verstehen sollte,~~ und ~~ich~~ nahm mir vor, dieses fortzusetzen.

[f]„~~O alles Wetterleuchten und Donnerbrüllen,~~" sagte ich oft im Winter zu mir, „das ist die ~~thörichteste und heilloseste~~ Geschichte ‖."‖[7]

~~Dieses hinderte mich aber nicht, auch fortan von Zeit zu Zeit ein Merkmal in der lustigen und ernsten Stadtchronik lautbar zu machen.~~

~~Als die Tage des~~[8] Hornung ‖kamen‖[9], wurde die Hochzeit zwischen Johanna /der/[10] Tochter des Landwirthes Herrn Hermann Löff und Johannes ‖Bloch‖[11] dem ältesten Sohne des Herrn Glasmeisters Johannes ‖Bloch‖[12] gefeiert. Ich war durch den Hochzeitsbitter mit einem sehr schönen Einladungspapiere betraut worden. [g]~~Dieses Tages~~ fuhr ich vor dem Morgengrauen mit dem Goldfuchs des Wirthes an dem Rothberge ~~und~~[13] seinem grünen Schlitten zu meinen dringendsten Kranken, die andern ließ ich ~~an diesem Tage~~ bei Seite. Als die Sonne aufgegangen war, kamen geschmükte Schlitten aus der Glashütte nach Thal ob Pirling [h]~~geflogen~~, einer nahm mich ein, und alle fuhren wir über Pirling und Rohren nach dem Weißbache in den Hof des Herrn Löff. Der steinerne Rundbogen des großen Einfahrtsthores war mit Tannenreisern und rosenfarbenen Seidenbändern bekränzt, im Hofe, der ‖von‖[14] Schlitten ~~wimmelte~~[i], hingen Tannenreiserbögen von Fenster zu Fenster von Sims zu Sims. Es kam der Brautvater die Brautmutter und eine Menge von Leuten heraus, uns zu empfangen. Der Hochzeitbitter begrüßte den Bräutigamsvater und die Bräutigamsmutter mit einem Spruche, und leitete sie in das Haus, der Brautführer I richtete einen Spruch an den Bräutigam, und geleitete ihn hinein, und der Lustigmacher krähte Sprüche an die Brüder und die Schwester des Bräutigams, daß sie noch ledig seien, und sich [k]~~kein Gesponse für sie finde~~ [,] ‖mich‖[15] nenne er gar nicht, sagte er, und dann jagte er uns mit einem rosenfarbenen Stabe in das Haus. Die große Stube war[l] geziert, die Brauteltern [m]grüßten sich, Braut und Bräutigam mußten aber entfernt von einander stehen. Auf dem Tische standen Speisen und Getränke, man erquikte sich, und der ~~Zug~~[n] wurde gerüstet. Die Schlittenreihe fuhr nach Rohren vor die Kirche und die Trauung wurde an dem Hochaltare um eilf Uhr vollzogen. Dann fuhren alle wieder mit Einschluß des Pfarrers und Schullehrers an den Weißbach in den Hof des Herrn Löff. Es wurden auf den Feldern neben uns Büchsen abgeschossen, Hüte in die Luft geworfen, und Wünsche gerufen. Alle Zimmer in dem Hofe des Herrn Löff waren geöffnet, ~~anmuthig~~ geheizt und[16] Wohlgerüchen erfüllt. In der großen oberen Stube und in den zwei daran grenzenden ~~Stuben~~ waren die Tafeln gedekt. Es war der Richter von Rohren mit seiner Ehefrau da und mit Sohn und Tochter, der Pfarrer, der Schullehrer, der Wirth, der Müller, und der Krämer von Rohren, [o]~~der Besizer~~ des Gutes von Tannberg mit seiner Ehefrau zwei Söhnen und zwei Töchtern, der Richter von Pirling, Herr Mathias Ferent von Pirling mit seiner Ehefrau Theresia seinem Sohne Mathias und den Töchtern der schwarzen Franzisca und der braunen Josepha, Herr Friedrich Geran der Krämer aus Pirling mit seiner jungen Ehefrau Wallburga, der obere und der untere Wirth in Pirling mit den Ehefrauen und drei Töchtern, Herr Gerhard Rohr der Hammerschmied aus dem Rohrthale mit seiner Ehefrau Lucia und den drei Söhnen, Herr Paul Köfner vom Kirnwalde mit seiner Ehefrau Appolonia und der schönen blonden Tochter ‖Ludmilla‖[17], dann die Wittwe Kreßtan vom Kirnwalde mit drei braunhaarigen schönen Töchtern, und noch viele andere. Nach dem Male wurde bald die Stube geräumt, Pfeifen und Geigen ertönten, und es wurde zum Tanze geschritten. Die Menuette des Brautvaters mit der Bräutigammutter und des Bräutigamvaters mit der Brautmutter machten den Anfang, dann kamen Braut und Bräutigam allein, dann wir alle. Es wurde immer fröhlicher, als einmal die Lichter brannten, und[p] jeder Schlitten, der

---

Mappe 47

a Die einen sagten, die Erklärung
b meldeten, sie ist
c ~~und aus Pilsen berichteten sie;~~ in 2. Var.: worden, und aus Pilsen berichteten sie, daß
d verlautbart worden ist. Auch Briefe bekam ich um ärztlichen Rath, darunter drei närrische, darin
e Ich beantwortete alle. Sonst war es, wie vorher.
f Oft im Winter, wenn ich in harten Frösten herum ging, sagte ich zu mir: So ist denn das die heilloseste
g Des Hochzeitstages
h gefahren
i lag
k sehr zu schämen hätten.
l mit Bändern und gefalteten Vorhängen
m und Bräutigamseltern
n Kirchenzug
o mB, darüber mT Förster
p in der späteren Zeit wurde

---

1 idZ .
2 üdZ die
3 üdZ ~~worden~~
4 anfragte
5 üdZ ~~zwei~~ udZ zwei
6 idZ .
7 idZ , die ich wie einen bösen Schaden nicht von mir bringe.
8 idZ Als der
9 kam
10 statt des H
11 Blach
12 Blach
13 üdZ in
14 voll
15 /./ Mich
16 üdZ mit
17 Ludmila
aR mR Setzerzeichen

48.

a begrüßt. Die meisten Gäste aber blieben bei der Festlichkeit. Ich forderte
b weil sie so zierlich tanzte. Ich suchte alle Tanzkünste, die ich
c ich geladen war, zu zeigen, und erntete Lob. Gegen den Morgen fuhren
d davon. Ich blieb, bis es Tag war,
e Wie manches Mal in Prag, hatte ich jezt zwei Nächte nicht geschlafen. Es focht mich nicht an.
  Nun waren noch
f Ich
g meinen

h Endlich kam der Frühling. Ich ging da

i eigene
k Ich bestellte Weiber, die mir Wurzeln und Kräuter suchen mußten.
  Im Sommer minderten sich die Krankheiten, und ich entschloß mich, und
l und Prag. In Friedland
m war, mochte sich
n gekümmert haben. Er war wohl nie mehr in

o Jobal
p muß er fort. Eustachius, wenn er
q üben

nach Hause fuhr, wurde zu erst gescholten, daß er sich entferne, und dann mit einem närrischen Musikschalle ᵃbegleitet. Ich schwang die schöne schwarze Franzisca im¹ Tanze und dann Agnes und ‖Josepha‖² und ‖Ludmilla‖³ und Susanna und Katharina,⁴ und wie sie hießen, auch Frauen und ältere Frauen beehrte ich, und kehrte gerne⁵ wieder zu Franzisca zurük. ‖.‖⁶ ᵇWas wir in Prag gelernt ‖hatten‖⁷, sei es auf Tanzböden oder in Häusern, wohin ᶜmich Kameraden und deren Eltern geladen hatten, suchte ich zur Geltung zu bringen. Wir blieben bis gegen Morgen, und als Ferent und Geran und Rohr mit den Ihrigen in Schlitten ᵈfortfuhren, blieb ich noch da, und erlebte den Morgen, und fuhr dann mit dem Zuge, der in die Glashütte ging, nach Thal ob Pirling, besuchte meine Kranken, und wurde ‖Abend‖⁸ mit einem Schlitten in die Glashütte abgeholt, und blieb die Nacht dort, wo wieder Festlichkeiten waren. Des Morgens brachte mich ein Schlitten nach Hause, worauf ich zu meinen Kranken ging, und dann die hörte, die in unser Haus gekommen waren.

ᵉEs wurden nun öfter Festlichkeiten und Tänze in der Glashütte abgehalten, wozu mir immer ein Schlitten geschikt wurde. Man sagte mir schon⁹ in Pirling, die blauen Augen der Agnes seien Schuld, daß ich so oft hinauf müsse.

In Pirling hatten wir des Winters vier große Tänze, wovon drei mit vorhergehender Schlittenfahrt¹⁰ mit Mummerei verbunden waren. Einmal tanzten wir nachmittags auf dem Eise des Weihers. Sonst waren auch kleine Gelegenheitstänzlein oder lustige Spiele und dergleichen im Hause des Ferent oder anders wo. ᶠDer Doctor gab öfter ein sehr schlechtes¹¹ Beispiel, wenn er¹² in Hize und Schweis ᵍseinen Überwurf um nahm, und in der Nacht durch die Buchen und den Thaugrund in das Haus [seines]¹³ Vaters hinauf ging.

Es war ein sehr milder Winter. Der Schnee lag hoch genug zu Bahnen und schönen Pfaden, aber nicht so hoch, daß er unbequem gewesen wäre, oder gar Bahnen und Pfade durch Verwehungen verlegt hätte. Es war oft wochenlang kein neuer Schneefall ‖.‖¹⁴ Und wenn auch nie eine Schneeschmelze war, so wurde die Kälte doch niemals¹⁵ empfindlich. Ich konnte oft im langsamen Gehen meine Hefte heraus nehmen, und gehend lesen ‖,‖¹⁶ wenn ich Rathes bedurfte, ohne daß ich kalt ergriffen wurde.

Ich legte ein Verzeichniß der Kräuter an, die ich brauchte, und im Walde finden konnte, daß, wenn der Frühling und überhaupt ihre Zeit käme, keine Säumniß wäre, und sie gepflükt werden könnten. Von Prag bestellte ich wieder Arzneistoffe, die mir nöthig geworden waren.

ʰAls der Frühling kam, ging ich zu dem Schreiner Felix nach Pirling, zeigte ihm die Zeichnung des Arzneischreines, die ich gemacht hatte, und sagte, er möge diesen Schrein versuchen. Derselbe müßte aber von Lindenholz sein. Er versprach es, und nach sechs Wochen wurde der Schrein in meine Kammer gestellt. Der Anna schafte ‖ich‖¹⁷ dieⁱ Kochgeräthe an, die sie zu meinen Verwendungen brauchte.

ᵏEs ging nun an ein Kräuter- und Wurzelsuchen, dazu ich mir einige Weiber miethete. Als sich die Sommerhize etwas milderte, und die Krankheiten mir einige Frist gönnten, fuhr ich mit dem Goldfuchs des Wirthes am Rothberge in die Stadt Budweis, und von derselben mit dem Wagen des Frächters nach Prag und Friedlandˡ. Ich strebte zu erst nach Friedland. Dort fragte ich um Eustachius. Aber da war es trübselig. ‖Seit‖¹⁸ der Schneider [Koden] todt ᵐist, kümmerte sich niemand mehr um Eustachius ⁿ, er mochte wohl nicht mehr nach Friedland gekommen sein, viele erinnerten sich seiner gar nicht, andere wußten nur, daß er nicht da sei.

In Prag ging ich zuerst zu Cäcilia.

„Ach, du lieber Herr Augustinus, und mein Gott," sagte sie, da ich in ihre Stube trat, „das ist doch recht gut, und jezt wird es anders werden."¹⁹

„Sei gegrüßt, Cäcilia," entgegnete ich, „was wird denn anders werden? ich komme eines weiten Weges her zu dir."²⁰

„Ich weiß es, weil ihr so lange gebraucht habt," sagte sie, „und nun machet eine Ordnung,²¹ jezt²² flucht er auch, und ein solches Lasterleben kann kein gutes Ziel erreichen."²³

„Wer flucht?" fragte ich.

„Der Jolanᵒ in meiner Kammer," sagte sie, „er trinkt auch, und von dem Trinken stammt das Fluchen. Die trinken, fluchen, und sind widerspänstig. Jezt ᵖwill ich keine Zeit mehr warten. Ich habe zu den zwei jungen Herren, die ihr mir geschikt habt, gesagt, wenn der Herr Eustachius kein großer Herr geworden ist, da ihr mit ihm kommt, so soll er wieder auf meine Miethstube gehen, ich will auf Billigkeit ᵍsehen, will noch besser für ihn

Fortsetzung auf S. 74

1 üdZ zum
2 statt Josefa
3 Ludmila
4 idZ getilgtes Zeichen
5 üdZ öfter
6 idZ ,
7 hatte
8 am Abende
9 udZ sofort
10 üdZ und
11 üdZ nicht gutes
12 üdZ ich
13 /meines/
14 , und
15 üdZ war nie
16 üdZ
17 sich
18 seit
19 idZ „jezt ist doch Alles gut./"/
20 idZ ist denn gut. Ich komme weit her zu dir."
21 üdZ „nun will ich gleich eine Änderung machen.
22 üdZ Er
23 idZ nicht gut enden."

sorgen, und ihn betreuen ~~, daß er lieber zu mir die Zuflucht nimmt, als fortgeht ||.||~~"²⁴

„~~Hast~~²⁵ du ~~nicht~~ irgend ein Papier, den kleinsten Abriß eines Zettels, ein Streifchen, ein Fa-

---

24 *idZ* , das ich nur einen guten Miethsmann habe."

25 *idZ* „Ja hast

serchen ᵃ[,]darauf ~~nur~~ ein Wort [zu] ‖stehen vermag‖¹, ~~von ihm gefunden, oder sonst irgend ein Zeichen?"~~
~~fragte ich.~~²

    „Ja, habt ihr ihn denn nicht mitgebracht?" fragte sie entgegen.

    „Mitgebracht? wenn ich ihn nicht weiß," antwortete ich.

    „Habt ihr ihn denn nicht gesucht?" fragte sie.

    ᵇ„Gesucht, freilich," entgegnete ich, „wenn ich von meinen Kranken in der Heimath weg gehe, und nach ihm zu fragen reise."

    „Habt ihr ihn nicht die ganzen langen anderthalb Jahre, die ihr fort seid, in Einem fort gesucht?" fragte sie.

    „Nein, ich sage dir ja, daß ich Arzt in meiner Heimath bin," antwortete ich.

    „Das /hättet/⁴ ihr thun sollen," entgegnete sie, „da er euch alles geglaubt hat, und da er euch auch vertraut hat, hättet ihr ihn suchen sollen."

    „Aber, Cäcilia, Nebel und Unvernunft," antwortete ich, „wie hätte ich ihn denn unablässig ohne Merkmal suchen können? Was ein irdischer Mensch mit seinen Mitteln thun kann, habe ich versucht. Ich habe Tag und Nacht gesonnen, ob mir nicht neue Wege einfallen, zu ihm zu gelangen, und was einem Menschen nicht einfällt, dafür kann er nicht. Darum bin ich ja auch hier, um zu fragen, ob du denn gar nichts, vielleicht nachher noch, und ‖sei es‖⁵ im Kehricht, gefunden hast, was uns auf eine Spur leiten könnte, oder ob er sich nicht an dich, wenn er schon andern aus dem Wege gehen wollte, meldbar gemacht hat."

    „Er hat mich immer geachtet und geehrt, wie es sich gebührt," antwortete sie, „aber die Auszeichnung hat er mir doch nicht angethan, daß er mir etwas verkündiget hätte, was er euch und dem Herrn Bolzon, von dem er immer Briefe erhielt, verweigert hat. Ach mein Gott in dem Himmel, er ist also nicht gekommen. Ich habe euch sagen lassen, daß ihr ihn bringen sollet, und daß er wieder mein Miethsmann werden solle. Darum habe ich geglaubt, er ist schon da, als ich euch erblikte. ~~Er~~ᶜ ist nicht gekommen! Ich kündige aber dem ‖Jolan‖ᵈ doch die Miethe, weil er trinkt, und flucht, und mich verachtet. Es ist sehr schwer mit dem Vermiethen. Die jungen Männer verspotten mich, die alten trinken, die Frauen kochen so viel, und treiben mich von meinem Herde. Eustachius, ja das war ein lieber Herr, deßgleichen nur er auf der Erde ist.ᵉ Und die Papiere habt ihr ja alle selber mitgenommen, wie kann ich denn eines haben? O du Gott im Himmel und die Heiligen, warum habt ihr ihn denn nicht gebracht?"

    „Siehst du Cäcilia, das ist so," antwortete ich, „wenn ich auch alle Papiere und den Koffer zu mir genommen habe, so kann ich doch nicht in jedem Winkel suchen, ob nicht irgend wo ein Streifen ist, und ob nicht Blätter als Unterlage in einer Lade waren, oder zwischen Brettern, oder so. Da du nun, ehe ein neuer Miethmann in deine Stube kömmt, sie gekehrt und überall nachgesehen haben wirst, so bin ich jezt in Prag zuerst zu dir gegangen, um zu fragen, ob du nichts gefunden hast."

    „Ja, wahr ist es," sagte sie, „auf Reinlichkeit muß bei mir immer gesehen werden, das kann der Herr Eustachius nicht anders sagen, obgleich er nicht stets gefolgt, und nicht auf seine Sachen geachtet hat. Die schönen Hemden, ihr müsset sie doch durchwaschenᶠ lassen, sonst gehen sie zu Grunde, die schönen Anzüge, das muß alles gereinigt und in Ordnung gehalten werden. Ach, daß ihr ihn nicht gebracht habt. Seht da liegen die feinsten Linnen herum, man bringt mir Arbeit, und da brauche ich die feinsten Nadeln, und ich kann sie nicht im Stiche lassen, wenn eine auf die Erde fällt, und ich kehre alles sauber zusammen, und hebe die Nadeln und Fädchen wieder auf. Und so habe ich es bei dem Herrn Eustachius gemacht, und habe gar nichts gefunden. Die Gerichtsmänner haben ja damals alles eingesperrt. Aber es ist nicht anders, und so ist es recht, ihr und die andern jungen Kameraden solltet den Herrn Eustachius suchen."

    „Nun gut," antwortete ich, „gut, Cäcilia, wir suchen ja, wie wir es verstehen, du siehst ja, daß wir suchen. Und weil ich so schöne Linnen bei dir sehe, so werde ich dir von uns eine Waldleinwand schiken, wie sie dort gemacht wird, die beste, die wir haben, und du sollst mir zwölf Hemden machen, genau so wie die, welche du dem Eustachius gemacht hast, wenn du es noch weißt, und ich werde sie ihm zu Liebe tragen, und ich werde dir, ehe ich von Prag fort gehe, einen Zettel bringen, darauf steht, wohin du die Hemden schiken sollst, und wem du sie hier übergeben sollst, und wen du so-

---

Mappe 49.

a gefunden,

b (Hier folgt die Beilage/)/³

c Ach mein Gott, er
d Jobal

e mB war sanftmüthig, und mischte sich in nichts.

f mB öfter waschen

---

1 steht
2 idZ wo er ist ‖,"‖ in 2. Var. wo er ist?" fragte ich.
3 Diese Beilage fehlt.
4 statt hattet
5 seis

*Die Seite mR durchstrichen;
aR mit Blaustift vfH: V. S.*

gleich benachrichtigen sollst, wenn du doch noch von Eustachius etwas in Erfahrung brächtest."

„Ich sollte nicht mehr wissen, wie die Hemden des Herrn Eustachius gemacht werden," entgegnete sie, „ich weiß alles, was ich gemacht habe, und ihr könnt eure Hemden mit den seinigen vergleichen. Ich überhalte niemanden, das wißt ihr schon, und in der Arbeit wird es so weit nicht fehlen. Es ist mir eine Ehre, wenn ihr wieder kommt, und den Zettel werde ich gut aufbewahren. Ihr werdet sehen, daß ihr auch könntet Brautarbeit bei mir bestellen, wenn ihr etwa die schöne Christine heirathet, zu der ihr in die Veitkirche gegangen sein sollt, und die ihr gewiß besuchen werdet."

„Irrlicht und Brennluft," rief ich, „so ist die Tollheit auch in deinen hohen Thurm Babels herauf gestiegen, du thöricht Weib!"

„Nun, es mag die Christine oder die Jakoba sein oder eine andere," sagte sie, „eine wird euch nicht ausbleiben, und die Eltern werden die Ausstattung machen lassen. Ich werde eure Hemden sehr gut zusammen richten, und den Zettel werde ich aufbewahren. Dem ‖Jolan‖[1] sage ich noch heute die Miethe auf, und den Herrn Eustachius müßt ihr suchen, das muß sein, weil es sonst eine Schande und ein Unrecht ist."

„Gut, gut, gut, gut," sagte ich, indem ich zum Fortgehen aufstand, „hüte nur den Zettel gut, ich werde dir die Leinwand senden, und wenn ich etwas Neues erfahre, werde ich es dir berichten, und wenn du etwas Neues erfährst, so lasse es mir wissen."

Mit diesen Worten suchte ich an den Linnen, die herum lagen vorbei, und durch die Thür hinaus zu kommen.

Sie geleitete mich, und sagte: „Ich werde in ‖allem‖[2] bereitwillig sein."

Und auf der obersten Stufe blieb sie stehen, während ich hinab ging, und nach ihrer alten Gewohnheit sagte sie da noch etwas, das man verstehen konnte. Dieses Mal lauteten die Worte: „Der wird auch nicht mehr anders."

Mein zweiter Gang in Prag war zu dem Bürgermeister. Da ich ihn nicht auf dem Amte traf, und mich als einen Fremden angab, so führte man mich in seine Wohnung. Er ließ mich zu sich in sein Schreibgemach kommen. Ich nannte meinen Namen.

„Sollte ich wohl einen Gast nicht mehr kennen, der in meinem Hause war," sagte er, „und sollte Jakoba ihren guten Tänzer nicht mehr kennen, der sich ihr bei uns und in andern Häusern angenehm machte? Ich bitte, sezen Sie sich, und sagen Sie mir, worin ich Ihnen dienstlich sein kann."

Ich sezte mich ihm gegenüber auf einen Sessel, und sagte: „Seit einem Jahre und drei Monaten bin ich Arzt in meiner Heimath in dem mittäglichen waldigen Theile des Landes. Ehe ich von Prag fort ging, trug es sich zu, daß ein junger Rechtsmann flüchtig wurde, der mein Freund war."[a]

„Ich kenne die Angelegenheit," sagte der Bürgermeister.

„Wenn ich gleich viele[b] Versuche in erster Zeit anstellte, ihn auszuforschen," fuhr ich fort,„ ~~die nicht glükten,~~ so ließ ich mich doch nicht abschreken, wieder neue zu machen. Wahrscheinlich hält er sich ferne, weil er nicht weiß, daß der Vorfall, der ihn zur Entfernung trieb, ohne Beschimpfung für ihn abgelaufen ist. Ich halte es daher für eine Pflicht seines Freundes mit den Forschungen nicht auszusezen. Als ich in der Ausübung meines Berufes war, dachte mein Herz immer an diese Sache, und wenn ich auch damals schon mittelbare Schritte that, so bin ich doch jezt nach Prag gekommen, um weiter in der Sache zu wirken. Wenn Sie, hochverehrter Herr, in Ihrem Amte zur Ergründung des Aufenthaltes des Flüchtigen etwas thun können, ohne daß auf seinen Namen ein Schatten fällt, so würde ich die inständigste Bitte dafür einlegen, was eben der Grund ist, weßhalb ich Sie um dieses Gespräch bitten ließ. Da ich noch ein Schüler war, wagte ich mich nicht mit der Angelegenheit an Sie, heute ist es der Mann in einem ehrenden Berufe, der Sie bittet. Auch mochte ich damals seine baldige Rükkehr zuversichtlicher erwartet haben, als jezt, wo schon so viele Zeit vergangen ist."

„Ich erkenne Ihre Stellung vollkommen an," entgegnete er, „und kann allerdings in dem Falle einiges wirken, das ich mit der Schonung des Jünglings, die im höchsten Ma-

---

a   mB abgereist, ohne
    daß man wußt, wo-
    hin
b   vergebliche

---

1 Jobal
2 Allem

Die Seite mR durchstrichen.
Es folgen die Handschriftenseiten 49/50, die der
Dichter für die Letzte, Vierte Fassung neu verfaßt
und an die Seite 48 der gemeinsamen Fassung
angeschlossen hat. Hg.

serchen gefunden, darauf ein Wort steht, wo er ist?" fragte ich.

„Ja habt ihr ihn denn nicht gebracht?" fragte sie entgegen/./

„Gebracht, wenn ich ihn nicht weiß," antwortete ich.

„Habt ihr ihn denn nicht gesucht?" fragte sie.

„Heißt das nicht suchen," entgegenete ich, /„/wenn ich meine Kranken verlasse, und den weiten Weg nach Prag mache?"

„Habt ihr ihn die ganzen langen anderthalb Jahre, die ihr fort seid, in Einem fort gesucht?" fragte sie.

„Nein, ich sage dir ja, daß ich Arzt in meiner Heimath bin," antwortete ich.

„Er hat euch Alles geglaubt, und vertraut. Ihr hättet ihn suchen sollen und dann Arzt werden," sagte sie.

„Du hast am Ende recht," antwortete ich. „Wie wir doch nach dem Herkommen verfahren und nicht nach dem Rechtthun. Aber ich hatte kein Geld."

„So hättet ihr gebettelt," sagte sie.

„Du hast wieder recht," entgegnete ich. „Du hast höhere Gedanken von der Freundschaft als andere. Weib, ich achte dich völlig. Aber er will gar nicht gefunden werden."

„Weil er die Sache nicht versteht," antwortete sie, „und welche die Sachen nicht verstehen, für die müssen solche sorgen, die sie verstehen."

„Höre auf, du hast in Einem fort recht," sagte ich. „Aber jezt ist es, wie es ist, Pflicht gegen Pflicht, ich bin ein Arzt, und habe das Vertrauen aller, die um mich in dem Walde wohnen, heraus gefordert. Aber nun merke auf meine Worte. Das Suchen ist verschieden. Ich habe in der ersten Zeit auf allen Wegen, die von Prag fort gehen, gesucht, und gefragt, ich habe an der Moldau gesucht, ich habe die Schiffer und Fischer gefragt, ich habe die Unglükszettel gefragt, ich habe die Vermeldungszettel gefragt, ich habe die Neuigkeitsträger gefragt, und wenn ich so fort gethan hätte, wenn ich in dem Lande und in der Welt von Haus zu Haus, von Thür zu Thür gegangen wäre, so hätte ich das Alter aller ~~Patriarchen~~[a] erreichen können, ohne ihn zu finden, und wäre vielleicht ein Narr gewesen wie er. Bei jedem Suchen muß man zuerst ein Merkmal finden, das den Weg des Suchens angibt. Ich habe alle seine Schriften gelesen, und es ist in ihnen kein Merkmal. Dann habe ich in gedrukten Blättern, die viele Leute lesen, und die er etwa auch liest, Dinge bekannt gemacht, aus denen er die Kenntniß schöpfen kann, daß Alles in Prag gut ausgegangen ist. Darauf habe ich durch Gerichte und Ämter im ganzen Lande kund machen lassen, wo ich jezt bin, und wer ich bin, daß sich jeder an mich wenden könne, der eine Forderung oder ein Anliegen habe. Und jezt bin ich zu dir gekommen. Du hältst auf Reinlichkeit, du wirst die Stube, die er verlassen hat, bis ins Kleinste geordnet haben, und da kam mir in den Sinn, dich zu fragen, ob du denn gar nichts gefunden hast, das unbedeutendste Ding, aus dem sich ein Merkmal des Suchens machen ließe."

„Da habt ihr recht geredet," antwortete sie, /„/wenn man eine Stube vermiethen will, muß man sie in Ordnung halten. Ich habe die Stube des Herrn Eustachius nach seiner Abreise gereinigt, und als er nicht kam, habe ich sie wieder gereinigt. Aber ich habe gar nichts gefunden, nicht einmal einen Bindfaden. Ihr habt ja Alles fort genommen."

„War nicht ein Papier da," fragte ich, „auf welches er die andern Papiere legte, wenn er schrieb, oder sonst ein noch so winziges Stükchen?"

„Die Papiere habt ihr ja alle selber genommen," antwortete sie, „und habt in ihnen lesen können."

„Wenn ich dir aber sagte, daß in ihnen gar kein Merkmal steht," erwiederte ich.

„So haben wir kein Merkmal," sagte sie.

„Jezt nicht," antwortete ich; „aber hast du denn auf jedes Ding genau geachtet, als du die Stube reinigtest?"

Mappe 49. *a*

[a] jüdischen Vorfahrer

50. a

„Seht, Herr Augustinus," sagte sie, „da liegen die schönsten Linnen herum, man bringt mir Arbeit, und da brauche ich die feinsten Nadeln, und wenn eine auf die Erde fällt, kann ich sie nicht im Stiche lassen, und ich kehre Alles sauber zusammen, und hebe die Nadeln und Fädchen wieder auf. Und so habe ich es bei dem Herrn Eustachius gemacht, und habe gar nichts gefunden."

„Und erinnerst du dich nicht aus seinen Reden, daß er irgend eine Gegend oder Leute besonders lieb gehabt habe?" fragte ich.

„Er hat mich immer geachtet und geehrt, wie ein Miethsmann es thun soll," antwortete sie; „aber die Bevorzugung hat er mir nicht angethan, daß er mir etwas gesagt hätte, das er euch verschwiegen hat. Vielleicht weiß der Herr Waldon etwas, der ihm viele Briefe geschrieben hat."

„Nun also, so ist es bei dir Cäcilia," sagte ich, /„/nun rede ich von etwas Anderem. Du hast eine Zeit mit deiner Stube auf Eustachius gewartet, und sie an niemand andern vermiethet."

„Ja, ich habe auf ihn gewartet," entgegnete sie.

„Wie lange?" fragte ich.

„Das wird in meinem Büchlein stehen," sagte sie.

„Und du hast in dieser Zeit kein Miethgeld bekommen," sprach ich.

„Ich habe freiwillig gewartet," antwortete sie.

„Wie viel beträgt das Miethgeld für jene Zeit?" fragte ich.

„Das würde aus der Zeit in dem Büchlein zu entnehmen sein," antwortete sie.

„So entnimm es," sagte ich. „Eine Wohnung, die nicht heimgesagt ist, muß gezahlt werden, wenn man sie auch nicht benüzt, bis der Vermiether sie an jemand andern gibt. Ich besorge alle Angelegenheiten meines Freundes Eustachius, und werde das Geld in deine Hände legen."

„Habe ich euch denn nicht gesagt, daß ich freiwillig gewartet habe," entgegnete sie.

„Und ich zahle freiwillig das Geld," sprach ich.

„Da sorgt ihr schlecht für die Angelegenheiten des Herrn Eustachius, wenn ihr mit seinem Gelde etwas bezahlt, das er nicht schuldig ist," erwiederte sie.

„So zahle ich es mit meinem eigenen Gelde," sagte ich.

„Habt ihr denn so vieles Geld, Herr Augustinus," fragte sie, „daß ihr es so leichthin ausgeben könnt?"

„Nicht zu wenig und nicht zu viel," antwortete ich; „aber die Sache ist so: an Eustachius darf keine Makel sein, es muß Alles berichtigt sein, was auch nur ein Schein von Forderung ist, und dafür müssen wir sorgen, du auch, Cäcilia, wie er selbst gesorgt hätte."

„Das ist wahr," entgegnete sie, „es thut ihm gut, wenn ich erzählen kann: bei mir ist Alles in der rechtesten Ordnung. Er hätte selber gez für die Wartezeit gezahlt, wenn er zurük gekommen wäre, und er wäre zornig geworden, wenn ich ihm das Geld hätte schenken wollen."

„Also," sagte ich.

„So nehme ich die Zahlung, und ihr werdet mit dem Herrn Eustachius schon in Ordnung kommen," entgegnete sie.

„Ich werde mit ihm im Reinen sein," sagte ich.

„Und ich habe zu den zwei jungen Herren, die ihr zu mir geschikt habt, gesagt, ihr sollet den Herrn Eustachius suchen," erwiederte sie.

„Nun ja, ja," entgegnete ich, „wie ich es kann und verstehe, und wie einen Verbrecher soll man ihn doch nicht suchen."

„Nein, nein, wie etwas Verlorenes," sagte sie.

„Gut, gut," sprach ich, „und es freut mich, daß du solchen Antheil an ihm nimmst."

„Ich habe den Antheil immer genommen," sagte sie. „Dem ~~Jobel~~ Jobal kündige ich doch die Miethe, weil er trinkt und flucht und mich verachtet. Es ist eine schwere Sache mit dem Vermiethen. Die jungen Männer verspotten mich, die alten trinken, und die Frauen vertreiben mich mit ihrem Kochen von meinem Herde. Der /Herr/[1] Eustachius war sanftmüthig, und mischte sich in nichts. Die schönen Hemden müßt ihr waschen lassen, sonst zerfallen sie, und seinen schönen Anzug müßt ihr in Ordnung halten."

„Gut, Cäcilia, das geschieht ja," sagte ich, „und weil du mir schon Hemden gemacht hast, und weil ich

---

Fortsetzung auf S. 80   1 statt Her H

so schöne Linnen bei dir sehe, so werde ich dir eine Waldleinwand schiken, die beste, wie wir sie haben, und du sollst mir wieder zwölf Hemden machen; aber sie müssen genau so sein wie die, welche du für Eustachius verfertigt hast, wenn du dich ihrer noch erinnerst."

„Wie sollte ich denn vergessen, was ich gemacht habe," sagte sie, „ich weiß das Alles, und habe die Vorbilder bei mir. Ihr könnt die Hemden mit denen des Herrn Eustachius vergleichen, und werdet keinen Unterschied entdeken."

„So brauche ich dir kein Vorbild, wie du es nennst, zu schiken," entgegnete ich. /„/Die Linnen werde ich zur Erinnerung an Eustachius tragen, und du wirst mir immer neue machen. Ich werde dir, ehe ich von Prag fortgehe, einen Zettel bringen, auf dem steht, wem du hier die Hemden übergeben sollst, und auf dem auch steht, wohin du mir sogleich Nachricht schiken sollst, wenn du etwas von Eustachius erfährst."

„Ich werde sogleich die Nachricht schiken," sagte sie, „bringt nur den Zettel. Über den Preis meiner

ße eintreten muß, auch thun werde, so weit es sich mit seinem etwaigen Willen, unentdekt zu bleiben, vereinigen läßt. Darauf können Sie rechnen, sehr ehrenwerther Herr Doctor. Lassen Sie mir nur die Angaben Ihres Wohnortes zurük."

  Ich gab sie ihm auf einem Blatte Papier geschrieben.

  Hierauf fragte er noch um allerlei in meiner Heimath und um verschiedene Verhältnisse in jenem Striche des Landes.

  Dann sagte er: „Sie müssen auch einige Augenblike meinen Frauen widmen."

  Mit diesen Worten stand er auf, und ich auch. Er geleitete mich in ein Zimmer, welches sich neben dem seinigen befand. Dort saß seine Gattin Hildegard ‖an‖¹ einem Nähtische und seine Tochter Jakoba an einem Stikrahmen.

  „Ich bringe hier einen Verbrecher," sagte er, „dessen wir glüklich habhaft geworden sind, und der nun seine Missethaten in Haft und Pein wird verbüßen müssen. Vorher soll er hier noch ein wenig auf einem Stuhle sizen."

  Die Frauen standen auf, und grüßten mich, und wir sezten uns auf gelbseidene Stühle, deren Füße mit feiner weißer Farbe bestrichen waren.

  „Zuerst hat er," sprach der Bürgermeister wieder, „dem Gerichte gerichtlich, um seinen Freund heraus zu waschen, eine Unwahrheit gesagt, dann hat er im Zweikampfe eine völlige Mordthat begangen, und hierauf ist er vor allen, die ihn gekannt haben, flüchtig geworden."

  „Sie haben sehr großmüthig gehandelt, junger Herr Doctor," sagte Hildegard, „wir haben gar nicht gewußt, wenn Sie sonst so heiter und fröhlich unter Mädchen waren, daß Sie auch mit Ihrem Hieber so arg verfahren, und Leuten Flügel vom Leibe hauen, und andere beinahe umbringen. Sie haben ihn doch nicht mit hieher genommen?"

  „Er ist in meines Vaters Hause ich weiß nicht in welchen Winkel gelegt worden, wenn sie ihn nicht etwa zum Abschlagen der Krautköpfe verwenden," sagte ich.

  „Sie haben ihn also ganz abgeschworen?" fragte sie.

  „Wenn ich ihn nicht brauche, mag er liegen bleiben," antwortete ich.

  „Der alte Schüler hat sich wieder erholt," sagte der Bürgermeister, „und macht noch immer auf dem Carolin seine lezten Prüfungen, die Sache hat sich verzogen, weil er ein gar so leichtes Wesen ist, und da der junge Arzt jezt nicht unter Sausewinden auf einer Schule ist, so werden solche Gelegenheiten kaum mehr kommen."

  „Was sich fügen soll, mag sich fügen," sagte ich.

  „Dem Arzte würde es schwerer nachhängen, wenn er sich herum schlüge," sagte der Bürgermeister, „als da er noch ein Schüler war."

  „Hoffen wir auch auf das Wachsen der Vernunft," sagte ich.

  „Und so fort zu gehen, um auf immer in der weiten Welt zu bleiben, ohne von seinen Freunden Abschied zu nehmen," sagte Hildegard.

  „Ich freue mich, wenn ich mehr Freunde habe, als ich ahnte," erwiederte ich, „und werde jede Güte ehren, die mir unverdient zu Theil wird. Ich mußte wohl auch ein wenig schnell fortgehen, und konnte mich nicht vorbereiten, daß es aber nicht auf immer ist, beweist ja, weil ich jezt hier bin."ᵃ

  „Und ich hoffe, Sie werden Prag öfter besuchen," sagte sie.

  „Nach Möglichkeit vielleicht jährlich," antwortete ich.

  „Wir hoffen, daß wir Sie dann auch sehen," sagte sie, „wenn Sie nicht eben Geschäfte bei meinem Gatten haben."

  „Diese Worte sind eben so ehrend für mich, als ich ihnen getreulich nachkommen will," sagte ich.

  „Ist es schön in Ihrer Heimath," fragte Jakoba, „ich bin wenig weit nach dem Mittage des Landes gekommen."

  ᵇ„Wald und wieder Wald und wieder Wald," antwortete ich, „und rauschende Wässer und graue Steine und smaragdgrüne Wiesenflächen und braune Holzhäuser darauf, deren Fenster glänzen,

Mappe 51.

a mB für solche Fälle

b mB Ich will es ein wenig beschreiben

---

1 und   *Die Seite mR durchstrichen.*

52.

    hohe Berglehnen, weiße Kirchthürme mit lustigen Marktfleken und solche ungeschlachte Menschen mit grobem grauen Gewande, wie hier einer vor Ihnen sizt."

    „Das ist Sitte der Gegend," sagte sie.

a *mB* unzwekmässig
 —
 Pragerschüler
 angestaunt, als Waldbewohner
 ausgelacht

    ᵃ„Ja freilich," antwortete ich, „mit meinem Schulanzuge, der in Prag sehr schön war, werde ich im Walde ausgelacht, weil er an dem nächsten Aste zerreißt, und in der nächsten Lake sich beschmuzt, wenn sie ihn auch als in die Stadt gehörig sehr bewundern, lachen sie ihn doch aus, wenn er im Walde getragen wird. Sobald ich wieder nach Prag komme, Jungfrau Jakoba, und die Erlaubniß habe, hier einzutreten, werde ich in einem gesezten Stadtdoktoranzuge erscheinen, der nicht so luftig ist wie unser Schülerfähnlein. Sollten Sie aber einmal unsern Wald besuchen wollen, so kann ich Ihnen und Ihrem Vater und Ihrer Mutter jezt eine gastliche Waldbürgerhausstube geben ein gutes Waldbürgeressen und ein sehr freundliches Angesicht von mir von meinem Vater von meiner Schwester und von meinem Bruder, und ich glaube von unserem Knechte unseren Mägden und von unserem Stallbuben auch."

    „Das ist ja viel zusammen," sagte Jakoba.

    „Kommen Sie später," sagte ich, „so hoffe ich Sie schon in wirthlicheren und größeren Räumen beherbergen zu können, da ich das Haus vergrößern will, die Freundlichkeit kann nicht größer gemacht werden, weil sie schon am größten ist."

    „Schön," sagte Jakoba, „und haben Sie Waldfrüchte?"

    „Je nachdem Sie zu einer Zeit kommen," entgegnete ich, „Erdbeeren so würzig, wie in euren Gärten gar keine wachsen vom Heumonate bis zum Herbstmonate, Himbeeren im Erntemonate, die im Walde gepflükt einen Duft geben, den Sie hier nicht kennen, im Spätherbste Brombeeren vom vornehmsten Adel, ich rede von den Heidelbeeren

b hauptsächlich

nicht, die in Millionen Zentnern wachsen, weil sie nurᵇ für den Tisch unserer Waldthiere sind, und an Würde denen nicht gleich kommen, die ich genannt habe, dann ist ~~die~~ noch im Spätherbste die würzige Preißelbeere, die im rothen Weine und Zuker nicht ihres Gleichen hat, oder wenn Sie noch wollen die sauerfeine korallenfarbige Moosbeere essen oder die süsse blaue Moorbeere mit dem weißen Fleische, dann sind im Christmonate die Hagebutten feiner als bei euch, und im Erntemonate die kleine schwarze Waldkirsche süsser und gewürziger als alle Kirschen,

c auch

undᶜ den feurigen Holzapfel habt ihr nicht, der schauervoll zum Essen ist, aber einen duftigen heilsamen und kräftigen Obstwein gibt. Was sonst bei euch Gutes wächst, ist bei uns wieder roher und saurer. Waldblumen kann ich Ihnen auch zeigen, die hier nicht sind; aber Sie müssen dann schon den ganzen Sommer bei uns bleiben."

e *mb* öfter
d *mB* ist ja
 eine Menge

    „Ach das ᵈ~~wäre zu viel~~," sagte Jakoba, „der Vater ‖bemerkt‖¹ wohl²ᵉ, Berge und Thäler kommen nicht zusammen, wohl aber Menschen."

    „So bewirken Sie, daß der Vater Menschen zusammen kommen macht," sagte ich, „und wenn unsere Stuben nicht so schön sind, wie Ihre Säle, so sind unsere Tänze doch fröhlich,

f *mB* wenn auch
 nicht so fein
 wie die eu-
 ern
g *mB* eher

ᶠ~~und wir wollen sie immer verfeinern,~~ die Waldmusika der Vögel aber haben wir wieder allein, die könnt ihr nicht aufbringen."

    „Man meint ja, man müsse gleich hin," sagte Jakoba.

    „Je ~~gleicher~~ᵍ, desto besser," antwortete ich.

    „Wir sind durch viele Dinge gehemmt," sagte der Vater, „und der Mensch könnte an harmlosen Dingen viele Freude haben, wenn er sich nicht selber Dinge machte, die ihm die Freude verderben. Wir wollen der Zukunft vertrauen."

    Wir sprachen noch eine Weile, dann verabschiedete ich mich, und schritt aus dem Hause.³

h *mB* muß früher
 sein
 Im Fortgehen
 bemerken

    ʰ⁴Jakoba ~~hatte sich in dem Jahre so verändert, und war so schön geworden, daß ich meiner Verwunderung kein Ende fand.~~⁵

---

1 *mB* bemerkte
2 *üdZ mB* ~~manchmal~~
3 *idZ* ~~Gegen den Abend ließ ich bei dem Kaufherrn Emerich Bolzon anfragen, ob ich ihn besuchen dürfe.~~
4 *mB* Da ich fort ging, dachte ich:
5 *idZ mB* ist doch viel schöner geworden als ich sie früher gekannt habe.

Die Seite mR durchstrichen.
Es folgen die Handschriftenseiten 51/52, die der Dichter für die Letzte, Vierte Fassung neu verfaßt hat. Hg.

Arbeit werdet ihr auch jezt nicht klagen, und sie wird nicht schlecht sein. Man gibt mir Brautarbeit, und ihr werdet sehen, daß ihr mir auch eine solche geben könntet, wenn ihr die schöne Christine heirathet."

„Aber Irrlicht, ich denke ja gar nicht daran, Christine zu heirathen," sagte ich.

„So wird es eine andere sein," entgegnete sie, „und ihre Eltern werden eine Ausstattung machen lassen."

„Sie mögen es thun," sagte ich, „jezt aber bewahre den Zettel sehr gut, den ich dir bringen werde, und mache nur die jezigen Hemden sehr gut. Schreibe auch auf ein Papier, was für die Wartezeit in Bezug auf die Miethe zu entrichten ist, daß ich das Geld, wenn ich wieder komme, erlege. Jezt aber muß ich gehen."

„Den Zettel werde ich aufbewahren," entgegnete sie, „und das Andere werde ich aus meinem Büchlein heraus suchen, und die Hemden werden schon recht sein, daß nur der Leinwand auf dem Wege nichts geschieht."

„Dafür werde ich sorgen," sagte ich, „du wirst sie bald bekommen, und wenn ich von Eustachius etwas erfahre, melde ich es dir sogleich /¹

„Thut das, thut das lieber Herr," sprach sie.

„Und so gehabe dich wohl," sagte ich.

„Gehabt euch wohl," sprach sie.

Nach diesen Worten stand ich von meinem Stuhle auf, ging an all ihrem Linnen vorüber, und bei der Thür hinaus.

Sie geleitete mich, blieb an der obersten Stufe stehen, und sagte, da ich hinab stieg, wieder etwas, das man verstehen konnte. Dieses Mal waren es die Worte: „Ein wenig hat er sich doch geändert."

Mein zweiter Gang in Prag war zu dem Bürgermeister.

Ich suchte ih denselben in seiner Amtstube; allein er war nicht in ihr. Als ich gesagt hatte, daß ich ein Fremder sei, wies man mich in seine Wohnung. Er ließ mich dort zu sich in sein Schreibgemach kommen. Ich nannte meinen Namen.

„Soll ich wohl den Tänzer meiner Jakoba nicht kennen?" sagte er, und führte mich zu einem Stuhle.

Als wir uns gesezt hatten, fragte er: „Worin kann ich Ihnen denn dienstlich sein, Herr Doctor?"

„Vor etwas mehr als einem Jahre," antwortete ich, „bin ich zur Ausübung meines ärztlichen Berufes in meine Heimath gegangen. Einige Zeit früher aber ist ein junger Rechtsmann, der mein Freund war, von Prag abgereist, ohne daß man wußte, wohin."

„Ich kenne die Angelegenheit," sagte der Bürgermeister.

„Er hat mir damals seine Habschaften anvertraut, für die ich noch verantwortlich bin," fuhr ich fort. „Auch beruhte seine Abreise auf falschen Voraussezungen. Darum hielt ich es für meine Pflicht nach ihm zu forschen. Ich machte sogleich viele Versuche, die aber alle vergeblich waren. Ich hoffte, er werde doch einmal zu mir kommen; aber da nun schon so viele Zeit ohne Erfüllung meiner Hoffnung vorüber gegangen ist, fange ich an, besorgt zu werden. Wenn Sie, hochverehrter Herr, in ihrem Amte oder in Ihren sonstigen Beziehungen etwas von ihm wissen, oder erfahren werden, oder zu seiner Ergründung mit Schonung etwas thun können, so würde ich die inständigste Bitte einlegen, mir behilflich zu sein, was eben der Grund ist, weßhalb ich Sie um dieses Gespräch habe bitten lassen. Da ich noch ein Schüler war, wagte ich mich in der Sache nicht zu Ihnen. Heute ist es der Mann in einem ehrenden Berufe, der Sie bittet."

„Ich ehre Ihren Beruf, und ich ehre Ihre Bitte," antwortete er. „Von dem Aufenthalte des jungen Mannes weiß ich jezt nichts. Für die Ämter ist kein Grund vorhanden, nach ihm zu forschen. Ich werde aber mit der Rüksicht, die in der Sache nothwendig ist, nach Kunde trachten, und Ihnen, wenn mir eine zu Theil wird, dienlich sein. Wir müssen aber den Willen des Abwesenden, entfernt zu sein, beachten."

„Ich beachte auch diesen Willen," sagte ich, „in so ferne er nicht ein anderer wäre, wenn er wüßte, wie die Dinge sind."

„Ich erkenne Ihre Ansicht," sprach er, „und bitte Sie daher, lassen Sie mich wissen, wohin ich meine Nachricht senden soll."

Ich gab ihm meinen Aufenthaltsort auf ein Papier geschrieben.

Er legte das Papier in eine Mappe.

---

1 idZ in 2. Var. /werde/ ich es dir sogleich melden."

52. a gar nicht gewußt, wenn Sie so fröhlich waren, und mit den Mädchen tanzten, daß Sie auch mit dem Schwerte so darein hauen können. Haben Sie es mit nach Prag genommen?"

„Es ist in meines Vaters Hause ich weiß nicht in welchen Winkel gelegt worden, wenn sie es nicht etwa zum Abschlagen der Krautköpfe verwenden," sagte ich.

„Sie haben es also ganz abgeschworen?" fragte sie.

„Für alle Fälle, in denen ich es nicht dringend brauche," antwortete ich.

„Der alte Schüler hat sich von der Lehre, die Sie ihm gegeben haben, wieder erholt," sagte der Bürgermeister, „und macht noch immer seine lezten Prüfungen auf dem Karolin. Der Fall ist um so leichter zugedekt worden, weil er ein gar so übler Geselle ist. In Ihrer Heimath, ~~wo sie~~ wo Sie nicht unter Sausewinden sind, werden Sie ähnliche Gelegenheiten nicht leicht finden."

„Was sich fügen soll, mag sich fügen," sagte ich.

„Dem Arzte würde es schwerer nachhängen," sprach der Bürgermeister, „wenn er sich so herum schlüge wie auf der Schule./"/

„Hoffen wir auch auf das Wachsen der Vernunft," sagte ich.

„Und so fort zu gehen, ohne von seinen Freunden Abschied zu nehmen," sagte Hildegard.

„Es freut mich, wenn ich mehr Freunde habe, als ich ahnte," erwiederte ich, „und ¹~~jede Güte~~ werde ²~~ich~~ ehren, die mir unverdient zu Theil wird. In jenem Falle aber mußte ich wohl ein wenig schnell fort gehen."

„Sie hätten ja zuerst Abschied nehmen, und sich dann schlagen können," sagte sie.

„Aus meinem Abschiednehmen hätte er die Nähe meiner Abreise vermuthet, die Dinge vor derselben hätte er gefürchtet, und wäre sicherlich nicht in Prag gewesen, wenn ich ihn gebraucht hätte," antwortete ich.

„Das ist wahr," sagte sie.

„Und daß ich nicht auf immer fort ging, beweist ja, weil ich jezt hier bin," entgegnete ich.

„Und ich hoffe, Sie werden Prag öfter besuchen," sagte sie.

„Nach Möglichkeit vielleicht jährlich," antwortete ich.

„Dann wünschen wir, daß wir Sie auch in solchen Fällen sehen, in denen Sie nicht eben Geschäfte bei meinem Gatten haben," sagte sie.

„Diese Worte sind eben so ehrenvoll für mich, als ich ihnen getreulich nachkommen will," entgegnete ich.

„Ist es schön in Ihrer Heimath?" fragte Jakoba.

„Ich will sie Ihnen ein wenig beschreiben," antwortete ich. „Da ist Wald und Wald und Wald. In demselben sind Föhren, Fichten, Tannen, Buchen und Birken in Menge. Alle andern Bäume und Gesträuche sind auch da. Dann sind rauschende Wässer und graue Steine. Dann sind hellgrüne Wiesenflächen und verschiedenfarbige Felder. Dann sind braune Holzhäuser mit Steinen auf dem Dache und glänzenden Fenstern, dann sind weiße Kirchthürme und lustige Marktfleken und solche ungeschlachte Menschen, mit grobem grauem Gewande, wie hier einer vor Ihnen sizt."

„Das ist wohl die Sitte der Gegend," sagte sie.

„Es ist zwekmäßig," antwortete ich, „der starke Rok widersteht dem starken ~~Wa~~ Walde. Mit meinem schönen Schüleranzuge aus Prag haben sie mich angestaunt, als einen Waldbewohner würden sie mich damit auslachen. Wenn ich aber wieder nach Prag komme, werde ich schon in einem gehörigen Stadtdoctoranzuge erscheinen. Sollten Sie einmal unsere Gegend selber sehen wollen, so kann ich Ihnen und Ihrem Vater und Ihrer Mutter jezt eine gastliche Waldbürgerhausstube geben und ein gutes Waldbürgeressen und ein sehr freundliches Angesicht von mir, von meinem Vater, von meiner Schwester, und von meinem Bruder, und, ich glaube, auch von unserem Knechte, unseren Mägden und unserem Stallbuben."

„Das ist ja viel zusammen," sagte Jakoba.

„Kommen Sie später," entgegnete ich, „so hoffe ich Sie schon in wirthlicheren und größeren Räumen beherbergen zu können, da ich unser Haus vergrößern will, die Freundlichkeit kann aber nicht mehr größer werden."

Fortsetzung auf S. 86   *1 üdZ ich*   *2 üdZ jede Güte*

Dann fragte er noch um allerlei in meiner Heimath und um verschiedene Verhältnisse in jenem Striche des Landes.

Hierauf sagte er: „Da Sie einmal hier sind, müssen Sie doch auch zu meinen Frauen kommen."

„Es wird mich ehren, zu ihnen kommen zu dürfen," antwortete ich.

„So folgen Sie mir," sprach er.

Wir standen auf, und er geleitete mich durch ein Vorzimmer in ein Gemach, in welchem seine Gattin Hildegard und seine Tochter Jakoba waren. Hildegard saß an einem Nähtische und Jakoba an einem Stikrahmen.

„Ich bringe hier einen Verbrecher," sagte er, „der nun in Haft sein, und büssen soll. Vorher aber möge er noch ein wenig auf einem Stuhle bei euch sizen."

Ich verneigte mich vor den Frauen. Sie standen auf, und grüßten mich. Dann sezten wir uns auf gelbseidene Stühle, deren Füsse mit feiner weißer Farbe bestrichen waren.

„Zuerst hat er," sprach der Bürgermeister wieder, „dem Gerichte gerichtlich, um seinen Freund weiß zu waschen, eine Unwahrheit gesagt, dann hat er im Zweikampfe eine völlige Mordthat begangen, und endlich ist er vor allen, die ihn gekannt haben, flüchtig geworden."

„Sie haben sehr großmüthig gehandelt, junger Herr Doctor," sagte Hildegard. „Wir haben

„Das ist sehr schön," sagte Jakoba, „haben Sie Waldfrüchte?"

„Je nachdem Sie zu einer Zeit kommen," antwortete ich, „Erdbeeren so würzig, wie keine in euren Gärten wachsen, vom Heumonate bis zum Herbstmonate, Himbeeren im Erntemonate, die frisch vom Walde einen Duft haben, den ihr hier nicht kennt, die kleinen rothen und schwarzen Waldkirschen in demselben Monate, gewürziger als alle Kirschen, von den Heidelbeeren rede ich nicht, die in Millionen Zentnern wachsen, weil sie nur hauptsächlich für den Tisch unserer Waldthiere sind, dann im Spätherbste die Brombeeren von dem vornehmsten Adel und die ~~Prei~~ starken Preißelbeeren, die in rothem Weine und Zuker nicht ihres Gleichen haben, oder wenn Sie noch wollen die sauerfeine korallenfarbige Moosbeere essen, oder die süsse blaue Moorbeere mit dem weißen Fleische, dann die Wachholderbeeren mit dem blauen Reife, die zu feurigem Safte eingesotten werden, dann die Holzäpfel, die zwar abscheulich zum Essen sind, aber einen dauerhaften und mit der Zeit immer milderen heilkräftigen Obstwein geben, dann im Christmonate die Hagebutten, fein und lieblich. Das Obst, welches bei euch gut wächst, ist bei uns saurer, und die Ebereschen, das Manna der Vögel, würden Sie zu keiner Jahreszeit essen können. Außer den Früchten würde ich Ihnen Waldblumen zeigen können, denen Sie Ihr Lob nicht versagen würden, wenn sie auch in keinem Stadtgarten sind."

Am Abende ließ ich bei dem Kaufherrn Emerich Bolzon anfragen, ob ich ihn besuchen dürfe. Er antwortete, es könne gleich geschehen, oder wann ich wolle.

Ich ging sogleich zu ihm.

Er war schon in seinem Hause, welches draußen in ~~Smichow~~^a steht. Eine ältliche Frauenperson wies mich von dem grünen Eisengitter, welches das Vorgärtchen vor dem Hause schloß, und welches sie mir auf mein Läuten geöffnet hatte, über eine breite Treppe und durch einen großen Vorsaal an eine Thür, durch welche ich eintreten solle. Ich öffnete die Thür, und kam in ein kleines Zimmer, in dem sich niemand befand. Auch in dem daranstoßenden Zimmer war niemand. Aus dem dritten Zimmer kam der Kaufherr Emerich Bolzon in einem einfachen schwarzen Roke, wie man sie trägt, zu mir heraus, und führte mich in das Zimmer hinein. Es war ein Bücherzimmer. An den Wänden standen Schreine, welche vorne Glastafeln hatten, und mit lauter Büchern angefüllt waren, die die Rüken heraus kehrten. Sonst waren grüne Geräthe in dem Zimmer. Der Kaufherr Emerich Bolzon geleitete mich zu einem Tische, der mit grünem Tuche überzogen war, rükte einen grün gepolsterten Sessel zurecht, und lud mich zum Sizen ein. Als wir uns zum Tische gesezt hatten, fragte er mich, was mein Begehren sei. Ich nannte meinen Namen.

„Der ist mir bekannt," sagte er, „und ich glaube auch den Gegenstand Ihres Besuches zu kennen."

„Eustachius," sagte ich.

„Das war meine Vermuthung," antwortete er.

„In Ihrem Hause war er freundlich aufgenommen," sagte ich, „und durfte es öfter besuchen. Ich bin sein Freund, war über seine Entfernung sehr betrübt, habe Versuche gemacht, ihn aufzufinden, bin jezt Arzt im Mittage des Landes, und bin nach Prag gekommen, um wieder nach ihm zu fragen, und da habe ich auch die Bitte an Sie gestellt, zu Ihnen kommen zu dürfen."

„Es freut mich sehr, daß ich mit Ihnen nun in diesem Zimmer spreche," antwortete er, „Ihr Wesen war mir lange durch Ihren Freund bekannt, der manche Stunde mit uns in diesem Zimmer verbracht hat. Es mußte sich so fügen, daß Sie nun an seiner Stelle sizen. Sie sind mir sehr willkommen. Er liebt Sie in hohem Maße, und Sie müssen es auch verdienen, weil seine Liebe sonst gar nicht vorhanden wäre. Wir wußten, daß Sie Arzt in Ihrer Heimath sind. Es freut mich, daß Sie wieder nach Prag und zu mir gekommen sind. Seien Sie mir noch einmal willkommen, und so oft Sie Ihr Weg wieder in diese Stadt führt, lassen Sie sich auch die Schritte zu diesem Hause nicht gereuen."

„Nein, die sollen mich nicht gereuen," antwortete ich, „da Sie mir eine freundliche Aufnahme anbiethen, und da mir dieses Haus bedeutend geworden ist."

„Wir haben Sie schon früher erwartet," sagte er.

„Ich hatte von Eustachius keinen Auftrag," entgegnete ich, „und ich scheuete mich, seine Angelegenheiten zu berühren. Aber da die Lage jezt viel ernster geworden ist, so bin ich gekommen."

„Wenn er etwas zu mir gesagt hätte," fuhr er fort, „so wäre der Fall gar nicht eingetreten, oder wenn ich ohne sein Zuthun in Kenntniß gekommen wäre, so hätte ich alles verhindert; aber wir erfuhren von der Sache erst, da sie durch Sie geschlichtet war, der Sie auch vorher nichts wußten. Aber wenn er nicht zu Ihnen und zu uns geschwiegen hätte, so wäre er der nicht, der er ist. Wir haben Jahre gebraucht, um zu erfahren, was da vorhanden ist, und wie viel, wie recht viel da vorhanden ist."

„Ach ich auch, ich auch," antwortete ich.

„Es ist schon recht, und es ist eben, wie es ist," sagte er.

„Aber wenn er nur nicht so thöricht in allen Dingen, die um uns sind, gehandelt hätte," rief ich.

„Lassen wir das jezt," antwortete er.

„Mir hat er seine Habschaften anvertraut," erwiederte ich, „und darum meine ich, ein fernes kleines Recht zu haben, daß ich frage, ob Sie denn gar nichts von seinem Aufenthalte wissen."

/„/Wir haben es gedacht, daß er Ihnen das Seinige wird übergeben haben," sagte er, „und darum wird er Ihnen wohl auch eine Nachricht zukommen lassen. Ich weiß von ihm gar nichts. Wenn er Ihnen etwas verkündet ohne den Wunsch der Geheimhaltung, so berichten Sie es hieher. Ich werde das Gleiche thun."

„Gut, so ist es recht und so ist gut," antwortete ich.

„Wenn Sie noch länger in Prag sind," sagte er, „so besuchen Sie dieses Haus öfter, daß wir auch andere Dinge mit einander reden. In jedem Falle kommen Sie noch einmal. Wo ist denn jezt Ihre Wohnung."

Die Seite mR durchstrichen.

^a Smichow

54.

a *mB* und Freund

„Ich bin in dem Gasthofe des schwarzen Rosses," sagte ich.

„Seit dem Tode meiner Gattin," sagte er, „habe ich einen Rathgeber^a, der mit meinen Dingen ‖betraut‖¹ ist. ‖Diesen‖² müssen Sie noch ohne Zeugen sprechen. Ich bitte Sie, folgen Sie mir."

Er stand bei diesen Worten auf, und ich auch. Er führte mich aus dem Zimmer, aber nicht auf dem Wege, auf welchem ich herein gekommen war, sondern in ein anderes Zimmer, dessen Wände mit lauter Kupferstichen bedekt waren, die sich in Rahmen und hinter Glastafeln befanden. Von diesem Zimmer gingen wir in ein ferneres, das kleiner war, und an dessen Wänden sich Gemälde befanden. Hier führte er mich zu einer braunen Thür, faßte die Klinke derselben, und sagte: „Diese Thür führt zu meiner Tochter Christine."

Ich erröthete heftig, und sah ihn an.

„Treten Sie nur ein," sagte er, und öffnete die Thür.

Ich trat ein, er machte die Thür zu, und blieb draußen. Ich stand vor Christine. Sie stand an einem Tische, der eine graue Marmorplatte hatte, und eine ihrer Hände ruhte auf dieser Platte. Sie hatte ein tiefgelbes seidenes Kleid an, und die großen dunkelbraunen ~~fast schwarzen~~ Augen waren auf mich gerichtet.

„Seien Sie mir willkommen," sagte sie.

„Ich bin Ihnen also ein nicht ganz Fremder?" fragte ich.

„Nein," antwortete sie, „ich habe Sie schon früher gekannt, und mein Vater hat mir heute gesagt, daß Sie zu uns kommen würden. Sezen Sie sich auf einen dieser Stühle, und gönnen Sie mir einige Worte."

Sie wies auf einen Stuhl, der mit Seide gepolstert war, welche fast die nehmliche Farbe hatte wie ihr Kleid. Ich sezte mich darauf. Dann sezte sie sich an eine andere Seite des Tisches auf einen gleichen Stuhl. Ich sah jezt, daß die Fenster des Zimmers auf^b den Garten gingen. Um dieselben waren dichte Vorhänge auseinander geschlagen, welche von der nehmlichen Seide waren, die die Sessel hatten. Im Garten sah ich einen Laubgang dahin gehen, fast durch die ganze Länge des Gartens, den Laubgang, in welchem seine Worte wie glühende Funken in ihre Seele gefallen waren. Sie schwieg noch eine Weile, da ihre Augen mich immer anblikten, und sagte dann: „Sie wollen über Eustach mit mir sprechen."

„Es freut mich, wenn ich über ihn mit Ihnen sprechen kann," sagte ich.

„So reden Sie," antwortete sie.

„Er ist mein Freund gewesen," sagte ich, „und ich glaube, er ist es noch, und darum dürfen wohl einige Worte über ihn aus meinem Munde kommen."

„Daran kann niemand zweifeln," entgegnete sie, „er ist oft zu uns gekommen, und hat es gesagt, daß er Sie sehr ehrt."

„Er ist fortgegangen, ohne mir zu sagen, wohin er geht," sagte ich.

„Und Sie haben sich seiner angenommen," erwiederte sie, „und haben ihn auch mit dem Degen vertreten."

„Das hat sich so ergeben gegen den Mann, welcher ihn durch Arglist in Übles geführt hat," entgegnete ich.

„Und Sie haben nach ihm geforscht, was Ihre Kräfte vermochten," sagte sie.

„Ich habe die Wege ergriffen, die mir mein Sinn eingegeben hat," antwortete ich.

„Und dann sind Sie in Ihre Heimath gegangen, und sind dort ein Arzt," sagte sie.

„Ich bin in meine Heimath gegangen," erwiederte ich, „habe stets nach ihm geklügelt, und bin jezt in Prag ‖um‖³ wieder Fragen über ihn zu halten."

„Und da sind Sie auch zu meinem Vater gegangen," sagte sie.

„Ich bin zu Ihrem Vater gegangen," entgegnete ich, „weil Eustachius oft in seinem Hause war, und dieses Haus sehr verehrt hat."

„Und mein Vater hat Ihnen über seinen Aufenthalt nichts sagen können," erwiederte sie.

„Er hat mir keine Auskunft zu geben vermocht," sagte ich.

b *mB* einen großen Garten gingen, der hinter dem Hause war.

---

1 vertraut
2 Mit diesem
3 und

Die Seite mR durchstrichen.
Es folgen die Handschriftenseiten 53/54, die der
Dichter für die Letzte, Vierte Fassung neu verfaßt hat. Hg.

„Ach das ist ja eine Menge," sagte Jakoba. „Der Vater bemerkte öfter, Berge und Thäler kommen nicht zusammen, wohl aber Menschen."

„So bewirken Sie, daß der Vater Menschen zusammen kommen macht," sagte ich, „und wenn unsere Stuben nicht so schön sind wie Ihre Säle, so sind unsere /Tänze/¹ doch fröhlich, wenn auch nicht so fein wie die euern; die Waldmusik der Vögel aber haben wir wieder allein, die könnt ihr nicht aufbringen."

„Man meint ja, man müsse gleich hin," sagte Jakoba.

„Je eher, desto besser," antwortete ich.

„Wir sind durch viele Dinge gehemmt," sagte der Vater, „und der Mensch könnte an harmlosen Gegenständen viele Freude haben, wenn er sich nicht selber die Freude verdürbe. Wir wollen der Zukunft vertrauen."

„Und so junge Mädchen stellen sich Alles leichter vor," sprach die Mutter.

„Ich kann es auch nicht als schwer erkennen," sagte ich, „von Prag einmal in einen schönen Wald zu fahren, in welchem man sehr willkommen ist."

Wir sprachen noch eine Weile von Stadtdingen, dann verabschiedete ich mich, und schritt aus dem Hause.

Im Fortgehen dachte ich mir: Jakoba ist doch viel schöner geworden, als ich sie früher gekannt habe.

Gegen den Abend ließ ich bei dem Kaufherrn Emerich Waldon anfragen, ob ich ihn besuchen dürfe, und wann. Er antwortete, es könne gleich geschehen, oder zu welcher Zeit ich wolle.

Ich ging gleich zu ihm.

Er war schon in seinem Hause, welches im Smichow steht. Ich ging hinaus, und gelangte an ein grünes Eisengitter, welches den Vorgarten vor dem Hause schloß. Ich läutete an der Gittergloke. Da kam eine ältliche Frau, und ließ mich ein. Sie führte mich dann durch den Garten in das Haus. Im Hause führte sie mich über eine breite Treppe in einen großen Vorsaal hinauf. Dort wies sie mich an eine Thür. Ich öffnete die Thür, und kam in ein kleines Zimmer, in dem sich niemand befand. Auch in dem nächsten Zimmer, dessen Thür offen stand, war niemand. Aus dem dritten Zimmer kam der Kaufherr Emerich Waldon in einem einfachen schwarzen Roke, wie man sie trägt, zu mir heraus, und führte mich in das Zimmer hinein. Es war ein Bücherzimmer. An den Wänden standen Schreine, welche vorne Glastafeln hatten, und mit lauter Büchern angefüllt waren, die die Rüken heraus kehrten. Sonst waren grüne Geräthe in dem Zimmer. Der Kaufherr Emerich Waldon geleitete mich zu einem Tische, der mit grünem Tuche überzogen war, rükte einen grün gepolsterten Sessel zurecht, und lud mich zum Sizen ein. Als wir uns zum Tische gesezt hatten, fragte er mich, was mein Begehren sei.

Ich nannte meinen Namen.

„Der ist mir bekannt," sagte er, „und ich glaube auch den Gegenstand Ihres Besuches zu kennen."

„Eustachius," sagte ich.

„Das war meine Vermuthung," antwortete er.

„In Ihrem Hause war er freundlich aufgenommen," sagte ich, „und durfte es öfter besuchen. Ich bin sein Freund, war über seine Entfernung sehr betrübt, habe Versuche gemacht, ihn aufzufinden, bin jezt Arzt im Mittage des Landes, und bin nach Prag gekommen, um wieder nach ihm zu fragen, und da habe ich auch die Bitte gestellt, Sie besuchen zu dürfen."

„Es freut mich sehr, daß ich nun mit Ihnen in diesem Zimmer spreche," antwortete er, „Ihr Wesen war mir lange durch Ihren Freund bekannt, der manche Stunde mit uns in diesem Zimmer verbracht hat. Es mußte sich so fügen, daß Sie nun an seiner Stelle sizen. Sie sind mir sehr willkommen. Er zeigte immer große Liebe gegen Sie, und Sie müssen dieselbe auch verdienen, weil sie sonst nicht vorhanden gewesen wäre. Wir wußten, daß Sie Arzt in Ihrer Heimath sind. Es freut mich, daß Sie wieder nach Prag und zu mir gekommen sind. Seien Sie mir noch einmal willkommen, und so oft Sie Ihr Weg wieder in diese Stadt führt, lassen Sie sich auch die Schritte zu diesem Hause nicht ge-

---

1 statt Tanze H

54. a

jedem Falle kommen Sie noch einmal."

„Ich nehme die gütige Einladung an," entgegnete ich.

„Wo wohnen Sie denn?/"/ fragte er.

„Ich bin in dem Gasthofe des schwarzen Rosses," antwortete ich.

„Gut," sagte er. „Und nun noch etwas anderes. Ich habe seit dem Tode meiner Gattin einen Freund und Rathgeber, der mit meinen Dingen vertraut ist. Mit diesem müssen Sie noch ohne Zeugen sprechen. Ich bitte Sie, folgen Sie mir."

Er stand bei diesen Worten auf, und ich auch. Er führte mich aus dem Zimmer, aber nicht auf dem Wege, auf dem ich herein gekommen war, sondern in ein anderes Zimmer, dessen Wände mit lauter Kupferstichen bedekt waren, die sich in Rahmen und hinter Glas befanden. Von diesem Zimmer gingen wir in ein ferneres, das kleiner war, und an dessen Wänden Gemälde hingen. Hier führte er mich zu einer braunen Thür, faßte die Klinke derselben, und sagte: „Diese Thür führt zu meiner Tochter Christine."

Ich eröthete heftig, und sah ihn an.

„Treten Sie nur ein," sagte er, und öffnete die Thür.

Ich trat ein, er machte die Thür zu, und blieb draußen. Ich stand vor Christine. Sie stand an einem Tische, der eine graue Marmorplatte hatte, und eine ihrer Hände ruhte auf dieser Platte. Sie hatte ein tief gelbes seidenes Kleid an, und die großen dunkelbraunen Augen waren auf mich gerichtet.

„Seien Sie mir willkommen," sagte sie.

„Ich bin Ihnen also nicht ganz fremd?" fragte ich.

„Nein," antwortete sie. „Ich habe Sie schon früher gekannt, und mein Vater hat mir heute gesagt, daß Sie zu uns kommen würden. Sezen Sie sich auf einen dieser Stühle, und gönnen Sie mir einige Worte."

Sie wies auf einen Stuhl, der mit Seide gepolstert war, welche fast die nehmliche Farbe hatte wie ihr Kleid. Ich sezte mich darauf. Dann sezte sie sich an eine andere Seite des Tisches auf einen gleichen Stuhl. Ich sah jezt, daß die Fenster des Zimmers auf einen großen Garten gingen, der hinter dem Hause war. An den Seiten der Fenster hingen zusammengefaltete Vorhänge nieder, welche von derselben Seide waren, die die Sessel hatten. Im Garten sah ich einen Laubengang dahin gehen, fast durch die ganze Länge des Gartens, den Laubengang, in welchem seine Worte wie glühende Funken in ihre Seele gefallen waren. Sie schwieg noch eine Weile, da ihre Augen mich immer anblikten, und sagte dann: „Sie wollen über Eustach mit mir sprechen."

„Es freut mich, wenn ich über ihn mit Ihnen sprechen kann," sagte ich.

„So reden Sie," antwortete sie.

„Er ist mein Freund gewesen," sagte ich, „und ich glaube, er ist es noch, und darum dürfen wohl einige Worte über ihn aus meinem Munde kommen."

„Daran kann niemand zweifeln," entgegnete sie, „er ist oft zu uns gekommen, und hat es gesagt, wie sehr er Sie achtet."

„Er ist fort gegangen, ohne mir zu sagen, wohin er geht," sprach ich.

„Und Sie haben sich seiner angenommen," erwiederte sie, /„/und haben ihn auch mit dem Degen vertreten."

„Das hat sich so ergeben gegen den Mann, welcher ihn durch Arglist in das Übel geführt hat," entgegnete ich.

„Und Sie haben nach ihm geforscht, was Ihre Kräfte vermochten," sagte sie.

„Ich habe die Wege ergriffen, die mir mein Sinn eingegeben hat," antwortete ich.

„Und dann sind Sie in Ihre Heimath gegangen, und sind dort ein Arzt," sagte sie.

„Ich bin in meine Heimath gegangen," erwiederte ich, „habe stets nach ihm geklügelt, und bin jezt in Prag, um wieder Nachfrage über ihn zu halten."

„Und da sind Sie auch zu meinem Vater gegangen," sagte sie.

„Ich bin zu Ihrem Vater gegangen," entgegnete ich, „weil Eustachius oft in seinem Hause war, und dieses Haus sehr geehrt hat."

Fortsetzung auf S. 92

reuen."

„Nein, die sollen mich nicht gereuen," antwortete ich, „da Sie mir eine freundliche Aufnahme biethen, und da mir dieses Haus bedeutend geworden ist."

„Wir haben Sie schon früher erwartet," sagte er.

„Ich hatte von Eustachius keinen Auftrag," entgegnete ich, „und ich scheue mich, seine Angelegenheiten weiter zu berühren, als sie meine Freundschaft betrafen. Aber da die Lage jezt viel ernster geworden ist, so bin ich gekommen."

„Wenn er etwas zu mir gesagt hätte," fuhr er fort, „so wäre der Fall nicht eingetreten, oder wenn ich ohne sein Zuthun zur Kenntniß gekommen wäre, so hätte sich Alles geändert. Wir erfuhren die Sache erst, da sie durch Sie geschlichtet war. Aber wenn er nicht zu Ihnen und zu uns geschwiegen hätte, so wäre er nicht der, der er ist. Wir haben Jahre gebraucht, um zu erfahren, wie viel an ihm vorhanden ist."

„Ach, und ich auch," entgegnete ich.

„Es ist schon recht, und es ist, wie es eben ist," sagte er.

„Wenn er nur nicht so in allen äußern Dingen gehandelt hätte, wie er gehandelt hat," sprach ich.

„Lassen wir das jezt," antwortete er.

„Er hat mir durch einen hinterlassenen Brief seine Habe anvertraut," erwiederte ich, „und darum meine ich außer meiner Freundschaft zu ihm noch ein ferneres kleines Recht zu haben, daß ich frage, ob Sie denn gar nichts von seinem Aufenthalte wissen."

„Ich weiß nichts," antwortete er. „Wir haben es gedacht, daß er Ihnen das Seinige wird übergeben haben, und darum werden Sie wohl auch der erste sein, dem er eine Nachricht zukommen lassen wird, so bald er es für gut findet. Wenn er Ihnen ohne die Bedingung der Geheimhaltung etwas offenbart, so berichten Sie es uns doch. Ich werde das Gleiche thun."

„Gut, so ist es recht," antwortete ich.

„Wenn Sie noch länger in Prag sind," sagte er, „so besuchen Sie dieses Haus öfter. In

„Und mein Vater hat Ihnen über seinen Aufenthalt nichts sagen können," erwiederte sie.

„Er hat mir keine Auskunft zu geben vermocht," sagte ich.

„Und nun wünschen Sie auch mich zu fragen, ob nicht ich etwas weiß," sagte sie.

„Es ist das in Wirklichkeit meine Bitte," antwortete ich.

„Mir ist auch wie meinem Vater nichts bekannt," entgegnete sie.

„Auch Ihnen nicht?" sagte ich.

„Er hat mir nichts entdekt," antwortete sie, „ich habe nicht im Geringsten geforscht, und wenn sich was immer für eine Spur gebothen hätte, von ihm Kenntniß zu erhalten, so hätte ich sie nicht verfolgt."

„Er hat mir seine Habschaften zum Aufbewahren übergeben," sagte ich.

„Ich habe das geahnt," entgegnete sie.

„Er hat mir all sein Besizthum übergeben," sagte ich.

„Das habe ich geahnt," sagte sie.

„Er hat mir Ihre Briefe an ihn zur Verwahrung gegeben," sagte ich.

„Auch das habe ich geahnt," entgegnete sie, „er wollte dieselben nicht Zufällen aussezen, und Sie werden sie gut verwahren."

„Sie sind im festen Schreine verschlossen," antwortete ich, „und da unser Haus auf seiner Diele einen fußtiefen Estrich hat, so sind sie auch vor Feuer gesichert."

„Ich danke Ihnen," sagte sie.

„Hochverehrte Jungfrau Christine," sagte ich nun, „er hat mich ermächtiget, die Briefe zu lesen, und ich habe sie auch gelesen!"

„Hochverehrter Herr Doctor," sagte sie, „auch das habe ich geahnt. Und nun erlauben Sie mir, die einigen Worte zu sprechen, um welche ich Sie bei dem Beginn unserer Unterredung gebethen habe ‖,‖[1] da Sie mir dieselben gönnen. Ich habe mich mit Eustach auf ewig verbunden. Er ist von Prag weg gegangen, ohne mir oder jemanden, mit dem ich in Verbindung bin, zu sagen wohin er gehe. Daher geziemt es mir, ohne sein Thun zu beirren, auszuharren, bis er Nachricht gibt, oder kömmt."

„Und wenn er nun immer nicht kömmt?" fragte ich.

„So werde ich immer harren," antwortete sie.

„Und wenn er den Bund mit Ihnen als zerstört betrachtet, weil er sich für beschimpft hält?" fragte ich.

„Dann wird er mir es wissen lassen ‖, bis‖[2] dahin besteht der Bund für mich," antwortete sie.

„Und wenn er aus Zagheit die Ankündigung der Auflösung unterließe?" sagte ich.

[a]„Dann wäre es für uns ein Unglük," entgegnete sie, „ich müßte an dem Bunde halten, weil es sich für mich nicht ziemte, ‖dieses‖[3]b von ihm vorauszusezen."

„Und wenn ihn der Tod hinraft, ehe er irgend eine Nachricht senden kann?" sagte ich.

„So wird er c auf dem Todtenbette jemanden mit der Botschaft betrauen," antwortete sie.

„Der Tod könnte ihn unvermuthet überfallen, ehe er Nachricht zu geben vermag," sagte ich.

„So[4] werde ichd glauben, wenn ich sehr alt geworden bin, und er stets nichts von sich gethan hat," antwortete sie.[5]

„Hochverehrte Jungfrau," sagte ich, „da ich von meiner Heimath nach Prag reiste, dachte ich daran, daß ich mit Ihnen über Eustachius sprechen werde, und daß wir vielleicht eine Einigung treffen könnten, was wir in Hinsicht seiner thun sollen. Und da habe ich auch den Brief mitgenommen, welchen er mir bei seiner Entfernung hinterließ. Ich überreiche Ihnen denselben. eIn ihm stehen die Worte: Jezt ist alles aus, es ist ganz und gar aus, nun wird fortan Unehre auf meinem Namen haften, und ich darf an all das nicht mehr denken."

Ich übergab ihr den Brief, sie las ihn, und gab ihn mir zurück.

Dann sagte sie: „Diese Worte hat er geschrieben, da er |aufgeregt|f war. Später hat er nicht mehr daran geglaubt, weil er mir nie von einer Trennung etwas kund gemacht hat. Und, ‖hochverehrter‖[6] Herr Doctor, stehen nicht in dem Briefe gauch die Worte: hDu wirst mich schon zu rechter Zeit einstens wieder einmal sehen? An mich hat er bisher die Worte nicht gerichtet, weil er weiß, daß sie nicht nöthig sind."

Ich schwieg auf diese ihre Rede, und sah ihr in das schöne Angesicht.

Sie aber fuhr fort: „Und da wir sprechen, muß ich Ihnen sagen, hochverehrter Herr Doctor, daß Sie seine Handlungsweise sehr verwirrt haben. Er hat es nicht vermocht,i zu jemanden etwask zu

Mappe 55.

a „Das darf ich von ihm nicht voraussagen," entgegnete sie.
b Unterlassung
c sterbend
d das erst

e Lesen Sie ihn./"/

f in Erregung

g stehen
h Ich werde kommen, wenn ich es mit der Ehre kann vermag.
i [damals]
k über seine Lage

---

1 idZ .
2 . Bis
3 diese
4 idZ „Ich
5 idZ und mir stets keine Nachricht von ihm gekommen ist," antwortete sie/./
6 Hochverehrter

Fortsetzung auf S. 95

56.

Papiere, die er bezeichnet hat, druken lassen sollten, damit daraus die Zahlung erfolge. Sie hätten auf die Zeilen des Briefes als auf eine Weisung zeigen können, in der die Dekung enthalten ist, Sie hätten in die Drukerei gehen können, ob man Ihnen nicht gleich das Geld gebe, oder hätten es selber vorschießen können, oder sich können vorschießen lassen. Anstatt dessen aber gehen Sie auf das Gericht, sagen dort etwas, das man Ihnen nicht geglaubt[a], zahlen die Schuld aus Ihrem Eigenen, und beginnen dann so heftig, nach Eustach zu forschen, daß Sie dadurch erst recht den übeln Schein auf sein Fortgehen warfen, dann tödteten Sie endlich beinahe seinen Widersacher im Zweikampfe, wurden selber flüchtig, und machten, daß jezt ganz Prag und die Umgebung von der Sache sprach. Sie sezten allerlei Dinge in die Stadtchronik, die ich verstand, die Eustach auch verstand, Sie ließen in Prag und andern Städten Ihren Aufenthalt bekannt machen, was ich verstand und was Eustach auch verstand, und dennoch ließ er keine Nachricht an Sie oder an uns gelangen, was deutlich seinen Willen darthut, unentdekt zu bleiben. Er vermag jezt nicht, zu kommen, oder Nachricht zu senden, und an uns ist es, zu harren."

[b]„Aber wenn er |ungeschikt|[1] handelt, und sich in Unglük bringt, so müssen wir ihm doch helfen," sagte ich.

„Dann verwirren wir die Ziele, die er jezt erreichen wird," entgegnete sie, „verehrter Herr Doctor, meine Meinung ist die: Sie sollten fortan nun keinen Schritt mehr unternehmen, und die Angelegenheit verlaufen lassen."

„Ja immer, immer hat er nach seinem Eigensinne gehandelt," sagte ich, „und möge nur diese tolle unerquikliche unruhebringende Geschichte gut enden."

„Sie wird es," sagte sie.

Dann stand sie in ihrem schweren Seidenkleide auf, und reichte mir die Hand über den Tisch herüber.

Ich nahm sie, und drükte dieselbe.

Dann sprach sie: „Erlauben Sie, daß ich Sie zu dem Vater zurük geleite, der mein Thun billigt."

Ich zeigte mich bereit, sie öffnete die Thür, führte mich durch das Gemäldezimmer, und durch das mit den Kupferstichen in die Bücherstube, in welcher der Vater war. Er stand auf, da wir eintraten, und ging uns entgegen. Ich sagte nur die Worte: „Ich danke für die herzliche Aufnahme, und bitte, mich jezt verabschieden zu dürfen."

„Gott geleite Sie," antwortete er, „kommen Sie sehr bald wieder, kommen Sie morgen, kommen Sie alle Tage zu uns."

„Ich werde der freundlichen Einladung folgen," sagte ich.

Dann verbeugte ich mich gegen Christine, welche die Verbeugung erwiederte.

Hierauf geleitete mich der Kaufherr Emerich Bolzon bis zur Treppe, wo wir uns verabschiedeten.

Als ich in das Freie gekommen war, sah ich, daß die Abenddämmerung schon sehr weit vorge[c]rükt war. Ich ging bis spät in der Nacht in der Stadt herum, trank [d]einige Gläser Wein, und suchte dann, ohne etwas zu essen, mein Gemach.

Des andern Tages ging ich am frühesten Morgen in die Judenstadt. Ich [e]hatte den leeren Koffer des Eustachius, der mit der Dachshaut überzogen ist, und in [welchem][2] [f]er seine Hirngespinnste und die Briefe Christinens aufbewahrt hatte, damals, ehe ich fortging, in Eilfertigkeit mit andern elenden Dingen dem Juden Manasse gegeben, der mich bei dem Verkaufe der Habschaften, die ich zur Tilgung der Schuld des Eustachius hingeben mußte, so grausam gedrükt hat. Den Koffer wollte ich wieder haben. Als ich in den Trödelgängen des Juden Manasse war, und um den Koffer fragte, antwortete er: „Ich kann nicht wissen, welchen Koffer ihr meinet, hoher Herr, ich habe gute brauchbare Koffer."

„Den ich dir verkauft habe, Manasse," sagte ich, „da du im vorvorigen Frühlinge im Mai[3] in ||der Tischlergasse||[4] in [g]dem Hause, wo du in dem lezten Stoke bei mir warest, wo du mir viele Monate vorher um sehr lumpiges Geld meine besten Sachen abgekauft hast."

„Ich habe bei den Dingen viel [h]Verlust gehabt," sagte er, „es[5] waren schon [6]Dinge, die nicht mehr in der Art waren, niemand wollte sie. Ihr seid mir schon Ersaz schuldig, mein hoher junger Herr, wenn wir

---

a hat,

b (Hier folgt die Beilage)

c schritten sei. Ich ging eine Zeit
d dann ein wenig
e wollte den
f ich vor meiner Abreise von Prag mit andern Dingen dem Juden Manasse verkauft hatte, wieder zurük kaufen.

g einem wohlbekannten Hause

h verloren

Fortsetzung auf S. 96

1 idZ und aR getilgtes Zeichen
2 /welchen/
3 üdZ Jahre
4 maT
5 üdZ sie
6 üdZ nicht mehr im Gebrauche

sagen, und ist fort gegangen. Ihnen hat er geschriebene Worte hinterlassen, deren einige lauteten, daß Sie

wieder in Verbindung kommen. Und die Truhe mit der ‖Wildprethaut‖[7] hättet Ihr mir nicht geben sollen, sie war ja verfallen, und /wem/[8] sollte ich sie verkaufen mit der rissigen Haut?"

„Du kennst den Koffer schon," sagte ich, „den bringe."

„Ich werde ihn bringen," entgegnete er, „ich werde ihn bringen."

---

7 Wildhaut   8 *statt* wemm *H*

Beilage zu 56
der Mappe

(Beilage zu 56 der Mappe)

„Aber wenn er unzwekmäßig ~~handelt~~ und unter falschen Voraussezungen handelt, so müssen wir ihm doch helfen," sagte ich.

„Es ist besser, unzwekmäßig als gegen ein schönes Gefühl handeln," entgegnete sie.

„Aber es hat ja Alles gut geendet," antwortete ich.

„Es hat nicht gut geendet," sagte sie, „und er weiß es./"/

„Sie werden also gar nichts zu seiner Erforschung thun?" fragte ich.

„Gar nichts," entgegnete sie.

„Und Sie wünschen, daß auch ich nichts thue," sprach ich.

„Es ist dies mein Wunsch und ~~mein~~ Rath," sagte sie.

„Sie denken von mir, daß ich Ihre Überzeugung ehre," sprach ich.

„Das denke ich," sagte sie.

„So ehren Sie auch meine Überzeugung," entgegnete ich.

„Das thue ich," sagte sie.

„Meine Überzeugung ist nun, daß ich mit der größten Vorsicht, damit nichts verwirrt werde, zu forschen fortfahren werde," sprach ich.

„So thun wir beide nach unserer Überzeugung," sagte sie.

„Wenn Sie ohne Ihr Zuthun Kunde erhalten, werden Sie mir etwas mittheilen?" fragte ich.

„Das werde ich thun, wenn ich darf," antwortete sie.

„Und ich sage das Nehmliche zu Ihnen," sprach ich.

„So sind wir einig," sagte sie.

„Einig, einig," sprach ich. „Wenn nur das lezte Ende dieser Sache gut wird."

„Es wird gut sein," sagte sie.

Nach diesen Worten stand sie in ihrem schweren Seidenkleide auf, und reichte mir die Hand über den Tisch herüber.

(Hier geht die Handschrift auf 56 weiter)

Dann gab er einem in der Tiefe des Ortes ~~herumsuchenden~~[1] kleinem ||Judendinge||[2] einen Auftrag.

||Dieses||[3] brachte den Koffer hervor.

„Ich habe ihn ganz neu herrichten lassen, ich habe ihn ganz verbessern lassen," sagte Manasse.

„Ich bin zu oft auf diesem Koffer gesessen, um nicht alles zu wissen," sagte ich.

Es war der Koffer des Eustachius. Gerade an einigen Rissen der Haut, von denen der Jude gesprochen hatte, ~~und die ich einmal in einer lustigen Zeit, um den Eustachius zu ärgern, sehr sauber gezeichnet hatte,~~ war er am kennbarsten. Er war ~~zu meiner Lust~~ weder verbessert noch verschlechtert worden.

„Und was soll der Koffer kosten, Manasse?" fragte ich.

„Es liegt mir viel Geld darauf," sagte Manasse, „zwei Gulden."

„Du sollst zwei Gulden für den Koffer haben, ||Höllenjude,||[4] ~~gut,"~~ sagte ich.

Ich reichte ihm zwei Gulden, und ließ mir den Koffer an den Eingang stellen.

„Wenn ihr wieder so eine Rolle Thaler habt," sagte Manasse, „so kauft mir schöne Sachen ab, ich habe schöne Sachen."

Er brachte lederne Fächer herbei, in denen goldene Ketten, Schaumünzen, und Edelsteinkleinodien waren.

Ich sagte ihm, daß ich keine Frau habe, und daß goldene Ketten auf meinem grauen Waldroke schlecht stehen würden. Auch habe ich alle Thaler der Rolle für mein Doctorpergament hergeben müssen. Ich fand aber einige Bücher in seinem Trödel, die ich brauchen konnte. Auch standen zwei schmale sehr alte Schreine da. Ich fragte um den Preis der Bücher und der Schreine. Er nannte einen übertriebenen, ging aber mit Begierde in den Handel ein, da ich herab zu mindern begann. Ich ersah, daß ich Gegenstände ergriffen habe, die er gar nicht oder schwer zu verkaufen gehofft hatte. Jezt drükte ich ihn, daß er die Dinge um den geringsten Zins, den ein Jude noch nehmen kann, ablassen müsse, und hatte meine Freude daran. Ich kaufte sie um eine Kleinigkeit, und bezahlte sie.

[a] ~~„Wollt ihr nicht etwas von den Sachen des feinen Herrn Korschiz kaufen, zum Spaße," sagte er, „die er verkaufen mußte, um euch die Thaler zu bezahlen, die er dem andern schuldig war?"~~

„Weißt du auch um die Geschichte?" sagte ich.

„Wer sollte von einem so feinen und tapferen jungen Herrn nicht wissen?" antwortete er.

~~„Ja, da hast du den feinen Herrn vor dir," sagte ich.~~[5]

[b] ~~Dann ließ ich den Koffer~~ die Schreine und die Bücher in mein Gemach in dem Gasthofe des schwarzen Rosses bringen ||,||[6] ~~kaufte noch einige Bücher und andere Dinge, und pakte alles in den Koffer des Eustachius.~~[7]

Gegen Mittag kam der Kaufherr Emerich ~~Bolzon~~[8] zu mir in mein Gemach, um mir einen Besuch zu machen. Er lud mich auf den nächsten Tag zum Speisen ein.

Ich ging um die bestimmte Stunde hin. Es war außer mir ein Fremder nicht da. Das Speisezimmer war im Erdgeschoße gegen den Garten hinaus. An dem Tische saßen der Kaufherr und seine Tochter Christine, dann eine ältliche Frau, welche die Beschließerin des Hauses [c]~~war~~, dann eine jüngere Frau, die irgend ein Amt[9] verwaltete, dann fünf Männer sehr verschiedenen Alters, welche die Gehilfen des Kaufherrn in seinem Berufe waren. Ich wurde an die rechte Seite des Kaufherrn gesezt, seiner Tochter gegenüber. Nach dem Essen verabschiedeten sich die anderen Leute. Der Kaufherr ging mit mir und Christinen in das Gartenhaus, auf dessen Tisch Wein und feines Bakwerk gestellt wurde. Hier, dachte ich, mochte damals die Musik gewesen sein. Wir gingen dann in dem Garten herum, und gingen in dem Laubgange hin und wider, dessen Blätter jezt nicht um uns raschelten, sondern ruhig seitwärts von uns und über uns an ihren Zweigen hingen.

Ich ging nun alle Tage, welche ich noch in Prag verlebte, in das Haus des Kaufherrn Emerich ~~Bolzon~~.[10]

Am nächsten Tage wurden die Kisten fertig, in welche ich die zwei alten Schreine [d]~~pakte.~~ Ich gab sie unserem Frächter mit, und gab ihm auch einen Brief, welcher den Goldfuchs des Wirthes am Rothberge

---

Mappe 57.

a „Fürchtet ihr nicht den Herrn Korschiz?" fragte er.

b Nein, ihr fürchtet ihn nicht, ihr fürchtet ihn nicht," antwortete er.
   Dann ließ ich den Koffer

c schien

d paken ließ.

---

1 udZ kauerndem
2 Judenbuben
3 Dieser
4 Jude,"
5 idZ „Nun, ich fürchte ihn nicht," sagte ich.
6 idZ [.]
7 idZ und pakte die Bücher und andere Dinge in den Koffer des Eustachius.
8 üdZ Waldon
9 üdZ des Hauses
10 idZ Waldon

Fortsetzung auf S. 101

58

a Darauf

b jezt öfter

c und bezahlte das rükständige Miethgeld.

d für die Hemden

e dem

f weil er so gut gefahren ist/./

g jedem zweiten

h neu

~~zulesen. Ich~~ ªbesuchte¹ alle meine einstigen Lehrer. Zum Bürgermeister der Stadt Prag ging ich auch noch einmal, und bath ihn, jeden Versuch, meinen Freund Eustachius zu erforschen, aufzugeben, da die Umstände sich geändert hätten. Man behielt mich wieder eine Zeit im Gespräche mit Hildegard und Jakoba. Die Abende brachte ich ~~gerne~~ᵇ mit Kameraden in fröhlicher ~~Zusammenkunft zu.~~²

In jenen Tagen besuchte mich auch einmal der Kaufherr Emerich ~~Bolzon~~³ mit seiner Tochter Christine. Die Aufwärter und Leute des Gasthofes sahen ihm nach, als er mit der schönen Gestalt aus dem Thore trat, und die Straße dahin ging.

Ehe ich Prag verließ, ging ich ~~auch~~ noch zu Cäcilia, ~~und~~ brachte ihr den versprochenen Zettel ‖.‖⁴ ᶜSie erzählte mir, daß sie dem Jobal sogleich die Wohnung gekündet habe, und daß sie in Ergebung warte, welche Miethperson ihr Gott schiken werde. Die Hemden werde sie zu meiner Zufriedenheit machen, etwas größer, da ich stärker geworden sei. Die ~~des Eustachius müsse ich nicht vergessen durchwaschen zu lassen, die meinen müssen feucht gefaltet werden, und die~~ Leinwandᵈ soll sehr gleiche Fäden haben. ~~Der Jobal trinke jezt noch mehr als je, und sie sei eine friedliche Person.~~ Als ich fort ging, rief sie mir noch auf die Treppe hinab nach, daß ich jezt gar keine Ruhe mehr geben solle, bis ich den Eustachius gefunden hätte.

Als meine Zeit in Prag zu Ende war, verabschiedete ich mich an allen Orten, an denen ich es nöthig erachtete, sezte mich in den Wagen des Frächters, der am schnellsten ging, und fuhr gegen den Mittag des Landes.

In der Stadt Budweis fand ich ~~einen~~⁵ aus unserem Hause. Man hatte den Stallbuben Thomas mit dem Goldfuchse des Wirthes am Rothberge geschikt. Der Knecht des Wirthes sei krank, und seufze nach mir. Unser Knecht Kajetan sei zu ungeschikt für ein so schnelles Pferd, und da sei er gefahren. Ich hatte zu seinem Geschike auch nicht ein gar großes Vertrauen, und nahm mir vor, nach Gestalt der Dinge selber die Zügel zu ergreifen.

Ich pakte von meinen Sachen, was ich konnte, in das Wägelchen des Wirthes, das andere übergab ich dem Frächter nach Pirling, und wir fuhren mit⁶ᵉ Morgengrauen von dannen. Thomas that seine Sache so gut, und war so besonders aufmerksam, daß ich keine Ursache hatte, mich in die Leitung des Pferdes zu mischen, ich hätte es auch kaum so gut zu führen gewußt wie er. Der Goldfuchs grif so rasch aus, daß wir nach zweimaligem Einkehren um die vierte Nachmittagsstunde vor dem Hause meines Vaters ankamen.

Ich mußte mit dem Goldfuchse gleich zu dem kranken Knechte des Wirthes am Rothberge, und dann mit einem andern Pferde des Wirthes zu anderen Kranken, die schon bange nach mir geharrt hatten, so daß ich erst tief in der Nacht nach Hause kam. Es waren noch alle wach. Ich mußte zuerst ein Nachtmahl einnehmen ‖, dann‖⁷ öffnete ich ~~aber~~ den Koffer des Eustachius, und nahm die schwarze schöne Sammethaube heraus, die für den Vater war, und sezte sie ihm auf, ich nahm den feinen blauen Wollstof heraus, der einen faltenreichen Rok für Anna liefern sollte, dann die Reihe silberner Gupfknöpfe für das rothe Wamms Kaspars, dann die hellrothen Tücher für die Mägde und die blauen Stoffe zu Wämsern für den Knecht und für Thomas, dem ich noch einen silbernen Peitschenstilring versprach ‖.‖⁸ᶠ Es war eitel Freude, und wir suchten erst spät unser Lager.

Mehrere Tage hatte ich mit Kranken, ~~da ich jezt zu jedem mußte, der sich gemeldet hatte,~~ so zu thun, daß ich an nichts anderes denken konnte. Endlich minderte sich die Sache, da ich doch bei manchem, bei dem es nicht so nöthig war, an ᵍ~~manchem~~⁹ Tage den Besuch unterlassen konnte. Ich ließ zuerst meine zwei Schreine aus ihren Verschlägen paken, und stellte sie in meiner Kammer auf. Der Vater und Anna schienen beim Anblike dieser Dinge dieselben Gefühle zu haben, wie alle die Leute, welche dem Juden Manasse die Schreine nicht hatten abkaufen wollen. Sie fragten mich, warum ich diese Dinge gebracht habe. Ich zeigte ihnen, daß sie viel schöner seien als der Arzneischrein daneben, den ich doch nach einer Zeichnung, die ich selber entworfen hatte, ʰhabe machen lassen, und bei dessen Anfertigung ich immer mit Rath zur Hand gewesen sei. Sie glaubten es nicht. Mir gefielen aber die zwei schlanken Schreine in meiner Kammer sehr wohl. Die Bücher stellte ich nach ihrer Art zu den andern. Der Ahorntisch mit dem dunkeln Tuche schien mir schon¹⁰ klein zu werden, und ein Bücherschrein wird, dachte ich, in Kürze auch nothwendig sein.

Des nächsten Tages ging ich nach Pirling, und brachte der schwarzen Franziska und der

---

1 üdZ ich
2 idZ Weise zu.
3 üdZ Waldon
4 idZ ,
5 üdZ jemand
6 üdZ dem
7 . Dann
8 idZ ,
9 üdZ manchem
10 üdZ zu

auf einen bestimmten Tag in die Stadt Budweis bestellte.

 Ich kaufte alle jene Arzneidinge, welche dem Verderben nicht unterliegen, auf eine längere Zeit hin ~~selber ein~~, auch was mir an Berufsgeräthen noch wünschenswerth schien, suchte ich zu erwerben. Dann ging ich daran, die Geschenke ᵉ[,] welche ich den Meinigen und in Häuser, in welche ich oft komme, bringen wollte, ~~aus-~~

  ᵉ auszulesen,

brauneu Josepha die Reisegeschenke, der schwarzen Franziska einen rothen Sammethalbmond, am Sonntage
auf das Gebäude der Haare zu steken, der braunen Josepha einen blauen. Die Mutter Theresia erhielt ein
Kästchen mit zwei goldenen Haften, und der Sohn Mathias einen Frosch, darin vier Hemdenkragenknöpfe waren.
Der jungen Frau Wallburga brachte ich eine Zitterblume in die Haare, daran sich ihr Eheherr Geran der Krämer nach Kräften freute.

    Des Tages darauf suchte ich mit meinen Obliegenheiten früher fertig zu werden, und ging
dann in die Glashütte, und gab der Agnes und ihrer Mutter und den Söhnen, was ich ihnen gebracht hatte. Ich blieb bis
nach Mitternacht, und sie ließen mich dann in einem Wägelchen in das Haus meines Vaters fahren.

    Da ich wieder ein wenig Muße hatte, las ich aus dem Vorrathe des Herrn Mathias Ferent
zwei Stüke der allerschönsten Waldleinwand aus, kaufte sie ihm ab, und sendete sie an Cäcilia nach Prag.

    Der Knecht des Wirthes am Rothberge wurde sehr bald gesund.

    Gegen den Herbst, als die Schüler, die aller Orten in höheren Schulen waren, auf schulfreie
Zeit nach Hause kamen, und mehrere von draußen in dem Walde zum Besuche von Mitschülern eintrafen, veranstaltete ich ihnen ein ᵃBurschenfest, wie wir öfter in Prag gehabt hatten [.] ᵇEs war damals ein bewegliches Leben
in Pirling in dem Hause des Herrn Mathias Ferent. Agnes aus der Glashütte war als Gast in dem Hause, dann
zwei Mädchen aus dem alten Städtchen Krumau und zwei aus Rosenberg. Zwei junge Vettern des Herrn
Mathias aus der hohen Schule in Wien waren auch eingetroffen. Junge Leute aus der Nachbarschaft kamen herzu, und da gab esᶜ Tanz Kegelspiel Mummerei und Herumjagen. Einesᵈ Tages, da ich nachmittags schon nach Pirling
gekommen war, sagte ich: „Junge Brut, heute geht alles ins alte Waldschloß ᵉ[,] ich habe Inbiß bei der Frau
Richterin bestellt, die Fakeln sind auch schon oben, und Nachts ist ein Fakelzug durch den Wald herab."

    Ich fand Beifall, alles, was jung war sammelte sich, und in einer Stunde waren wir schon
auf dem Wege in das Waldschloß. Wir kamen dort an, kletterten in den Trümmern der alten Burg der
alten Herren von Rosenberg herum, tanzten auf dem grauen¹ Rasen zwischen den grauen Steinen,
bewarfen uns mit Moos mit Waldschwämmen, und was wir erreichen konnten, aßen und tranken dann irgend
etwas Unbedeutendes in der Hütte der Frau Richterin der Waldhäuser, warteten geflissentlich, bis
es Nacht wurde, zündeten dann die Fakeln an, und reihten uns so, daß an der Spize ein Fakelträger war,
dann ein Mann, der ein Mädchen führte, dann ein Fakelträger, dann wieder Mann und Mädchen, und so fort. Ich
warf mich zum Führer auf. Der Forstgehilfe ‖Tomschek‖² mußte mein Fakelträger sein, und die schwarze
Franziska meine Begleiterin. Hinter uns kamen die andern. So gingen wir in die Tannennacht. In
einer Weile sagte meine schwarze Franziska: „Der Weg scheint mir so seltsam."

    „Das ist närrisch," sagte ich, „oder ihr seid verwirrt, weil ihr mit mir geht."

    „Ihr hättet wohl noch viel nöthig, Herr Doctor, um mich in Verwirrung zu
bringen," antwortete sie.

    „Hollah, Hollah!" rief ich, und stimmte ein lustiges allbekanntes Waldlied an.
Alle sangen mit.

    Da es endete, riefen sie von hinten: „Es ist gefehlter Weg, wir gehen nicht
recht."

    Ich rief zurük: „Waldgeister und Höllenteufel, das ist nun einerlei, es
ist einmal ein Weg. Wenn wir umkehren, so können wir in die Tiefe des Waldes gerathen, der
Weg führt abwärts, also muß er irgenwo hinaus kommen, unsere Fakeln sind so lang, daß wir bis Frauenberg mit ihnen gehen könnten, also ‖Tomschek‖³ nur vorwärts."

    ‖Tomschek‖⁴ schritt hastig mit seiner Fakel dahin, ich zog meine jammernde
Franziska mit, und wenn in einer Menschensäule die vorderen Theile gehen, so folgen die hinteren
ᶠnach. Der Weg wurde längerᵍ der Wald dichter, und alle Mädchen riefen ʰWehe. Wir gingen abwärts und abwärts, und endlich war eine Wiese da und in ihr ein Haus mit Lichtern.

    „Der Waldheger Weigun," rief ich, „wir sind eine Stunde oberhalb Pirling."

    „Gott sei Dank," riefen die Mädchen, „daß wir wenigstens da sind."⁵

Mappe 59.

a Fest,
b /,/ aber ganz anderer Art. Es war nehmlich
c oft
d Ich sagte also eines
e Witikohaus,

f von selbst. Auch schienen sie meine Gründe einzusehen.
g und länger,
h Angstworte. Ich drang nach abwärts, rief einen fröhlichen Spruch, und sang ein Lied. Wir gingen abwärts und abwärts. Endlich

---

1 üdZ grünen
2 Tomsch
3 Tomsch
4 Tomsch
5 udZ dieses Haus erreicht haben./"/

60.

        Es war nun ein Drängen, die Paare kamen beinahe in ein Laufen, alles stürzte dem Hause zu, und hinein. ~~Allein~~ ‖die‖[1] große Stube des Hegers Weigun und seine Kammer waren mit Kerzen beleuchtet, weißgedekte Tische standen da, auf ihnen waren Speisen und Wein, und die Mädchen fanden ihre warmen Überkleider. Ein allgemeines ~~Juchhe~~[a] der jungen Männer folgte, und die Mädchen schlugen mit Fächern mit Tücherknäueln, und was sie sonst erhaschen konnten, auf mich und ‖Tomschek‖[2] als auf die Haupträdelsführer ~~los.~~[3]

        Es wurde gegessen, getrunken, und auch etwas ungeschikt um die Tische getanzt. Dann an den Aufbruch gemahnt. Die Fakeln wurden wieder angezündet. Wir gingen über den Rest der Wiese dem Stege zu, der über die Moldau führt [,] [4][b]~~und unser Weg war~~. Allein am Ufer der Moldau waren eine Zahl Kähne, und auf dem größten eine Musik, die uns lärmend empfing. Die Mädchen mußten einsteigen, und die Size einnehmen. Die Männer folgten. Die Fakeln wurden in geflochtene Holzringe, die außen an[5] Schiffen waren, gestekt, und der Zug fuhr ab. Es war ein Schifsfakelzug. Die Musik und[6] Gesänge, welche die Gesellschaft in den Schiffen anstimmte, wechselten ab. Als wir die Lichter von Pirling erblikten, tönte ein allgemeines Jauchzen. ~~Als~~[c] wir uns der Brüke näherten, unter welcher wir durchfahren mußten, stand auf ihr alles, was in Pirling [d]~~zu finden~~ war, ~~das~~ eine Trompete ‖blasen konnte‖[7], und blies. Aber auch alles andere stand darauf, Frauen, Männer, Mädchen, die nicht mit waren, Kinder, Greise, und ich weiß nicht, wie viel Hunde. Die Gesellschaft aus den Schiffen und die Gesellschaft auf[8] der Brüke zogen nun zu dem untern Wirth, der Tanzboden war erleuchtet, die Tische gedekt, und es wurde getanzt, und einige tanzten bis zum Morgen.

        Ich ging, als der Tag graute, nach Hause, nahm andere Kleider, und ging dann zu meinen Kranken.

        Am Abende machten mir die jungen Männer, die als Gäste da waren, ein Singständchen.[9]

        Wir gingen dann zu dem Wirthe in Thal ob Pirling, und hatten einen Abend, wie wir sie oft hatten, da ich noch auf dem ‖Carolin‖[10] war.

        Ich bedauerte damals, daß ich nicht in unserer großen Stube Gäste aufnehmen konnte, und bestellte mir sogleich Wein aus dem Wienerboden, den ich, da er kam, in unserem Keller einlagerte.

        Auch eine andere Veränderung nahm ich mit der Bewilligung meines Vaters in unserem Hause vor. Ich ließ von dem großen vierekigen Ofen mit grünen [e]~~Kacheln~~ in meiner Kammer und von dem noch größeren vierekigen Ofen mit blauen [f]~~Kacheln~~ in der Stube einen Theil der Vorderseite heraus nehmen, und große mit durchbrochenem Gitterwerke versehene Heizthüren einsezen. Die alten Heizöffnungen, die von außen waren, ließ ich vermauern. Die Ofenbänke, die sonst rings herum waren, befanden sich jezt zu beiden Seiten der Heizthüren. Ich hatte nun das lustige Feuer in den Gemächern flakern, und der Windzug durch die Gitter nach aufwärts reinigte die Luft.

        Die[g] Gäste gingen[h] fort, und es kam der Winter.

        Zum Christfeste schikte Cäcilia die zwölf aus der Waldleinwand gemachten Hemden samt dem Reste Leinwand, der übrig geblieben war. Anna und die Mägde bewunderten aufs Äußerste die Arbeit. Wir nahmen die Hemden des Eustachius hervor, um die neuen mit ihnen zu vergleichen. Cäcilia hatte wahr gesprochen. Die Arbeit war genau die nehmliche, nur daß meine Hemden noch roh waren und eine schönere Leinwand hatten. Ich gab sie an Anna zum Waschen und zum Einräumen in den Schrein, die des Eustachius ließ ich wieder an ihre Stelle legen. Der Cäcilia schikte ich ihren Lohn.

        Von ~~ihm~~[i] ist kein Wort eingetroffen.

        Ich gab meine Sendungen an die lustige und ernste Stadtchronik auf. Einmal erhielt ich einen Brief, weßhalb denn der Mitarbeiter jezt so stille sei? Ich gab eine unwirsche Antwort, und es war aus.

        Der Winter war strenger als der vorige. Des Tanzens des Schlittenfahrens der Eisvergnügungen und der geselligen Abende beim Weine waren [auch][11] mehr als im vorigen. Und eben so waren meine Arbeiten mehr. Es waren sehr viele Kranke, und ich wurde auch in die fernsten

---

a Jauchzen
b ~~über den unser Weg ginge~~
c Da
d fähig
e Tafeln
f Tafeln
g jungen
h im Spätherbste
i Eustachius

---

1 Die
2 Tomsch
3 *idZ* dieses Streiches.
4 *idZ in 2. Var.* ~~, und~~
5 *üdZ* den
6 *üdZ* die
7 zu blasen
8 *üdZ* von
9 *idZ* vor unserm Hause.
10 Karolin
11 *üdZ* aber noch

Striche gerufen. Ich hatte mir sehr starke Stiefel mit dreifacher Sohle machen lassen, ich trug immer Steigeisen in den Riemen meiner Arzneitasche gehäkelt mit, weil ich oft steile eisgepanzerte Hügel empor zu klimmen hatte, und in dem Kreuzdornstoke war eine dike und scharfe eiserne Spize. Und so wanderte ich dahin.

Im Frühlinge ᵃging ich, nachdem vorher mit meinen Angehörigen Rath ᵇgehalten worden war, daran, unser Haus zu ändern. Das Dach wurde abgetragen, die Mauern wurden erhöht, die Fenster wurden größer und höher gemacht, der Giebel wurde zierlich empor gemauert, und es wurde ᶜein steiles Dach gesezt, wie sie in Städten und großen Orten sind. Hiebei wurde das Haus gegen Mitternacht hin erweitert, so daß meine Kammer bedeutend größer wurde, daß gegen Morgen eine neue Stube angebaut werden konnte, die fortan die |obere|¹ Stube hieß, und daß die obere Stube, deren Fenster in dem Giebel prangten um vieles geräumiger wurde. Den ganzen Sommer dauerte der Bau und den nächsten Sommer bis nach der Ernte. ᵈ|Ich hatte| zu meinem Berufe |nun| noch die Verhandlungen mit dem Bauleiter und die Zänkereien mit den Leuten. Als sie |ihn|² vollendet hatten, war das Haus zwar nicht so schön und so groß wie das des Herrn Mathias Ferent in Pirling, aber doch das schönste in Thal ob Pirling, und die Meinigen und ich hatten eine Freude daran.³ᵉ

Ich ließ die zwei alterthümlichen Schreine, welche ich von dem Juden Manasse gekauft hatte, neu bohnen,ᶠ und legte in einen die Habschaften des Eustachius die Briefe Christinens und die Hirngespinste. Der leere Koffer des Eustachius mußte in meiner Kammer stehen bleiben. Für die Bücher war ein Schrein nach einer Zeichnung, die ich gemacht hatte, verfertiget worden.

Im Garten, der auch nach Mitternacht hin erweitert werden konnte, pflanzte ich manche Kräuter, welche ich zu meinem Berufe gut brauchen konnte, dann sezte ich einen kleinen Waldkirschenbaum, der am Saume unseres oberen Kirnwaldantheiles gewachsen war, und der insonderheit gute Kirschen trug, auch dahin. Überhaupt, da ich nun manches in der Landwirthschaft einzusehen begonnen hatte, betrieben wir sie fast gemeinschaftlich, man zog mich zu Rathe, und alles wurde von uns allen unter der Oberherrschaft des Vaters gemeinschaftlich ins Werk gesezt, so wie hinwiderum in meinen Dingen, wenn sie nicht gerade meinen Beruf angingen, die gemeinschaftliche Meinung abgefragt wurde.

Im dritten Sommer konnte ich von unserm Nachbar Allerb eine große Wiese kaufen, welche zu unseren Besizungen trefflich paßte, und ihnen eine angemessene Grenze gab.

Im Sommer darauf kam ich eines Tages vor das Wirthshaus am Rothberge. Ich blieb gerne, wenn ich von den Waldgräben heraus und über den Steg auf die Gasse vor das stattliche hölzerne Haus gelangt war, ein wenig dort stehen, nahm einen Trunk, und fragte dieses und jenes den Wirth, unsern Vetter Martin. Er ist nehmlich mit uns in einer Entfernung verwandt, die niemand mehr angeben kann. Die Vetterschaft aber wird stets aufrecht erhalten. Dieses Mal sagte er zu mir: „Herr /Vetter/⁴ Doctor, ihr könnt es nicht mehr bezwingen, ihr müßt euch ein Pferd und ein Wägelchen anschaffen, um schnell dahin und dorthin zu gelangen, wo nehmlich die Wege das Fahren gestatten, es bleiben noch Pfade genug übrig, denen man nicht anders als durch Gehen beikommen kann."

„Ach der Herr Doctor," sagte der Josikrämer, der gerade anwesend war, „geht schon noch eine Weile. Er ist jung und rüstig. Wenn ich mit meinem Pake auf allen Wegen bin, so sehe ich ihn auch, wie er durch den Wald oder in den Feldern geht, und seinen Stok in den Sand stößt."

„Ja hat sich schon ein Gehen," antwortete ich, „wenn man zu einem muß, der hier wohnt, und dann einer wartet, der zwei Stunden weiter unten in der Dubs liegt. Man wird auch müde. Wißt ihr, Josi, wie wir selber einmal bei einander gesessen sind, euer Pak neben euch, und wie ihr mir erzählt habt?"

„Ja, ja," sagte Josi.

„Und ihr, Vetter Martin, mit eurem Rathe," sagte ich, „macht ihn gleich wahr, verkauft mir den Goldfuchs, und sendet ihn morgen mit Rüstung und Geschirr zu mir hinab."

„Wenn ich den Goldfuchs verkaufe, so verkaufe ich ihn nur euch allein, Vetter," sagte der Wirth.

Und nun fügte sich Wort an Wort, und in einer halben Stunde hatte ich den Goldfuchs erhandelt.

Mappe 61.

a hielt ich
b und dann änderten wir
c das flache Dach schöner gesezt. Zum Feste der Einlattung kam eine Menge von Menschen. Und da wir alles fertig gemacht hatten, war unser Haus das
d Zur Heuzeit hatten wir das Fest der Einlattung, zu welchem sehr viele Leute gekommen waren. In der Bauzeit hatte ich
f stellte sie nach meiner Lust in der vergrößerten Kammer zurecht,
e mB die entfernteste Nachbarschaft geben

---

1 üdZ hintere
2 üdZ den Bau
3 idZ schönste in Thal ob Pirling, und die Meinigen und ich hatten eine Freude daran.
4 statt Veter H
Die Seite mR durchstrichen.

Fortsetzung auf S. 107

62. ein vornehmer reicher Mann sein, der mit dem Freiherrn von Tannberg verwandt ist."

„Nun gut," sagte ich, „es ist recht."

Und der Kaufwein wurde mit dem Wirthe mit Josi und mit dem Sagmüller, der als Zeuge zugegen war, getrunken, und ich ging dann meiner Wege weiter.

Des andern Tages wurde der Goldfuchs mit allem Geschirre, das zu ihm gehörte, zu mir gebracht, und in den Ochsenstall, so gut es ging, eingestellt. Es wurde sogleich die Einrichtung zu seiner gehörigen Unterbringung getroffen, und sofort auch in Pirling um ein ~~passendes~~ Wägelchen gefeilscht.

In Kurzem fuhr ich mit meinem Goldfuchse, ein passendes Peitschlein in der Hand, kreuz und quer im Lande herum.

Wenn ich viel in Seitenpfade zu gehen hatte, wurde der Bube Thomas mitgenommen, der dann fuhr, und den ‖Fuchsen‖[1] betreute.

Zu Kajetan wurd noch ein Knecht in das Haus genommen.

---

[1] Fuchs
Die Seite mR durchstrichen.

Es folgen die Handschriftenseiten 61/62, die der Dichter für die Letzte, Vierte Fassung neu verfaßt und an die Seite 60 der gemeinsamen Fassung angeschlossen hat. Hg.

„Morgen wird er mit seiner Ausstattung zu euch hinab geführt werden," sagte der Wirth.

„Nun eine Kanne Wein zum Kauftrunke," sagte ich, „dann muß ich wieder weiter. Ich muß noch ins Astung. Ich war heute im Buchenhag. Das wäre der schönste Plaz für eine Ansiedlung."

„Das ganze Hag ist gekauft, und ein Haus wird dort gebaut werden," sagte der Wirth, „es soll

Striche gerufen. Ich hatte mir sehr starke Stiefel mit dreifacher Sohle machen lassen, ich trug immer Steigeisen in den Riemen meiner Arzneitasche gehäkelt mit, weil ich oft steile eisgepanzerte Hügel empor zu klimmen hatte, und in dem Kreuzdornstoke war eine dike und scharfe eiserne Spize. Und so wanderte ich dahin.

Im Frühlinge hielt ich mit meinen Angehörigen Rath, und dann änderten wir unser Haus. Das Dach wurde abgetragen, die Mauern wurden erhöht, die Fenster wurden größer und höher gemacht, der Giebel wurde zierlich empor gemauert, und es wurde das flache Dach schöner gesezt. Zu dem Feste des Lattenschlagens kam die nächste und entfernteste Nachbarschaft herbei, und es war ein feierlicher und fröhlicher Tag. Als wir Alles fertig gemacht hatten, war unser Haus das schönste in Thal ob Pirling, und die Meinigen und ich hatten eine Freude daran.

Die zwei alterthümlichen Schreine ließ ich neu bohnen, und bestellte mir nach einer Zeichnung, die ich gemacht hatte, einen Bücherschrein.

Wir brachten in diesem Sommer die Ernte aller Dinge unserer Wiesen und Felder insbesonders gut und ergiebig in das neue Haus. Ich war bei allen Arbeiten, wenn ich von meinem Berufe nach Hause gekommen war, zugegen, und leitete sie mit dem Vater gemeinschaftlich.

Gegen den Herbst hin erweiterten wir unsern Garten in der Richtung nach Mitternacht, und ich suchte mir die Pläze aus, auf welche ich allerlei Kräuter pflanzen wollte, die ich zu meinem Berufe brauchen konnte. Ich sezte einen kleinen Waldkirschenbaum, der am Saume unseres oberen Kirmwaldantheiles gewachsen war, und der insonderheit gute Kirschen trug, auch an eine neue Stelle des Gartens.

Von unserem Nachbar Allerb konnte ich eine Wiese kaufen. Sie war ihm feil geworden, weil er sich mit dem Gelde auf einer andern Seite bequem erweitern konnte. Uns paßte die Wiese sehr gut, und die Grenze unseres Besizthumes wurde angemessener.

Eines Tages kam ich vor das Wirthshaus am Rothberge. ~~Wenn ich von der Tiefe ||der|| Haselgräben hervor kam, und über die röthliche Erde und neben den grauen Steinen des Rothberges herab gegangen war, schaute ich gerne auf das stattliche hölzerne Haus mit den vielen Fenstern hinüber, wie es auf dem hohen jenseitigen Rande des rauschenden Baches lag. Ich sezte mich dann öfter auf einen Stein, um mich abzukühlen. Und wenn ich abgekühlt war, ging ich über den Steg auf die Wirthshausgasse hinüber.~~ Ich nahm einen Trunk, redete mit den Leuten, die etwa da waren, und fragte dieses und jenes von ~~unser~~ dem Wirthe, unserem Vetter Martin. In unserem Walde sind endlich alle, wenn man eine lange Zeit zurük geht, verwandt. So sind wir auch mit Martin dem Wirthe verwandt, wenn gleich niemand mehr den Grund der Verwandtschaft angeben kann.[a] ~~Was ich an vielen Tagen gethan hatte, that ich auch dieses Tages.~~ Auf der Gasse saßen vor einem hölzernen Tische in der warmen Herbstsonne der Josikrämer und der Sagmüller. Ich sezte mich zu ihnen, und der Wirth gesellte sich zu uns. Wir sprachen von den Ergebnissen dieses Sommers und andern Dingen, und kamen dann auch auf meine Kranken und die vielen Wege, die ich zu machen habe. Da sagte der Wirth am Rothberge: „Herr Vetter Doctor, das geht nun nicht mehr so, ihr könnt die Sache auf die Zeit hin nicht bezwingen. Ihr müßt euch ein Pferd und ein Wägelchen anschaffen, um auf den fahrbaren Wegen fahren zu können, es bleiben noch immer Pfade genug übrig, denen man nur durch das Gehen beikommen kann."

„Ach der Herr Doctor und ich, wir können beide noch rüstig gehen," sagte der Josikrämer.

„Nur daß es einerlei ist, ob du dein Bänderwerk um eine Stunde später verkaufst, ~~und auf~~ aber auf den Doctor schon einer wartet, der seiner Hilfe bedarf," sagte der Wirth.

„Der Doctor und ich gehen unter allen Menschen am meisten herum," sagte der Josikrämer, „wenn ich mit meinem Pake auf allen Wegen bin, so sehe ich ihn auch, wie er durch den Wald oder in den Feldern geht, und seinen Stok in den Sand stößt."

„Aber man wird müde," sagte ich. „Weißt du noch, Josi, wie wir einmal nebeneinander auf einem Steine gesessen sind, dein Pak neben dir, und wie du mir erzählt hast?"

---

[a] Die Vetterschaft aber wird aufrecht erhalten.

62.a

„Den Goldfuchs verkaufe ich ja gar nicht," sagte der Wirth. „Wenn ich ihn aber einmal verkaufe, so verkaufe ich ihn euch, Doctor Vetter. /"/

Und nun ergab sich aus einem Worte das andere, und in einer halben Stunde hatte ich den Goldfuchs erhandelt.

„Morgen wird er mit seiner Ausstattung zu euch hinab geführt werden," sagte der Wirth.

„Nun eine Kanne Wein zum Kauftrunke," sprach ich, „dann muß ich wieder weiter. Ich muß noch ins Astung. Ich war heute im Buchenhage. Das wäre der schönste Plaz für eine Ansiedlung."

„Das ganze Hag ist gekauft, und ein Haus wird dort gebaut werden," sagte der Wirth, „es soll ein vornehmer reicher Mann sein, der mit dem Freiherrn von Tannberg verwandt ist."

„Nun gut," sagte ich, „es ist recht."

Und der Kaufwein wurde mit dem Wirthe, mit Josi, und mit dem Sagmüller getrunken, und ich ging dann meiner Wege weiter.

Des andern Tages wurde der Goldfuchs mit allem Geschirre, das zu ihm gehörte, zu mir gebracht, und in den Ochsenstall, so gut es ging, eingestellt. Es wurde sogleich die Einrichtung zu seiner gehörigen Unterbringung getroffen, und sofort auch in Pirling um ein Wägelchen gefeilscht.

In Kurzem fuhr ich mit meinem Goldfuchse, ein passendes Peitschlein in der Hand, kreuz und quer im Lande herum.

Wenn ich viel in Seitenpfade zu gehen hatte, wurde der Bube Thomas mit genommen, der dann fuhr, und den Fuchs betreute.

Zu Kajetan wurde noch ein Knecht in das Haus genommen.

„Ja, ja," sagte Josi.

„Nein, nein, ich glaube schon auch, daß ein Pferd nothwendig ist, wenn man bald rechts und bald links sein muß," sprach der Sagmüller.

„Nun mit allen euerm Rathe," sagte ich, „so verkauft mir den Goldfuchs, Vetter Martin, und sendet ihn morgen mit Rüstung und Geschirr zu mir hinab."

Mappe 63.

5.
Margarita.

Der Wagen, welchen ich in Pirling gekauft hatte, war ^a~~erbärmlich~~. Ich bestellte nun einen neuen, dazu ich eine Zeichnung machte. Soll ich denn, dachte ich damals, zu jedem Dinge, das ich hier anfertigen lasse, selber eine Zeichnung machen? Freilich mußte der neue Wagen anders werden, als sie in der Gegend gebräuchlich waren, leicht und fest, und dann mußte er alle Fächer enthalten, in die ich meine Hefte, Bücher, Werkzeuge, Arzneidinge, Steigeisen und dergleichen handsam paken konnte. Ich machte auch gleich eine Zeichnung zu einem Schlitten, und ließ ihn mit dem Wagen zugleich verfertigen.

    Da der Fuchs im Ochsenstalle stand, begann ich sogleich auch, den ganzen Stall, der seit der Erweiterung des Hauses nicht mehr ordnungsgemäß an demselben stand, umzubauen. Er wurde auch gegen Mitternacht hinaus gerükt, und sollte auch gegen Morgen hin länger werden, wodurch auch die Scheuer weiter nach Morgen gerükt werden mußte, was ich auf später verschob. So wie ein Theil des neuen Stalles fertig wäre, hatte ich vor, sollte er nach Thunlichkeit die Thiere aufnehmen, und dann der entsprechende alte Theil abgebrochen werden. Für die Pferde ließ ich die Abtheilung zuerst bauen und zwar auf vier oder fünf. Es könnte ja geschehen, dachte ich, daß ein Paar für die Wirthschaft nothwendig würden, und ich mir auch noch ein Paar kaufte, der Hofraum würde durch den Umbau des Stalles und der Scheuer, und, wie ich schier vorhatte, auch der Wagenlaube größer werden, was mir ganz recht war. Ich hatte schon vor zwei Jahren die Düngerstätte, welche sie hier fast allgemein im Hofraume haben, von demselben entfernen, und dafür auf der Wiese an der Mitternachtseite des Stalles einen Plaz bereiten lassen, daher ich mit meinem Fuchs recht frölich bei der Heimkunft in den gepflasterten und mit weißem Bachsande bestreuten Hof einfahren, und dort von dem Wagen springen konnte.

    Der Bube Thomas fuhr so vortrefflich, daß ich ihn zu mir allein in den Dienst nahm, und ihn für mich allein auch bezahlte. Er war endlich auch kein Bube mehr, sondern[1] unversehens ganz herangewachsen, und wurde mißbräuchlich aus Gewohnheit der Stallbube geheißen. Jezt nannten sie ihn zu Thal ob Pirling den Pferdeknecht des Doctors, oder auch, wenn er den Goldfuchs leitete, den Kutscher des Herrn Doctor.

    Ich wurde nun auch einmal in den Hof des Freiherrn von Tannberg gerufen. Wenn der Freiherr auch beinahe an jedem Sommer einige Zeit oft sogar den ganzen Sommer auf seinem Tannhofe in Tannberg war, so hatte ich ihn doch nie besucht, damit er nicht meine, ich gehe die drei Stunden Weges gegen das Land hinaus, um mir seine Kundschaft zuzuwenden. Und sonst hatte sich keine Anknüpfung ergeben. Ich fuhr allein mit meinem Fuchs in frühester Morgenstunde in den Tannhof hinaus. Als ich aus dem Tannenwalde durch den großen Garten des Freiherrn und von da durch das rothe Thor in den Hofraum des Gebäudes gefahren war, kamen zwei Diener herzu, deren einer mir vom Wagen helfen wollte. Ich wehrte es ab, und sprang herunter. Der andere nahm den Fuchs in die Obhut. Ich gab ihm kurze Weisung, wie er ihn behandeln müsse, und ging dann in das Haus.

Der Freiherr begegnete mir auf der Treppe, und sagte, daß seine Mutter erkrankt sei. Ich verlangte, zu ihr geführt

a für die Zeit doch nicht tauglich

---

1 üdZ war   *Die Seite mR durchstrichen.*

64.

zu werden. Er führte mich von der Treppe durch einen großen Vorsaal, der mit Bildern bemalt war, dann durch drei Zimmer, in denen Bilder hingen, auf einen Gang, und von dem Gange durch ein Vorzimmer in das Krankengemach. Bei dem Bette saß die Gattin des Freiherrn, in einiger Entfernung saßen zwei sehr schöne Mädchen, in denen ich seine Töchter erkannte, dann war noch ein Dienstmädchen zugegen. Ich verlangte, daß sich alle entfernen bis auf die Gattin des Freiherrn. Er selber und das Dienstmädchen möchten in dem Vorzimmer bleiben. Es geschah, wie ich gesagt hatte. Ich befragte und untersuchte die Kranke. Dann ging ich zu meinem Wagen, und holte mir die Arzneistoffe, die ich brauchte. Ich richtete eine Arznei zurecht, gab an, wie sie zu gebrauchen sei, und legte noch Kräuter auf den Tisch, und verordnete, wie sie zu kochen und zu geben seien. Dann empfahl ich der kranken Frau Ruhe, und entfernte mich mit dem Versprechen, morgen wieder zu kommen.[a] Der Freiherr begleitete mich bis zu meinem Wagen, und ich konnte ihm die Versicherung geben, daß ich die Krankheit nicht für gefährlich halte. Den Fuchs hatte der Diener, wie er mir sagte, ein wenig herum geführt, und dann in den Stall gethan. Er wurde wieder angespannt. Der Freiherr blieb da, bis ich in dem Wagen saß. Dann verbeugte er sich, ich auch auf meinem Size, und dann jagte mein Fuchs zum Thore hinaus.

    Ich kam nun alle Tage in den Tannhof. Jeder Tag war wie der erste, nur daß mich in den folgenden Tagen blos ein Diener statt über die Haupttreppe und die Bilderzimmer zu führen gleich über eine Hintertreppe in den Gang zum Krankenzimmer führte. Ich verordnete jedes Mal nach Einsicht, die Kranke besserte sich von Tag zu Tag.

    Einmal führte mich der Freiherr zu seinen zwei Töchtern, und bath, ich möchte ihnen, da sie nicht viel in das Krankenzimmer dürften, wie ich angeordnet habe, doch mit meinem ~~E~~ eigenen Munde die Versicherung geben, daß die Großmutter bald genesen werde. Ich fand die Mädchen in zwei mattblauen Zimmern mit aschgrauen seidenen Geräthen. Auf den Tischen waren Bücher, an den Fenstern Arbeitstischchen, und in jedem Zimmer stand eine Harfe. Die Mädchen waren ~~waren~~ in ein lichtes Braun gekleidet, ihre Angesichter waren zart aber gesund und von einem angenehmen Rosenanfluge angeweht. Beide hatten dunkelblaue Augen. Ihr Alter mochte damals neunzehn und zwanzig Jahre sein. Ich sagte ihnen, nach vier bis fünf Tagen dürften sie schon auf eine Stunde oder zwei zu der Großmutter gehen, und ihr etwas erzählen, oder ihr vorlesen. Sie dankten mir mit einem sehr anmuthigen Wesen, und ich entfernte mich. Da mich jezt der Freiherr in den Hof hinab führte, kamen wir durch ein sehr großes Bücherzimmer.

    Die alte Frau wurde sehr bald gesund, ich dankte der Gattin des Freiherrn für ihre vorzügliche Pflege, und sagte, daß ich nun nicht mehr kommen werde.

    Der Freiherr war am Tage darauf in Thal ob Pirling bei mir, dankte mir, bezahlte mir reichlich meine Bemühung, und lud mich ein, seinen Hof auch nicht als Arzt sondern als Nachbar öfter zu besuchen. Ich war im Sommer zwei Male dort, und jedes Mal brachten wir die Zeit in dem Garten zu, wo ich sie getroffen hatte.[b]

    Während der Haberernte kam einmal der Bettler Tobias in seinem weißen Leinenroke, bath wieder um die Nachtherberge in der Sölde, und um ein Abendessen, was ihm beides gewährt wurde, und erzählte, daß im Hag schon recht gebaut werde. Seit ich selber baute, nahm ich Antheil an Allem, was Bauen hieß, und ich fuhr deßhalb eigens am nächsten Tage in das Buchenhag hinauf. Ich hatte den Thomas mit genommen, damit er bei dem Fuchs bliebe, während ich auf der Baustätte herum ginge. ~~Der~~[c] verstand freilich das Bauen, in wiefern ich es beurtheilen konnte. Gerade auf dem Plaze, den ich für eine Ansiedlung als den besten am Buchenhag erklärt hatte, war der Baugrund. Hinter ihm zog sich das Hag zurük, die schönsten Buchen, die ich im ganzen großen Waldgebiethe gesehen hatte. Das Haus wird nach Mittag auf das ganze halbkreisartige mit Bergen Hügeln Wäldern Häusern Bächen gefüllte Thal sehen, und den Langberg mit dem Tannenwalde zur Gesichtsgrenze haben, außer daß es an ganz klaren Tagen noch in einem Einschnitte des Langberges einige Höhen der sehr entfernten Steieralpen sehen wird. Gegen Mitternacht ist das Haus ~~gegen die~~[d] Buchen geschüzt, und einen großen Garten kann es gegen Morgen haben, dem gleichfalls die Buchen zum Schuze dienen. Eine große Zahl Arbeiter grub an der Grundveste, und an der Morgenseite wurde bereits über den Grund heraus gemauert. Ich sah alles an, und zählte an Schritten den Plaz ab. Es wird, dachte ich, ein

a   mB ablösen

b   mB Margarita gesehen ... – Vetter –

c   Dieser Bauherr

d   von den

Die Seite mR durchstrichen.

nicht gar großes aber anständiges Haus. Unter den Arbeitern sah ich viele fremde, und ihre Zahl war überhaupt so groß, daß, wenn sie die Hände fortan rührten wie jezt, der Bau, ehe die Fröste kämen, wenn diese nur ein wenig später einträten, in den Hauptheilen bis zu dem Dache gediehen sein könnte. Eine Art Aufseher ging von Stelle zu Stelle, und sah überall nach. Ich fragte ihn um den Bauherrn. Er sagte, derselbe sei ein ältlicher Obrist mit Namen Uhle, er wisse nicht recht, woher er stamme. Derselbe habe den Wald und alle die Wiesen und Felder und Hölzer gekauft, die zu dem Buchenhag gehören, und bar ausgezahlt. In einem Tage sei der Handel fertig gewesen. Dann sei bei den Gerichten die Sache in Ordnung gebracht worden, und des Tages darauf wurde schon der Bauplaz abgestekt, und nach einem Plane, den der Obrist mitgebracht hatte, der Hausbau begonnen. Vor einem Jahre sei der Obrist mit dem Freiherrn von Tannberg, dessen Vetter er sei, in der Gegend gewesen, da habe er das Hag gesehen, und es müsse ihm gefallen haben. Er sei jezt gar nicht hier, es wäre auch nicht nöthig, der Bau werde schon geleitet; aber in mehreren Wochen werde er gewiß kommen. Die Arbeiter seien meistens von Frauenberg, wo der große Bau aufgehört habe, er selber hätte über vier Jahre in Frauenberg gedient.

    Ich fragte, da ich sähe, daß die Erdmauern aus Stein gemauert würden, ob das ganze Haus aus diesem Stoffe gemacht würde.

    „Gar nicht," antwortete er, „wir haben ja die Ziegeleien selber angelegt, im Haggrunde unten, wo vorzüglicher Thon ist, und sie sind in voller Arbeit. Hier bauen sie alle Mauern aus Stein, daß sie sehr kalt sind. Der Dachstuhl wird im Sillerwalde schon gemacht, der Obrist hat dem Freiherrn die Stämme und Latten abgekauft, der Freiherr hat sie im Winter schlagen lassen, und wenn alles fertig ist, wird es hieher gebracht. Auch alle Düppeln und das andere Holzwerk ist von der Siller."

    Ich dankte ihm für seine Auskunft, und entfernte mich.

    Ich hatte auch aus Stein gebaut, und hätte, wenn mein Bau später eingetreten wäre, hier vielleicht Ziegel bekommen.

    „Ja,/"/ dachte ich, „wer Geld zur Verfügung hat, dem kann leicht ein Plaz gefallen, daß er ihn erwerbe. Das Hag hätte mir auch angestanden."

    Ich fuhr nun öfter zu dem Bau, und sah zu, und lernte manches. Da ich den Umbau des Stalles schon mit Steinen begonnen hatte, so wurde er auch so fortgesetzt.

    Im Herbste ging ich wieder auf eine sehr kurze Zeit nach Prag. Ich hatte mir dort einen Anzug bestellt, welcher nach Art der Bewohner Prags war, und diesen Anzug benuzte ich dort. Christine war feiner und schöner geworden, aber ein klein wenig gealtert. Von Eustachius keine Nachricht. Ich sah mit Schmerz und Grimm in ihr gelassenes fast kaltes Angesicht. Der Vater hatte viele Fältchen mehr bekommen. Von Eustachius sprachen sie mit Achtung. Bei dem Herrn Bürgermeister nahmen sie mich mit Freundlichkeit auf. Jakoba war noch schöner und fast jünger als je, und hatte den Plan, in den mittäglichen Wald zu kommen, nicht aufgegeben. Ich konnte seit meinem Umbaue eine viel anständigere Unterkunft anbiethen. Mit meinen Freunden brachte ich einige Abende zu. Meine Lehrer besuchte ich wie gewöhnlich. Cäcilia, die jezt einen alten Mann mit einer kleinen Rente in ihrer Miethstube hatte, der ihr zu gehorsamen schien, forderte wieder den Eustachius von mir, als wäre sie eine Braut, der ich ihn vorenthalte. Ich hatte ihr Leinwand gebracht, und bestellte wieder Hemden nach Art der des Eustachius. Der Jude Manasse hatte meine Ankunft erforscht, und rannte mir in das Gasthaus des schwarzen Rosses nach, und sagte, er hätte ein altes Schreibgerüste, wie gar nichts so schönes mehr auf der Welt sei. Ich ging des andern Tages in seine Hütte, und sah das Ding an. Es gefiel mir. Frösche Eidechsen Käfer und allerlei Geziffer war in Lindenholz darauf ausgeschnizt. Sonst waren Säulen und Fächer und alles sehr schön. Der Jude hatte für dieses Ding ebenfalls keinen Käufer wie für seine zwei alten schlanken Schränke. Mich freute es, ihn drüken zu können, und ich both ein Winziges. Er schwor, das schöne Gerüste so nicht lassen zu können, und ich ließ es stehen. Mit eingekauftem Bedarf für meinen Beruf fuhr ich wieder nach Hause.

    Es war indessen mein Wagen fertig geworden. Ich versuchte ihn, und befand ihn gut. Es mußte das eine Mal Franziska ein wenig mit mir herum fahren, dann Josepha, dann andere, dann auch die

66.

wintert hatten, bekam ich auch den Obrist zu sehen. Ich war eines Sonntags in der Gegend der Sillerau, und fuhr in dieselbe zum Gottesdienste. Als ich vor dem Plaze zwischen der Kirche dem Wirthshause und dem Pfarrhofe hielt, und dem Thomas gerade den Fuchs empfahl, sah ich einen schönen Wagen mit braunen Pferden bespannt auf demselben Plaze stehen. Der sehr alte weißlokige Pfarrer von Sillerau ging auf mich zu, und sagte: „Das ist recht schön, Herr Doctor, daß ihr auch einmal zu uns herüber kömmt."

a mB auf meinem Wege

„Ich muß mir mein Wort Gottes holen, wo ich es eben*a* finde," sagte ich, „wenn ich in meinem Berufe herum fahre."

„So ist es," sagte der Pfarrer, „so ist es. Seid ihr mit eurem neuen Nachbar herüber gefahren?"

„Ich kenne ihn noch gar nicht," entgegnete ich.

„Ihr kennt ihn nicht," antwortete er, „freilich ist er noch nicht euer Nachbar, sondern sein angefangenes Haus ist es, er wohnt im Tannhofe bei dem Freiherrn, fährt öfter herüber in das Hag, und da besucht er nun schon zum zweiten Male meine arme Kirche. Ihr werdet ihn heute mit seiner Tochter sehen, dort steht sein Wagen. Sind jezt viele Kranke?"

„Nicht viele," sagte ich, „der trokene und warme Herbst kömmt vielen zu statten."

„Dem Obrist auch zum Bauen," sagte er, „und gehabt euch wohl, Herr Doctor, ich muß auch in meinen Beruf. Sprecht einmal bei mir ein."

„Wohl, wohl," antwortete ich, „sobald es die Zeit fügt."

„Nun gut," sagte er, und ging in die Kirche.

Wir, ich und der Thomas, sahen ein wenig die Braunen an, und ich ging dann in die Kirche.

Ich fand den Obrist leicht auf. Er saß mit seiner Tochter in dem Querstuhle bei dem Altare. Er hatte einen schwarzen Rok von Sammet an. So viel ich von dem Stuhle im Schiffe der Kirche, in dem ich saß, sehen konnte, war er schon mehr als ältlich; denn sein Haupthaar, das länger war, als man es gewöhnlich trägt, war weiß, und schimmerte von dem schwarzen Roke weg, sein voller Bart, den er gestuzt trug, war ebenfalls weiß, und hob sich von dem Sammet ab. Sein Angesicht, so weit ich es erkennen konnte, war noch frisch. Er mochte gerade rechte Männergröße haben. Seine Tochter war auch in schwarzen

b Ihr Angesicht war nicht

Sammet gekleidet, und trug einen weißen Schleier. ~~Es war nichts an ihr zu erkennen.~~*b*1

c im offenen Wagen

Als der Gottesdienst aus war, ließ ich anspannen, um heimwärts zu fahren, die Braunen waren schon an ihren Wagen gespannt. Als ich bereits meines Weges fuhr, und einmal zufällig umblikte, sah ich ihn*c* hinter mir her fahren. Thomas, der wohl wußte, wer hinter uns sei, ließ im Stolze auf den Fuchs denselben dahin laufen, daß die Braunen stets weiter zurük blieben. Mich freute die Sache auch so. Als wir zu der Stelle kamen, wo der Weg sich theilte, rechts hinab nach Thal ob Pirling

d in Überkleidern

und links hinauf gegen das Hag, fuhren sie links, wir sahen ihnen nach der Seite zu, wie die zwei schwarzen Gestalten*d* im Wagen saßen, die Braunen gut dahin liefen, und² Staub des Feldweges unter den Rädern aufflog. Unser Fuchs sausete rechts in unsere Heimath hinunter.

Der Herbst war, als hätte ihn der Obrist für seinen Bau bestellt. Es war sonst um diese Zeit oft schon Schnee, jezt hatten wir wohl Reife, aber dann warme und sonnige Tage. Mir schlug dieses Wetter auch gut zu, und ich ließ waker fortmauern.

e mB Wenige Tage

*e*Eines Tages ließ der Obrist bei mir anfragen, ob er mich besuchen dürfe, und wenn ich dieß³ gestatte, um welche Stunde. Ich ließ ihm die zweite Nachmittagsstunde zurük melden. Er kam des andern Tages um diese Stunde. Er war vom Hag herab gegangen. Er hatte wieder einen schwarzen Anzug aber von Tuch und eine schwarze Sammethaube. Ich führte ihn in die obere Stube, die für Besuche hergerichtet war, und nöthigte ihn auf einen Siz. Als wir saßen, sagte er: „Ich habe mich entschlossen, in diesem Waldlande den Rest meines Lebens zuzubringen. Ich halte es für Pflicht, meine Nachbarn, mit denen ich eben liebe Nachbar-

---

1 idZ zu beurtheilen.
2 üdZ der
3 H

Die Seite mR durchstrichen.

blauäugige Agnes, und Anna führte ich jeden Sonntag nach Pirling in die Kirche. Der Fuchs bekam jezt auch ein ganz neues dem Wagen zuständiges Geschirr.

Da wir schon den Weißkohl geerntet, das Herbstlaub gerechet, und uns fast einge-

schaft pflegen möchte, zu besuchen, um ihnen meine Achtung zu bezeigen. Ich habe zwar noch kein Haus; aber es wird eben ein solches für mich errichtet, und ich denke, daß es besser ist, früher mit den Menschen, die mich umgeben, anzuknüpfen, als es dann überstürzen zu müssen, und ihm den Schein eines Scheines[1] geben, was ich nicht möchte; denn ich ersuche diejenigen um Annahme meines Besuches, von denen mir während meines Hierseins Merkmale zugekommen sind, die man achten muß. Entsteht dann daraus nach Neigungen Ansichten Zeit und dergleichen ein näherer Umgang, so ist es gut, entwikelt sich ein solcher nicht, so wird eben eine freundliche Nachbarschaft bleiben. Und euch, Herr Doctor habe ich so oft einen sehr thätigen bereitwilligen und geschikten Arzten nennen gehört, daß ihr mich nun hier bei euch sehen müsset."[a]

    Ich hatte Muße, ihn zu betrachten, während er sprach.[b] Das Angesicht, dessen Wangen ein klares gesundes Braunroth hatten, war erst voll kleiner Fältchen, und sprach sich namentlich mit den weißen Augenwimpern und Brauen über den großen braunen Augen vorwiegend gütig aus. Sonst war seine Art, wie sie mir bei vornehmeren Menschen, die ich während meiner Schulzeit gesehen hatte, vorgekommen war. Ich antwortete auf seine Rede: „Es macht mir Freude, Herr Obrist, daß ihr unter die, welchen ihr Besuche zugedacht habt, auch mich zählet. Ich habe den Beruf als Arzt hier in meiner Heimath gewählt, und möchte ihm eifrig obliegen. Wie es mit der Geschiklichkeit ist, nun ich bin jung, und werde wohl lernen. Gott und das Glük wirken Gutes.[c] Wegen guter Nachbarschaft wird es, hoffe ich, zwischen uns keinen Anstand haben. Wenn ihr erlaubt, daß ich mir aus eurem Umgange manche taugliche Erfahrung sammle, und wenn ich euch irgend wie dienlich sein kann, so wird es um so besser sein."

    „Was da entsteht, liegt in Gottes Hand," entgegnete er, „ich bin in verschiedenen Lagen gewesen, und habe Verschiedenes erfahren, oft ist das gekommen, was man gar nicht geahnt hat. Ich will in keiner Stadt leben, obwohl ich zu Zeiten gerne in eine große und wo möglich sehr große Stadt gehe. Dieser Wald hat viel Anmuth, ich kann noch Einiges hier wirken, ehe ich mich zur gänzlichen Ruhe legen muß, und darum habe ich ihn zum Aufenthalte gewählt."

    „Mir ist die Stadt widerwärtig geworden," sagte ich, „und darum bin ich da heraus in die Wildniß gegangen, wer weiß, was daraus wird."

    „Das weiß niemand von sich," antwortete er, „nur daß er selber werde, ist für jeden ein Glük."

    „Möge es kommen," sagte ich.

    „Ihr habt da schon eifrige Veränderungen vorgenommen," sagte er, „ich sehe, daß ihr das Haus umgebaut habt, und daß ihr an dem Stalle baut. Auch hat man mir gesagt, daß ihr euch durch eine schöne Wiese, die ihr dem Allerb abgekauft habt, rundet. Ich habe bei dem Herabgehen an den Einplankungen arbeiten gesehen."

    „Wenn ich euren Bau vor Beginn des meinigen gesehen hätte," entgegnete ich, „so hätte ich mit Ziegeln gebaut."

    „Thut das mit euren künftigen Bauten," sagte er, „meine Ziegelei im Haggrunde wird vielleicht bestehen bleiben, und wenn auch nicht, ihr könnt euch dort immer nach Bedarf eure Ziegel kommen lassen."

    „Ich werde wohl nicht mehr so viel zu bauen haben," sagte ich.

    „Das wißt ihr nicht, gerade von dem Bauen weiß man das nie," entgegnete er, „und wenn auch, so baut den Rest mit Ziegeln, es macht warm, ist fest, und fördert sich ungemein schnell. Die sehr verständigen alten Römer haben sogar Staatsbauten mit Ziegeln gemacht. Sie verstanden auch das Brennen. Meine aber sind keine römischen Ziegel, wenn auch nicht eben schlecht."

    „Ich denke ohnedem immer über die Sache, seit ich bei eurem Bau oben war," sagte ich.

    „Weil wir beide bauen," entgegnete er, „so erlaubt gütigst, daß ich zuweilen bei euch zusehe, und thut ihr das auch bei mir. Ihr könnt mich jezt ohnedem nirgends besuchen, so ihr das wolltet, als im Freien bei meinem Baue. Thut das, Herr Doctor."

    „Ich werde eure Erlaubniß benüzen," sagte ich, „und seht ihr Thorheiten bei mir, Herr Obrist, so sagt es mir nur rüstig."

    „Tauschen wir gegenseitige Erfahrungen aus, so wird es gut sein," sagte er, „bei nichts

---

Mappe 67.

a *mB* Erst von Prag gekommen, –
b *mB* in jenem Zeitpunkt des Mannes

c *mB* bisher

---

1 *üdZ* zu   *Die Seite mR durchstrichen.*

68.

ist das Sprichwort, man sollte eine Sache zwei Mal machen können, so gut angewendet als beim Bauen."

„Es gelte der Vorschlag," sagte ich.

„Ihr habt ein behäbiges Anwesen," sagte er, „und es sieht sich in Feld und Wiese gut an. Ich möchte gerne, so es euch genehm ist, die Eurigen kennen lernen."

„Dann müßt ihr in die untere Stube kommen, Herr Obrist," sagte ich, „diese unten ist die Besuchstube meines Vaters."

„So führet mich," entgegnete er.

Ich führte ihn in die untere Stube, und ließ den Meinigen den Besuch melden.

Zuerst kam der Vater von dem Hofe herein, wo er irgend etwas gearbeitet hatte, und begrüßte den Obrist. Dann kam Anna, die schnell ein schöneres Röklein und Kopftuch genommen hatte, und dann der Kaspar, wie er war. Der Vater winkte der Anna, und sie brachte, wie es bei uns im Waldlande gebräuchlich ist, eine Erfrischung. Die Erfrischung war, wie ich sie eingeführt hatte, Wein und Weißbrod. Der Vater schenkte in die Gläser ein, und reichte eines dem Obrist. Dieser trank, und nahm auch etwas Brod. Dann stellte ich ihm Anna und Kaspar als meine Geschwister vor. Er saß bei dem großen Tische, und sprach mit allen, mit dem Vater von der Feld- Wiesen- und Waldwirthschaft, mit Kaspar deßgleichen, und mit Anna vom Hause. Wir saßen um ihn herum, der Vater gab ihm seine frischen Antworten, Kaspar und Anna erwiederten seine Reden einsilbig. Ehe er fortging, zeigte ich ihm auch meine Kammer, die auch meine Arzneistube war. Er sezte sich auch hier ein ~~wenig~~[a] auf einen Stuhl, weil es bei uns gebräuchlich ist, die Stube und ihre Bewohner durch Niedersizen zu ehren. Da er die zwei alterthümlichen Schreine sah, lobte er ihre Schönheit, fragte mich, woher ich sie habe, und sagte, er sei begierig, wie mir seine alterthümlichen Geräthe gefallen würden, wenn er sie einmal in seinem Hause aufgestellt hätte.

Dann verabschiedete er sich, reichte zuerst dem Vater dann mir und den Geschwistern die Hand, und ging aus dem Hause. Er schlug zu Fuße die Richtung nach dem Buchenhag ein. Ich begleitete ihn bis auf den Reutbühel, von dem aus man den Bauplaz sehr schön sehen konnte, und von dem aus man das Haus in seiner Stattlichkeit wird erbliken können. Dort trennten wir uns, er schritt gegen das Buchenhag, und ich ging von dem Reutbühel wieder in meine Wohnung hinab.

Zwei Tage darnach fuhr ich an einem sehr klaren Morgen, ~~an dem ein Reif wie ein Schnee auf den Gräsern und Tannenzweigen war,~~[1] mit dem neuen Wagen und dem Goldfuchs ganz allein in den Tannhof. Ich fuhr, weil ich ~~außer den zwei Malen im Sommer bisher nie~~[2][b] der freundlichen Einladung des Freiherrn gefolgt war, und ich fuhr, weil ich an dem frischen fröhlichen Morgen fahren wollte. Ich ließ den schönen Goldfuchs wie einen Aal in den Hof des Gebäudes schießen, hielt ihn schön an,[c] und sprang von dem Wagen. Ich übergab dem mir schon bekannten Diener das Pferd, von dem er auch schon wußte, wie es zu behandeln sei, ging über die breite Treppe in den gemalten Vorsaal, und sagte dort einem Diener, der auf mich zukam, daß er mich melde. Er antwortete, die Herrschaften seien gerade mit dem Frühmale fertig, er wolle sagen, daß ich da sei. Nach einer kleinen Zeit kam der Freiherr heraus, mich zu den Seinigen einzuführen. Er führte mich in ein Zimmer, welches an die Gemächer der Familie stieß, und, wie ich aus den Geräthen schließen konnte, als Speiszimmer benüzt wurde. Von dem Tische wurden eben die Reste des Frühmales weggetragen. ~~Edelinde~~[d], die ältere Tochter des Freiherrn saß bei der Harfe, hatte aber zu spielen aufgehört, da ich eingetreten war. Ich sah auch den Obrist in ~~dem~~ schwarzer Kleidung, wie ich ihn nun schon zwei Mal gesehen hatte, in dem Gemache. Ich sprach, nachdem ich mich gegen alle gemeinschaftlich verbeugt hatte, man möge meinem so frühen Morgenbesuche nicht zürnen, ich käme auch ein wenig als Arzt, um zu sehen, ob das Wohlsein der hochverehrten Frau, welche der Himmel[e] in meinem Beisein habe genesen lassen, auch den stettigen erwünschten

a Weilchen

b mB bisher nur einmal

c mB suchte ihn zierlich anzuhalten

d Adelgunde

e heuer

1 mB gestrichen   *2* mB gestrichen   Die Seite mR durchstrichen.

Fortgang in der Gesundheit genommen hätte.

„Ach lieber Herr Doctor," sagte die alte Freifrau, welche in einem einfachen aschgrauen Seidenkleide in einem Armsessel an dem Tische saß, „der Himmel und ihr habt mir eine Gesundheit gegeben, daß ich meine, ich könne nun gar nicht mehr krank werden."

In diesem Augenblike wendete sich ein Mädchen in schwarzem Kleide, das ich früher gar nicht beachtet hatte, und das bei der jüngeren Tochter des Freiherrn Isabella gestanden war, um, und sah mich an. Ich erkannte zwar im Augenblike, daß ~~sie~~[1] die Tochter des Obrists sei; allein es blieben mir fast die Worte im Munde steken – das hatte ich noch nie gesehen – es war Christine – die großen braunen Augen, das schöne Angesicht, die braunen Haare, der edle Körper! Ich sagte zu der alten Freifrau: „Ja die Gesundheit, die Gesundheit, ja die Gesundheit ist ein sehr großes Gut, und es möge Gott dieselbe sehr lange sehr lange schenken, sehr lange erhalten, wir haben nichts besseres."

„Daß wir nichts besseres haben, wissen wir erst, wenn wir krank sind," antwortete die Freifrau, „die das nie empfunden haben, werfen mit der Gesundheit herum wie mit Hobelspänen. Aber wollt ihr euch denn nicht sezen, lieber Doctor?"

„Erst müssen wir ja vorstellen," sagte der Freiherr.

„Du hast recht," sagte die alte Frau, „mir ist immer, als müßten sich die Leute schon kennen."

„Der Herr Obrist und sein junger Nachbar sind schon bekannt," sagte der Freiherr.

„Und die Familie des Freiherrn von Tannberg und der junge Doctor sind auch bekannt," sagte der Obrist, „es ist daher nur mehr übrig, daß ich von meiner Familie vorstelle, was ich habe. Margarita."

Mit diesem Rufe reichte er die Hand gegen das Mädchen in dem schwarzen Kleide. Sie legte ihre Hand in die seinige, er führte sie die paar Schritte, die sie von mir entfernt war, gegen mich, und sagte: „Das ist Margarita, ||mein||[2] einziges Kind und mein ganzes Haus, sie wird bei mir im Buchenhag wohnen, sobald wir einmal dort eine Wohnung haben werden."

Dann sagte er zu Margarita: „Das ist der junge Arzt zu Thal ob Pirling unser nächster Nachbar unterhalb des Hag, der alle Krankheiten aus dem Walde verbannen will."

Sie war ~~sehr~~[3a] erröthet, als sie mir vorgestellt wurde, neigte sich ein wenig, und sagte nichts.   a mB schwach

Ich verneigte mich auch, und vermochte gleichfalls nicht, etwas zu sagen.

Der Obrist aber, da er sie noch an der Hand hielt sprach: „Nun ihr werdet wohl auch nicht kriegerische Nachbarschaft pflegen, so wie ich mit euch, Herr Doctor, neulich friedliche Grenzen verabredet habe. Jezt, da wir vogelfrei sind, haben uns unsere Muhmen und unser Vetter Tannberg einen Zweig in dem Tannhofe dargereicht, auf den wir uns niederlassen können, und sie wollen den Zweig sogar im Winter aufrecht halten, daß wir nahe genug an dem Neste sind, das für uns bereitet wird."

Mit diesen Worten ließ er ihre Hand los, und sie ging wieder an ihren früheren Plaz, und sezte sich neben Isabella nieder. Ich nahm auch auf einem Stuhle Plaz, der mir hingerükt worden war. Der Freiherr und der Obrist standen.

„Du mußt deine Aufgabe vollenden, Adelgunde," sagte die Gemalin des Freiherrn, „der Überrest von dem, was du neu angelernt hast, und was du uns zeigen wolltest, ist dir darum nicht erlassen, weil unser Freund, der Doctor, gekommen ist."

Adelgunde zögerte ein wenig, dann aber rükte sie mit ihrem Stuhle näher an die Harfe, legte die zwei Arme gegen die Saiten aus, und begann zu spielen.

Der Freiherr und der Obrist sezten sich auch leise nieder.

Während des Spieles konnte ich Margarita genauer betrachten.

Sie saß von dem Tische etwas entfernt dicht neben Isabella, die eine Hand auf die ihrige gelegt hatte. Ich saß schief gegenüber. Sie blikte auf die spielende Adelgunde. Ihr Angesicht hob sich sehr schön von dem schwarzen Seidenkleide ab, das nur um den Hals ein kleines weißes Krauschen hatte. Sie muß jünger sein als Christine, dachte ich. Die Augen waren noch größer und klarer und ruhiger, das Roth der Wangen feiner, die Lippen zierlicher und gütevoller, die Stirn weißer und heiterer. Ihre braunen Haare, die sehr rein waren, hatten einen einfachen Bau ohne Zierathen. Ihr Körper schlank und gesund mochte auch ein wenig höher sein als der Christinens.

---

1 üdZ es
2 meine
3 mB gestrichen

Die Seite mR durchstrichen.

Fortsetzung auf S. 123

70.

Die Antworten waren sehr befriedigend.

Der Zwek meines Hierseins war erreicht, und ich stand auf mich zu entfernen. Ich verneigte mich zuerst gegen die alte Frau, dann gegen die Frau des Hauses, dann gegen die Mädchen, und endlich gegen die Männer. Alle waren aufgestanden, mir zu danken. Der Obrist reichte mir die Hand. Der Freiherr geleitete mich bis zur Treppe. Der Fuchs wurde, da ich in dem Hofe war, vorgeführt, und angespannt. Ich schwang mich auf den Wagen, nahm die Leitriemen zurecht, und da ich einen Blik auf die Fenster geworfen hatte, und hinter einem Gestalten sah, darunter das schwarze Seidenkleid, fuhr ich schöner von dem Hofe fort, als ich je gethan hatte.

Ich ließ nun den Fuchs gegen die untere Dubbs laufen, wo ich Geschäfte hatte.

Am andern Tage nachmittags, da wieder sehr klarer Sonnenschein war, und ich den Obrist bei seinem Baue vermuthete, fuhr ich in das Buchenhag hinauf. Er war da, ich sah den Wagen mit den Braunen stehen. Ich ließ den Thomas den Goldfuchs mit meinem Wagen daneben stellen, und suchte den Obrist in dem Baue. Ich fand ihn auch, und sagte, daß ich ihn hier besuche.

„Das ist freundlich und nachbarlich," sagte er, „so tretet nur ein wenig in das Bauhäuschen."

Mit diesen Worten führte er mich in eine Bretterhütte, die neben dem Bauplaze war, und in welcher sich die Bauleitung befand. Wir sezten uns auf zwei hölzerne Stühle an einen Tannentisch, während in einem eisernen Öfchen ein wärmendes Feuer knisterte. Er legte mir den Plan des Baues auf den Tisch. Das Haus sollte ein Erdgeschoß haben, das eigentlich ein sogenannter Halbstok wäre. In diesem sollen sich die Küche Waschküche Badezimmer Speisekammer Dienstpersonengemächer Aufbewahrungsorte und dergleichen befinden. Darüber soll ein Stokwerk sein, in welchem seine Wohngemächer wären. Die Gemächer laufen um einen Gang herum, der mitten durch die Länge des Hauses geht. Man kann durch alle Gemächer im Viereke herum gehen, ohne in den Gang zu kommen, und man kann vom Gange in ein jedes Gemach gelangen. Von seinen drei Zimmern sehen zwei gegen Morgen, das dritte ein Ekzimmer gegen Morgen und Mittag, dann ist das Bücherzimmer gegen Mittag, dann sind zwei Gemächer Margaritas mit einer kleinen Kammer, dann ein großes Ekzimmer gegen Mittag und Abend für Pflanzen, und gegen Mitternacht sind Gemächer für Sommerkühle und für Augenlabung an dem Grün der Buchen des Hages. Stall und Scheunen Holzlage und Wagenlaube sollten rükwärts an der abendlichen Eke beginnen und gegen Abend laufen. Der Plaz vor ihnen sollte ein Hof sein, der ein Gitter vor sich hat, der Plaz im Mittag des Hauses ein kleiner Garten, in welchem rinnendes Quellwasser in ein Steinbeken geht, und der große Garten soll gegen Morgen liegen.

Mir gefiel das alles sehr wohl, und ich freute mich schon auf die Zeit, da das Werk fertig sein würde.

Er führte mich nun in dem Baue herum, und ich konnte in großen Gliederungen schon das Heranwachsen des eben gesehenen Planes erbliken. Es wurde vorzüglich an den Hauptmauern des Hauses und Pferdestalles empor gearbeitet. Die zahlreichen Menschen grüßten sehr ehrerbiethig von den Gerüsten herunter, wenn der Obrist mit mir vorüber ging. Selbst auf das Gerüste mußte ich mit ihm steigen, um den Ziegelbau in der Nähe zu sehen. Unter einem langen Dache, welches aus Brettern hinter dem Baue gemacht worden war, lag schon reichliches gearbeitetes Holz zu dem Baue, welches von der Siller herauf geschafft worden war. Ich verabschiedete mich endlich, und da ich den Thomas mit dem Fuchs allein nach Hause fahren ließ, um meinen Weg zu Fuße zurük zu legen, geleitete er mich eine Streke bis gegen den Reutbühel hin, wie ich ihn geleitet hatte, da er bei mir gewesen war. Dann verabschiedeten wir uns mit dem Versprechen baldigen Wiederbesuches.

Mehrere Tage nachher kaufte ich von dem Dubbsgregor zwei sehr schöne Füllen, welche ihm im Sommer zwei schwarze Stutten beinahe gleichzeitig geworfen hatten. Die Thierchen waren gleich groß gleich gebaut und hatten nicht ein einziges weißes Härchen. Sie waren zwar noch nicht glänzend schwarz, sondern hatten noch hauptsächlich die Kindheitswolle; aber man konnte mit Zuversicht erwarten, daß sie die gleiche tiefste Schwärze bekommen würden, was auch noch durch Nahrung und Pflege unterstüzt werden konnte. Wir vermochten sie zuerst nur nothdürftig unter zu bringen; aber ich begann sogleich, ihnen ein warmes Winterstübchen zurecht machen zu lassen. Auf dem Anger wurde ein Plaz um-

Die Seite mR durchstrichen.

Das Spiel war aus, und man lobte Adelgunde. Ich neigte mich auch gegen sie.

Dann rükte ich erst meinen Stuhl etwas näher gegen die alte Freifrau, und fragte sie um mehrere Umstände ihres Befindens.

zäunt, auf dem sie zeitweilig herum laufen und herum springen konnten. Mappe 71.
  Der Obrist war wieder einmal bei mir herunten, ich zeigte ihm die Thiere, er untersuchte sie
sehr genau, und sagte dann, daß er sie, so weit seine Kenntnisse reichen, nicht nur als fehlerfrei sondern auch als sehr schön erkennen müsse. Wir sprachen dann unsere Meinungen über die Erziehung und Behandlung der Pferde aus.
  Ich ging auch wieder zu ihm hinauf, und betrachtete den Fortschritt des Baues.
  So war der erste Tag des Christmonates gekommen, der eben so wie seine Vorgänger noch immer schneefrei war. Auf diesen Tag war die Einlattung des Hausdaches des Obrists festgesezt worden. Mir ist das Fest der Einlattung eines Hausdaches, wie es in unserer Gegend gefeiert wird, ein sehr fröhliches, wo nicht nur alle Nachbarn geladen werden, sondern auch helfen, so weit es immer thunlich ist, wo es ein Ruhm ist, nicht blos beim Einschlagen der Lattennägel den reinsten Schlaglauf zu beobachten, sondern auch die ganzen Flächen in möglichst kurzer Zeit mit Latten zu bedeken, und wo endlich die Gesundheiten ausgebracht werden für die Anwesenden und Abwesenden, für die Vergangenen und Künftigen.[1a] Der Obrist hatte den Gebrauch eingehalten, er hatte Briefe in mehrere Häuser gesendet, er hatte alle nächsten Nachbarn geladen, und verkünden lassen, wer von nah und ferne komme, werde freundlich aufgenommen werden. In einem Briefe an meinen Vater hatte er ihn und seine drei Kinder geladen. Ich fuhr in der Dämmerung des festgesezten Tages zu meinen Kranken, und als der Morgen angebrochen war, gingen wir zu dem Obrist in das Hag hinauf. Der Vater war im Sonntagsstaate, und trug das Rohr in der Hand, welches er als Gemeindeältester hatte. Ich war in das Gewand gekleidet, welches ich bei meinem lezten Besuche in Prag gehabt hatte. Es war seit meinen Schultagen zum ersten Male, daß ich wieder in diesem Walde eine schwarze Sammethaube auf dem Kopfe trug. Anna hatte ihre Festkleider an, und Kaspar war in schmiegsamer Beinbekleidung und Jake, weil er es sich nicht hatte nehmen lassen, zu latten, wozu er seine Axt auf der Schulter trug, ein Nägeltäschchen umhängen hatte, und einen mächtigen Tannenstrauß als Zeichen auf dem Hute führte. Da wir ankamen, sahen wir den Neubau schon mit Menschen umringt. Die Sparren des Daches waren aufgezogen, und auf der Spize des Firstes gegen Morgen stak der Tannenbusch mit den längsten und schönsten vielfarbigen Seidenbändern. Wir wurden in das Innere des Hauses gewiesen, und kamen in einen großen Saal, den man aus dem Raume, der einmal in Gemächer getheilt werden sollte, hergerichtet hatte. Die Wände so wie die Deke, die zeltartig in eine Spize auslief, waren Tannenreiser, von Mauerwerk war nichts zu erbliken. Der Fußboden war mit Brettern und diese mit schöngeflochtenen Strohmatten bedekt. Drei Tische standen der ganzen Länge des Raume nach dahin, sie waren gedekt, und mit Zierathen und Erfrischungen beladen. Um die Tische waren aus Brettern und Pflöken kurze Bänke gemacht worden. Auf zwei Herdstellen ~~, die so angebracht waren, daß der Rauch nach Außen abziehen konnte,~~[2b] brannten zur Erwärmung große Buchenklöze. Der Obrist, der sich in der Nähe der Thür ~~befand~~ zum Empfangen befand, begrüßte uns beim Eintrite, und wies uns zu den nächsten Nachbarn und Ehrengästen. Anna ward zu den Mädchen geleitet. Es waren schon viele versammelt. Ich sah den Freiherrn von Tannberg mit seiner Gemalin und seinen Töchtern. Bei ihnen stand auch Margarita, die ein schwarzsammetnes Kleid an hatte. Der Pfarrer von Sillerau und der Pfarrer von Pirling waren da. Fast halb Pirling war gekommen, Mathias Ferent mit den Seinigen, der Bürgermeister, die Gemeindeältesten, der Schullehrer, der Krämer, der Färber, der Glaser, und so weiter. Der Hammerschmied Gerhard Rohr war da, der Glasmeister Johannes Bloch, der Meier Paul Köfner vom Kirnwalde, der Landwirth Herrmann Löff, jeder mit den Seinigen, dann alle aus Thal ob Pirling, aus dem Thaugrunde, der obern und der untern Dubbs, und den beiden Astung. Selbst aus dem Bisthume waren Leute über den Wald herein gegangen. Und doch kamen jezt auch noch mehrere.
  Da es an der Zeit war, tönte eine Gloke, und wir gingen in das Freie. Vor dem Hause standen in einer Reihe die Zimmerer, welche den Dachstuhl im Sillerwalde gebaut hatten. Sie waren im Festgewande, hatten das Sonntagschurzfell um und die Axt auf der Schulter. Ihr Anführer war der fünf und achtzigjährige Zimmermeister Agapitus Klenz und nach ihm sein Sohn Jeremias Klenz als Werkführer. Hinter den Zimmerern standen die Lattner in Reihen, so zahlreich, daß man meinte, sie würden kaum Plaz auf dem Dache finden, jeder

a mB waren die Briefe hin gegangen

b mB des Saales

---

1 aR mR angestrichen   2 mB gestrichen   Die Seite mR durchstrichen.   Fortsetzung auf S. 127

72.
Als die Gloke das zweite Zeichen gab, stieg der alte Agapitus auf eine kleine Bühne, grüßte nach allen Seiten, und rief dann mit weithin vernehmlicher Stimme:

„Latten auf und Latten ein,
Laß sie dir empfohlen sein,
Latten auf und Latten ein,
Nägel aus der Tasche fein,
Steht das Haus in Gottes Hand,
Latten schüz vor Feur und Brand."

Darauf warf er seinen Hut, der rings um von Tannenreisern starrte, in die Luft. Auf dieses Zeichen stürzten die Lattner gegen die Leitern, liefen sie wie Eichhörnchen hinan, und sezten sich auf dem Simse fest, daß sie rings um das Haus waren wie ein Bienenschwarm, der einen Ast umschließt.[a] Ich hatte neben Kaspar auch unsern Knecht Kajetan laufen gesehen. Auf einen [b]Ruf[1] des alten Agapitus[c] und auf ein Emporschlagen seiner beiden Arme auf der Bühne, flog durch die Zugwerke rings um das Haus die erste Latte empor, sie ward von den Lattnern genommen, gelegt, und nun rollte der Axtschlag mehrere Male um das Haus, und die Latte saß fest an dem Sparren. Die zweite Latte flog empor, der Axtschlag rollte, und die Latte saß fest. Und die dritte, und die vierte, und die fünfte. Man sah beinahe, wie der dunkle Menschenkreis, der um das Dach war, gegen den First hinan wuchs. Gegen die Buchen des Hags, gegen die Wälder und gegen die Hügel rollte der Axtschlag, tönte Jauchzen, und wechselte kurzer Rundgesang. Wir sahen die lezte Latte befestigt, ein dröhnender Jubel erscholl, und dann kam ein Axtschwingen, daß es in der Wintersonne Blize und Funken warf. Dann stiegen die Lattner etwas abwärts, und ordneten sich auf den belatteten Dachflächen. Jeremias Klenz aber, der auf dem Dache ihr Führer gewesen war, stieg gegen den First, stellte sich neben den Tannenbusch, grüßte nach Morgen und Abend, nach Mittag und Mitternacht, und rief mit lauter Stimme:

„Zimmrer bauen hoch das Haus,
Bauen in die Luft hinaus,
Sezen schön mit Holz und Span
Erst dem Haus die Haube an.
Kommt die Gnade in den Bau,
Schüzt den Herrn und schüzt die Frau
Schüzet Herrn und Frau und Kind,
Alle, die darinnen sind,
Alle, die da werden sein,
Wo wir heute latten ein."

Nach diesem Spruche bükte er sich, nahm eine Kristallflasche mit Wein bei seinen Füssen auf, schenkte aus der Flasche in ein leeres Glas, grüßte mit dem Glase nach allen Seiten, trank den Wein daraus, und warf dann das Glas in die Buchen des Hages. Dann nahm er sich zwei Bänder von dem Tannenwipfel, befestigte sie auf seinem Hute, und stieg hernieder. Die Lattner hatten auch Weinflaschen, schenkten in Gläser ein, riefen Gesundheit, und tranken.

Hierauf schritt Hadmar Kunter der Maurermeister und Führer der Maurer beinahe aufrecht auf den Latten, sein Schurzfell vor sich, und an demselben Kelle Hammer und Richtscheit tragend gegen den Dachfirst, stellte sich neben den Tannenbusch, grüßte nach Morgen und Abend, nach Mittag und Mitternacht, und rief mit lauter Stimme:

„Die Maurer bauen auf vom Grund,
Sie sind mit tiefer Erd im Bund,
Und baun aus Erd und Felsgestein
Bis in die helle Luft hinein.[d]
Der Zimmrer hebt den Hut empor,
Der Maurer macht den Rok zu vor,
Wir wünschen, daß ihm gut geschieht,
Der ein in Rok und Haube zieht,[e][2]
Er geht in schönem Kleide,

---

a mB Jeremias lief als Führer voran
b mB gellen Ton
c mB mit einem Pfeifchen
d mB und daß es könne dem (also) so sein
e mT und daß … sein[2] der zieht in Rok und Haube so ein. Er sei in schönem Kleide — — —

Fortsetzung auf S. 128   1 mB gestrichen   2 üdZ maT mag sein   Die Seite mR durchstrichen.

die Axt geschultert, an einem Riemen ein ledernes Täschchen um die Schulter, in das er sich Nägel aus dem Vorrathe gesammelt, und grünes Tannenreis auf dem Hute. Fast alle Jünglinge der Gegend waren gekommen, einem Fremden^c zu zeigen, daß sie gute Sitten haben. Weiter zurük standen die Maurer in ihrem Schmuke, weil der Tag doch hauptsächlich den Zimmerern gehörte. Noch weiter zurük standen die andern Gewerke und die Handlanger. Dienstleute des Obrists waren an einem eigenen Plaze aufgestellt. In der nächsten Nähe des Hauses war der Raum frei. Rings lehnten Leitern gegen das Dach.

c mB Herrn

In Sammet und in Seide,
In Sammet und in rothem Gold

　　　　　Was sich das Herz nur wünschen sollt', Mappe 73.
　　　　　~~Er habe Trank und Speise~~
　　　　　~~In allerbester Weise,~~[1a]　　　　　　　　　　　　　　　　　a mB finde
　　　　　An Trank und Speise Überfluß,
　　　　　Was Feld und Haide bringen muß,
　　　　　An Braten Wein und süßer Frucht
　　　　　An Kuchen Fisch und jeder Zucht,
　　　　　Er und sein Weib und auch das Kind,
　　　　　Und auch das ganze Ingesind,
　　　　　Und wer noch kommt in dieses Haus,[b]　　　　　　　　　　　b mB (doppelt) (nach ihm kommt in
　　　　　So Tage ein und Tage aus,　　　　　　　　　　　　　　　　　　das Haus)
　　　　　Und soll der Freud kein Ende sein,[c2]　　　　　　　　　　　c mB Und soll daran
　　　　　Was ‖schließt hier‖[3] Holz und Mauer ein."
　　Und als er dies gerufen hatte, nahm er auch die Kristallflasche mit Wein, schenkte sich in ein
leeres Glas ein, grüßte mit demselben nach allen Seiten, trank den Wein aus, und warf das leere Glas in die Buchen
des Hages. Dann nahm er sich gleichfalls zwei Bänder von dem Tannenwipfel, befestigte sie an seinem Hute, und
　　　　　　　　　　　　　　　　　　　　　　　　　　　　　　schritt auf-
recht, wie er hinaufgegangen war, die Latten hinunter, die Kristallflasche mit dem Reste des Weines in der Hand
haltend. Die Lattner schenkten aus ihren Flaschen in die Gläser, riefen Gesundheit, und tranken.
　　Dann stieg der alte Agapitus wieder auf die kleine Bühne, und rief:
　　　　　„Latten stark und Latten fest,
　　　　　Seid gepriesen Lattengäst,
　　　　　Haben nun die Schindel ~~nett,~~[4]
　　　　　Ein gerechtes Unterbett,
　　　　　Zeigt die Äxte in dem Gau,
　　　　　Habt gelattet bei dem Bau."
　　Und wieder warf er seinen tannenreisbekränzten Hut in die Höhe, und auf dieses Zeichen
folgte wieder ein Jubelruf der Lattner, ein blizendes Axtschwingen, ein Gesundheitsruf und ein Trinken. Dann reichten sie
die Gläser und Flaschen zwischen den Latten abwärts an Leute, die im Innern zur Empfangnahme solcher Dinge
　　　　　　　　　　　　　　　　　　　　　　　　vertheilt waren,
und dann ordneten sie sich, und wie sie die Leitern hinauf gelaufen waren, so stiegen sie jezt flink und behend ein
　　　　　　　　　　　　　　　　　　　　　　　　Schaustük für die
Untenstehenden hinab, und waren sogleich wieder in ihre Reihen geordnet, neben den Zimmerern, an deren Spize
　　　　　　　　　　　　　　　　　　　　　　　　sich wieder
Agapitus stellte.[d]　　　　　　　　　　　　　　　　　　　　　　　　　　　d Bänder aus-
　　Jezt wurden alle in den Saal gerufen. Dort befanden sich auf einem schönverzierten Tische alle　　theilen
Gegenstände, welche in den Grundstein gelegt werden sollten. Es war ein feines Pergament da, auf welchem die
　　　　　　　　　　　　　　　　　　　　　　　　Nachricht des
Baues zierlich geschrieben war, und auf welches die Namen der geladenen Gäste und anderer, die da wollten, gesezt
　　　　　　　　　　　　　　　　　　　　　　　　werden sollten.
Es war von allen Münzen, die an dem Tage in dem Lande gangbar waren, ein Stük vorhanden, es waren drei reife Weizen-
ähren und drei reife Kornähren von der lezten Ernte da, dann befand sich ein Häufchen von jeder Feldfrucht in
　　　　　　　　　　　　　　　　　　　　　　　　einem gläser-
nen Trühelchen, dann waren alle ~~Weizenbrode~~[e] da von dem feinsten bis zu dem schwärzesten, dann stand in einer　　e Pfennigbro-
　　　　　　　　　　　　　　　　　　　　　　　　Flasche Wein　　　　　　　　　　　　　　　　　　　　de
von dem besten Gewächse des Landes, auch die Flasche, aus welcher sich der Zimmerer und der Maurer, die den
　　　　　　　　　　　　　　　　　　　　　　　　Spruch gethan
hatten, eingeschenkt hatten, stand da, es waren Streifchen von Linnen Wollstoff Leder und anderen Dingen, die in
　　　　　　　　　　　　　　　　　　　　　　　　der Gegend
verfertiget werden, vorhanden, und endlich lag ein Verzeichniß der Preise aller Lebensmittel da.

---

1 mB gestrichen　　　　　3 mB schließet　　　　　Die Seite mR durchstrichen.　　　　　Fortsetzung auf S. 131
2 üdZ maB daran kein Ende sein　　4 idZ bret

74.

a mB Pfarrer legt die Dinge – ? – Spruch und Segen – Kleidung – Tische bereit – Dem Heiland danken und älteste Pfarrer (Pfarre ist Pirling) –

b mB ertönte eine Glocke. Darauf wurde es stille, und dann erhob sich der ~~Pf~~ alte Pfarrer von Sillerau, und sprach:

c mB Gebet ? Vertragen

Dann wurde der Dekel des Grundsteines abgehoben. Sein Inneres bestand in einer vierseitigen Vertiefung, welche fein und dicht mit Glas gefüttert war. Der alte Pfarrer von Sillerau that einen kirchlichen Spruch über den Grundstein, und machte das Zeichen des Segens. Dann legte der alte Agapitus die Gegenstände von der Tragbahre in die Höhlung, hierauf segnete der Pfarrer die Gegenstände, dann wurde von zwei jungen Maurern, die Kränze um die Arme und seidene Bänder von den Jaken niederhängen hatten, der Dekel wieder auf den Grundstein gelegt, es wurde in einer Glutpfanne ein Gefäß mit flüssigem Kitte herbei getragen, und von den zwei geschmükten Maurern der Dekel angekittet. Darauf that der Pfarrer von*a* Sillerau drei Hammerschläge auf den Grundstein, dann der Pfarrer von Pirling, dann der Obrist, der Freiherr von Tannberg, und wer da wollte. Als noch das Hammerschlagen dauerte, und immer mehrere herzukamen, um auch ihr Scherflein auf den Stein zu schlagen, lud der Obrist zu den Tischen ein. Weil der Saal nicht alle fassen konnte, wurden schnell auf dem fahlen Rasen aus Brettern und Baugegenständen noch weitere Tische aufgerichtet. Im Saale wurden wir zum Sizen geordnet. Ich kam zwischen die schwarzäugige Franziska und die braunäugige Margarita. Gegenüber waren Adelgunde und Isabella, zwischen welchen ein junger Vetter Tannberg saß, weiter oben waren der Freiherr mit seiner Gattin, beide Pfarrer und die Gemeindevorstände. Der Obrist saß in seinem schwarzen Sammetgewande an der Mitte des mittleren Tisches.

Da sich alles geordnet hatte,*b* erhob sich der Freiherr von Tannberg, klopfte an ein Glas, daß Stille werde, und rief dann: „Dieses edelste Gewächs unseres Landes erhebe ich, wie es in dem Glase funkelt, und bitte, daß jeder, der hier ist deßgleichen thue, dann bitte ich, daß jeder mit mir trinke auf die dauernde Wohlfahrt des Mannes, der in dieses Haus einzieht, und aller der Seinigen."

Der Freiherr hatte von den dastehenden Weinen einen rothen in sein Glas gefüllt, und empor gehoben. Dies thaten nun alle. Ich auch. Franziska auch. Margarita nicht.

Der Freiherr rief: „Hoch!"

Alle riefen: „Hoch!"

Und hierauf wurde von dem Weine getrunken. Es war Melniker. Augenbliklich flog mir der Gedanke an den unglükseligen Eustachius in das Haupt und die Angst um ihn in das Herz. Franziska ermuthigte meine Nachbarin Margarita, sich etwas Wein einzuschenken, und ihr Bescheid zu thun auf fröhlichen Einzug in das Haus. Margarita that es, und nippte. Hierauf stieß sie auch mit mir an, weil ich sie bath, und trank etwas.

Nun erhob sich der Obrist, und rief: „Allen Anwesenden danke ich für mich und die Meinigen für den Wunsch, möge ihn Gott zur Vollendung führen. Ich aber spreche*c* den Wunsch aus, möge es mir gelingen, mit allen, die mir heute die Ehre erwiesen haben, in lieber guter ungetrübter Nachbarschaft und Freundschaft zu leben, und möge zu dem rothen Golde, welches mir der Maurerspruch auf das Kleid gewünscht hat, Gott mag es nun gewähren oder nicht, für alle, über welchen je das Dach dieses Hauses schweben soll, ein noch viel werthvolleres Gold als Gabe kommen, das Gold, das alles ersezt, und das den Namen Zufriedenheit führt."

„Zufriedenheit, Nachbarschaft, Freundschaft," hörte man hie und da rufen, und hörte das Anstoßen der Gläser.

Als es ein wenig stiller geworden war, erhob sich der Bürgermeister von Thal ob Pirling als der Vorstand ~~der nächsten Gemeinde, zu~~ der Gemeinde, zu welcher das neugebaute Haus gehörte, und rief: „Wir bitten, daß der Herr, der sich da angebaut hat, unsere Sitten, schlecht und recht, nicht mißachte, unsere gute Freundschaft annehme, und der Gemeinde sich nicht schäme, der er angehört."

„Dieß bitte ich auch als ältester der Gemeindeältesten," sagte mein Vater.

„Ich bin mit Freude das Mitglied der Gemeinde, der ich angehöre," rief der Obrist, „ich werde gerne jede meiner Obliegenheiten erfüllen, ich werde gerne mit Dienst und Freundschaft jedem Gliede der Gemeinde begegnen, und bitte, meinen guten Willen zu erkennen."

„Wir erkennen ihn, und alle erkennen ihn," sagte der Bürgermeister, „darum sind sie gekommen, und darum sind so viele gekommen."

Hierauf bath auch der Bürgermeister von Pirling um gute Nachbarschaft und Freundschaft und both sie an.

Die Seite mR durchstrichen.

Zuerst erging die Einladung, die Namen auf das Pergament zu schreiben. Es schrieb der Obrist und Margarita, es schrieben die Vettern und Muhmen Tannberg, es schrieben die beiden Pfarrer, es schrieben die Gemeindevorstände und Gemeindeältesten, es schrieben die Vorstände der Gewerke, und es schrieben dann die andern Gäste. Als ich zu dem Pergamente trat, sah ich, daß man es aus einander gerollt, und auf eine Tafel beschwert hatte. Ich suchte den Namen Margaritas. Es stand neben ihrem Namen Margarita Uhle noch der Beisaz von Uhldom. Beides war mit festen zierlichen Buchstaben geschrieben. Mir war, als hätte ich in Prag von Uhldom etwas gehört. Ich dachte aber jezt nicht weiter daran, sondern schrieb meinen Namen, da ich schon eine Zeit mit dem Suchen zugebracht hatte, auf seinen Plaz, und ging hinweg.

Da das Aufschreiben der Namen vorüber war, und da man das Pergament wieder gerollt hatte, wurde zu etwas Anderem geschritten. Der Glaser von Pirling hatte in dem Saale ein Gebläse errichtet, mit dem er weiche Glasfäden spinnen konnte. Mit solchen Fäden schmolz er die Glaspflöke, die in den beiden Weinflaschen ~~standen~~ staken, in den Flaschenhals ein, so schmolz er die gläsernen Trühelchen der Feldfrüchte zu, und so schmolz er die gläserne Hülse zu, in welcher sich das Pergament befand.

Dann gingen alle aus dem Saale zu einer Stelle neben dem Eingange des Hauses, an welcher in einer Grube der Grundstein lag. Die Gegenstände, welche in ihm geborgen werden sollten, wurden auf einer schönen[f] Tragbahre heraus getragen.

[f] gepolsterten

„Pirling ist ja unser größter Ort," sagte der Obrist, „es hätte die Gemeinde Thal ob Pirling, der ich angehöre, gewissermassen keinen Namen, wenn sie nicht ein Stük Pirling borgte, ich werde doch nicht gegen die Hauptstadt des Waldes aufrührerisch sein, und meine Unterwürfigkeit hintansezen? Wir werden dahin im Vergnügen im Geschäfte in Huldigung unsern Verkehr treiben, und wenn es uns Freundschaft biethet, werden wir sie in Pflicht annehmen, und mit großem Eifer erwidern."

Und nach dem Bürgermeister von Pirling standen nach einander die Bürgermeister und Vorsteher von Gemeinden auf, die in größerer Entfernung um das Haus herum lagen, und bathen um dasselbe, wie der Bürgermeister von Pirling.

„Wir wollen alle in Zusammengehörigkeit Freundschaft Zuneigung guter Kameradschaft und gegenseitiger Hilfleistung leben," antwortete ihnen der Obrist gemeinschaftlich, „jezt aber bitte ich alle, die gekommen sind, von nah oder ferne, daß sie die erste Gabe, die ihnen dieses Haus bringt, das noch nicht einmal ein Haus ist, in dem ersten Gemache des Hauses, das auch noch nicht einmal ein Gemach ist, liebreich annehmen, und in dem Bescheid thun, was ihnen an Erfrischungen gebothen ist."[a]

„In Zuneigung und Freundschaft, in Zusammengehörigkeit und Hilfleistung," riefen verschiedene Stimmen, und es erhoben sich Arme mit Gläsern, und man trank auf die Verwirklichung dieses Spruches.

Bald konnte man auch an dem Klange der Eßgeräthe wahrnehmen, daß der Bitte des Obrists die Erfüllung auf dem Fuße gefolgt sei, und man den Erfrischungen zuzusprechen begonnen habe.

„Es möge der Segen Gottes über das ganze Haus kommen," sagte der alte Pfarrer von Sillerau, „es ist schon ein sehr gutes Zeichen, daß sich so viele Menschen bei der Grundsteinlegung eingefunden haben, der Segen des Herrn wird über den Eigenthümer und über seine Angehörigen wachen."

„Meine Angehörigen sind sehr leicht gezählt," sagte der Obrist, „ich habe nur einen einzigen Angehörigen, und der ist meine Tochter Margarita."

„So möge diese Tochter Margarita nur lauter Glük in diesem Hause erleben, und möge nie ein Schmerz in ihr Herz kommen, und möge in diesem Glüke und in seinem eigenen ihr Vater glüklich sein," sagte der Pfarrer.

„Ich danke für den Wunsch," entgegnete der Obrist, „ich habe viele Geschike in dieser Welt ertragen, und werde die Zeit[b] in diesem Hause, wenn mir es Gott vollenden läßt, zu wohnen habe, hinbringen, wie sie aus seinen Händen kömmt."

„Ich danke Ihnen auch für den Segen, ehrwürdiger Herr Pfarrer," sagte Margarita, /„/und möchte ihn für meinen Vater erflehen. Was mir von Gott beschert wird, es sei, wie es sei, nehme ich als Gnade an."

„Nein, es muß alles gut sein, und soll alles gut sein," rief Gerhard Rohr der Hammerschmied, „nicht wahr, Ferent, Köfner, Löff, ihr theilet meine Meinung?"

„Es soll alles gut sein," rief der Schmied im Thaugrunde, „warum hätte es denn so gut angefangen? Und wir wollen alles beitragen, daß die schöne Jungfrau recht zufrieden ist, und ihr Herr Vater mit. Du Meilhauer, Allerb, Aumüller, Grundmüller, du Bürgermeister, Gemeindeälteste, ihr, Johannes Bloch der Glasmeister, Gerhard Rohr der Hammerschmied, Mathias Ferent der Kaufmann, Herr Augustinus der Doctor, und alle, wir wollen alle beitragen."

„Alle," riefen viele Stimmen miteinander.

„Das war ein Lattenschlagen, wie ich keines erlebt habe, seit mir der Bart gewachsen ist," sagte Agapitus Klenz der Zimmerer, „und das mag nun schon bald in die siebzig Jahre sein.[c] Ich bin bei allen gewesen, die in dieser Zeit und wohl noch früher, da ich ein Bube war, statt gefunden haben, sowohl hier als tiefer im Lande und in Österreich und selbst im Bisthume draußen. Es sind nirgends so viele Menschen gekommen, es ist der Schlag nie so schnell vollendet worden, und hat nie so schön gerollt. Ich will nur sehen, wie viele solche Sachen ich noch zu leiten haben werde."

„Du sollst noch alle Dächer einlatten, bis gar kein Haus mehr im Walde gebaut wird," sagte der Herrmüller.

„Dann wäre ich der ewige Jude, und die Menschen, die in jener Zeit lebten, müßten mich erschlagen,[d] damit ich fortkäme," antwortete Agapitus.

Der Melniker des Obrists that seine Pflicht, die Nachbarn gegen die Sillerau hin, die von

---

Mappe 75.

a mB Wir haben ohnehin die Ordnung ungekehrt, und die Trinksprüche vor dem Essen und Trinken angebracht. mT Pfarrer

b in der ich noch

c mB keiner vorgeschlagen, nie zugleich geschlagen

d mB daß ich doch endlich mal fort käme

Die Seite mR durchstrichen. *Fortsetzung auf S. 135*

76.

Vetter der Wirth an dem Rothberge prieß unverholen das Gewächs, ehrte es mit fein gespizten Lippen, schnalzte unvermerkt mit denselben, und gab mir Winke, ob ich einverstanden sei.

Ich aber betrachtete mehrere der Mädchen, welche sich in dem Saale befanden. Meine Schwester Anna war nicht die lezte von denen, die hervorragten. In dem rothen Tüchlein um das Haupt, unter dem sich die flachen dunkeln Bogen der Haare an den Schläfen krümmten, aus dem die leuchtenden Augen blikten, und unterhalb dessen die kräftigen braunrothen Wangen glänzten, war ihr Angesicht eines der schmuksten des Waldes. Und weil sie die langen weichen Wimpern sehr oft [sich] über die leuchtenden Augen sich herab senken ließ, und wenig sprach, wurde sie noch lieblicher. Am öftesten sahen ihre Augen auf mich. Dann waren die schönen Fräulein von Tannberg mit den feinen Wangen und den dunkelblauen Augen, dann war Agnes die Tochter des Glasmeisters, sehr zart, mit den schönen sanftblauen Augen, dann war Franzisca die Tochter des Kaufherrn Mathias Ferent, meine Nachbarin mit den pechschwarzen Augen, dann ihre Schwester Josepha mit den braunen, dann war Ludmilla die Tochter des Herrn Paul Köfner vom Kirnwalde mit den blonden Haaren und den blauen Augen, dann die braunhaarigen schönen Töchter der Wittwe Kreßtan, und die Landmädchen der Umgebung mit den rothen Haupttüchelchen und den verschämten Augen. Alle von diesen Mädchen, welche sprachen, und sich sonst kund gaben, konnte ich in ihren Wesen erkennen, und sie waren mir klar. Dann war noch meine andere Nachbarin Margarita. Ich dachte mir damals, sie sei noch schöner als die schöne Christine in Prag. Wenn diese nur da gewesen wäre, daß ich hätte vergleichen können. Margarita erschien mir etwas größer, ihre Wangen feiner, ihre Augen dunkler braun, und ihre Stimme tiefer. Aber sie war mir nicht klar, sie sprach schier nichts, sie aß schier nichts, sie trank gar nichts, und ihre Augen blikten, wie Christinens blikten, als ich sie in der Veitkirche suchte, und als ich gar nicht erkennen konnte, was sie denn eben fühle.

Ich aß indessen mein Theilchen, und trank von dem Melniker Erinnerungstropfen, und sprach mit diesem und dieser, die mich anredeten, oder die ich ansprach. Darunter waren auch meine Nachbarinnen.

Nach einer Weile dieses ‖Frühmales‖¹ stand plözlich der Herr Wenzel Gladrub der Forstmeister von Pirlingau auf, und brachte einen Trinkspruch aus auf die neuen Bewohner des Waldes auf alle Bewohner des Waldes, und auf das fortwährende fröhliche Grünen des Waldes.

Alle standen auf, und thaten Bescheid.

In diesem Augenblike ertönte eine große Anzahl an Hörnern im Buchenhag in den lustigen Weisen der Herbstjagden.

Alle freuten sich über diese Anordnung des Forstmeisters, und jubelten, und viele riefen, er müsse ja die ganze Jägerschaft der Gegend, die ein Waldhorn zu führen versteht, zusammengerufen haben, daß eine so volle Musik entstehen konnte.

„Sie sind recht gerne gekommen," sagte der Forstmeister.

Das lustige Waldhornstüklein war kurz, dann folgte eine Stille, dann folgte wieder ein Stüklein, noch heiterer und fröhlicher, dann wieder eines in der Art der Waldlieder, dann ein scherzendes, dann ein rufendes und mehrere.

Jezt krachten auch Schüsse, wie man sie bei uns abzufeuern pflegt, bei Hochzeiten, bei Kindtaufen, in der Weihnacht, zur Begrüßung des neuen Jahres, am Sonnenwendtage, zum Kirchweihfeste, in Rauhnächten, bei Schlittenfahrten, und dergleichen. Sie tönten im Hage auf dem Anger im Felde in allen Richtungen um das Haus. Manche waren sehr stark, daß man erkannte, sie müssen aus Holzbohrungen kommen.

Der Obrist stand auf, und dankte dem Forstmeister, und dankte dem Volke, und sagte, die Vorsteher möchten allen, die gekommen seien, in seinem Namen ~~danken~~ᵃ, er freue sich derᵇ Theilnahme, und er werde streben, jedem Bewohner des Waldes auch seiner seits alle ~~Theilnahme~~ᶜ zu beweisen, deren er nur immer fähig sei.

Die Anwesenden ~~freuten sich der Rede~~ᵈ, und beantworteten sie durch Zurufe.

Viele von den Gästen standen bereits an den Tischen, und redeten eifrig, und zuweilen begeistert mit einander.

---

a einen Dank aussprechen
b großen
c Gegenfreundlichkeit
d drükten ihre Zufriedenheit mit dieser Rede aus [,] mB durch Erheben der Gläser

Fortsetzung auf S. 136   1 mB Males *Der ganze Absatz mB gestrichen.*   *Die Seite mR durchstrichen.*

Thal ob Priling, die Bauern von der obern und untern Astung schwazten schon recht traulich unter einander, und
mein Herr

Immer mehrere standen auf, und einzelne empfahlen sich zum Fortgehen.

Das ‖Frühmal‖² war endlich aus, man verabschiedete sich, und richtete sich in größeren Abtheilun-

---

2 *mB* Mal

~~gen zum Fortgehen. Der Obrist stand auf seinem Plaze, verneigte sich vor denen, die da Abschied~~
nahmen, reichte den meisten die Hand, und sprach etwas zu ihnen.

Mappe 77.

Auch mein Vater ich und Anna rüsteten uns zum Fortgehen. Margarita langte beim Abschiede nach der Hand meiner Schwester, was mich sehr freute. Der Obrist sagte zu meinem Vater, er werde den Dank, daß er mit den Seinigen zu diesem Feste gekommen sei, persönlich darbringen. Dann reichten wir uns die Hände, und entfernten uns.

Beim Abschiednehmen sah ich auch die weiße und blauäugige Tochter des Forstmeisters von Pirlingau Theresia, welche ich beim Feste nicht bemerkt hatte.

Als wir in das Freie gekommen waren, sahen wir, daß die Tische, die man dort schnell aufgeschlagen hatte, noch mit Gästen besezt waren. Sie freuten sich des Tages und der Erquikungen. An manchen Stellen ertönten Waldlieder, welche von jungen Leuten gesungen wurden, hie und da scholl Jauchzen,[a] und es erhob sich ein Arm mit einem Glase, um eine Gesundheit auszubringen, es ward Bescheid gethan, und dann gejubelt. Wir schritten durch die Leute hindurch, grüßten manchen und sprachen mit manchem. Dann gingen wir auf dem Wege nach Thal ob Pirling weiter. Es waren nur der Vater ich und Anna, Kaspar und der Knecht mußten noch irgendwo bei den Leuten in dem Hage sein.

a mB Zither (?)

Wie lange das Fest gedauert hat, und ob der Obrist bald oder erst Abends mit Margarita nach Tannberg gefahren ist, weiß ich nicht mehr, weil ich später nicht darnach gefragt habe. Als wir nach Hause gekommen waren, sah ich mich um kein Mittagmahl weiter um, sondern, weil auch sogar der Bube Thomas zu dem Feste hinauf gelaufen war, schirrte ich mir selber den Goldfuchs, spannte ihn an, und fuhr den ganzen Rest des Tages noch bei meinen Kranken herum. Abends verzehrte ich, was mir die Schwester Anna hatte herrichten lassen.

Die Tage gingen nun wieder so nach einander fort. Der Winter wollte gar nicht kommen. Der Obrist baute ununterbrochen weiter. In kurzer Frist waren die Schindel auf die geschlagenen Latten gedekt, es wurden alle Lüken des Hauses, durch welche Winterstürme hätten eindringen können, verlegt, oder mit Brettern verschlagen, und dann wurde im Innern rüstig fortgearbeitet. Insonders ging man daran, die Zimmer des Obrists und Margaritas vollkommen fertig zu machen. Die Deken wurden eingedielt, die Fußböden gelegt, die Öfen gesezt, und die Fenster beglaset. Als Alles bis auf die Bekleidung der Wände in der Ordnung war, ließ der Obrist in allen Öfen der Zimmer mit den Bauabfällen und auch mit gutem Buchenholze heizen, und dabei die Fenster und Thüren der Zimmer öffnen. Er befolgte auch meinen Rath, und ließ täglich frischgeglühte Potasche in die Zimmer stellen, welche die Wasserdünste begierig einsog, und so das Troknen der Wände beförderte. Der Gang des Hauses wurde mit Kohlheimersteinen gepflastert, der Hof geebnet, und besandet, die Dielen mit Estrich belegt, und dann wurde an die Arbeiten in dem Stalle und den Nebengebäuden geschritten.

Der Obrist wohnte in dem Schlosse seines Vetters des Freiherrn von Tannberg. Der /Freiherr/[1] aber hatte bald nach dem Tage des Lattenschlagens mit den Seinigen die Gegend verlassen. Fast alle Tage fuhr der Obrist zu seinem Neubaue hinüber, und sah nach, und ordnete an. Am fünften Tage nach dem Lattenschlagen, an einem Sonntage, war er bei uns in unserem Hause gewesen. Er sagte, es gebühre sich, daß er dem Vorsteher seiner Gemeinde und dem[2] Gemeindeältesten den Dank in einem eigenen Besuche abstatte, daß sie und so viele Gemeindeglieder ihn bei dem Feste seines Lattenschlagens mit ihrer Erscheinung beehrt hätten. Bei dem Vorsteher sei er schon gewesen, und nun komme er auch zu meinem Vater, welcher der älteste Gemeindeälteste sei, um ihm zu danken, und ihn zu bitten, daß er ihn belehren möge, wie er am besten seinen Gemeindepflichten nachkommen könne, und daß er es ihm jedes Mal wissen lassen möge, wenn der Gemeinde etwas noth thue, und er Dienste leisten könne, was er nach Kräften gerne thun wolle. Der Vater führte ihn in die große Stube, und rief mich, der ich eben zu Hause war, weil der Obrist wahrscheinlich schon eine solche Zeit gewählt hatte, in der ich nicht abwesend war, hinaus. Er sagte zu dem Obrist, die Gemeinde bedürfe sehr viel, sie sei nicht reich, ein jeder thue, was er könne, er thue es recht gerne, die Gemeindeältesten sorgen nach Kräften, und lassen sich keine Mühe verdrießen, und der Obrist werde am besten wissen, was noth thue, und wie er hie und da nachhilflich sein könne, und was er der

Gemeinde

---

1 statt Freiher   2 üdZ ältesten   Die Seite mR durchstrichen.

78.

zuwenden möge. Sie würden ihm dann schon immer Dank schuldig sein, und ihn ehren, und es wird sich alles finden.

Der Obrist sagte, er glaube schon, daß sich die Sache finden werde, wenn er sich nur einmal in die Gemeinde hinein gelebt habe, wozu er sich Mühe geben wolle.

„Es wird schon recht werden," sagte mein Vater.

Der Obrist besah damals in meiner Begleitung wieder alles in unserem Hause.

Ich fuhr mit meinem schönen Goldfuchse und in meinem schönen Wagen öfter nach Tannberg zu dem Obristen hinüber. Ich that das meistens am frühen Morgen, ehe der Obrist das Schloß verlassen hatte, oder auch zu andern Zeiten an Tagen, von denen mir der Obrist gesagt hatte, daß er an ihnen zu Hause sein werde. Der Obrist bewohnte mit Margarita drei nach Mittag sehende sonnige Zimmer des Gebäudes. Eins diente als gemeinschaftliches Gesellschafts- und Speisezimmer, eines als Schlafzimmer für den Obrist, und das ~~Zi~~ dritte als Zimmer Margaritas. Außer dem Obristen und Margarita war noch die alte Rosina da, welche einmal die Kindsfrau Margaritas gewesen war, und nach dem Tode von Margaritas Mutter Haushälterin wurde. Dann war noch eine Magd da, die auch kochte, und ein Diener und der Pferdeknecht. Sonst war keine Seele in dem Schlosse. Man müßte nur die zwei sehr schönen Braunen des Obrists hieher rechnen, die im Stalle standen, und zu denen jedes Mal mein Goldfuchs hinein geführt wurde, wenn ich in Tannberg war, und man müßte die zwei schönen großen Wolfshunde hieher rechnen, die Brüder und die ganz gleich waren, lichtbraun mit weißer Schnauze weißer Brust weißem Bauche und weißer Spize an dem sehr haarigen schön getragenen Schweife, welche Hunde schier immer um den Obrist waren. Ich habe sie auch schon, wenn ich bei dem Baue war, und der Obrist daher fuhr, bei ihm in dem Wagen gesehen, wie sie saßen, und nach der Richtung der Pferde hinaus schauten. Die klugen Thiere knurrten Anfangs, wenn ich nach Tannberg kam; erkannten aber dann, daß ich von dem Herrn freundlich empfangen werde, und begrüßten mich also auch mit Anschnuppern und Wedeln. Wenn man diese Thiere rechnet, müßte man auch noch die Tauben des Freiherrn rechnen, die ihren Schlag zwischen dem Schlosse und Garten hatten, und die Sperlinge, die da waren, und die Ammern und Finken, die gelegentlich zu Gaste kamen, wie ich das ja auch von mir zu Hause schon wußte. Das Nuzvieh ist nicht zu rechnen, weil dasselbe nicht im Schlosse, sondern in dem entfernteren Meierhofe war, und von dem Meier und seinen Leuten betreut wurde.[a]

a mB Clemens öfter in das Schloß kam und den Obrist fragen, ob er etwas befehle – nachsehen ~~ob~~ *mR* (später)

Margarita besorgte das Hauswesen. Wenn auch die alte Rosina noch immer Haushälterin hieß, wenn sie auch der Obrist zuweilen mit den Braunen nach Pirling oder sonst wohin bringen ließ, wo sie mit der Magd Einkäufe für den Tisch oder für andere Zweke machte, wenn sie auch Margarita Belehrungen angedeihen ließ, und den Dienstleuten Ermahnungen und Verweise gab, so war es doch Margarita, die alles besorgte. Sie fragte die alte Rosina immer um Rath, und es geschah ~~nach~~ die Sache nach Margaritas Ansicht. Sie förderte die Nahrung auf des Vaters Tisch, sah auf sein Gewand und seine Linnen, ordnete die Reinigung der Wohnung, und sagte in vielen Stüken den Hausleuten, was sie thun sollten. Sonst wandelte sie mit dem Vater auf manchem Wege in der Nähe des Schlosses, fuhr zuweilen mit ihm zu dem Neubaue hinüber, las etwas, oder arbeitete an einem Rahmen oder an einem feinen Linnenzeuge, schrieb manches Mal ein Weniges, oder musterte die Vorräthe, und ging in ihrer jezigen Behausung herum.

Öfter kam der Forstmeister des Freiherrn von Tannberg von seinem Jägerhause herüber, und dann sprach er mit dem Obristen über allerlei Dinge, oder sie spielten an Abenden Schach. Es kamen auch andere Leute zu dem Obristen, am meisten aber der Forstmeister.

b mB in dieser Zeit

[b]Der Obrist machte in Pirling und an anderen Orten in Häusern, wo Frauen und Töchter waren, ~~Besuche~~ mit Margarita Besuche. So ließ er sich auch bei uns ansagen, und kam des festgesezten Tages herüber. Er fuhr mit den Braunen vor unser Haus, und stieg mit Margarita ab. Ich ließ die Pferde durch Thomas ausspannen, und, so gut es ging, unterbringen. Die Gäste führte ich in die große Stube. Der Obrist sagte, wenn bei uns auch eine Hausfrau nicht sei, der er seine Tochter vorstellen könne, so sei doch Anna die Stellvertreterin einer Hausfrau, und Margarita sei ihr noch den Dank schuldig, daß sie zu der Grundsteinlegung des neuen Hauses hinauf gekommen sei.

Anna, welche aus der Ansage des Obrists die Stunde gewußt hatte, wann die Gäste kommen würden, hatte ihren schönsten Staat angezogen, und stand nun bei des Obrists Anrede wie mit Blut übergossen da, und knixte blos stumm. Margarita aber nahm sie bei beiden Händen, und sagte, daß sie große

Die Seite mR durchstrichen.

Freude gehabt habe, daß Anna zu dem Feste der Grundsteinlegung in ihres Vaters Haus gekommen sei, und daß sie ihr herzlich dafür danke.

Anna sagte, das sei Schuldigkeit und nachbarliche Pflichterfüllung gewesen.

„Wenn die Annahme der Einladung eine nachbarliche Höflichkeit gewesen ist," sagte Margarita, „so hat Ihr Vater diese Höflichkeit ausgeübt; daß Sie selber[a] gekommen sind, Anna, ist eine freiwillige gütige Freundlichkeit, die ich gerne wieder mit Freundlichkeit erwiedern möchte./"/

Anna sagte auf diese Worte nichts mehr, sondern sah nur mit ihren schönen Augen Margarita liebvoll an.

Dann wurde, weil man den Besuch vorher gewußt hat, nach der Sitte des Waldes ein Nachmittagessen aufgetragen. In dieser Art Höflichkeit war Anna bewanderter als in der mit Worten. Die Mägde brachten auf den mit feinen schneeweißen Eßlinnen bedekten Tisch ein so wohlgeordnetes Ganze, daß es einen lieblichen Eindruk machte, nicht zu wenig, daß es nicht armselig aussah, und nicht zu viel, daß es nicht bäurisch erschien, Kuchen, Weißbrod, Milch, Honig, Butter, Käse, Obst, Waldfrüchte, feinen Hausschinken, Wasser, und Wein. Die Teller und Eßgeräthe waren zierlich, die Gläser und Flaschen fein geschliffen. Man that den Dingen die Ehre an, die ihnen gebührte, und besonders lobte Margarita ein Gericht, das aus sehr reifen mit allerlei Dingen zum Essen zubereiteten Hagebutten bestand.[b]

Dieses ‖Mal‖[1] mußten auch Kaspar und der Knecht Kajetan herbei, welche bei dem ersten Dankesbesuche des Obrists nicht anwesend gewesen waren.

Kaspar kam im rothen Wamse, und grüßte den Obrist freundlich. Kajetan war in Hemdärmeln, und hatte die blaue Schürze, die sie im Walde bei Arbeiten öfter umthun.

Der Obrist sagte zu Kaspar, daß er ihm noch den Dank für das Lattenschlagen schuldig sei.

„Das ist ein so ‖lustiger Takt‖[2][c] gewesen," sagte Kaspar, „daß ich wünsche, der Herr Obrist mögen noch sieben Häuser bauen, daß man zum Lattenschlagen[d] kommen kann."

[e]„Das wird wohl mein leztes Haus gewesen sein, das ich baue," antwortete der Obrist.

Kaspar mußte sich zu dem Tische sezen, und von den Speisen genießen.

„Du bist auch beim Lattenschlagen oben gewesen," sagte der Obrist zu dem Knechte Kajetan.

„Ich bin oben gewesen," antwortete dieser, indem er mit dem linken Fuße nach rükwärts fuhr.

„Ich danke dir recht dafür", sagte der Obrist.

„Es ist schon gut, nichts zu danken," entgegnete Kajetan, indem er wieder seine Verbeugung machte.

„Nun, der Dank gebührt sich doch," entgegnete der Obrist, „ihr habt eure Sache recht gut gemacht."

„Wie es eben geht," antwortete der Knecht.

„Du wirst mit Thomas, weil uns heute der Herr Obrist mit seinem Fräulein Tochter die Ehre anthut, einen Nachmittagtrunk bekommen," sagte der Vater, „gehe in eure Stube, dort müssen die Mägde schon bei ihrem heutigen Nachmittagessen sein, lasse dir einschenken, und nimm dir auch etwas von den anderen Dingen. Aber ziehe deine Jake an, im Winter geht man nicht so herum."

„Das ist ja wohl heuer gar kein Winter," sagte Kajetan, indem er wieder Versuche zu Empfehlungen machte, und hiebei durch die Thür hinaus kam.

Als unsere Gäste von den Dingen, die ihnen vorgestellt worden waren, das, was sie nehmen wollten, verzehrt hatten, schritt man daran, weil Margarita an der Art eines Hauses, wie das unsrige war, Antheil zu nehmen schien, ihr das ganze Anwesen zu zeigen. Wir gingen zuerst in meine Kemenate, wie man das Gemach einer Jungfrau vor Zeiten geheißen hätte, welches hier aber das Gemach eines Jungherren war. Sie blikte alles an,[f] und verweilte länger bei den alten Geräthen. Dann gingen wir in die hinteren Stuben, in die Gesindestuben, wo wir alle bei ihrem Nachmittagmahle antrafen, in die obere Stube, in die Dachbodenräume, in Stall Scheuer Laube und Keller, dann in den Garten, auf die Wiese und den Anger am Hause, und endlich in die Sölde. Wir hatten unter den Kühen eine Zucht, die sehr schön war, schneeweis mit raabenschwarzer Deke über den Rüken[3], mit gedrungenem Baue und anmuthigem Kopfe.[g] Es stand auch eine

---

Mappe 79.

a schuldig gewesen. Daß Sie aber selber auch

b mB erst Kaspar rufen und sprechen, dann essen

c Einhalten des Schlages
d Lattenlegen
e mR Sieben

f mR besser machen

g und schwarzem Schweifwedel, der Körper war gedrungen, und der Kopf kurz

---

1 mal
2 lustiges
3 üdZ Bug

Die Seite mR durchstrichen.

80.
Nachzucht solcher Thiere in vier fast ganz gleichen Kälbern da. Margarita that fast einen Ausruf des Vergnügens, als sie diese ~~Th~~ Rinder sah.

„Es sind mehrere von dem Bisthume herein gekommen," sagte mein Vater, „ich weiß nicht, aus welcher Gegend sie der Herr in dem Schlosse bei Passau, von welchem sie gekommen sind, erhalten hat. Wir haben schon eine Anzahl in dem Walde da herum, und suchen sie immer gleichartig zu bewahren."

/„/Ich besize eine kleine Algeier Zucht," sagte der Obrist, „sie wird euch gefallen. Nach meiner Meinung ist das Waldland hier für die Rinderzucht ausnehmend geeignet, da die Luft das Wasser und die würzigen Kräuter so besonders darauf hinwirken, und dennoch habe ich außer den Stüken bei euch und bei dem Herrn Paul Köfner und in dem Glaswerke keine besonders hervorragenden Thiere gesehen. Wir sollten den Versuch machen, einen edlen Schlag nach und nach zu verbreiten."

„Thut das, Herr Obrist, ich werde folgsam mit euch wirken," sagte mein Vater.

„Nun, wir werden schon sehen," entgegnete der Obrist.

Auf dem Anger vor unserem Hause etwa tausend Schritte von demselben entfernt, steht eine Fichte. Sie stand früher gerade an der Grenze unserer Besizung, wo die Wiese unseres Nachbars Allerb anfing. Seit ich aber die Wiese Allerbs gekauft habe, steht sie mitten in unserem Eigenthume. Die mittäglichen Fenster unseres Hauses sehen auf sie hin. Sie ist ein sehr großer schöner Baum. In der Höhe von etwa zwei Männern beginnen ihre untersten Äste, dike lange, weithin wagrecht ausgestrekt. Und von da an bis zu dem Wipfel ist der Stamm dicht und ringsum gleich mit Ästen besezt, welche ihre schweren reichlichen wohlentwikelten und dunkelgrünen Nadelbüschel tragen, und sanft herab hängen lassen. Man weiß nicht, ist diese Fichte einmal von jemanden[1] gepflanzt worden, oder ist sie aus einem Samenkorne, das sich auf den Plaz verloren hatte, entsprossen, oder ist sie ein Überbleibsel des Waldes, der einmal die ganze Gegend bedekt hatte. Das Leztere aber dürfte nicht der Fall sein; ihre grünen Äste bis so tief herab, und ihre gleiche Entwiklung nach allen Seiten beweisen, daß sie nicht beirrt von andern Bäumen sondern in freier Luft und in freiem Lichte aufgewachsen ist. Sie hieß von jeher die Hausfichte, und man hat ein Bänklein unter ihre Zweige gezimmert. Da wir, weil nicht eine einzige Schneefloke lag, auf dem Anger herum gingen, und in die Nähe des Baumes kamen, sagte Margarita: „Sieh nur, Vater, wie dieser Baum hier schön ist. Er steht der einzige so frisch grün da, während die Laubbäume und Obstbäume so kahl sind. In dem Nadelwalde beachten wir einen solchen Baum nicht, weil da ihrer unzählige stehen; aber wo er allein unter kleinem Hausbaumwerke ist, zeigt er sich erst. Man muß von den Fenstern des Hauses im Winter, wenn alles weiß ist, lieblich auf sein Grün heraus sehen können."

„Der Baum macht viel Schaden, verehrte Jungfrau," sagte mein Vater, „er braucht viele Nahrung aus dem Boden, und nimmt dem Anger und der Wiese um sich herum Licht und Luft; aber es hat ihn bisher niemand von den Unsrigen umgehauen. Wir sehen richtig von den Fenstern auf ihn. Wir sehen an ihm den Wind, und im Winter erkennen wir das Wetter, je nachdem die Nadeln mit Reif belegt oder glatt und dunkel sind. Sonst ist aber der Baum schöner als die im Walde, weil er alle Nahrung rings herum um sich allein wegnehmen kann."

Ich zeigte Margarita auch meine Füllen. Ich ließ sie auf den Grasplaz hinaus, der zu ihrem Tummelplaze umzäunt war. Zuerst ließ ich dieselben zu ihr hiezu führen, und zeigte ihr, wie die Thierchen schön gebaut sind, und wie sich kein einziges weißes Härchen auf ihren schwarzen Körpern befindet, dann ließ ich sie frei und auf dem Plaze herum springen.

Ehe die frühe Dämmerung des Winterabends eintrat, nahmen unsere Gäste Abschied, bestiegen ihren Wagen, und schlugen den Weg nach Tannberg ein.

Margarita hatte auch heute wieder sehr wenig gesprochen.

Nach einer Woche erwiederten wir den Besuch in Tannberg an einem Tage, an welchem der Obrist, wie er mir früher sagte, zu Hause sein würde. Wir nahmen außer meinem Wagen noch einen von dem Wirthe am Rothberge, unserm Herrn Vetter. Kaspar mußte sein Sonntagskleid anziehen, und Anna hatte sich besuchsgemäß heraus gepuzt. Wir wurden freundlich aufgenommen und nach dem Waldesbrauch, den der Obrist oder Margarita schon gelernt hatte, bewirthet.

Ich brachte, da noch gegen den Hornung hin kein Schnee war, und dann überhaupt so wenig fiel, daß sich die ältesten Leute keines so milden und schneearmen Winters erinnerten, so oft ich mit meinem Goldfuchs nach

dürfe. Er gab lachend die Einwilligung. Ich sammelte sie alle in ein Fach, und brachte sie Margarita und von der Schwester zierlich und steif geschrieben die Anweisung, wie sie nach Waldesart hergerichtet werden sollen. Margarita hatte mich öfter um verschiedene Dinge des Waldes gefragt, was da für besondere Thiere vorkommen, welche Kräuter, was er für Gesteine und andere leblose Gegenstände[1], was das Wasser mit sich führe, und dergleichen. Weil nun in dem laufenden Winter das ganze Gelände sehr oft und sonnige Lehnen und Hänge schier immer blos lagen, nahm ich manches Steinchen manche Vererzung manche Verkalkung und Ähnliches, und brachte aus Gerölle oder der Rinne eines trokenen Baches, und brachte sie Margarita, und sagte ihr, wie die Dinge nach unsern Büchern heißen, so daß sie nach und nach eine Ansammlung der Erddinge erhielte, aus denen das Land des Waldes besteht. Sie gab mir öfter eine Blume oder ein Sträuschen, wie sie in dem Gewächshause von Tannberg vorkamen, und die ihr der Gärtner zu brechen erlaubt hatte. Das Steinwerk legte sie in Fächer, welche nett eingetheilt waren, und eines Tages nannte sie mir alle Stüke der Sammlung, und sagte mir, welche Bestandtheile jedes hätte, was sie sich aus Büchern, die in der Büchersammlung des Freiherrn waren, zusammen gesucht hatte. Als die Spuren des frühen Lenzes erschienen, brachte ich ihr jede Waldblume, die ich ersehen konnte, und die nach dem Schnee schon sich hervor gearbeitet hatte. Sie stellte die Blumen in Wasser, und die ich ihr mit den Wurzeln gebracht hatte, weil sie auch in unseren Gärten ihr Fortkommen finden, wurden in Töpfe versezt.[a]

    Gegen Ostern erschienen Werkleute in dem Neubaue, und bekleideten die Wände der Wohnung des Obrists und Margaritas mit Stoffen, welche Zeichnungen hatten, wie sie oft auf Gewändern der Gestalten der altdeutschen Bilder gesehen werden. Dann wurden die Fußböden gebohnt, der Gang gereinigt, und vor jeder Thür eine feine doppelte Rohrmatte zum Abwischen der Füsse befestigt. Hierauf erschienen von Zeit zu Zeit Geräthe, und als die hohen Festtage vorüber waren, zog der Obrist mit Margarita und seinen Leuten in das Haghaus. Ich fand ihn zum ersten Male in der Vorstube seiner Wohnung auf einem sehr niederen runden lehnenlosen Sessel sizen, wie er seinen Wolfshunden Broken in eine große hölzerne Schüssel schnitt, auf welche dann eine Brühe gegossen werden sollte.

    „Die Narren meinen, sie bekommen etwas ganz besonders Gutes, wenn ich es ihnen selber zurecht richte," sagte er, da ich eintrat, „wir habe heute schon einen weiten Weg gemacht, und da sind sie hungrig. Seid mir gegrüßt, Doctor, zum ersten Male in meiner Wohnung."

    Er unterbrach sein Geschäft, und wollte aufstehen; ich aber behinderte ihn daran, und sagte, ich wolle nicht Schuld tragen, daß die Hunde ihr Essen später bekämen, als sie jezt schon erwarten, insonderheit, da sie meine Freunde sind, und mich jedes Mal so schön begrüßen.

    Die Thiere sahen mich mit den klaren Augen an, als verstünden sie meine Worte.

    Er schnitt also das Brod beeilt in die Schüssel, die Köchin brachte eine Brühe, und schüttete sie darauf. Und als die Hunde assen, führte mich der Obrist in seine Zimmer. Im Wohngemache hatte er sanfte grünseidne[2] Vorhänge vor den Fenstern, die zu dem schwachbraunen lederartigen Stoffe der Wände gut paßten. Die Geräthe schienen noch nicht recht an ihren Ort gestellt zu sein. Im Schlafgemache waren die Fenstervorhänge von dunkelgrauer Seide. Er begrüßte mich noch einmal in seiner neuen Behausung, und nöthigte mich zu sich auf eine lange und breite bequem gepolsterte Bank. Ich hielt ihn aber nicht lange auf. Er führte mich nun zu Margarita. Wir gingen über den Gang zu ihrer Wohnung. Außer der Rohrmatte vor der Doppelthür ihrer Wohnung hatte sie noch eine feinere weißere vierfache zwischen den zwei Thüren befestigt. Wir traten ein, und kamen in das Zimmer Rosinas. Dort trat der Obrist an eine Thür, klopfte, und fragte, ob er mich hinein führen dürfe. Die Thür öffnete sich, und Margarita kam heraus. Sie hatte vor ihr graues Kleid eine weiße Schürze gebunden, und die Ärmel des Gewandes waren hinaufgenestelt.

Mappe 81.

a Lustbarkeiten

1 üdZ enthalte   2 H   *Die Seite mR durchstrichen.*   *Fortsetzung auf S. 143*

Tannberg hinüber fuhr, Margarita irgend etwas, das ich auf meinen Streifzügen in der Gegend auflas, sei es eine verspätete Frucht, die an einem Zweige oder Strauche hing, seien es überwinterte Beeren, sei es ein Büschel jenes Grünes, das in verschiedenen Gattungen der Wald außer seinen Nadeln in dem Winter hegt, oder war es gar ein Blatt oder ein Stengel eines Krautes, das ~~unter~~³ dem Schuze eines Steines gegen die Mittagsonne hin von der trügerischen Jahreszeit hervor gelokt unzeitig aufgesproßt war. Einmal fand ich einen ganzen Strauch voll der dunkelrothesten und reifsten Hagebutten. Der Strauch stand im ~~Ge~~ Holzwiesgehege des Häuslers ~~Holzhaus~~ Peter. Ich wußte wohl, er mache sich aus den ganzen Hagebutten nichts, ich fuhr aber doch zu seinem Häuschen, und fragte ihn, ob ich sie nehmen

---

3 üdZ in

Sie führte uns in ihr Wohngemach. Dort stand Rosina und eine Magd in der Mitte von Kisten und Verschlägen, und wir sahen, daß hier ausgepakt und geordnet würde. Die Geräthe schienen schon zu stehen, wie sie zu stehen bestimmt waren. Es befanden sich da mehrere ältliche Schreine mit Schnizwerk, mehrere Tische und Tischlein, Sessel und anderes Sizgeräthe, um die Fenster waren schwach rothe seidene Vorhänge von der nehmlichen Farbe wie die Wände des Zimmers, vor dem Glase aber waren weiße Vorhänge mit weißen Blumen. An einem Pfeiler zwischen zwei Fenstern hing ein Spiegel, sonst war an den Wänden nichts; wohl aber lehnten Bilder da, welche zum Aufhängen bestimmt waren. Durch die Fenster,[b] welche gegen Mittag blikten, sah man [c]die ganze entfernte Alpenkette über die lange Linie des Kirnwaldes emporragen, welche man von dem Grunde, auf dem das Haus stand, nicht sehen konnte. Ich begrüßte Margarita in ihrer neuen Wohnung, und sie dankte mir. Ich sagte, ich wolle sie nicht lange stören, und nahm wieder Abschied. Der Obrist führte mich jezt nicht mehr durch den Gang sondern durch das Bücherzimmer in seine Wohnung.[d] Die Lüftung und Heizung der Räume während des Winters war so gut gelungen, daß ich nicht das Geringste von Feuchtigkeit oder Dunst zu verspüren vermochte. Alles war sehr schön und gefiel mir, und ich beschloß, auch bei mir wieder im Frühlinge sehr tüchtig fort zu arbeiten, bis ich im Reinen und in der Ordnung wäre. Ich verabschiedete mich von dem Obrist, und ging wieder in unser Haus hinunter.

b *mB* ich sah, daß (Alpenkette)

c wo die Vorhänge offen waren

d Im Bücherzimmer waren schon die Gerüste für die Bücher aufgestellt, die Bücher aber standen noch in Kisten auf dem Fußboden.

82.

a mB sollen weiter bauen

Der Obrist ließ auch in seinen Feldern Wiesen und Gehölzen, die zu dem Hause gehörten, fleißig arbeiten, daß nichts im Rükstande bliebe. Im Garten wurde das Möglichste gethan, daß er im kommenden Sommer schon ein wenig ein Garten sei.ᵃ Nach der Zeit, da die Ställe und Behältniße ziemlich fertig waren, kamen auch die lezten Thiere des Obrists die Kühe und das Federvieh. Ich suchte mit der Bewilligung meines Vaters von den vier schwarz und weiß geflekten Kälbern die zwei schönsten aus, und sendete sie durch Kajetan und Thomas dem Obrist. Ich sagte ihm, er möge sie behalten, und uns dafür nach einer ihm gelegenen Zeit zwei andere Kälber von seiner Algeierart geben. Er war damit einverstanden.

Ehe der Monat Mai zu Ende ging, war bei dem Obrist fast alles im regelmäßigen Verlaufe.

Die Bilder waren aufgehängt und die Bücher aufgestellt worden. Einige Bilder hingen in dem Wohnzimmer Margaritas. Sie waren recht lieblich anzuschauen. Die anderen waren in die übrigen Zimmer vertheilt. Ich habe in Prag allerlei schöne Gemälde gesehen, die des Obrists erschienen mir auch sehr schön. Ich verstand aber eigentlich die Sache nicht recht. Die Bücher waren in den Gerüsten des Bücherzimmers aufgestellt, daß die Rüken in das Zimmer heraus sahen. Eine Doppelleiter mit grünen Tuchstufen war zum Herabnehmen der höheren vorhanden. Der Obrist hatte eine sehr große Heize in das Zimmer machen lassen, daß im Winter in derselben ganze Scheite verglimmen könnten, und daß man in Abenden oder zu anderer Zeit dabei sizen und mit /gemeinschaftlichem/¹ Lesen oder mit sonst einem Dinge sich beschäftigen könnte. Eine solche Bücherei gefiel mir sehr, und ich beschloß, aus meinen Büchern, die ich nach und nach zusammenbekommen würde, etwas Ähnliches einzurichten.

Weil der Obrist jezt mein nächster auswärtiger Nachbar war, ging ich sehr oft zu ihm hinaus. Ich ließ, da die Jahreszeit vorrükte, oft schon um drei Uhr des Morgens meinen Fuchs anspannen, und fuhr bis gegen den Nachmittag in meinem Berufe herum, damit ich dann gegen den Abend frei wäre, und in das Haghaus gehen könnte. Aber auch des Nachmittags, wenn ich irgend wo sein mußte, und besonders, wenn ich ging, wie ich ja in den höheren Bergen und Waldlehnen und bei den schlechten Wegen, die oft kaum Fußsteige waren, sehr oft gehen mußte, ließ ich mir einen sehr großen Umweg nicht leid sein, um bei der Rükkehr ein wenig zu dem Obrist kommen zu können, und sei es auf eine Viertelstunde. Ich ging recht waker und tapfer darauf los.

Es war aber nicht immer ganz leicht, das Haghaus zu gewinnen.

Eines Tages war ich bei der fieberkranken Maria Harten der Taglöhnersfrau in dem obern

b Viertheile

Gehänge. Von da hätte ich in unser Haus drei ~~Viertel~~ᵇ einer Stunde zu gehen. Schlüge ich den Rükweg über das Haghaus ein, so war mein Weg länger als eine Stunde und eine halbe. Es war gegen den Abend, und ein dichter Landregen floß herab, der sich anschikte ein Waldnebel zu werden. Ich beschloß, den längeren Weg zu gehen. Ich hätte an unserem Hause vorbei näher gehabt; allein da hätten sie mich vielleicht bemerkt, hätten gewollt, daß ich mich umkleide, und dergleichen. Ich schlug daher den langen Bogen ein, der mich über die Weidenbrüche in das Hag führen sollte. Es wurde eher Abend, als ich dachte, und sehr finster. Aber ich kannte alle Wege in der diksten Nacht so gut wie am Tage. Ich ging über die Schneide der Weidenbrüche, ging den langen Hang hinunter, ging das Föhrenreit hinauf, ging auf seiner andern Seite wieder hinab, und sah das Buchenhag dann zu meiner linken Hand jenseits der Wiese liegen. Ich sah es des Regens wegen nur undeutlich wie einen schwarzen Klumpen. Als ich an ihm so weit vorbei gegangen war, daß ich seine Mittagseite sah, erblikte ich dort ein Licht. Ich schloß, daß es in dem Bücherzimmer des Obrists sei, weil es gegen Mittag gerichtet war. Ich wollte nicht erst den gekrümmten Umweg des Fußsteiges gegen das Haus machen, und ging sogleich über die Wiese gegen das Licht. Aber die Wiese war keine Wiese sondern ungeschikter Angergrund, auf dem ich

---

Fortsetzung auf S. 146   *1 statt* gemeinschaftlichen   *Die Seite mR durchstrichen.*

weiter als eine Viertelstunde zurük. Dann blieb ich stehen, und sah auf den Boden. Zum Beten oder erbaulichen Denken hatte ich nicht das Gemüth in mir, ich dachte an das Fieber der armen Maria oder vielmehr, ich dachte allerlei durcheinander. Den Rok wendete ich auch nicht um. Nach einer Weile blikte ich auf, und wirklich erkannte ich jezt, daß ich mich nicht in dem Föhrenreit befinde, sondern noch auf der Schneide des Weidenbruches stehe. Ich ging nun wieder meines Weges vorwärts. Jezt waren die dunkeln kleinen Büsche deutlich, sie waren das Schlehenhag, das in diesem Lenze erst mit so vielen weißen Blüthen bedekt gewesen war. Die drei Föhren durften auch da stehen, sie stehen seit Menschengedenken da, und am Stamme der größten ist ein Marienbild. Im Föhrenreite müssen ja viel mehr Föhren stehen. Ich ging jezt erst gegen das Föhrenreit hin. Da stand an der Eke des Eschenwäldchens des ‖Maierbacher‖¹, an der ich vorbei mußte, wieder ein Irrlicht, als wartete es auf mich. Ich ging darauf los. Als ich in seine Nähe kam, wurde das Licht dünn und lang wie eine leuchtende Stange, und verschwand. Ich ging an der dunkeln Stelle vorüber. Ich kam sachte abwärts, und gelangte jezt wirklich zu der Wiese an meiner Linken, die kein ungeschlachter Anger war, sondern die ebene Wiese, jenseits welcher sich das wirkliche Buchenhag ~~zog und~~ befand, und als ich weiter vorwärts ging, sah ich drei Lichter gegen Mittag bliken, es waren die erleuchteten Fenster des Bücherzimmers des Obrists. Ich ging aber jezt nicht mehr in das Haus, weil ich von dem Regen und dem Herumgehen gar zu arg beschmuzt war, sondern ich schlug den Weg zu meines Vaters Hause ein.

    An einem Tage ging ich des Nachmittages in das Haghaus. Es waren an diesem Tage keine fremden Leute da, wie es in der vorhergehenden Zeit öfter der Fall war, in ~~deren~~² einmal der Freiherr von Tannberg und seine Gattin und seine zwei Töchter mit den dunkelblauen Augen von früh Morgens bis spät Abends da gewesen waren, und alles besehen und untersucht hatten, und in der einmal der Glasmeister Johannes Bloch mit den Seinigen, ein anderes Mal Hermann Löff mit seinen Angehörigen, dann der Forstmeister von Tannberg, Mathias Ferent von Pirling, oder sonst jemand aus der Nachbarschaft gekommen war. Margarita befand sich allein in der Wohnung, und sagte, daß ihr Vater bei dem Kalkofen sei, und daß wir durch das Lidenholz, durch welches der nächste Weg führe, zu ihm hinab gehen könnten. Ich willigte ein. Sie nahm ihr Gitterhäubchen auf die braunen Haare, und war zum Gehen bereit. Sonst hatte sie das geglänzte graue Kleid an, in welchem sie so schön ist. Wir gingen auf das Lidenholz zu.

    Das Lidenholz ist eigentlich damals noch ein Holzschlag gewesen. Es waren nur mehr die Stöke von den großen Stämmen da, die man hinweggeschafft hatte, und um dieselben wuchs kleines Gestrippwerk Beerengesträuch und allerlei Kraut- und Blumenwerk. Sonst standen noch hohe dünne Stangenbäume und hie und wieder ein dikerer Stamm da. Man konnte überall durchsehen, und die Steinwulst, welche wie eine Mauer durch die Länge des Holzes geht, blikte aller Orten zu uns herüber. Wir gingen auf dem breiten Wege neben einander, und ich legte ihren Arm sanft in den meinigen. Da wir so gingen, fragte ich: „Margarita, habt ihr mich doch auch ein wenig lieb?"

    Sie antwortete auf die Frage nicht, und wir gingen langsam unseres Weges weiter. Sie schlug die Lider über ihre großen Augen nieder, sah in die feinen ~~Schäfte~~³ᵃ, die an unserm Wege wuchsen und allerlei graues und silbernes Flinselwerk trugen, hinab, wurde ganz glüh im Angesichte, und schüttelte dann unmerklich das Haupt /./ Den Arm aber, welchen ich in den meinigen gelegt hatte, ließ sie mir. Wir gingen zu dem Kalkofen hinunter. Dort sagten sie uns, der Herr Obrist sei schon lange in das Haus hinauf gegangen. Wir gingen also wieder zurük, und sprachen beinahe gar kein Wort.

    Den Obrist fanden wir in dem Bücherzimmer. Er hatte auf einem Tische etwas Wein vor sich und von den runden weißen Broten, die er so gerne ißt. Er sagte, er habe sich auf dem Felde und im Walde und bei dem Kalkofen Hunger gesammelt, und verzehre hier sein Nachmittagbrod. Ich hielt mich nicht lange auf, und begab mich

---

1 Maierbachers
2 üdZ der
3 mB gestrichen
a mB Halme
Die Seite mR durchstrichen.

strauchelte, allerlei kleines Gestrippwerk kam mir gegen die Füsse, und es waren Gruben da. Endlich ging die Sache gar thalabwärts, während sich die Wiese durchaus nicht senken sollte, und meine Tritte fühlten weichen Boden. Plözlich erlosch das Licht, und wurde eine Zeit darnach weit rechts von seiner früheren Stelle wieder sichtbar. Ich erkannte nun, daß es ein Irrlicht sei, deren ich schon manche gesehen hatte, die in Sümpfen auf Wiesen und auf Haiden entstehen, sich oft rühren, und manches Mal gehen, wie wenn eine Laterne getragen würde. Ich ging nun wieder von dem Anger auf den Fußsteig zurük. Als ich an die Stelle gelangt war, wo ich ihn verlassen hatte, sah ich herum, und ~~erfuhr~~[c], daß ich mich in einer Gegend befinde, die mir vollkommen unbekannt war. Ich hatte den Weg über den Weidenbruch des Föhrenreit und das Hag nach unserem Hause wohl hundert Male gemacht; jezt aber war es mir, als stände ich auf einem Boden, den ich in meinem Leben nicht gesehen hatte. Allerlei unbefugte kleine schwarze klumpige Büsche gingen zu meiner Linken hinunter, rechts standen auf einem dürren Anger drei Föhren, die durchaus auf diesem Grunde nicht stehen sollten, und dann waren es weiter weg Fleken von Wäldern und andern Gestalten, die ich nie gesehen hatte. Mein Großvater pflegte zu sagen, wenn man über eine Irrwurzel gegangen sei, oder durch ein anderes Blendwerk die Gegend, die einem sehr wohl bekannt sei nicht mehr kenne, so gebe er den Rath, den ihm einmal ein alter ~~Schwede~~ Schwede gegeben habe, daß man auf dem Wege, auf dem man gekommen sei, so weit zurük gehe, als nur immer möglich ist, daß man dann stehen bleibe, auf den Boden sehe,[2] wenn man wolle, etwa seinen Rok umkehre, dann ein Gebet spreche, oder sonst erbaulich nachdenke, darauf den Rok wieder ordne, anziehe, und aufblike, und man werde die Gegend kennen. Ich wollte nun den Rath des Großvaters und des Schweden befolgen, und wendete mich um. Das Irrlicht war indessen auch nicht mehr zu sehen. Ich ging wohl

c mB und mT bemerkte

---

2 üdZ auch

dann auf den Rükweg zu den Meinigen.

      Als ich am andern Tage in das Haghaus hinauf kam, ging mir Margarita entgegen, nahm mich bei der Hand, und führte mich in ihr Zimmer. Dort führte sie mich vor einen Tisch, auf dem eine schwarze Tafel lag, auf welcher wieder alle Erddinge lagen, die ich ihr je gebracht hatte. Sie nannte mir die Namen aller, daß ich sähe, daß sie keines vergessen habe. Dann zeigte sie mir auch in einem Fache alles getroknete Kräuter- und Blumenwerk, das sie von mir hatte, und nannte die Namen. Hierauf führte sie mich in den Hof, und zeigte mir ihre Hühner und ihr Geflügel. Dann führte sie mich in den Stall, und geleitete mich zu den zwei weiß und schwarz geflekten Kälbern, die ich durch Thomas und Kajetan in das Haghaus hinauf geschikt hatte. Die Thiere standen auf einem bevorzugten Plaze, waren sehr gut und sehr rein gepflegt, und hatten in der Zeit ihres Hierseins schon sehr zugenommen. Endlich führte sie mich noch in den Garten, und zeigte mir, daß die Waldgewächse, die ich ihr mit den Wurzeln nach Tannberg gebracht hatte, und die zuerst in Töpfe gepflanzt worden waren, nun im Freien standen, und lustig gediehen. Von dem Garten führte sie mich zu ihrem Vater in sein Wohnzimmer, und wir gingen noch an dem Tage alle drei auf die Niederwiese, auf welcher die Leute des Obrists arbeiteten, und dann in den Sillerwald.

      Geraume Zeit nach diesem Tage, da wir einmal an dem Rande des Buchenhages neben dem Garten

84.

standen, fragte ich wieder: „Margarita, ihr habt mir nicht gesagt, ob ihr mich denn ein wenig lieb habt."

Sie schlug die Augen dieses Mal nicht nieder, sondern sah mich an, und sagte: „Doctor, ich liebe euch nach meinem Vater unter allen Menschen am meisten."

„Alle Engel und himmlische Heerschaaren und Gott selber," rief ich entgegen, „Margarita, ich liebe euch mehr als alle Menschen und alle Geschöpfe dieser Welt, und wenn es noch was immer für Welten gibt."

„Das ist nicht recht," erwiederte sie, „ihr müßt eure Angehörigen mehr lieben, und Gott in jener Welt mehr lieben."

„Ich weiß es nicht," antwortete ich, „in diesem Augenblike ist es mir, ich liebe nichts so sehr."

„Das darf nicht sein, und das begehre ich nicht," sagte sie.

Wir hatten uns an den Händen genommen, und sahen uns in die Augen. Dann machte sie eine Bewegung gegen den Garten zu, in welchem sich ihr Vater befand. Ich folgte ihr, und wir gingen zu dem Obrist in den Garten.

Die nächsten Tage suchte ich mich zu finden, und mir zurecht zu richten, wie ich zu dem Obrist stehe. Margarita ging in dem Hause, ‖das‖[1] immer mehr ein geschlossenes und fertiges wurde, herum, und that, was ihr oblag. Sie war an Festen oder wann es sonst nöthig war, immer schwarz gekleidet entweder in Seide oder in Sammet, was ihr wunderschön stand; sonst aber hatte sie gerne lichte Gewänder blaßblau oder silbern grau, was ihr auch wunderschön stand.

Da kam plözlich ein Mann zum Besuche in das Haghaus. Es war ein Bruderssohn des Obrists Namens Rudolph. Einen schöneren Jüngling habe ich leichtlich nicht gesehen. Die Augen waren groß und schwarz und die Wimpern fein und lang, das Angesicht sanft roth, überschattet von den dunkelbraunen fast schwarzen Haaren. Man räumte ihm dasjenige Fremdenzimmer ein, das schon geordnet war, und er befand sich fast immer des ganzen Tages um den Obrist und Margarita. In jenen Tagen spannte ich einmal meinen Fuchs um zwei Uhr des Morgens in den Wagen, damit ich bald genug wieder zurük wäre, um auf das Felsengewände des Lidenholzes klettern zu können, wo um diese Zeit sehr schöne Steinbrechen aufblühen mußten, deren ich Margarita noch vor dem Essen bringen wollte. Ich kam von meinem Berufe bald in mein Haus zurük, Anna hatte mir eine Speise gerichtet, die mir noth thun könnte, weil ich so bald weggefahren sei; ich rührte sie aber nicht an, sondern nahm meinen Winterhakenstok, den ich zum Klettern brauchen konnte, und ging in das Lidenholz. Ich kletterte von der Morgenseite aus, wo sie zugänglicher war, auf die Steinwulst. Die Steinbrechen waren sehr schön erblüht; allein ich sah jezt auf dem Wege des Lidenholzes, auf dem ich Margarita zum ersten Male gefragt hatte, ob sie mich lieb habe, durch die dünne stehenden Stangenstämme Margarita mit Rudolph wandeln. Wie wir damals auf die Wulst hatten hinsehen können, so konnte ich jezt von der Wulst auf sie sehen. Sie gingen sehr langsam des Weges, und blieben zuweilen stehen. Einmal stellte er sich vor ihr Angesicht, er schien zu ihr zu sprechen, er hielt sie an beiden Händen, dann neigte er sein Angesicht gegen sie nieder; denn er war um eine halbe Hauptlänge höher als sie, sie hob ihr Antliz gegen ihn empor, und küßte ihn auf den Mund. Ich erhob mich, und kletterte ~~rükwärts~~[a] über die Wand hinab, daß ich mir die Hände blutig riß, ging noch den Abhang hinunter, suchte weiter keinen Weg, sondern ging in dem seichten Lidwasser fort, an den Strebnissen der hohen Gewächse, die es einfaßten, an den dürren Stämmen und den Felsen, die es beengten, vorbei, und über die wilden Steine, die in ihm lagen, dahin, bis ich zu dem feuchten Stamm der Tanne gelangte und den graubraunen Fels, von

---

a   mB und mT an der Rükseite

Fortsetzung auf S. 150   1 was   Die Seite mR durchstrichen.

runden Plaz, um den Bänke beabsichtigt waren. Dort blieb ich stehen, sah in ihr Angesicht, und sagte: „Margarita, ich habe heute nicht aus Absicht sondern aus Zufall gesehen, wie ihr euern Vetter Rudolph geküßt habt."

„Ja, ich habe heute meinen Vetter Rudolph geküßt," antwortete sie.

„Und das sagt ihr, ohne der Rechte zu gedenken, die ihr mir eingeräumt habt?" entgegnete ich.

„Ich habe zu euch gesagt, daß ich euch nach meinem Vater unter allen Menschen am meisten liebe," antwortete sie.

„Ja, das habt ihr gesagt, liebe Margarita, ob es aber auch wahr ist?" entgegnete ich.

Sie sagte auf diese meine Rede kein Wort, sondern sah mich mit ihren großen Augen an. Ihre Augen erschienen mir fast noch größer, als sie mich so anblikte. Dann ~~quollen Thränen in ihnen empor.~~[a]

Nach einem Weilchen sagte sie: „Wenn ihr auf die Zurükkunft des Vaters warten wollt, ihr mögt nun an einer Gartenbank sizen bleiben, oder sonst irgend wo warten, so werde ich euch Gesellschaft leisten, wie es bisher gebräuchlich war. Oder wenn ihr noch nicht gegessen habt, so geht in das Speisezimmer, man wird euch Wein und sonst etwas bringen."

„Ich werde nicht auf euren Vater warten, und auch nichts essen," sagte ich, „sondern zu den Meinigen hinunter gehen."

„Thut nach eurem Wohlgefallen," antwortete sie.

„Eurem Vater könnt ihr von mir eine gute Nacht sagen," sprach ich.

„Ich werde es thun," erwiederte sie.

„So lebt wohl, Margarita," sagte ich.

„Lebt wohl," antwortete sie.

Ich ~~sezte mich in Bewegung~~[b] , sie begleitete mich durch das große Gartengitter in den Hof, und von dem Hofe durch das andere Gitter in das Freie. Dort ~~verabschiedeten~~[c] wir uns. Ich schlug den Weg zu meines Vaters Hause ein. Die zwei Wolfshunde, wie sie wohl zuweilen thaten, geleiteten mich gerade heute auf meinem Wege. Sie sprangen lustig und freudig neben mir her. An zwei Eschen, wo der Weg sich jäher senkt, und man den Rükblick auf das Haus verliert, wendeten sie sich um, und liefen pfeilgeschwind in das Haus zurük. Ich sah auch rükwärts, konnte aber nicht erkennen, ob ich Margarita noch sähe oder nicht.

Als ich zu Hause angekommen war, sagte mir Anna mit einem sehr freundlichen Angesichte, daß sie mir mein Essen bis jezt warm gehalten habe. Ich aber, obgleich ich seit zwei Uhr des Morgens keinen Bissen in meinen Mund gebracht hatte, sagte, daß ich nichts esse, sie möge mir Wein und Brod bringen. Sie brachte mir Wein und Brod in meine Kammer, sah mich an, fragte aber nicht, was mir zugestoßen sei.

Ich trank von dem Weine ein paar Gläser, und aß etwas Brod.

Des andern Tages fuhr ich Vormittags zu meinen Kranken, kam Mittags in unser Haus zurük, besuchte Nachmittags wieder Kranke, und ging nicht in das Haghaus hinauf.

So that ich vier Tage.

Am fünften Tage ging ich in der ersten Nachmittagstunde hinauf. Ich fand den Obrist in seiner Stube, wo er in einem Buche las. Er empfing mich genau wie gewöhnlich. Er fragte zuerst, wie er zu thun pflegte, um[d] den Stand meiner Kranken, dann um den unsers Hauswesens und unserer Saaten. Hierauf erzählte er mir, wie es bei ihm stehe, was man eben arbeite, und was man vorhabe. Hiebei erwähnte er auch, daß sein Neffe Rudolph abgereist sei. Nachdem wir mehrere unbedeutende Dinge gesprochen hatten, fragte ich ihn, ob ich mit Margarita reden dürfe.

„Das könnt ihr, wie immer," sagte er, „sie wird in ihrer Stube sein."

Ich verabschiedete mich, und ging zu Margarita hinüber, wie ich öfter gethan, und wogegen er nie ein Hinderniß erhoben hatte.

Sie stand an ihrem Tischchen, da ich eintrat, und schien mich erwartet zu haben. Sie ging mir entgegen, sah mich freundlich an, und reichte mir die Hand.

„Ich möchte einige Worte mit euch reden, Margarita," sagte ich, „ihr ertheilt mir wohl die Erlaubniß?"

Mappe 85.

a mB dann füllten sie sich mit Wasser

b mB ging gegen das große Gitter, das in den Hof führt
c mB und mT trennten

d das Befinden der Meinigen, dann um

Die Seite mR durchstrichen.   *Fortsetzung auf S. 151*

dem das Wasser beständig wie ein Firniß nieder glizzert. Dort kann man nicht mehr weiter, weil da die Lidquelle aus der Erde hervor kömmt. Ich kletterte von dem Kessel durch den Sand empor, faßte mit den Händen die sparsamen Gesträuche, und stellte den Fuß in das Gerölle. Oben, wo die rothen Okersteine in die Luft stehen, und der Zug des Rothberges beginnt, ging ich weiter, ich ging an ~~die zwei Stunden in einem Umkreise abendwärts~~[b] , bis ich an der Schneide der Weidenbrüche heraus kam. Von dort ging ich durch das Föhrenreit und an dem Eschenhag vorüber, wo ich das Irrlicht gesehen hatte, in das Haghaus. Das Blut hatte ich mir in dem Rintbache von den Händen gewaschen, und sie mit meinem Tuche getroknet.

[b] den Gesteinen und unter den Tannen in einem Bogen abendwärts

   Der Obrist war nicht zu Hause, sie sagten, er habe mit dem jungen Vetter das Hammerwerk besucht, Margarita sei in dem Garten. Ich ging in den Garten. Dort war sie nicht. Das Hintergitter des Gartens aber stand offen, und ich vermuthete, daß sie von da in das Feld hinaus gegangen sei. Als ich das Gitter erreicht hatte, und den Blik in das Freie that, sah ich sie wirklich an dem breiten Wiesensaume, der neben dem Korne lief, wandeln. Sie hatte das schwarze Gitterhäubchen auf ihrem Haupte und das geglänzte graue Kleid an.[c] Die Wolfshunde ihres Vaters gingen hinter ihr. Da mich die Thiere erblikten, sprangen sie gegen mich zu, und begrüßten mich. Auch Margarita, da sie mich sah, ging mir etwas schneller entgegen. Wir trafen ein Stük außerhalb des Gartens zusammen. Sie nahm zuerst das Wort, und sagte: „Ach, ihr seid nun da. Wir waren schon in Sorge, daß euch etwas zugestoßen sein könnte. Der Vetter Rudolph hat zu euch geschikt, und da sagten eure Leute, ihr seid zwar mit dem Wagen schon nach Hause gekomen, aber wieder fortgegangen, und nicht einmal zum Mittagessen zurük gekehrt. Euer Vater meinte, ihr würdet von einem Hilfsbedürftigen aufgehalten worden sein; was sich schon öfter zugetragen habe. Es fuhr nun der Vater mit Rudolph zu Gerhard Rohr in das Hammerwerk, welches der Vetter zu sehen gewünscht hatte."

[c] mB so ausschauen

   „Gehen wir in den Garten, Margarita," sagte ich auf ihre Rede.

   Ich wendete mich um, und ging in den Garten. Sie ging schweigend neben mir her.

   Als wir den Garten erreicht hatten, als sie das Gitter eingeklingt, es zugesperrt, und den Schlüssel in ihrem grauen Kleide geborgen hatte, schritt ich auf dem Kieswege, der da angelegt worden war, gegen einen

„Recht gerne," antwortete sie, „ich habe mir wohl gedacht, daß ihr zu mir kommen werdet."

Sie lud mich nach ‖diesen Worten‖¹ᵉ ein, auf einen der zwei kleinen gepolsterten Sessel, die in einer der Fenstervertiefungen standen, nieder zu sizen, und sezte sich mir gegenüber.   *e mB und mT* Grußе

„Ich habe euch nun vier Tage nicht gesehen, Margarita," sagte ich.

„Vier Tage," antwortete sie, „und in denen werdet ihr erwogen haben, wie die Sachen sind. Ich habe auch nachgedacht, was mir obliegt, und da muß ich euch die Worte sagen, die ich mir gedacht habe, und die euch zu wissen
  nothwendig sind.
Es ist mein ernstlicher Wille und meine Freude gewesen, eure Gattin zu werden, der Vater hat euch auch in hohem Maße lieb; aber da nun alles anders geworden ist, muß ich euch sagen, daß es nicht mehr geschehen kann."

Ich sah sie an. Als ich in das Haghaus ging, wußte ich noch nicht genau, was ich sagen werde, nur das wußte ich, daß ich mit Margarita reden müsse‖,‖² ~~damit sich kläre, was da ist.~~ Als sie aber diese Worte gesagt hatte, erschrak ich sehr. Ich konnte ihr nicht gleich eine Antwort geben, sondern sah ihr immer in das freundliche
                                                                                                                                                                                    Angesicht. Endlich stand

---

1 diesem   *2* idZ .   *Die Seite mR durchstrichen*

86. ich auf, und sagte: „Aber Margarita, ihr schneidet mit diesen Worten jede Möglichkeit ab, in unserer Sache weiter zu sprechen."

„Sprecht, lieber Freund," antwortete sie, „sezet euch zu mir auf diesen kleinen Sessel, und sprecht alle Worte, die euch gut dünken, und die eurem Herzen zu einer Wohlthat sein können."

„Wie kann ich sprechen, wenn das Ziel des Gespräches weggenommen ist," entgegnete ich.

„Sprecht außerhalb dieses Zieles," sagte sie.

„Giebt[1] es da etwas?" fragte ich.

„Ich fühle, daß es noch sehr viel gibt," antwortete sie.

„Ihr fühlt das?" fragte ich.

„Ja," entgegnete sie, „Liebe, Freundschaft, Hochachtung."

Ich war während dieser Worte noch immer gestanden, sie war auf ihrem Sesselchen sizen geblieben. Da sagte sie: „Wollt ihr euch denn nicht zu mir sezen, wie ihr sonst gethan habt?"

Sie sah mich ~~so~~ freundlich und liebvoll an, daß ich mich ihr gegenüber auf den kleinen Sessel sezte.

Ich sagte: „O Margarita, so erkläret mir das verworrene Gefühl: ich habe euch immer als wahr erkannt, und habe gesehen, was ihr gethan habt."

a mB verworrene

„Das[a] Gefühl hätte gar nicht kommen sollen," antwortete sie.

„Aber es ist ja immer vorhanden, wo eine heftige unaussprechliche Neigung ist, " entgegnete ich.

„Ja, ich weiß, daß oft das Herz des Menschen von Empfindungen befallen wird, die es nicht ahnte," sagte sie.

„Wenn ihr das wißt, o Margarita, " antwortete ich, /„/ so schiebt euren Entschluß bis nach unserem Gespräche auf."

„Ich habe ihn vor vier Tagen aufgeschoben," erwiederte sie, „indessen ist er klar und deutlich geworden."

„Ihr gebt also alles auf, was ihr gegen mich empfunden habt?" fragte ich.

„Nein, das thue ich nicht," sagte sie, „das kann man auch nicht, es hängt immer von dem andern ab, wie man gegen ihn empfindet. Ich kann euch lieben achten ehren, ihr könnt mir nach meinem Vater der theuerste Mensch bleiben; aber wessen Gattin ich werden soll, mit dem soll ich eines werden, sich selbst glaubt man immer, ihr habt mir nicht geglaubt. Wenn ~~das nicht ist~~[b], bleibe ich bei meinem geliebten Vater."

b ich den Glauben nicht finde

„O Margarita, nehmt jenes unbedachte Wort nicht in so ernstem Sinne auf, " sagte ich.

„Das Wort sprach blos aus, was damals war," antwortete sie.

„Das war in Erregung, Margarita, verzeihet es," entgegnete ich.

„Ich habe euch nichts zu verzeihen, weil ihr an dem nicht Schuld tragt, was ihr dachtet," sagte sie, „o mein lieber und mein theurer Freund, ich will euch ~~wenn ich bei meinem Vater bin,~~ fortan lieben ~~wie bisher, ich~~ will euch achten, und euer Wesen hoch verehren, lasset ~~uns machen, was wir müssen. Sagt, wie könnte ich euer inniges rükhaltlos anvertrautes~~[c] Weib sein, wenn ihr mir nicht glaubtet?"

c sein, wie es ist. Wie könnte ich euer rükhaltlos vertrautes

Ich war bei diesen Worten aufgestanden, und sagte: „Margarita, wir wollen über das nicht rechten, was geschehen ist, ich will von Erklärungen nicht reden, es ist nicht nöthig; denn ihr seid ja immer rein gewesen; wenn ich aber jezt thäte, was in unsern Schauspielen steht, was auf den Bühnen unserer Schauspielhäuser geschieht, wenn ich vor euch auf die Knie nieder fiele, und euch schwörte, daß ich euch von nun an immer glauben werde."

„Das werdet ihr nicht thun," antwortete sie, /„/ weil es sich nicht ziemte, und ihr werdet nicht schwören, weil ~~euch eure Zukunft unbekannt ist.~~[d] Denn der Glaube ist eine Gnade und ein Geschenk, das man hat oder nicht hat, und wenn ihr mir nicht glaubt, so lange wir leben, so würde ich es nicht wissen, und immer meinen, ihr könntet mir doch einmal nicht glauben."

d ihr eure Zukunft nicht kennt

„Margarita," rief ich, „ich bitte euch bei allem was den Menschen heilig ist, lasset es wenigstens im Unentschiedenen, bis die verworrenen Gefühle sich geklärt haben."

„Das wäre falsch," entgegnete sie, „mein Gefühl ist geklärt, und es ist meine Schuldigkeit, daß ihr es wisset."

„Nein, Margarita," rief ich, „eure Schuldigkeit ist eine andere; seit ihr den Bund mit mir geschlossen, wenn ihn auch der Priester noch nicht gesegnet hat, sind euch Pflichten erwachsen, die ihr für euch allein nicht lösen dürft,

---

Fortsetzung auf S. 154   *1 H*   *Die Seite mR durchstrichen.*

ihr dürft nicht handeln, wie ihr handelt, ihr dürft es nicht."

„Mein Freund, der einzige, den ich im Herzen habe," antwortete sie, „dringt nicht in mich, ich müßte euch sonst inständig bitten, daß ihr mich zu dem Vater geleitet."

e „So habt ihr für euch entschieden?" sagte ich.

„Ich habe entschieden," sagte sie.

„So will ich nicht weiter in euch dringen," antwortete ich, „und ihr sollt nicht nöthig haben, daß ich euch zu eurem Vater geleite, ich gehe selber zu ihm, lebet wohl."

„Lebet wohl," sagte sie, stand auf, und reichte mir die Hand. Ich faßte dieselbe, und drükte sie². Dann wendete ich mich zum Gehen. Sie geleitete mich bis an die Thür. Dort trennten wir uns, ich ging durch das Vorgemach und über den Gang zu ihrem Vater.

„Herr Obrist," sagte ich zu ihm, „erlaubt, daß ich mich verabschiede, wenn auch die Balken eures Hauses neu sind, so scheint es mir, als sollten sie heute auf mich fallen, und mich erdrüken³."

---

e mB (gehört noch etwas herein)

2 *üdZ* stark   3 *idZ mB* zerschmettern

"So thut es, wenn ihr so meint," antwortete er, „und handelt nach eurem Gefallen."

Er stand von seinem Size auf, reichte mir die Hand, und geleitete mich über den Gang und den Hof bis an das Gitter. Die Hunde gingen aber auch dieses Mal bis zu den Eschen mit mir. Ich ließ sie gewähren, eilte schnellen Schrittes fort, und als sie von den Eschen zurük gelaufen waren, und als ich schleunig abwärts schritt, rief ich gleichsam laut in meinem Innern: „Die ist ja wie die herzlose Christine so starr, oder sie ist vielmehr wie Eustachius, so weich, so biegsam, und so hartnäkig, dieser entsetzliche höllische Mensch."[1a]

Und ein Gefühl war in mir, wie damals, als er fortgegangen war, nur noch unbändiger. Ich wußte nicht, sollte ich mich erwürgen, oder mit einem Stein um den Hals in den Aflacher Teich stürzen, weil ich ohne Stein etwa doch wieder heraus schwämme, oder sollte ich mich mit einer Hakenbüchse erschießen, oder sollte ich alle Kranken verwünschen, und in die weite Welt gehen.

Ich ging in unser Haus hinab, blieb aber auch da nicht, sondern ging an unserem Garten hinaus, rükwärts durch das Obstgehege, stieg über die versperrte Thür der Verplankung, ging durch das Gras der Wiese hinter der Sölde gegen den Steig, der durch die Mitterwegfelder zu dem Birkenreut hinauf führt. Auf dem Steige ging ich an den Kornfeldern des Friedmair und Katermaier empor, und ging dann durch die Öffnung der Steinmauer in das Reut hinaus, wo auf dem Rasen die Wacholderbüsche stehen, und dann lauter Birken, und wo die Steinwand ~~nacheinander~~[2b] dahin zieht. Ich ging unter die Birken, und sezte mich auf einen Stok. Auf der Steinwand glänzten fürchterliche Dinge und Flimmer in der Sonne, und eine Ammer sang mit der dünnen Stimme sehr widerwärtig neben mir. Ich stand auf, und ging zu einer andern Stelle, und sezte mich auf einen Stein. Da war es mir, als hörte ich ein Geräusch. Ich sah um, und der Obrist ging gegen mich zu. Er hatte seine Hunde, die er sonst auf Spaziergängen immer mit nahm, nicht bei sich. Ich stand auf, und er ging zu mir herzu.

„Ihr seid hier, Obrist?" sagte ich.

„Ja," entgegnete er, „ich habe euch durch die Mitterwegfelder hinauf gehen gesehen, und bin euch nach gegangen."

„Da müßt ihr zuerst schier bis zu dem Hause meines Vaters gegangen sein?" fragte ich.

„Das habe ich auch gethan," entgegnete er, „der Weg zu meinem nächsten Nachbar ist nicht weit, und ist ein angenehmer Weg."

„Aber da müßt ihr ja gleich hinter mir von dem Haghause herab gegangen sein," erwiederte ich, „wenn ihr sagt, daß ihr mich durch die Mitterwegfelder herauf gehen gesehen habt, da ich mich in unserem Hause gar nicht aufgehalten habe."

„Ich bin auch gleich hinter euch, nachdem ich die Hunde, die mir auf ihrer Rükwege begegnet sind, nach Hause geschikt hatte, gegen euer Haus hinab gegangen," antwortete er. „Ich habe eine Bitte an euch zu stellen, Doctor, die ihr mir nicht abschlagen dürft."

„/,/Fordert, Obrist," sagte ich.

„Nein, nicht fordern, nur bitten kann ich," antwortete er, „gewährt mir in der nächsten Zeit, die ihr selber bestimmen möget, eine kleine Frist zu einer Unterredung, die etwa zu eurem und zu meinem Frommen dienen könnte. Es darf nicht sogleich sein, weil ich euch etwas Ausführliches mittheilen, und euch auch vielleicht Schriften zeigen möchte, lasset es mir nur einmal in dieser Zeit sagen, wann ihr zu Hause seid, und ich euch besuchen kann. Gar freundlich wäre es, wenn ihr einmal zu mir hinauf kämet, nicht daß ihr diesen Wunsch von mir für unschiklich haltet, ich gehe auch recht gerne zu euch hinab, es ist nur, weil ich in meiner Stube leichter von dem Dinge reden würde als in einer fremden. Antwortet mir jezt nicht/,/ Doctor, sondern schikt mir nur die Antwort gelegentlich hinauf."

„Ich werde sie schiken, Obrist," sagte ich.

Mappe 87.

a mB anders und besser machen. –

b mB so hin und hin

---

1 aR mB angestrichen   *2 mB gestrichen*   *Die Seite mR durchstrichen.*

88.   „Ich hätte euretwegen auch noch einen Gedanken in Hinsicht des Griesbühels," sagte er dann noch, „aber den werde ich euch ein anderes Mal mittheilen."

„Thut das Obrist," antwortete ich.

„Habt ihr denn im Heraufgehen nicht auch bemerkt, Herr Doctor," fuhr er noch fort, /,/wie heuer das liebe Korn so schön steht, ich habe das des Friedmaier am Mitterwege betrachtet, es baut sich schon so satt und dunkel in Wogen, wie ich es in dieser Jahreszeit selbst in besseren Gegenden nicht gesehen habe. Es ist doch ein wunderbarer Segen, darüber der Mensch manches kleine Leid vergißt. Lebt wohl, ich gehe in das Griesbühel hinüber, und werde es noch einmal anschauen des Gedankens willen, den ich in Hinsicht eurer darüber habe. Vielleicht, daß auch mein Jakob mit den Hunden dahin kömmt, wie schon heute einmal die Rede war. Dann gehe ich den weitern Weg über den Kirnwald nach Hause. Lebet wohl."

„Lebet wohl," sagte ich.

Er lüftete seine Haube, ich auch, wir reichten uns die Hände, und ich sah ihn dann in seiner dunkeln Kleidung hinter die weißen Stämme der Birken hinein gehen.

Ich ging dann auch sogleich von meinem Steine weg, und ging tiefer in das Reut und in den Wald hinein.

Als es Abend wurde, schlug ich den Heimweg ein. Ich sah das Korn des Friedmaier an, von dem der Obrist gesagt hatte. Die Bärte seiner Ähren waren im Sonnenuntergangsfeuer.

Als ich nach Hause gekommen war, brachte mir Anna die Tafel, auf welche sie die Leute geschrieben hatte, die mich morgen begehrten. Sie sah mich auch heute aufmerksam in das Angesicht, und sagte auch heute wieder kein Wort.

Die Seite mR durchstrichen.

Mappe 89.

6.
‖Vom sanftmüthigen‖¹ Obrist.

Ich aß mit den Meinigen an dem Abende, da ich von dem Birkenreut herab gegangen war, das Abendmal. Wir sprachen von den häuslichen Vorkommnißen des Tages.

Am andern Morgen schirrte ich schon um ein Uhr den Fuchs, ich schirrte ihn selber, weil ich die Knechte Kajetan und Thomas nicht weken wollte. Ich fuhr in die untere Dubbs, und aß dort erst mein Frühstük, sowie ich auch dort erst dem Fuchs sein gehöriges Morgenfutter reichte. Gegen Mittag kam ich nach Hause zurük. Nachmittags ging ich in den Kirnwald, und von da an den Rintbach, wo das Häuschen der Brigittenhanna steht, deren Sohn kleine Tröge und Schwellen aus Steinen macht. Ich redete eine lange Weile mit dem alten Weibe und mit den Kindern ihres Sohnes. Abends fertigte ich noch die Leute ab, die in unserem Hause auf mich warteten, ging dann in meine Kammer, und legte mich frühzeitig nieder.

Ähnliches that ich nun mehrere Tage, wenn ich auch nicht jedes Mal so früh am Morgen ausfuhr.

Eines Abends schikte ich den Knecht Kajetan in das Haghaus, und ließ dem Obrist sagen, daß ich am nächsten Tage um drei Uhr Nachmittags zu ihm kommen würde, wenn es ihm so genehm wäre. Er sendete mir die Antwort, daß es ihm sehr genehm wäre, und daß er mich um die angegebene Stunde mit großer Bereitwilligkeit erwarten werde.

Ich ging also des andern Tages in das Haghaus, so daß ich um drei Uhr bei demselben ankam.

Ich sah den Obrist im Garten, soweit man das, was schon fertig war, einen Garten nennen konnte. Er hatte ein schwarzes festlicheres Gewand an, als er in gewöhnlichen Zeiten zu tragen pflegte. Da er durch die Stäbe der Umzäunung hinaus mich kommen sah, ging er mir bis an das Hofgitter entgegen, begrüßte mich, führte mich über den Hof, über den Gang, und in seine Wohnstube. Als er dort die Thür hinter uns geschlossen hatte, sagte er: „Das ist recht schön, Doctor, daß ihr gekommen seid, und von den wenigen Stunden, die ihr frei habt, mir etwas gönnet, und noch dazu, daß ihr den eigensinnigen Wunsch, den ich hegte, erfüllt habt, selber zu kommen, statt daß ich zu euch hätte kommen sollen."

„Nein, Obrist," antwortete ich, „es ist meine Pflicht, als die des jüngeren, zu euch herauf zu kommen."

„Eure Pflicht ist es wohl nicht," entgegnete er, „aber legt eure Haube nieder, und sezt euch ein wenig zu mir."

Ich legte meine Haube auf einen Pfeilertisch, und sezte mich auf einen der zwei Sessel, die an dem großen Tische standen, der sich mitten im Zimmer befand, der Obrist nahm nun den andern Sessel ein.

„Sind eure Angehörigen gesund und im Wohlsein?" fragte er.

„Sie sind gesund, wie immer seit der Zeit, die ich hier im Walde bin," sagte ich, „und ich kann Gott nicht genug für diese Wohlthat danken."

„Es ist eine Wohlthat," antwortete er, „und man kennt sie erst recht, wenn man sie verloren hat. Ist bei euren Kranken irgend ein übler Fall eingetreten?"

„Nein, es geht alles den Weg der gewöhnlichen Einrichtung des Körpers," sagte ich.

„Die alte Sara ist schon besser?" fragte er.

„Die ist schon seit drei Wochen gesund," antwortete ich.

„Und der Erlebauer wird wohl auch gesund?" fragte er.

„Seit einer Woche ist keine Gefahr mehr vorhanden," entgegnete ich.

„Das ist gut, es wäre Schade um den Mann gewesen," sagte er, „er ist sehr thätig, und hat fünf lebende Kinder."

---

1 mB Der sanftmüthige   *Die Seite mR durchstrichen.*

90.

„Er genießt auch überall den Ruf der Rechtschaffenheit," entgegnete ich.

„Das habe ich gehört," sagte er, „und es freut mich. Krings hat sich ja den Fuß gebrochen?"

„Weil er sich nicht wahrt," sagte ich, „eine fallende Buche hat ihn gestreift."

„Im Thaugrunde?" fragte er.

„Im Thaugrunde," antwortete ich.

„Ihr kommt ja jezt öfter in das Haslung hinüber," fragte er, „ist es wahr, daß sie das Gehänge reuten?"

„Lauter Felder, seit sie sich losgekauft haben," antwortete ich.

„Und in den untern Hofmarken mähen sie schon Heu, wie ich höre," sagte er.

„Es ist kein Halm mehr auf den Wiesen," entgegnete ich.

„Das ist bis jezt ein gesegnetes schönes Jahr," sagte er, „und wenn uns der Herr noch weiter hinaus behütet, und das, was wir erwarten, gut einbringen läßt, so kann sich mancher ein wenig helfen. Ich höre schon seit geraumer Zeit in den Sillerwald und in das Lidenholz herauf schießen, ich bin jezt lange nicht nach Pirling hinab gekommen, sie sagen, daß der untere Wirth Bernsteiner in dem Steinbühel seinen Keller erweitern läßt."

„Freilich," entgegnete ich, „er will den Steinbühel zu einem noch größern Erlustigungsort der Pirlinger machen, und Erheiterungen für Jung und Alt anlegen. Das sei schon ein Gedanke seines Großvaters gewesen, als man damals den Schießstand im Steinbühel errichtet hatte, sagt er. Er läßt nun einen Keller in den Felsen sprengen, und auf dem Felsen will er noch eine schöne hölzerne Halle neben dem Schießstande erbauen."

„Nun, solche Dinge müssen auch sein," sagte der Obrist.

„Ihr wißt ja schier alles, was in der Gegend vorgeht," sagte ich.

„Wie es sich fügt," antwortete er, „man erzählt mir Verschiedenes./"/

„Nein /,/ Obrist," sagte ich, „ihr nemmt¹ Antheil an den Angelegenheiten des Landes, und fördert die guten. Das wissen die Leute, so kurz ihr erst hier seid, so wie ich es weiß, wie ihr immer gut gegen mich gewesen seid."

„Ich erinnere mich nicht, gegen euch anders gewesen zu sein, als es meine Schuldigkeit ist," sagte er.

„Doch, lieber Obrist," entgegnete ich, „und das werde ich euch nicht vergessen. Ihr seid der beste Mensch, den ich bisher kennen gelernt habe."

„Bin ich das," erwiederte er, „so macht es mir Freude, daß ihr es sagt. Ihr seid der zweite Mensch, der das ausspricht, der erste, der es gesagt hatte, ist schon lange todt, ich werde euch von ihm erzählen. Wie die Dinge zwischen uns geworden sind, Doctor, so seid ihr nicht ‖blos‖² mein nächster Nachbar, sondern uns auch sonst angelegen, und da habe ich gedacht, als ich zu euch in das Birkenreut hinauf gegangen bin, daß es gut wäre, wenn ihr mehr von uns wüßtet, und uns genauer kenntet, weßhalb ich euch damals um die Unterredung bath, die ihr mir heute gewährt. Höret mich ein wenig in Güte an."

„Ich werde euer Vertrauen immer hoch achten," sagte ich.

„Und ich werde euch nicht zu viele Zeit nehmen," entgegnete er.

„Die heutige Zeit ist bis zur Dämmerung euer," antwortete ich, „wenn ich nur in der Dämmerung nach Hause komme, so kann ich noch mit denen reden, die etwa auf mich warten."

„So lange will ich euch nicht aufhalten," erwiederte er. „Habt ihr einmal von Leuten gehört, die Uhldom heißen?"

„Ich glaube, daß ich von ihnen gehört habe," entgegnete ich, „da ich noch ein junger Schüler in Prag war, scheint mir, sind Gerüchte von dem Grafen Casimir Uhldom gegangen."

„Spieler, Raufer, Verschwender," sagte er.

„Es möchte ähnlich gewesen sein," antwortete ich.

„Dieser Casimir Uhldom bin ich," sagte er.

„Ihr, Obrist Uhl," rief ich, „das ist nicht möglich."

„Es ist möglich, weil es ist," antwortete er, „Casimir Uhl von Uhldom. Einige Gerüchte mögen wahr sein. Ich bin nicht gut gewesen. Manches war ich im besseren Sinne, als die Leute wußten, mein Schlimmes kannten sie zu genau, manch Gutes wie ein Schlimmes, und das Beste gar nicht, und das bin ich durch Kummer geworden. Lasset es euch ein wenig erzählen. Ich wuchs bis zu meinem sechzehnten Jahre im Schlosse meines Va-

ters heran. Meine Mutter war damals schon zehn Jahre todt. Ich hatte noch einen älteren Bruder. Wir wurden im Schlosse von einem geistlichen Lehrer unterrichtet. Mein Bruder war immer der bessere, ich hatte dem Vater Betrübniß und Zorn erregt. Als ich sechzehn Jahr alt war, starb der Vater, und da man nach dem Leichenbegäng-

~~nisse die Schrift~~[1] mit seinem lezten Willen eröffnete, fand es sich, daß der Bruder der alleinige Erbe war, und ich nur so viel erhielt, als man einem Sohne doch nothdürftig geben mußte.[a] Dieses Nothdürftige so wie der Antheil aus der Verlassenschaft meiner Mutter, der mir zugefallen war, stand unter der Vormundschaft des Oheims, des Bruders unsers Vaters, der unvermählt auf einer Waldburg hauste. Ich nannte meinen Bruder einen Schurken, und sagte, daß ich in die weite Welt gehen wolle, und von ihren schmählichen Thalern nichts brauche, denen zum Troze ich ein Führer und Feldhauptmann werden wolle, wie der Waldstein und die andern im dreißigjährigen Kriege.[b] Der Oheim glaubte, daß mein Entschluß in so ferne gut sei, als ich dadurch in der Welt anstoßen, und mich vielleicht bessern würde. Mein und meines Bruders Vermögen aber müsse er nach bestem Wissen und Ermessen verwalten, und könne keines von beiden auf ungewisse Entwürfe hin verwenden. Er könne mir daher von meinem Eigenthume nichts zu meinem Vorhaben ausfolgen, gebe mir aber von seinem Eigenen ein Reisegeld und ein Geld zum Anfangen. Ich möge es zu Rathe halten; denn es werde nicht leicht ein zweites folgen. Ich sagte zu dem Oheime, daß ich das Gebothene als Darlehen nehme, das Pfand habe er ja wohl in den Händen. Ich wanderte nun aus. Zuerst both ich dem Brandenburger meine Dienste an, aber es war nichts, ich both sie dem Churfürsten von Baiern an und dem Pfalzgrafen; aber vergeblich; überall wollten sie mich vorher in eine Schule thun, und das litt ich nicht. Ich wanderte nun gegen Sonnenuntergang, kehrte dem engherzigen Deutschland meinen Rüken, und schiffte eines Tages über den Rhein nach Frankreich. Ich wollte dem Könige Ludwig mein Schwert biethen. Ich ging mit meinen jungen Füssen durch eine Gegend nach der andern, bis ich in die finstere Stadt Paris einzog. Ich war der Sprache nur so weit mächtig, als sie uns der geistliche Lehrer nach Büchern eingeprägt hatte, und ich sie zu erlernen geneigt war. Einen Menschen, den ich kannte, hatte ich in ganz Paris nicht. Dennoch drang ich durch Unermüdlichkeit vor, und erreichte, daß ich zu dem Könige gelassen wurde. Er fragte mich, da ich ihm einen Dienstantrag machte, was ich zu erst lernen würde, worauf ich erwiederte, die Sprache, worauf er wieder entgegnete, ich möge es thun, und einstweilen warten, er wolle meiner gedenk sein. Ich wartete nun, und lernte die Sprache dadurch, daß ich mit jedermann redete. Als ich von meinem Gelde nur mehr einige Goldstüke hatte, dachte ich, daß ich in ein Spielhaus gehen, und mir eines gewinnen müsse. Ich ging Abends in ein solches Haus und in den großen Saal, in welchem gespielt wurde. Ich kannte das Spiel nicht, und sah Anfangs eine Weile zu ‖,‖[2] Dann legte ich ein Goldstük auf eine Karte, wie ich andere hatte thun sehen, und nach einer Zeit, da ein Mann immer Karten herablegte und eintönige Worte sagte, schob man mir eine Handvoll Goldstüke zu. Ich strich sie auf dem Tische vor meinem Plaze auf ein Häufchen zusammen, legte wieder Münzen auf Karten wie vorher, gewann, verlor, gewann wieder, und als das Spiel aus war, hatte ich eine ganze Tasche voll Gold. In der nächsten Nacht ging ich wieder in das Haus, und mein Gewinn wuchs wieder. Und so that ich nun alle Nacht. Wenn ich auch zuweilen verlor, so überwog der Gewinn doch den Verlust, und das Glük schien mir Treue halten zu wollen. Mehrere Leute in meiner Nähe ahmten meine Einsäze nach, und gewannen mit mir. Andere wetteten auf mich. Ich lernte das Spiel auch verstehen, und suchte es nun mit Verstand zu spielen, in wie weit man Karten trauen dürfe, in wie weit nicht, wann man abbrechen müsse, und wann man wieder beginnen dürfe. Ich kaufte mir nun einen schönen Federhut, und ging in schönen Kleidern. Nach einer Zeit hatte ich ein Reitpferd, das so schön war wie das des Herzogs von Orleans, und wieder nach einer Zeit hatte ich drei. Man führte mich in die großen Häuser, auf deren Söller ich bisher schöne Mädchen und Frauen und reichgekleidete Männer hatte stehen gesehen. Ich sprach mit den Frauen und Mädchen, wurde von alten und jungen Männern in Vergnügungen gezogen, und lernte die Art und Sitte der großen Stadt. Dann that ich einen Diamant auf den Knopf meines Prunkdegens, wie ihn nicht viele in reichem Schmuke tragen konnten, und wurde immer mehr und mehr bekannt. Da sagte einmal ein langer blasser Mann zu mir, ich sei doch nur ein ‖Flunkerer [sei]‖[3c], der von Pariser Strolchengelde lebe. Ich solle die Burgen des alten ehrenwerthen französischen Adels nennen, die ich besuchen dürfe, oder die Männer und Edelfräulein derselben, die mit mir gesprochen haben. Ich rief ihn sofort zum Zweikampfe. Er sagte, mit einem ‖Flunkerer‖[4d] kämpfe er nicht, und als ich rief, ich werde ihn zwingen, antwortete er, gegen Straßenräuber und Mörder werde er sich vertheidigen

Mappe 91.

a mB nach dem Geseze

b mB gewesen sind.

c mB Wort?

d mB Wort

---

1 irrtümlich gestrichen.
2 idZ .
3 maT
4 maT

Die Seite mR durchstrichen.

92.

so gut er könne. Ich drang auf ihn ein, er zog seinen Degen, wehrte sich, und nach einigen Augenbliken sank er wie todt zu meinen Füßen, indem er noch die Worte sagte: „Gott gnade mir, ich stürbe von unwürdigen Händen." Mir schauderte. Meine Freunde halfen mir, und wir brachten den Mann, der noch athmete, in ein Krankenhaus. Nach einigen Tagen fragte ich in dem Krankenhause um ihn, und erhielt die Nachricht, daß er noch lebe, daß er in seine Wohnung gebracht worden sei, und dort gepflegt werde. Ich ging in die Wohnung, die sie mir angegeben hatten, und fragte um den Mann. Er lebte, und man hatte sogar Hoffnung, daß er genesen werde. So fragte ich nun öfter, und die Hoffnung wurde immer befestigter. Eines Tages ging ich zu dem Vorsteher der Waisenkinder von Paris, und übergab ihm an Geld an Kleinodien an schönen Kleidern an Pferden und Reitgeräthen alles, was ich hatte, und ließ mir einen Schein über das Geschenk an die Waisenkinder ausfertigen. Nur so viel Geld, als ich nach Paris gebracht hatte, und einen schlechten grauen Klepper, den ich angeschaft hatte, behielt ich zurük. Der Mann, der von mir verwundet worden war, hatte endlich die Gewißheit der Genesung. Er hatte mich nie zu sich gelassen. ~~Eines Tages~~ Da sandte ich ihm einmal meinen Schein von dem Waisenvorsteher in sein Zimmer, und wurde sogleich darauf zu ihm geführt. Er sagte zu mir: „ Heute redet ihr zum ersten Male mit einem Manne, dessen Angehörige seit langen Zeiten Frankreichs Schlachten mitschlagen und Frankreichs Geschike mitberathen helfen." Ich legte ihm schriftliche Beweise vor, daß ich ein deutscher Reichsgraf sei. Er fragte mich, was ich nun thun werde, ich antwortete, mein Plaz sei in dem deutschen Reichsheere. Er reichte mir die Hand, und sagte: „So sorgt, daß ihr von Frankreich fort kömmt, ich habe bisher den Namen dessen, der mich verwundet hat, verschwiegen; aber eure Freunde werden euren Ruhm verbreiten wollen, und dann seid ihr nicht mehr sicher." Ich dankte ihm, wir verabschiedeten uns, und des andern Tages ritt ich auf meinem grauen Klepper in der Richtung gegen den Rhein zu. Ich habe noch den Schein des Waisenvorstehers, und werde euch denselben zeigen, lieber Doctor."

  Nach diesen Worten ging der Obrist zu einem Schreine, nahm ein Papier heraus, und legte es mir vor. Es war die Bescheinigung, von der er mir gesagt hatte. Als ich dieselbe gelesen, und ihm wieder überreicht hatte, that er sie nicht mehr in den Schrein, sondern legte sie vor uns auf den Tisch.

  Dann fuhr er in seiner Erzählung fort: „Es war der ‖Herzog von Choisel‖[1a] gewesen, den ich verwundet hatte. Wir kamen später noch einmal zusammen, und sind eine Art Freunde geworden. Am siebenten Tage, da ich Paris verlassen hatte, wurde ich mit meinem Pferde über den Rhein geschifft. Ich hatte ein schlechtes Lederkoller an und noch schlechtere anderweitige Kleider. Da sagten meine Freunde, die ich in jener Gegend hatte, und welche von meinem Wohlleben in Paris wußten, daß ich ein arger Verschwender gewesen sein müsse. Ich ließ es gelten; denn ich hatte mir vorgenommen, keinen Zweikampf mehr zu wagen, die ich früher oft bei den geringfügigsten Dingen angefangen[b] hatte. Mein Geld war nun wieder zu Ende, ich wollte mich an meinen Oheim und Vormund nicht wenden, und dachte in allem Ernste daran, ob man denn nicht, wie der Herzog von Friedland gethan hatte, ein Heer zusammen rufen, und dem Könige von Frankreich wieder entreißen könnte, was er uns früher genommen hatte. Ich sagte meinen Freunden und allen Leuten davon; aber es wurde nichts daraus. Da entschloß ich mich, in den Dienst des Kaisers zu treten, und ließ es jezt geschehen, daß man mich in eine Schule that, was andere, die das nicht erreichen konnten, für ein unverdientes Glük erklärten. Ich aber hielt es für eine Schmach, der man so schnell als möglich zu entrinnen trachten müsse, weßhalb ich lernte, was meine Kräfte nur vermochten. Mein Oheim sandte nun freiwillig Zuschüsse zu meinem Unterhalte, daß ich anständig leben konnte. Aus der Schule kam ich in das Heer. Jezt rükte die Zeit langsamer, und meine Bemühungen, empor zu kommen, lohnten sich nur Haarbreite um Haarbreite; aber weil mir nun schon kein anderes Mittel gegeben war, so harrte ich aus, und that, was ich konnte, um die zu übermeistern, die neben mir waren. So lenkte ich die Aufmerksamkeit meiner Vorgesezten auf mich, wurde bekannter unter ihnen, und ~~wur~~ erhielt Beförderung. Auf diese Weise war ich endlich vier und zwanzig Jahre alt geworden, und die kleine Erbschaft von meinem Vater wurde mir überliefert. Was mir von der Mutter beschieden war, durfte mir nicht gegeben werden, weil sie die Bedingung daran geknüpft hatte, daß ich die Verlassenschaft erst in meinem zwei und dreißigsten Jahre antreten dürfe. Um diese Zeit verliebte ich mich auch, und dachte das Mädchen zu ehelichen. Wir sezten alles in Bewegung, ihre Angehörigen zur Einwilligung zu vermögen; aber wenn diese sagten, es ginge jezt noch nicht, weil uns die Mittel zu standesmäßigem ~~Auftreten~~[2c] fehlten, so wurde ich maßloß zor-

---

a   mB Namen

b   mB gesucht

c   mB Leben

1 maT   2 mB gestrichen   Die Seite mR durchstrichen.

nig, und das Mädchen wollte sich zu Tode weinen. Wir mußten den Rath befolgen, und warten. Allein während des Wartens vergaß mich das Mädchen, und heirathete einen andern. Ich wollte mich tödten, und begann, eine lange Reiterpistole zu laden. Da errieth mich ein gemeiner Mann unserer Rotte, und sagte: „Schämt euch, Herr Graf." Ich schämte mich, und warf die Reiterpistole in einen Winkel. Darauf verschwendete ich mein väterliches Erbe mit guten Freunden beim Becher und Würfelspiele, bis kein Pfennig mehr davon übrig war. So verfloß wieder eine Zeit, und es kam Krieg. Wir lagen auf unserer Seite und der Feind auf der seinigen und beide machten wenig Fortschritte. Das Feld- und Lagerleben schleppte sich hin. Da dachte ich manches Mal an meine Mutter und ihre schönen blauen Augen,[a] ich dachte an den Bach, der vor unserm Schlosse war, und an welchem Weidenbäume standen. Zu jener Zeit lernte ich ein Mittel gebrauchen, von dem ich glaube, daß ich ihm alles verdanke, was ich geworden bin. Ein alter Kriegsobrist rieth es in Westphalen in meiner Gegenwart einer Jungfrau an, die in Liebesgram befangen war, und sterben wollte. Er sagte, daß es in diesem Falle die besten Dienste leiste. Das Mittel besteht darin, daß einer alle seine Gedanken und Begebnisse, wie sie eben in der Zeit sind, aufschreibt, dann aber einen Umschlag darum siegelt, und das Gelöbniß macht, die Schrift erst in drei oder vier Jahren aufzubrechen, und zu lesen. Da sei alles anders, und man lerne erst, wer man gewesen. Ich lachte mit dem Obrist, da er dieses sagte, versuchte aber halb im Scherze die Sache, sezte sie dann im Ernste fort, und habe oft an den alten Obrist gedacht, der die Sache gesagt, und sie für mich in dem rechten Augenblike gesagt hat. Ich konnte mein erstes Päkchen nicht in drei oder vier Jahren sondern erst in fünf öffnen, weil ich eine Zeit von einem Theile meiner Sachen getrennt war. Ich lag im Lazarethe verwundet, und war schier von allem Nöthigen entblößt, da ließ ich mir das Päkchen hin geben, öffnete es, und las es, und lachte, und weinte fast in einem Athem durcheinander; denn alles war anders geworden, als ich einst gedacht hatte, vieles besser manches schlechter aber jedes irdischer und wahrer, als es sich einmal vorgespiegelt hatte, ich erkannte, daß ich jezt erst die rechten Ansichten habe, und brannte vor Begierde, sie gleich nieder zu schreiben. Ich ließ mir Papier und Schwarzstift aus dem Ledersake suchen, der unter dem Bette lag, und schrieb auf dem Kissen neben meinem Angesichte die ganze Nacht. Weil es das erste Päkchen war, das ich geöffnet hatte, wußte ich damals noch nicht, daß es mir bei einem jeden so ergehen werde, auch bei dem, das ich jezt mit solcher Inbrunst nieder geschrieben habe. Die rechten Ansichten waren beim Öffnen eines Päkchens oft nicht mehr die rechten Ansichten, und es wurden neue gemacht, und so ging es fort. Ich habe mir durch diese Beschäftigung eine Denk- und Rede- und Handlungsweise zugebildet; denn aus Büchern oder im Umgange mit verschiedenen Menschen zu lernen, ist mir erst später zu Theil geworden; in jener Zeit hatte ich nicht viel Muße für Bücher, und zur Gesellschaft hatte ich fast lediglich nur meine Standesgenossen. Alle freie Zeit verwendete ich zum Schreiben. Oft schrieb ich auf meinen Knieen, oft auf einer Trommel, oft auf einem Baumstamme, und die Päkchen schleppte ich auf unsern Zügen und in Feldlagern mit mir herum. Ich habe nachher schwere Schlachten gesehen, ich habe das menschliche Blut wie Wasser vergeuden gesehen, ich zeichnete mich aus, wie sie sagten, das heißt, ich half mit in diesen Dingen; aber ein Päkchen erzählte mir später die Sache, wie sie gewesen ist, und wie ganz anders dachte ich nun von ihr, als da sie sich vor meinen Augen zugetragen hatte. So wurde ich mitten in[1] Kriegs- und Lagerleben ein Mensch, der ich sonst vielleicht nicht geworden wäre. Ich fing nun auch an, im Leben aus zu üben, was ich in meinen Päken gelernt hatte. Einmal, da unsere Reiter im Begriffe waren, auf einen Haufen Feinde, denen sie offenbar überlegen waren, einzusprengen, und sie nieder zu hauen, und da die Feinde sich anschikten, heldenmäßig zu sterben, und ihr Leben sehr theuer zu verkaufen, verhandelte ich zwischen beiden, den Kugeln beider ausgesezt, die Unterwerfung, brachte sie unserm Führer, und tausend Feinde wurden statt getödtet nur gefangen. Zehn Jahre vorher hätte ich selber den Befehl gegeben, lustig einzuhauen. Mein Kaiser gab mir für diese That die goldene Schaumünze, die ihr kennt, und die Feinde sandten mir einen Degen, auf dessen Knopf ihr König einen Diamant gab."

    Nach diesen Worten hielt der Obrist inne, stand auf, ging zu einem Schreine, öffnete seine beiden Flügel, und sagte: „Seht, Doctor, hier sind die Päke meiner Schriften, ihr dürft, wenn es euch gefällig ist, lesen, was ihr auswählt, oder wenn es euch nicht zu gering ist, alles."

    Der Schrein hatte unzählige Fächer, und sie waren von unten bis oben mit Papieren gefüllt.

    Der Obrist schloß die Flügel nicht mehr, sondern ließ sie offen stehen, sezte sich wieder zu mir, und fuhr fort: „Ich will euch nun auch den Rest meines Lebenslaufes erzählen bis auf heute. Die Jahre sind wieder vergangen aber immer eins schneller als das andere. Ich bin endlich Obrist geworden. Als ich wieder einmal verwundet

Mappe 93.

[a] mB gar keinen Menschen auf dieser Welt habe, –

---

1 H   *Die Seite mR durchstrichen.*

94.

a auf dem Plaze sizenbleiben, oder von Plaz zu Plaz wandern.

wurde, und zwar an diesem kleinen Finger, der, wie ihr sehet, ein wenig steif geblieben ist, erhielt ich meine Entlassung und einen Ruhegehalt. Ich konnte mir nun in der Welt einen Plaz aussuchen, auf den ich mich nieder sezen konnte, oder ich konnte mehrere Pläze wählen, die ich nach und nach besuchen und besehen konnte.ª Ich wählte das Lezte. Zuerst ging ich mit dem Abschiede in der Tasche zu meinem Oheime, und fragte ihn um mein mütterliches Erbteil. Die Zeit, in der es mir hätte ausgefolgt werden können, war schon lange um. Der Oheim hatte so gut mit dem Gelde gewirthschaftet, daß ich, als er es mir jezt mit den Zinsen und den Zinsen von den Zinsen einhändigte, für meine Lage ein reicher Mann war. Ich verschwendete nun das Geld nicht mehr, sondern hielt es zu Rathe, und da ich nach und nach gelernt hatte, genügsam zu leben, weil ich so am heitersten und stärksten war, brauchte ich sein jährliches Erträgniß nicht, und mein Vermögen wuchs. Von der Waldburg des Oheims ging ich in die vorzüglicheren Städte und Länder unsers Welttheiles, ich sah Paris wieder und den ‖Herzog von Choisel‖[1b], mit dem ich viel umging, und der mich stets achtungsvoller behandelte. Er hatte jezt eine Gattin,

b mB Namen

die, obwohl sie zu altern begann, noch außerordentlich schön war, und er hatte zwei wunderschöne Töchter. Von Paris ging ich nach London und Edinburg, von da in die Städte Hollands dann Deutschlands Schwedens Rußlands, ich besah und bereisete im Genauen die slavischen und ungrischen Länder Österreichs, damals war ich auch in eurem Walde hier, dann ging ich nach Italien, und durch die Schweiz und Tirol zurük nach Wien. Ich hatte einmal seitwärts der Straße, die von Wien über den Berg Sömering nach Italien führt, ein Alpenthal gesehen, das mir sehr reizend schien, und in dem ich mich bei einem Kriegsfreunde zehn Tage aufgehalten hatte. Es liegt ein Ort in dem Thale, der den Namen Reichenau führt. In dieses Thal und zu meinem Freunde ging ich jezt wieder, und da sich gerade am Ende des Thales, wo es in eine lange Schlucht am mittäglichen Fuße /eines/[2] sehr schönen Berges, welcher den Namen Schneeberg hat, übergeht, durch der die Schwarzabach heraus brauset,ᶜ ein kleines Anwesen zum Kaufe darboth, kaufte ich es, und siedelte mich im Grünen und in einer Menge von Obstbäumen an, daß die Schwarza vor meinem Häuschen rauschte, und ich durch dessen mitternächtliche Fenster auf den mittäglichen Hang des Schneeberges durch die abendlichen auf die Braueralpen durch die mittäglichen auf die zerstreuten Gehöfte,

c welche Schlucht die Bewohner das Höllenthal nennen

die Edlach heißen, und auf die Steireralpen und durch die morgenlichen auf das schöne Reichenauer Thal sehen konnte. Ich baute das Häuschen zu meiner Bequemlichkeit um, vergrößerte, verschönerte, und befestigte den Garten, der dabei war,ᵈ und begann die Bücher und die Bilder zu sammeln, die ihr jezt bei mir sehet. Aber ich fühlte mich in dem Häuschen allein, und obgleich mein Kriegsfreund, mit dem ich umging, auch unvermält war, so schien

d besorgte das Bischen Land und Wald, das es hatte

mir dies so wie das Leben meines ~~Oh~~ unvermählten Oheims auf seiner Waldburg eher abschrekend als anziehend zu sein. Jedoch, wo sollte ich eine Gattin hernehmen, die meine Einsamkeit mit mir getheilt hätte. Ich war in den Jahren schon so weit vorgerükt, daß ich sehen konnte, die Mädchen, welche ich in meiner lezten Dienstzeit und bei meinen Reisen kennen gelernt hatte, betrachten mich keineswegs mit Augen, in denen Liebeszeichen oder der Wunsch, mich zu ehelichen, gelegen wäre, sondern ich konnte höchstens Gefühle wie gegen einen Oheim oder älteren Verwandten erzeugen. So war es auch in meinem Thale, höchstens, daß es etwa eine gegeben hätte, die in meinem Hause eine Versorgung gesucht hätte."

Nach diesen Worten schwieg der Obrist ein Weilchen. Dann stand er auf, und zog die seidenen Vorhänge seiner Fenster zu. Hierauf sezte er sich wieder zu mir, und fuhr fort: „Ich habe früher gesagt, Doctor, daß einmal ein Mensch der erste gewesen ist, der zu mir gesprochen hat, daß ich gut sei, wie ihr heute der zweite. Von diesem Menschen werde ich euch erzählen. Er hat bei mir in dem Thale gelebt, es ist ein Weib gewesen, mein Weib ist es gewesen. Immer, da ich in meinem Hause einsam war, fiel mir ein Bild ein, das ich in früheren Zeiten längst vergessen hatte. Einmal, da wir gegen den König Ludwig von Frankreich zu Felde lagen, war ich in einem kleinen Gütchen am Rheine, dessen Namen ich sogar vergessen hatte, eingelagert. Zwei ältliche Leute behandelten mich sehr gut, und eine blutjunge Nichte, die sehr schweigsam war, verrichtete magdmäßig alles, was sie mir an den Augen ansehen konnte. Ich war ziemlich lange in dem Gütchen. Diese Nichte und diese zwei ältlichen Leute schwebten mir nun immer vor den Augen. Ich machte mich auf, reiste an den Rhein, fand das Gütchen, fand die alten Leute und fand die Nichte. Nach einer Zeit fragte ich sie, ob sie mein Weib werden

---

Fortsetzung auf S. 166 *1 maT* *2 statt eins* *Die Seite mR durchstrichen.*

meinen Rath einzuholen, und da eine Zeit vergangen war, sagte sie: „Wie danke ich Gott, daß du so gut so gar so gut bist," und wieder nach einer Zeit sagte sie: „Ich liebe dich mehr als alle Dinge dieser Welt," und umschlang mich mit ihren Armen, und drükte mich an ihr Herz, und weinte sich fast müde vor Wonne an meiner Brust.[a] Ich habe euch gesagt, daß in der Gegend, in welcher mein Haus lag, Schneeberge blaue Spizen und Jochzüge empor ragten, daß Bergwässer rauschten, und hohe Wälder standen. Das alles zu durchforschen und zu durchwandern lokte mich die Lust, und da wurde es nach und nach Gepflogenheit, daß sie öfter mit mir ging. Sie ging zwischen thurmhohen Tannen an brausenden Bächen oder über harte Steine mit mir, und ihre sanften Wangen waren im Freien noch schöner, als sie zu Hause waren. Wenn ich einen Baum einen Stein ein Wasser zeichnete, wie ich damals zu lernen begann, und gerne ausübte, saß sie hinter mir, schlug Nüsse auf, oder ordnete die gesammelten Waldblumen zu einem Strauße, oder plauderte mit ihrem Hündchen, das ebenfalls unser steter Begleiter war, und an schwierigen Stellen von ihr sogar getragen wurde, oder sie legte aus meinem Wandersake unser Nachmittagbrod zu rechte, oder sie saß auch oft neben mir, und fragte, wie dieser oder jener Stein heiße, und warum diese und jene Blume immer im Schatten wachse. Sie hatte Lust an der Sache, wurde auch stärker, ||ihr||[1] Angesicht wurde brauner wie bei Knaben, die viel in der Luft sind, ihre Lippen wurden kräftiger, und sie folgte mir ~~of~~ mit den schweren Alpenschuhen, die ich ihr hatte machen lassen, über rauhes Gestein und Gerölle oft bis an den Rand des Eises hinauf, und sah in die Länder[b], wo die Menschen ihre Werke treiben, davon[c] kein Merkmal zu uns herauf kam. Im fünften Jahre unserer Ehe wurde Margarita geboren, unser einziges Kind. Da dieses noch klein war, stellte meine Gattin ihre Wanderungen ein, weil sie sich der Pflege des Kindes widmete. Als ~~sie~~ es aber etwas heran gewachsen war, und an Rosina, die damals schon lange in unserm Hause war, eine sehr gute Hütherin hatte, ging sie doch wieder zuweilen mit mir."

      Hier brach der Obrist eine Weile ab, ich wußte nicht warum, dann fuhr er wieder fort: „Kennt ihr das, was man in hohen Bergen eine Holzriese nennt? Ihr werdet es kaum kennen, da man sie hier nicht braucht, weil nur breite sanfte Waldbiegungen sind. Es ist eine aus Bäumen gezimmerte Rinne, in der man das geschlagene Holz oft mit Wasser oft troken fortleitet. Diese Rinnen gehen zuweilen an der Erde befestigt über die Berge ab, zuweilen sind sie wie Brüken über Thäler und Spalten gespannt, und das Holz fährt in ihnen meist in runden Blöken dahin. Eines Tages war ich mit meinem Weibe so hoch in den Bergen gewesen, daß sie mir einige Stämmchen Edelweis pflüken, und auf den Hut steken konnte. Im Nachhausegehen gelangten wir, ich weiß nicht mehr wie, in eine fremde Gegend, welche nicht die Richtung war, in der ich die Berge hatte verlassen wollen. Wahrscheinlich waren wir von der Ähnlichkeit der Berggestaltungen getäuscht worden. Wir hatten einen sanft abwärts gehenden Sandstrom vor uns, der von Felsen und theilweise hochstämmigem Walde begränzt war, und zahlreiche nach abwärts gerichtete Menschenfußtrite zeigte. Wir gingen also, da wir die schrofferen Höhen ohnehin schon hinter uns hatten, in dem Sandstrome hinab. Er führte uns in mehreren Windungen weiter. Plözlich, da wir um eine Eke bogen, sahen wir es vor uns blauen, der Sandstrom rieß ab, und hatte eine fallrechte Steinwand hinunter, und gegenüber jenseits der Schlucht sahen wir eine andere Wand, die in der Abendsonne bräunlich schimmerte, auf uns herüber schauen; aber auch eine solche Holzriese, wie ich euch sagte, ging von unserem Standorte nur sehr mäßig abfallend gegen die jenseitige Wand hinunter. Ich erschrak ein wenig, und sah nach meiner Begleiterin um. Diese aber war fröhlich über die gelegene Verbindung, und wir gingen daran, zu untersuchen, ob die Riese in einem Stande sei, zwei Menschen tragen zu können. Daß sie erst kürzlich gebraucht worden war, zeigten da, wo sie an den Felsen angeschlachtet war, sehr viele Merkmale. Ihre Höhlung war frisch wund gerieben, Blöke und Stangen, womit man die Stämme zuzuwälzen gewohnt ist, lagen herum, der Boden war theils aufgewühlt, theils gewalzt, theils von Menschenfüßen ganz zertreten. In dem Augenblike des Überlegens hörten wir es aus einem Seitengraben, dessen Dasein wir noch nicht beachtet hatten, knistern und brechen, als ob es Tritte wären, und wirklich kam in Kurzem ein Mann heraus, den der erste Blick sogleich als einen Holzarbeiter erkennen ließ, wie sie im hohen Gebirge ihr Werk treiben. Er hatte lederne Beinkleider und eine graue Jake, an den Füßen schwere Bundschuhe und auf dem Kopfe einen grünen Hut. Er trug einen ledernen Sak eine eiserne Kochschüssel einen Bündel Steigeisen und den Gebirgsstok, der langschaftig ist, und vorne eine eiserne Spize und einen ~~Widerhaken~~[d] hat. Er verwunderte sich, da er uns sah, ich sagte ihm aber, daß wir uns verirrt hätten, und daß wir gerne wissen möchten, ob die Riese gangbar wäre, und zweien Menschen als Steg dienen könnte, und ob

---

Mappe 95

a mB (und von da an waren wir glüklich, wie es fast keine Menschen auf Erden sind) (?)

b mB hinaus

c mB von denen

d Krummhaken

---

1 ihre   *Die Seite mR durchstrichen.*   *Fortsetzung auf S. 167*

wolle. Sie hat mich nicht geliebt, aber sie ist mit mir gegangen. Nach der Vermählung sezte ich sie in einen Wagen, sandte ihre Habseligkeiten voraus, und fuhr mit ihr fast ohne Unterbrechung bis in mein Haus. Da sie von dem Wagen abgestiegen war, und in der großen Stube auf einem Stuhle saß, und den Hut noch auf dem Haupte hatte, war sie wie eine Fremde, die nur zum Besuche sich in meiner Wohnung befand. Ich fing nun an, neben ihr zu leben. Sie legte zaghaft zuerst ihre Sachen, die viel später erst mit dem Frachtwagen gekommen waren, in die Schreine, und war unsicher, ob es so recht sei. Ich ging in dem Hause ein und aus, that meine Geschäfte, sprach sehr freundlich mit ihr, und war wie ein sehr liebreicher Bruder. Sie begann nach und nach, wenn sie etwas stellte oder ordnete, zu fragen, ob es mir gefalle, und später that sie gar nichts mehr, ohne

er uns seine Geleitschaft zukommen lassen wollte. Er sagte hierauf: „Die Riese ist freilich gangbar, es sind eben

96. meine Genossen fünf an der Zahl hinüber gegangen, ich mußte nur umkehren, weil ich die Schüssel an dem Feuerplaze vergessen hatte. An der Truswand warten sie auf mich, ihr werdet es gleich hören." Nach diesen Worten that er einen Ruf des Jauchzens, wie es im Gebirge üblich ist. Von der Wand antwortete ein gleicher Ruf herüber. „Wenn ihr mit mir über die Riese gehen wollt, so können wir die Frau da mitten nehmen, ihr geht vor ihr, ich hinter ihr, und mit dem Stoke können wir ihr ein Geländer machen," sagte er. Und wie er gesagt hatte, so thaten wir. Ich betrat zuerst die Riese mit meinen groben Schuhen, und hielt den Stok mit der linken Hand. Dann kam meine Gattin, sie hielt sich mit der linken Hand an dem Stoke, und mit der rechten trug sie das Hündchen. Dann ging der Holzknecht, der das Ende des Stokes in der linken Hand trug. Wie wir auf dem Holze weiter kamen, ~~tiefte~~ tiefte sich die Schlucht immer mehr unter uns hinab. Ich hörte seine Tritte mit den eisenbeschlagenen Schuhen, die ihrigen nicht. Da wir noch ein Kleines vor dem Ende der Riese waren, hörte ich den Holzknecht leise sagen: „Sizt nieder," auch empfand ich, daß der Stok leichter in meiner Hand werde, ich sah um, und sah nur ihn allein. Es kam mir ein entsezlicher Gedanke; aber ich wußte weiter nichts, meine Füsse hörten auf, den Boden unter mir zu empfinden, die Tannen wogten wie Kerzen an einem Hängeleuchter auf und nieder, und dann wußte ich nichts mehr."

Hier hielt der Obrist eine geraume Weile inne, dann fuhr er mit einer gedämpfteren Stimme fort: „Sie lag unten zerschmettert. Sie hat keinen Laut gethan, um mich nicht in Gefahr zu bringen. Der Holzknecht sagte, er habe gesehen, daß sie das Geländer ausließ, und mit der linken Hand in der Luft zu greifen anfing, da habe er ihr den Rath gegeben, sich nieder zu sezen; aber es sei wie ein weißes Tuch bei seinen Augen vorbei gegangen, und dann habe er nur mich allein gesehen. Ich wäre gleichfalls hinab gefallen; allein er habe mir einen Stoß gegeben, durch den ich auf der Riese vorwärts taumelte, und an ihrem Ende unter den Holzblöken, die man an dem Tage über sie geleitet hatte, nieder fiel. Da ich aus meinem Unbewußtsein wieder erwachte, fand ich mich an einem Feuer liegen, und viele Holzknechte um mich. An der Truswand war ebener Raum genug, ein hoher Tannenwald stand empor, und eine Menge von Blöken, die über die Riese gekommen waren, stand aufgeschlichtet. Die Holzknechte hatten ein Feuer gemacht, und mich an demselben zu erweken gesucht. Als ich begrif, was geschehen war, verlangte ich heftig, in den Abgrund zu steigen; ich konnte sie mir nicht todt denken, sie muß noch leben, dachte ich, und wartet auf meine Hilfe. Es war aber indessen ganz Nacht geworden. Die Holzknechte sagten, es sei nicht möglich, da hinab zu gelangen; allein da sie meine Angst sahen, da sie sahen, daß ich mich aufraffte, und allein hinab klettern wollte, machten sie doch Versuche. Der eine erinnerte sich dieses der andere eines andern Umstandes, der es ermöglichen könnte. Es waren auch andere Holzknechte herbei gekommen, da der Plaz ein Sammelplaz war, man erzählte ihnen das Geschehene, und alle machten wirklich die ernstlichsten Bemühungen; aber es war vergeblich, wir mußten warten, bis die schreklichen Sterne erblaßten, und das Morgengrauen kam. In demselben gelang es, mit Striken Stangen und Steigeisen auf den Boden des Grundes zu kommen. Aber nun fanden wir die Frau wieder nicht. Erst da schon die Sonne die hohen Spizen erleuchtete, entdekten wir sie. Neben einem Wacholderstrauche lag ein Häufchen lichter Kleider, und darunter die zerschmetterten Glieder. Es war nicht möglich, von dieser Höhe kann kein Mensch herunter fallen, und nur den schwächsten Hauch des Lebens behalten; fast nur wie ein Strohhalm war die Riese anzuschauen, da wir zu ihr empor blikten. Denkt euch, lieber Doctor, auf den Kleidern saß das Hündchen, und war so weit wir erkennen konnten, unversehrt; aber es mußte in der Nacht wahnsinnig geworden sein; denn es biß mit fürchterlicher Heftigkeit gegen mich, als ich den Arm ausstrekte, die Frau zu berühren, und starrte mit wahnwizigen Augen auf die Anwesenden. Nach mehreren schnellen und sehr zärtlichen Versuchen, es an mich zu loken, die vergeblich waren, ließ ich zu, daß es ein Holzknecht mit seiner kurzen Handbüchse erschieße. Er hielt schräge hin, daß er die Leiche nicht treffe, und das Hündchen fiel herab, kaum daß es ein Füßlein rührte. Auch dieser Schuß war mir mitten durch das Herz gegangen. Ich beugte mich nun nieder, und rieß das Mieder auf, das meine Gattin an hatte; aber die Schulter war schon kalt, und die Brust war so kalt wie Eis. O Herr! Das könnt ihr nicht ermessen, nein, ihr wisset es jezt noch nicht, wie es ist, wenn der Leib, der so lange das Eigenthum eures guten Herzens gewesen ist, noch die Kleider an hat, die ihr am Morgen selber darreichen halfet, und jezt todt ist, und nichts mehr kann, als in seiner Unschuld bitten, daß ihr ihn begrabet."

Jezt hörte der Obrist wieder eine Zeit zu reden auf, dann sagte er: „Und so ist es auch geschehen. Wo der Bach seinen schmalen Ausgang hat, ließ ich sie aus dem Thale bringen, und kam gegen Mittag in mein Haus. Der Ruf hatte das Unglük schon ausgebreitet. Mehrere Menschen standen auf meiner Gasse, und Freunde

Fortsetzung auf S. 170   *Die Seite mR durchstrichen.*

hielten einen Wagen bereit, um mich fort zu führen, bis alles vorüber sei; als[1] ich hielt fest an meinem Weibe, und ging nicht mit. Wir brachten sie in die große Stube, in der sie nach ihrer ersten Ankunft gesessen war, und den Hut auf dem Haupte gehabt hatte. Dann schaffte ich die Kleider herbei, in denen sie begraben werden sollte. Als die Frauen sich bereiteten, sie auszukleiden, zu waschen, und ihr die neuen Kleider zu geben, verließ ich die Stube, und ging in das Hin-

[1] H

terstüblein, wo Margarita¹ war ‖,‖²ᵃ führte sie auf die Gasse, und ließ sie in dem Wagen der Freunde
zu der Haushälterin meines Kriegsfreundes bringenᵇ, damit sie nicht sehe, was hier geschieht, und sich einmal darauf erinnere. Da meine Gattin angekleidet war, riefen sie mich wieder in der Stube. Da lag
sie auf dem Bette, das in der Stube stand, in einem blaßgrauen beinahe weißem³ Seidenkleide, das
ich ihr gegeben hatte, weil es ihr liebstes Kleid gewesen war. Der Schreiner legte, als ich eintrat, eben den
schwarzen Zollstab zusammen, mit dem er das Maß zu dem Sarge genommen hatte. Ich sezte mich auf einen Stuhl.
Gegen den Abend kam schon der Sarg, der sonderbarer Weise in dem rechten Maße schonᶜ fertig gewesen
war, und man legte sie hinein, wo sie lang und schmal ruhen blieb. Um das Angesicht waren die braunen Haare
gescheitelt, und die Hände hatte sie über die Brust gefaltet. Ich hatte ihr ein schönes Kreuzlein gegeben,
das sie immer sehr geliebt hatte. Als nach und nach die Neugierigen fortgegangen waren, und die andern sich
mehr im Nebenzimmer sammelten, ging ich zu ihr hin, legte ihr das Haupt ein wenig anders, weil ich meinte, sie ruhe nicht sanft genug, und faltete ihr auch die Hände etwas anders, als die Frauen gethan hattenᵈ. An
diesem Abende waren rosenrothe Lämmerwolken an dem Himmel, und warfen durch die Fenster herein einen rothen holden Schein auf sie. Später brachten die Leute Wachskerzen, stellten sie um den Sarg,
und zündeten sie an. Ich blieb die ganze Nacht bei ihr sizen. Freunde und Bekannte waren da geblieben, und befanden sich theils in der Stube etwas entfernter von dem Sarge als ich, theils in dem Nebenzimmer, wo
sie leise betheten. Ich dachte damals oft an das alte Volk der Egipter, das seine Todten einbalsamirte.
Am andern Tage schnitt ich die schönsten ihrer Blumen, die in der Wohnung waren, ab, und legte sie um
ihr Haupt und um ihren Leib. Am zweiten Morgen wurde sie begraben. Es kam der Wagen, der den geschlossenen Sarg fort führte, und eine Menge von Menschen begleiteten ihn. Der Pfarrer sprach, als
die kirchlichen Segnungen vorüber waren, noch eine kurze Ermahnung über die Vergänglichkeit
der irdischen Dinge. Dann wurde sie eingesenkt. Man führte mich hinzu, gab mir eine Schaufel in die
Hand, daß ich die erste Scholle auf den Sarg werfe. Ich that es aber mit der Hand. Dann sendeten ihr zahlreiche Hände Schollen nach. Als alles vorüber war, und über die Häuser von Reichenau nur fremde
leere Luft auf mich herein schaute, versuchten Freunde, mich fort zu führen. Ich folgte ihnen, sie brachten mich in einen Wagen, der mich zu meinem Hause führte. Im Fahren sah ich, daß die Leute auf den Feldern und in Gärten ihre Arbeiten thaten, als ob nichts geschehen wäre. Zu Hause bath ich die Freunde, sie
möchten mich jezt ein wenig allein lassen. Es geschah. Ich ging in die große Stube. Dort standen noch die
Stühle in derselben Ordnung, wie sie den Sarg getragen hatten; aber sie war nicht darauf. Wie viele
Afterdinge, dachte ich, wird nun die Welt noch auf meine Augen laden, derweil ich lebe, nur sie nicht
mehr, sie allein nicht mehr! Und wie es lange lange so stille war, als ich in der Stube saß, wie selbst niemand
von meinen Leuten zu mir herein kam, um mich nicht zu stören, und ich von dem Gange herein nur
zuweilen leise Tritte und Flüstern hörte, that sich ungeschikt die Thür auf, und mein Töchterlein, das man
zurück gebracht hatte, ging herein. Auf ihrem Munde war die Knospe der Rose, die sie eben begraben
hatten, in ihrem Haupte waren dieselben Sterne der Augen, und um ‖dasselbe der gleiche‖⁴ᵉ Schein der
Haare nur jezt noch etwas lichter. Und wie sie schüchtern vorwärts ging, und mich so sizen sah, fragte
sie: „Wo ist Mutter?" Ich sagte, die Mutter sei heute früh zu ihrem Vater gegangen, und werde recht
lange lange nicht zurük kommen. Da sie sich auf das Wort beherrschen wollte, wie sie gewöhnt worden
war, und sich aber doch in dem Angesichtchen die Mienen des Weinens zusammen zogen, riß ich sie an
mich, und ließ selber den unendlichen Strom der Thränen fließen, die aus meinen Augen gebrochen
waren. Da ich mich fast ohnmächtig geweint hatte, wurde ich ein wenig ruhiger. Ich that das Kind
von meiner Brust, führte es in ein anderes Zimmer, und begann selber, in /dem/⁵ Hause herum zu
gehen. Ich beschloß, alles, was meine Gattin gebraucht hatte, in dem Stande zu lassen, in dem es sich
eben befand. Und der Tag verging, und der nächste verging, und immer mehrere vergingen, und die Sonne
stand am Himmel, die Getreide wuchsen, die Bäche rauschten, nur daß sie dahin war, wie der Verlust einer goldenen
Müke. Und wie ich in jener Zeit fast mit Gott haderte, hatte ich nichts, gar nichts, als daß ich mir ᶠfast dachte, ich
wolle so

Mappe 97.

ᵃ Ich
ᵇ mB fahren (schaffen)?

ᶜ bereits

ᵈ und blikte sie lange an

ᵉ Haupt
derselbe

ᶠ fest

---

1 irrtümlich gestrichen 3 H 5 statt den
2 idZ . 4 das Die Seite mR durchstrichen.

98.

a *mB* Das ist das Einzige, das ich thun kann, und das würde sie freuen. *mR* später –

gut werden wie sie,ª und wolle thun, wie sie thäte, wenn sie noch lebte. Seht, Doctor, ich habe mir damals eingebildet, Gott brauche einen Engel im Himmel und einen guten Menschen auf Erden; deßhalb mußte sie sterben."

Der Obrist hielt bei diesen Worten wieder inne, er hielt länger inne, als er es früher gethan hatte. Da ich genauer auf ihn sah, soweit es die Dämmerung des Zimmers erlaubte, sah ich, daß Thränen über seinen weißen Bart herabrollten, eine nach der andern. Jezt wußte ich, weßhalb er die Vorhänge über die Fenster gezogen hatte.

Endlich nahm er seine Rede wieder auf, und sagte: „Ich habe mich bis heute bemüht, mein Gelübde zu halten, so weit mir Gott die Kräfte dazu gegeben hat, und¹ seine Gnade verleiht. Meiner Gattin ließ ich einen weißen Marmorstein auf das Grab sezen, auf dem nur ihr Name und ihr Geburts/-/und Sterbetag eingegraben war. Ich blieb in der Gegend und an ihrem Grabe. Aber als ich das Weib immer und immer nicht vergessen konnte, beschloß ich, in die Welt zu gehen, und andere Länder zu suchen. Margarita war schon ziemlich heran gewachsen, sie wußte jezt, wo der Vater wohne, zu dem die Mutter gegangen war, und folgte mir gerne, wohin ich sie führte. Rosina blieb als Verwalterin in dem Hause zurük, und ich bestellte meinen Knecht zum Maier, der das ganze Anwesen in Ordnung zu halten hatte. So zog ich aus dem Thale fort, das mir so merkwürdig geworden war. Mein Kriegsfreund, welcher Ursache gewesen war, daß ich es ‖zu‖² meinem Wohnorte gewählt hatte, weinte, als ichᵇ es jezt vielleicht, wie er glaubte, auf längere

b Abschied nahm, und

Zeit verließ, er weinte, obwohl er als unvermählter Mann es nicht begreifen konnte, wie mir in meinem Innern war. Ich ging zuerst zu meinem Oheime, der mein Vermögen, als ich minderjährig war, und als ich mich überhaupt darum nicht bekümmerte, so gut verwaltet hatte. Er lebte noch einsam auf seiner Waldburg mit alten Hunden alten Pferden und alten Leuten, und war selber uralt geworden; war aber noch frisch und rüstig. Er suchte seine Großnichte unter allen den unzähligen Tannen und Fichten, die in den Wäldern um sein Schloß standen, herum zu führen. Wir waren in zwei Gemächern, die auf einen Wald hinaus sahen, der beinahe so schön ist, wie der, in welchem ich jezt wohne. Als ich mich bei meinem Oheime befand, erhielt ich einen Brief von meinem Bruder, der mir schrieb, daß er krank sei, und daß ich mit Margarita zu ihm kommen möchte. Ich that es, und kam nach so vielen Jahren wieder in das Schloß meines Vaters. Ich sah mit sehr traurigem Herzen die Weiden an dem Bache an, und dachte wieder an die blauen Augen meiner Mutter. Harald mein Bruder stand als ein dem Tode verfallener Mann ‖in‖³ dem großen Saale vor mir, als wir zusammen trafen. Er weinte sehr bitterlich, drükte mich in seine Arme, und führte uns in unsere Wohnung, die er sehr schön und mit allem Wünschenswerthen versehen hatte einrichten lassen. Seine Gattin war schon gestorben, und sein einziges Kind sein Sohn Rudolph lebte bei ihm. Der Jüngling gewann das Kind Margarita außerordentlich lieb. Mein Bruder gestand mir, daß er den Vater durch Lügen veranlaßt habe, mich zu enterben. Er habe mit dem unrechten Gute glüklich gewirthschaftet, und sei bereit, mir alles mit Zinsen zu vergüten. Es erbarmte mich des armen Mannes, der Angesichts des Todes das Nichtige seines Gutes einsah, ~~und ich~~ᶜ nahm von dem Gebotenen

c ich machte ihm keinen Vorwurf, und

so viel, als ich meiner Pflicht für Margarita schuldig zu sein glaubte, und als ich für hinreichend fand, sein Gewissen zu beruhigen. Wir blieben geraume Zeit auf dem Schlosse, dann nahm ich freundlich Abschied, und fuhr mit den Pferden meines Bruders über die Brüke des Schloßgrabens, als die alte Thurmuhr, die ich so oft schlagen gehört hatte, die vierte Nachmittagsstunde tönte. Harald ließ uns mit den Pferden bis zu dem Schlosse des Oheimes bringen. Dort blieben wir noch zwei Monate, dann ging ich mit Margarita nach Wien. Im Frühlinge besuchte ich meinen Bruder wieder, und da er kaum noch eine Spanne Zeit zu leben hatte, so blieben wir auf dem Schlosse, bis er, seine feuchte Hand in meine beiden geschlossen, ~~seinen~~⁴ lezten Athemzug gethan hatte. Wir begruben ihn, und da ich mit dem Oheime vereint dem Jünglinge Rudolph noch so an die Hand gegangen war, daß er die Verwaltung seiner Habe unter der Vormundschaft des Oheims und der Obervormundschaft des gehörigen Gerichtes weiter führen konnte, verließ ich wieder meine ursprüngliche Heimath. Ich ging jezt mit Margarita in das mittägliche Deutschland, dann eine Weile nach Italien, dann nach Holland, dann nach Frankreich, dann wieder nach Deutschland an den Rhein in die Nähe der Heimath ihrer Mutter. Zwei Male war ich bei meinem jungen Vetter Thanberg⁵ gewesen, und bin mit ihm auf seine hiesigen Besizungen und in diesen Wald

---

1 *üdZ* mir
2 zum

3 im
4 *üdZ* den

5 H
Die Seite mR durchstrichen.

gekommen. In den bedeutenderen Orten lernte Margarita, was ich für nothwendig erachtete, sonst besorgte ich selber, so weit ich es konnte, ihren Unterricht und ihre Erziehung. Ich schrieb sehr fleißig an meinen Päken, sie wurden immer gleichartiger, bis jezt die, welche ich in meinem Alter öffne, einer wie der andere sind. Endlich bin ich in diesen Wald gekommen, um hier meine Tage zu beschließen, wenn ich auch zuweilen in mein Haus in der Reichenau, das von Jakob und Rosina sehr gut verwaltet worden ist, und das sich jezt im Pachte befindet, besuche, oder etwa manches Mal nach Prag oder in eine andere große Stadt reise. Vor zwei Jahren wurde mein sehr alter Oheim vom Schlage gerührt, er starb augenbliklich und sanft. Sein Vermögen, das er so gut wie das meinige verwaltet hatte, wurde nach seiner Anordnung zwischen mir und /*meinem*/¹ Neffen Rudolph getheilt. In diesem Sommer wurde Rudolph vier und zwanzig Jahre alt. In der leztwilligen Anordnung des Oheims hatte man ein mit einem Petschafte verschlossenes Papier gefunden, auf welches er geschrieben hatte, daß es Rudolph in seinem vier und zwanzigsten Jahre öffnen möge. Rudolph öffnete es also. Im Innern war wieder ein mit einem Petschaft verschlossenes Papier, auf welchem mit der Handschrift seines Vaters geschrieben stand, daß er dieses Papier dem Oheime in Verwahrung gebe, und daß es sein Sohn Rudolph, wenn er vier und zwanzig Jahre alt geworden wäre, öffnen solle. Rudolph öffnete nun auch dieses Papier. Es enthielt ein sehr genaues Verzeichniß von allem dem, was, wie mein Bruder glaubte, durch sein Benehmen gegen mich mir vorenthalten worden sei. Rudolph reiste sogleich zu mir in das Haghaus her, ~~und sagte, daß er~~ᵃ das Verzeichniß vor, und sagte, daß er es für ein Vermächtnis seines Vaters halte, daß er jezt die Verwaltung seiner Habe angetreten habe, und daß er mir alles ersezen wolle, was hier verzeichnet sei. Ich prüfte das Papier, und sagte, daß mein Bruder in seiner Ängstlichkeit zu weit gegangen sei, theils, weil manche Dinge zu weit hergeholt seien, theils vorzüglich, weil hier Zinsen angeführt wären, die ich von dem Stammvermögen, das mir nach dem Tode unsers Vaters hätte zukommen sollen, zu beziehen gehabt hätte, und zwar bis zu dem heutigen Tage, wogegen ich sagen müsse, daß ich sehr wahrscheinlich, wie ich die kleinere Erbschaft des Vaters verschwendet habe, auch die größere verschwendet haben würde, und nie auf Zinsen gekommen wäre, ferner, daß die Zinsen bis zu Rudolphs vier und zwanzigstem Jahre verzeichnet wären, also auch für die Zeit nach dem Tode meines Bruders, wonach Rudolph ohne sein Wissen mein zinspflichtiger Schuldner gewesen wäre, was ich nicht zugeben könne. Mein Bruder hätte durch seine Reue und durch sein späteres gerechtes Verfahren seine Schuld vollkommen gesühnt, ich habe durch die Verrechnung, die ich mit ihm selber gepflogen habe, alles erhalten, worauf ich einen gerechten Anspruch hatte machen können, auch die Zinsen, die mir nach gewöhnlicher Ansicht geflossen wären. Rudolph stritt dagegen, und wollte die Seele seines Vaters ganz rein haben, und erst auf meine Worte, daß ich weiß, daß dieses schon der Fall sei, daß ich durch Annahme von Mehrerem mein eigenes Gewissen mit unrechtem Gute beladen würde, und daß es ihm ja frei stehe, wenn er schon glaube, noch eine Sühne weiter vornehmen zu müssen, auf gute Werke zu verwenden, was er nur wolle, beruhigte er sich, und drang nicht weiter in mich. Nur ein sehr schönes Häuschen mit einem Weingebäude in nicht großer Entfernung von meinem Hause in der Reichenau machte er mit sanfter Bitte Margarita zum Geschenke, was sie mit meiner Gutheißung annahm. Mein Vetter Rudolph ist ein vorzüglicher Mensch, und mein Bruder hat durch seine Erziehung ein edles Werk vollbracht. Ich habe bei der Grundsteinlegung dieses Hauses gesagt, meine Angehörigen seien leicht gezählt, ich hätte nur Margarita; und nun habe ich noch einen lieben Angehörigen zu zählen, dessen ich mich sehr freue. Rudolph hat im Lidenholze Margarita gebethen, sie möge zum Zeichen, daß sie immer seine gute liebe Base sein wolle, ihm einen Kuß geben. Margarita hat ihm den Kuß gegeben, der Vetter Rudolph wollte euch, lieber Doctor, ehe er abreiste, noch einen Besuch machen; allein er mochte geahnt haben, daß euch durch ihn eine Unannehmlichkeit bereitet worden sei, und hat es unterlassen. Margarita ist ihrer Mutter, so wenig sie dieselbe gekannt hat, ganz ähnlich geworden, und ich habe nur noch die Bitte, Doctor, thut mir nicht weh in meinem Kinde."

Mappe 99.

a legte mir

---

1 statt meinen   *Die Seite mR durchstrichen.*

100.

„Nein, nein, Obrist, das thue ich nicht," antwortete ich.

„Ich habe es gewußt," sagte er.

Nach diesen Worten stand er auf, ging zu den Fenstern, und öffnete die Vorhänge. Eine sanfte Helle strömte überall herein. Die Sonne schien nicht mehr in die Stube.

„Ihr müsset noch mit Margarita reden," sagte er, „redet sanft mit ihr, daß sich alles einfach füge¹. Lasset eine Zeit fließen, wer weiß, was geschieht. Ich werde euch zu ihr geleiten."

„Thut das, mein hochverehrter Freund," sagte ich.

Ich stand auf, nahm meine Haube, und rüstete mich zum Gehen. Er öffnete die Thür, ließ mir den Vortritt durch dieselbe und folgte mir. Wir gingen über den Gang bis zu der wohlbekannten gelben Rohrmatte. Der Obrist klopfte an die Thür hinter derselben, und als sich /niemand/² meldete, öffnete er die Thür. Das erste Zimmer war leer.

„Wartet hier ein wenig," sagte er, „ich werde im zweiten Zimmer nachsehen, vielleicht ist Margarita gar nicht in ihrer Wohnung oder nicht in der Lage, euch zu empfangen. Ist sie es aber, so wird sie schon zu euch heraus kommen, ich aber komme nicht mehr, sondern öffne mit dem Schlüssel das Bücherzimmer, und gehe durch dasselbe in meine Wohnung zurük."

Er pochte an die Thür des zweiten Zimmers, und auf das Wort „Herein" trat er in dasselbe. Ich blieb in dem ersten stehen.

Nach einer Weile öffnete sich die Thür wieder, und Margarita trat heraus.

Ihre Augen waren auf mich gerichtet.

Sie ging auf mich zu, und reichte mir die Hand, wie sie sonst zu thun gewohnt war. Ich nahm sie, und drükte sie sanft, nicht so heftig, wie ich das lezte Mal gethan hatte, da ich von ihr Abschied genommen hatte.

„Tretet in mein Gemach herein," sagte sie.

Sie führte mich in das zweite Zimmer. Dort rükte sie mir einen Sessel zum Sizen an den Tisch, und sezte sich auf einen zweiten.

„Margarita," sagte ich, „euer Vater hat für mich bei euch gebeten, daß ich zu euch kommen, mit euch reden, und von euch Abschied nehmen dürfe."

a Nein, nein dazu ist keine Bitte nöthig

„~~Nein, zu bitten hatte er nicht nöthig~~ᵃ," antwortete sie, „ihr dürft jedes Mal, wenn ihr es wünscht, zu mir kommen, und mit mir sprechen. Und was ihr von dem Abschiede sagt, wollt ihr denn diese Gegend verlassen?"

„Nein," entgegnete ich, „aber das Band, das uns bisher verbunden hat. Ich werde nun nicht so oft, wie früher, in das Haghaus herauf kommen, wir werden nicht mehr so oft mit einander durch Feld und Wald gehen, und da kann man wohl vom Abschied sprechen. Verzeihet mir, Margarita, was ich euch angethan habe."

„Ich habe euch ja schon gesagt, daß ich euch nichts zu verzeihen habe," antwortete sie, „ihr habt mir nichts Böses angethan, ja eher geglaubt, daß euch ein solches widerfahren ist."

Da sie diese Worte gesagt hatte, kam der Obrist wieder durch das Bücherzimmer herein, und trug etwas in der Hand. Da er bis zu uns gelangt war, legte er es auf den Tisch vor uns nieder, und sagte: „Hier sind einige getroknete Stämmchen Edelweis. Sie sind die Hälfte von denen, welche mir meine Gattin gepflükt, und auf den Hut gestekt hat, als sie an ihrem lezten Tage mit mir auf dem hohen Gebirge gewesen war. Ihr werdet diese Pflanze nicht kennen, da sie hier nicht wächst. Du wirst sie auch nicht in deinem Kräuterbuche haben, Margarita. Nimm sie, es ist auch zur Erinnerung."

Nach diesen Worten wendete er sich wieder um, und ging durch das Bücherzimmer wieder fort.

Margarita nahm die Stämmchen in die Hand, und zählte sie, es waren zwölf.

Dann legte sie dieselben wieder auf den Tisch.

Ich beugte mich näher, und betrachtete die Pflanzen auch, die ich aus Kräutersammlungen wohl schon kannte.

Wir schwiegen eine Zeit.

Dann sagte ich: „Lebet recht glüklich, Margarita, ich habe jezt gar nichts mehr als mein Amt,

---

Fortsetzung auf S. 176   1 üdZ löse   2 statt niemd   Die Seite mR durchstrichen.

b mB und   ~~ich~~[3b] werde suchen, es recht eifrig zu erfüllen."

„Ja, thut das, thut das," sprach sie lebhaft.[4]

„Denkt zuweilen an mich, Margarita," fuhr ich fort, „und wenn auch alles anders geworden ist,

---

3 *mB gestrichen*   4 *idZ mB* (Das wird euch lohnen (?))

so lasset doch mein Bild zuweilen vor eure Augen treten."

„Ich habe geglaubt, daß ihr recht gut und sanft seid," antwortete sie.

„Ich werde es werden," sagte ich, „ich muß es werden, wenn die Guten auf mich sehen sollen."

„Wartet noch ein wenig," sagte sie.

Dann beugte sie sich gegen den Tisch, zählte die Stämmchen Edelweis auseinander, sechs auf die eine und sechs auf die andere Seite, schob mir sechs hin, und sagte: „Nehmt dieses."

Ich nahm die sechs Stämmchen Edelweis, legte sie in das Pflanzenbüchlein, das ich immer bei mir habe, und stekte sie mit dem Büchlein in die Tasche.

Margarita schluchzte so heftig, daß ich es kaum begrif.

Sie war aufgestanden. Ich stand auch auf, wischte mir mit dem Ballen meiner linken Hand die Augen ab, und langte mit der rechten nach ihrer Hand; denn sie hatte sich abgewendet. Als sie meine Berührung empfand, ließ sie mir die Hand, und wir hielten uns.

„Lebet wohl," sagte sie.

„Lebet wohl," sagte ich.

Dann lösete ich meine Hand aus der ihrigen, nahm meine Haube, und ging zur Thür hinaus. Ich kam in das erste Zimmer, ging aus demselben über die gelbe Rohrmatte auf den Gang hinaus, und über den Gang zu dem Obrist.

Er stand in dem Zimmer, in welchem er mir von seinem Leben erzählt hatte, die Schriften lagen noch auf dem Tische, und der Schrein mit seinen geschriebenen Päken war noch offen.

„Verzeihet, Herr Obrist," sagte ich, „wenn ich mich nun auch von euch verabschiede, mein Herz drängt mich von hinnen, und es dürfte auch schon ein Geschäft meines Amtes auf mich warten."

„Thut es," sagte der Obrist, „es kann wohl nicht anders sein. Erlaubt, daß ich euch ein wenig begleite. Wenn ihr wieder herauf kommt, und in meinen Schriften lesen wollet, so sagt es nur, sie sind immer für euch in Bereitschaft, und ihr möget, was ihr wollt, in euer Haus nehmen."

[1]„Ich werde davon[a] einen Gebrauch machen," sagte ich.

Dann schloß er die zwei Flügel des Schreines, in dem die Päke waren, und legte auch die andern Schriften in ihren Schrein. Hierauf nahm er seine Haube, und sagte: „So gehen wir."

Wir gingen aus dem Zimmer und aus dem Hause. Im Hofe sprangen die beiden Hunde herzu, und wollten mit gehen.

„Ihr habt wohl nichts dagegen, daß die zwei mit uns gehen," sagte er, „es ist dies ihre größte Freude."

„Und sie sollen sie haben," antwortete ich.[b]

Wir gingen durch das Gitter, in das Freie.

„Seht, es wird doch ein Gewitter kommen, wie ich mir heute schon dachte," sagte er.

Im Abende des Himmels hatte sich der sanfte Schleier eines Gewitters über die Wälder gebreitet, und die Sonne schien nur mehr matt hindurch.

„Die Gewitter sind für dieses Waldland eine große Wohlthat," sagte er, „weil sie hier häufiger sind als auf dem flachen Lande, und den Pflanzen und Bäumen die schöne grüne Farbe und das anmuthige Gedeihen geben. Darum sind in dem flachen Lande die Bäume gegen die hiesigen fast grau, der Fürst, der jezt am braunen Hofe den Garten anlegen läßt, so der so ungemein schön werden soll, dürfte gerne manchen Thaler dafür geben, wenn er die öfteren Begießungen unserer Gewitter für seinen Wundergarten haben könnte. Wenn sie aber hier allmählich die Wälder ausrotten, daß endlich naktes Gestein wird, dann können die Gewitter für den Überrest des guten Landes, das noch geblieben ist, gefährlich werden. Sie werden seltener; aber bringen, wie ich so oft in solchen Fällen erfahren habe, gerne Hagel."

Ich antwortete nichts, und wir wandelten durch die Fluren dahin.

Der Obrist ging bis zu den Eschen mit mir, von denen man noch auf das Haghaus zurük sehen konnte[2], und von denen aus sich dann der Weg gegen Thal ob Pirling hinab senkt. Dort nahm er Abschied, und ging mit seinen Hunden zurück, nachdem er mich[3] eingeladen hatte, ihn bald wieder zu besuchen.

Mappe 101.

a mB von eurer Erlaubniß

b mB sie haben mich ja in meiner Trübsal auch schon (oft) früher begleitet

---

1 idZ Nach diesen Worten
2 üdZ kann
3 üdZ noch

Die Seite mR durchstrichen.

102.

a mR später

b mB und mT herab

c „Seid ihr nicht der ~~Aufischer?"~~ üdZ Kulmfischer?" fragte ich.
„Ja, der bin ich," sagte er.
„Ich komme im Augenblike," antwortete ich.
Ich ging sogleich

d Verwundeten

e mB Eis später sammeln (Betrachtung)

Ich aber ging meines Weges abwärts unserem Hause zu.

Als ich zu Hause angekommen war, fand ich mehr Leute, die auf mich warteten, als es sonst gewöhnlich der Fall zu sein pflegt. Einige saßen mit trübseligen Mienen in dem Grase vor unserem Hause. Ihr Angesicht erheiterte sich schon, da sie mich nur ankommen sahen. Ich legte schnell meine Haube weg, und ließ die Leute zu mir kommen, wie ich es bei jedem am dringendsten erachtete. Ich gab ihnen Mittel nach Wissen und Gewissen.[1a]

Da dies alles vorüber war, ging ich in den Garten zurück. Ich ging langsam und denkend durch den Garten. Das Gewitter hatte sich immer mehr ausgebildet. Von dem Hochwalde des Abendes her, der uns gewöhnlich die Regengüsse sendet, sahen die schwarzblauen Wolken[b], die Blize leuchteten durch die Gartenzweige herein, und manches Mal zogen sie über den finstern Wald Gestaltungen wie geschwungene Geißeln. Da sprengte ein Mann auf einem Pferde gegen mich heran, und da er mich im Garten erblikte, hielt er an, und rief in den Garten herein, ich möchte Augenbliks kommen, ich sei bei dem Aschacher sehr nöthig. Sie tragen ihn von dem Schwarzholze herein, wo ihn ein fallender Baum fürchterlich verwundet habe. Er, der dieses sage, sei selber dabei gewesen, er sei schnell zu dem nahen Kretbauer gelaufen, habe dort ein Pferd genommen, und sei hergeritten, um den Doctor in größter Schnelle zu holen. ~~Ich ging sogleich~~[c] in das Haus, half dem Thomas den Fuchs eilig schirren, und anspannen, und fuhr[2] zum Aschacher hinunter, wohin ich nicht weit hatte. Der Mann auf dem Pferde war zu dem ~~Aschacher~~[d] voraus geeilt. Als wir dort ankamen, hatten sie ihn schon da, er lag auf dem Bette, und sie hatten ihm die Kleider von dem verwundeten Fuße geschnitten. Es war durch die Tanne, die sie umschnitten, und die dann fiel, nur die Haut von dem Fuße gestreift worden; aber nie habe ich so furchtbar und gräßlich menschliches lebendes Fleisch entblößt gesehen. Der Mann wäre vielleicht gestorben, wenn ich nicht gewesen wäre, sie hätten ihm Pechpflaster auf das bloße Fleisch gelegt, hätten die Absonderung zurück gehalten, das Blut vergiftet, und Entzündung und Schwellung und etwa Brand gerufen. Ich befahl Wasser vom Brunnen zu holen, und anzuwenden, auch sendete ich sofort den Thomas mit dem Fuchs schnell nach Hause, um von dem Eise zu bringen, das ich für solche Fälle immer in der Grube unter unserem Hause aufbewahrt hatte.[e] Als Thomas wieder gekommen war, legte ich das Eis in das Wasser, machte selber aus eingetauchtem Linnen die ersten Eiswasserauflagen auf die Wunde, und beobachtete die Wirkung. Der Mann lag nach und nach gelassener auf seinem Bette, und sah mich mit freundlichen Augen an. Die Fälle, daß Verwundungen von fallenden Bäumen vorkommen, sind im Walde sehr häufig, die Leute sind so unvorsichtig und hüthen sich nicht. Ich befahl nun, daß man, wie ich ihnen gezeigt habe, die ganze Nacht fortfahre, und versprach, am andern Tage des frühesten Morgens wieder zu kommen. Dann schlug ich mit Thomas den Rükweg zu unserem Hause wieder ein. Es war schon finstere Nacht. Das Gewitter ist nicht herein gebrochen. Als wir auf dem Feldwege zwischen den Getreiden fuhren, hingen seine schwarzen regenlosen Stüke schon an der Himmelsgegend, die gegen Morgen liegt, und seine Blize zielten gegen die Länder, die dort an unsern Wald grenzen.

Ich ging, da wir unser Haus erreicht hatten, sogleich in meine Stube, und mir war, als sei mir jezt, da ich diese Dinge verrichtet hatte, ruhiger.

---

1 aR mR angestrichen   2 üdZ mit ihm   Die Seite mR durchstrichen.

7.
Von unserem Hause.

[a]~~Im Morgengrauen des nächsten Tages fuhr ich mit Thomas zum Aschacher hinunter. Ich nahm jezt das Eis gleich in einem diken zinnenen~~[1][b] Gefäße mit, weil ich dachte, daß das von gestern zu Ende gegangen sein wird. Da ich[c] angekommen war, sah ich, daß man ~~die ganze Nacht~~[2] gethan hatte, was von mir angeordnet worden war. Ich besah die Beschädigung. Sie war, wie sie nach den Vorkehrungen sein konnte, und ich hatte eine Freude. Der Mann fühlte sich leichter, und gab mir beständig die Versicherung, wie er in Zukunft vorsichtig sein wolle. Ich tauchte frisches Linnen in das Wasser, welches ich durch das mitgebrachte Eis gekühlt hatte, rang es etwas aus, legte es in sechsfachen Blättern auf die Wunde, und sagte, so sollen sie nun fort thun, und sehen, daß die Auflage durch die Wunde nie warm werde. Wenn ihnen das Eis ausgehe, sollen sie neues bei mir holen lassen. Wie lange wir so fortfahren, werde ich schon bestimmen. Am Abende werde ich wieder kommen.

    Vom Aschacher fuhr ich zu dem Erlebauer hinauf. Er saß schon in der wohlthätigen Morgensonne auf einem Stuhle unter seinem Birnbaume, und sah mich freundlich an, als ich auf dem Wege neben dem nassen Grase zu ihm hinging. Es war da nichts mehr anzuordnen, als daß er durch einen Fehler sich nicht wieder verschlimmere. Er versprach Folge. Ich nahm von seiner Frau einen Schluk der kühlen Milch, die sie mir gebracht hatte.

    Dann fuhren wir zu Krings, der am Rothberge nicht weit von dem Wirthe das schöne Anwesen hat. Er war wie der Aschacher von einer Buche, die in seiner Holzwiese stand, die von seinem Vater verschont worden war, die er schon mehrere Male hätte wegräumen wollen, und die er jezt umschneiden ließ, als sie fiel, gestreift worden. Ihm aber hatte ein Ast den Fuß gebrochen. Man hatte mich damals gleich in den oberen Thaugrund, in welchem das Unglük geschehen war, und welcher näher an unserem Hause lag, als das Haus des Krings, geholt, ich hatte ihm dort auf dem Grase den Fuß eingerichtet, und hatte ihn dann auf einer Bahre nach Hause tragen lassen. Das Übel ging jezt schon seiner Heilung entgegen. Ich empfahl ihm, daß er in seiner bisherigen Ruhe beharre.

    Von dem Anwesen des Bauers Krings fuhren wir durch den langen Wald des unteren Rothberges in die Friedsamleithe hinüber zu der uralten Taglöhnersfrau Mechthild Korban, die noch in ihrem sehr hohen Alter eine schwere Nervenkrankheit glüklich überstanden hatte. Sie saß auf dem vom Regen und Thau und Sonnenschein grau und morsch gewordenen Holzbänkchen vor der Hütte, und spielte mit ihren Urenkeln. Ich fragte sie aus, sprach mit den Gattinen ihres abwesenden Sohnes und Enkels, und ließ ihr etwas Stärkendes zurük.

    Dann fuhren wir in die Ahornöd zur Heidelis hinaus. Sie ist eine Näthterin, und lag an einem sehr üblen Fieber schwer darnieder. Sie hatte sich nicht verschlechtert. Ich ließ ihr vom Bisamthiere zurük.

    Dann fuhren wir zu den zwei Knaben des Bauers Dofer in die untere Dubbs hinab, welche beide an den rothen Fleken darnieder lagen. Sie waren in sanfter Wärme, und ich gab ihnen Tropfen zu sanfter Wärme, und gab gute Versicherungen. Hier bekam der Fuchs einen Morgeninbis.[3]

    Von der Dubbs fuhren wir den Sandberg in das Gehänge hinauf zu der sechzehnjährigen

---

a   mB Auf den Lederpolster 2 Stunden zur Ruhe legen
b   mB Eisgrube erst jezt anzulegen beginnen, dann zu Kranken fahren
c   mB zum Aschacher

---

1   mB gestrichen   3 H   Die Seite mR durchstrichen.
2   mR gestrichen

104.

Tochter des Steinhauers Bohen, die an einem hizigen Fieber litt. Ich konnte den Eltern einigen Trost geben. Im Gehänge war noch der Zimmerer Trapp, welcher sich mit der Bandhake am Fuße verwundet hatte, die Wunde schloß sich schon rein und klar durch die Hilfe des kalten Wassers.

Dann fuhren wir zu dem Mörichbauer, den ein Pferd geschlagen hatte, dann zu dem Knechte des Bauers Fehn, der sich durch einen Stein die kleine Zehe zerquetscht hatte. Beide waren besser.

Der hundertjährige Auszügler des Alighofes, der nicht krank war, aber an seinen Jahren zu sterben begann, lächelte vergnügt, da ich kam, und sagte, er sei wohl alt, und es müsse einmal mit ihm zu Ende gehen; aber ich halte ihn noch immer über Wasser, und so ein zehn Jährlein möchte er noch machen können. Ich aber ließ ihm einige Stärkung.

Dann fuhren wir zur Gattin des Maiers in Bergpirling, die sich überarbeitet hatte. Sie erholte sich durch Ruhe und die anbefohlene Nahrung. Dann ging ich in Bergpirling noch zu zwei andern Kranken, während der Fuchs rastete, und dann fuhren wir in das Reut von ~~Pirling~~^a, wo die Gattin des Reuthammer entzündete Augen hatte. Ich konnte den Umschlag schon weg nehmen.

a Bergpirling

Von Reutbergpirling fuhren wir durch den unteren Ausgang des Sillerholzes wieder unserem Hause zu. Der Knecht Thomas war an dem Tage besonders aufmerksam gegen mich und besonders gesprächig gewesen.

Als ich zu Hause angekommen, und den Fuchs versorgt war, brachte mir Anna zu unserem Essen auf den Tisch in der großen Stube jene Speisen, von denen sie wußte, daß sie mir besonders angenehm waren.

Nach dem Essen dachte ich ernstlich daran, wie denn der Eisraum unseres Hauses, den ich hatte anlegen lassen, vergrößert werden könnte^b, und ich versuchte auch ein wenig in dieser Hinsicht auf ein Papier zu zeichnen. Ich sah, wie die Sachen jezt gingen, daß das Eis zu Ende kommen könnte, ehe ein neues würde. Der vergangene milde Winter hatte gezeigt, wie sehr die Vorsicht gebothen ist. Im Walde kommen die Verwundungen ~~se~~ durch die Holzarbeit sehr häufig vor, und die Leute können noch lange nicht veranlaßt werden, Eis zu sammeln, weil dieses Ding außer ihrer Betrachtung liegt, und sie auch erst den Raum dazu graben müßten.

b mR später mit dem Obrist

Am Nachmittage fuhr ich zu andern Kranken. Als ich zurük gekommen war, sprach ich mit denen, die im Hause auf mich warteten, und rieth ihnen, und gab ihnen Mittel. Hierauf fuhr ich wieder zum Aschacher hinab. Jezt konnte ich schon sehen, daß das schwere Ereigniß einen Weg ging, den ich nicht besser zu wünschen vermochte. Dann, als die späte Sommerdämmerung schon beinahe begann, kam ich nach Hause, und das Tagewerk war vollendet. Wir brachten den müden Fuchs in den Stall. Er erbarmte mir. Ich ging zu den jungen schwarzen Pferden hinüber, und sah, wann sie denn würden dienen können; der Fuchs allein kann doch nicht die Beschwerlichkeiten lange ertragen, insbesonders, da er ihren Zwek nicht einzusehen vermag, und nur um des Bischens Nahrung und Pflege willen meinen Anforderungen nachkömmt. Er soll es im Alter gut haben. Die jungen schwarzen Thiere wuchsen fröhlich heran, und bald werden sie kleine Dienste zu leisten im Stande sein.

Und so wie dieser Tag vergangen war, vergingen mehrere. Ich fuhr zu allen meinen Kranken, und ließ keinen einzigen an irgend einem Tage aus. Zum Aschacher fuhr ich zwei Male. Sein Schaden besserte sich wunderbar. Auch die Heidelis und die Tochter des Steinhauers schienen mir nicht mehr in Gefahr zu sein. Unsere Leute machten eben Heu in der Wörthwiese, und wenn ich ein Bischen Zeit hatte, ging ich zu ihnen hinunter.

Nach mehreren Tagen kam der Obrist zu mir, um, wie er sagte, mir meinen Besuch zu erwiedern. Ich sprach mit ihm von dem Eise. Er sagte, daß er jezt zwar keines ~~habe~~ besize, daß er aber Raum dazu vorgerichtet habe, und im nächsten Winter einen Vorrath anlegen werde, wovon er dann den Leuten ablassen könne. Er sprach von meinen Kranken, erkundigte sich um Kaspar und Anna, und besah die Veränderungen, die in unserem Hause noch immer vorgingen. Er besah unsern Thierstand, und verweilte länger bei den jungen schwarzen Pferden, die er wieder prüfend befühlte. Dann redete er lange mit dem Vater über das, was in der Wirthschaft des Hauses eben ‖vorging ,‖^{3c} und wie es eingerichtet sei. Dann ging er seines gewöhnlichen ruhigen Ganges, wie er gekommen war, wieder gegen das Haghaus empor. Ich begleitete ihn bis zu den Eschen.

c ging

Fortsetzung auf S. 182   *1 üdZ* ~~gehe~~   *Die Seite mR durchstrichen.*

Eschen.

In jener Zeit ließ ich von unserer großen ‖Hausfichte‖[1], vor welcher Margarita gestanden war, das Bänklein, welches seit undenklicher Zeit unter derselben gewesen war, wegnehmen, ließ einen großen schönen grünen Plaz um den Baum mit schlanken silbergrau angestrichenen Latten einfaßen, und ließ an seinem Stamme eine sehr schöne Bank und vor ihr einen sehr schönen Tisch beide von derselben silbergrauen Farbe wie die Latten herrichten. Damit aber, wenn man an dem Tische schriebe oder läse oder äße, nicht die Nadeln der Zweige auf ihn fallen könnten, ließ ich die Einrichtung machen, daß man mit dem Zuge an einer Schnur ein starkes Linnentuch wie ein Dach über ihn spannen, und es nach dem Gebrauche wieder in einen Streifen zusammen schieben konnte[a]. Mein Vater saß nun recht gerne unter dem Baume.

Ich war mit einem Entwurfe zur Vergrößerung des Eisraumes unseres Hauses fertig geworden, und da mein Vater mit ihm einverstanden war, so wurde die Ausführung sogleich begonnen. Ich sah fleißig bei der Arbeit nach.

Eines Nachmittages ging ich in den Lidkessel, um mich zu ergehen, was jezt sehr selten sein konnte. Es führt zwar kein Weg hinein, und die Leute werden schwerlich dort hinein wandeln gehen. Ich aber ging doch. Ich ging auf den vielen Steinen, die im seichten Wasser in der Enge zwischen den Waldwänden liegen, dahin, und mit meinen guten Stiefeln zuweilen auch im Wasser. Über das Grau der Felsen, die sich sehr häufig aus dem Grün der Wände hervor drängten, schaute das Dämmer des entfernten Kirnwaldes herein. Es verschwand zuweilen, und zeigte sich wieder, je nachdem ich um eine Eke bog, oder eine Wendung machte. Der Raum wurde immer enger, der Kirnwald verschwand endlich ganz, und ich sah über mir nichts mehr als den einzigen schwermüthigen Himmel. Am Saume des Wassers waren stellenweise die blauen Scheine des Waldenzianes, und über den schwarzen Moorstellen, in die der Fuß einsank, die breiten grünen Augen des Huflattigs. Ich stand eine Zeit an der hohen Tanne und an dem feuchten Fels, wo das Wasser aus der Erde hervor quillt, und die Schlucht zu Ende ist. Dann kletterte ich aber nicht wie damals an den Wänden des Lidkessels zu den Okersteinen des Rothberges hinan, sondern ging wieder in der Enge zurük, und ging langsam auf dem Wege, auf dem ich gekommen war, nach Hause.

Während so die Zeit verging, kam ich mehrere Male zu dem Obrist hinauf, er auch zu mir herunter. Einmal brachte er auch Margarita zum Besuche in unser Haus.

Gegen den Spätsommer, als die Meinigen den Roggen und die Gerste in das Haus gebracht hatten, wobei ich ihnen behilflich gewesen war, so gut ich konnte, wenigstens durch Bestellung der Leute durch Anordnungen und dergleichen, da ferner der Aschacher schon gesund war, ~~dann die Heidelis die zwei Knaben des Dofer und das Töchterlein Bohens meiner Hilfe nicht mehr bedurften~~[2], da in der schönen Zeit die Zahl der Kranken sich sehr gemindert hatte, und unter ihnen kein einziger in einem gefährlichen Zustande war, ging ich wieder auf kurze Frist nach Prag. Ich nahm an verschiedenen Orten ~~Wägen~~[3b], wo solche zu bekommen waren, um schnell an mein Ziel zu gelangen.

In Prag ging ich zu meinem Juden[4c], ob er das Schreibgerüste mit den Fröschen Eidechsen und andern Thieren und mit dem gewundenen Laubwerke noch habe. Ich hatte damals, als Margarita längere Zeit bei meinen alten Schreinen verweilt hatte, gedacht, ich wolle das Schreibgerüste kaufen, wenn ich es wieder sähe, und es mir so gut wie das erste Mal gefiele, oder besser, da ich an diesen Dingen gelernt hatte, und sie jezt mehr zu beurtheilen verstand. Er hatte das Gerüste noch, es gefiel mir, ich kaufte ihm dasselbe ab, und um was ich ihn bei den früheren Geräthen gedrükt hatte, um das und um noch mehr drükte er mich jezt, da er sah, daß ich das Ding haben wollte. Ich ließ das Gerüste in meinen Gasthof bringen, ließ einen Holzverschlag ‖darum‖[5] machen, und sendete es nach Hause. Dann kaufte ich in einer Bude der alten Stadt, wo sie allerlei Kleinodien hatten, ein sehr schönes handgroßes Kästchen aus Elfenbein, das mit himmelblauen Türkissteinen besezt war.

Als ich meine Kräuter Spezereien und ‖andere‖[6] Gegenstände, die ich auf weitere Zeit für mein Heilamt bedurfte, gekauft, verpakt, und nach Hause gesendet hatte, ging ich zu dem Kaufherrn Emerich Bolzon und zu seiner Tochter Christine. Sie waren beide, wie sie in der früheren Zeit gewesen waren. Sie besuchten mich auch in meinem Gasthofe, und ich speisete einmal bei ihnen in dem Hause an dem schönen Garten.

Ich ging auch zu Cäcilia, und brachte ihr wieder eine Leinwand, daß sie mir Hemden mache, wie

---

Mappe 105.

a *mB* fertig zum Gebrauche wohl getroknet

b eigens Wägen für mich
c *mB* Namen

---

1 Fichte
2 *mR gestrichen*
3 *üdZ* ~~eigens~~
4 *idZ* Lücke
5 darüber
6 *üdZ* die *idZ* anderen
Die Seite mR durchstrichen.

Fortsetzung auf S. 183

Vier Tage darnach ging ich zu ihm hinauf. Er empfing mich wie jedes Mal, und wir sprachen von den Dingen, die gewöhnlich der Gegenstand der Gespräche bei unsern Zusammenkünften waren. Margarita kam auch zu dem Vater herüber, wie sie gerne bei solchen Gelegenheiten that. Sie war ruhig freundlich und redete heiter mit mir. Wir gingen in dem Hause herum, und sahen, was da noch im Werke war, um es seiner Vollendung entgegen zu führen. Dann gingen wir in den Garten, dann auf die Felder, auf die Surrwiese, und dann besahen wir den Birkenanflug, welchen der Obrist auf die Surr, die sonst nur kurzes dürres Gras trug, hatte säen lassen. Als ich nach Hause ging, begleitete er mich wieder mit seinen zwei Hunden bis zu den

die waren, die sie mir ~~einmal~~[d] gemacht hatte. Wenn ich auch den Bedarf meines Linnens in unserem Walde besorgen ließ, so wollte ich doch stets mehrere Hemden haben, wie die, welche Cäcilia /einmal/[7] für Eustachius gemacht hatte,

[d] früher

[7] *statt* einal

106.

und welche ich jezt bei mir zur Aufbewahrung beherbergte. Sie sagte, sie wolle mir die Hemden auf das Zutreffendste machen, und werde sie mir senden, daß ich Freude habe. Dann sezte sie hinzu: „Der arme Eustachius wird vergehen, er erwartet, daß ihr ihn rettet, er hat nicht den Muth, sich zu eröffnen, es ist gottvergessen, Herr Doctor!"

„Weib, wer lehrte dich denn meine Gedanken?" fragte ich.

„Niemand," antwortete sie, „das denken sich alle Leute, die vernünftig sind."

Ich verließ ihre Stube, sie geleitete mich wie immer mit Knixen bis an die Treppe, und sagte, daß sie mir die Hemden[1] recht schön machen werde.

Ich ging auch zu dem Bürgermeister und zu seiner Gattin und Tochter. Jakoba war noch immer unvermählt. Der Bürgermeister sagte, er werde nach und nach alt, er müsse nun bald seinem Amte Lebewohl sagen, und dann werde er einmal zu uns in unsern Wald kommen, um dort die Leute zu sehen, und ihre Erwerbsquellen, und wie sie ihr Leben eingerichtet haben.

Ich besuchte auch meine ehemaligen Vorgesezten und Lehrer und meine Freunde. Die Vorgesezten nahmen mich herzlich auf, und mancher dachte schon daran, sich in die Ruhe zu sezen. Die Freunde hatten sich in eigene Weisen eingelebt, und sezten nun diese fort. Ladron war gar nicht mehr in Prag.

Ich bestellte auch nach einer Zeichnung, die ich gemacht hatte, und in welche ich sogar auch die Farben eingetragen hatte, in Prag das rothe Lederbuch, in das ich nun die Vorkommniße meines Lebens zu meiner Erinnerung einschreibe.[2]

Bei einem Silberschmiede sah ich im Schaufenster eine silberne Schale mit sehr schöner Nadelarbeit, fast so, wie Margarita eine hatte. Ich kaufte die Schale theuer, obwohl ich nicht wußte, was ich denn jezt mit ihr beginnen solle.

Als diese Dinge vorüber waren, fuhr ich wieder in meine Heimath. Ich reisete auf die nehmliche Weise, wie ich her gekommen war, zurük, um auch wieder bald zu Hause zu sein.

Sogleich nach meiner Ankunft besuchte ich meine Kranken, die ich verlassen hatte, und auch die, welche sich in meiner Abwesenheit gemeldet hatten. Es war keiner von großer Gefährlichkeit[a] darunter. Dann that ich das Edelweis, welches mir Margarita gegeben hatte, in das Elfenbeinkästchen mit den Türkissteinen, und stellte es neben jenes Kästchen in die Lade, in welchem die Briefe Christinens an Eustachius waren. Dann theilte ich die Geschenke aus, welche ich aus Prag mitgebracht hatte.

Am andern Tage kaufte ich von dem Ekmaier im Haslung noch ein Pferd, weil doch[3] der Fuchs die Fahrten, die nothwendig wurden, nicht mehr zu leisten im Stande war, und die zwei schwarzen Pferde, die mir im Hause heran reiften, noch eine Weile nicht und auch dann noch nicht angestrengt würden dienen können. Das Pferd war ein Scheke, weiß und braun geflekt, und stark gebaut. Es sollte zu gewöhnlichen ~~Diensten~~[b] verwendet werden, zu besonderen war der Fuchs vorbehalten; denn er ist ein kluges, gescheites Thier, ||der||[4] insbesonders die gute Eigenschaft hat, daß ||er||[5] das himmlische Feuer nicht fürchtet; denn ich kann nicht jedes Mal bei einem Gewitter warten, bis es vorüber ist, sondern muß oft dem Blize und Regen und Winde entgegen fahren.[c]

Ich dachte nun daran, was Cäcilia von Eustachius gesagt hatte. Wenn es wahr ist, und ich selber glaubte, daß es wahr sein könnte, so würde ich ihn, wenn ich alle meine Zeit und alle meine Bemühungen diesem Zweke widmete, vielleicht finden; aber dann müßte ich meinen Beruf aufgeben, oder ich muß bei meinem Berufe bleiben, und Eustachius lassen. Ein Schwanken zwischen diesen zwei Dingen fand bei mir keinen Augenblick statt. Ich muß in meinem[6] Amte bleiben, er hat sich in seine Lage begeben, er muß sie haben.

Am[d] fünften Tage nach meiner Zurükkunft ging ich in das Haghaus hinauf. Der Obrist empfing mich recht freundlich, und erzählte mir, daß Margarita nach Wien gereist sei. Er habe sie selber hin geleitet, sie werde einige Zeit dort verweilen, und in dem Hause etwas entfernter Verwandten sein. Die Leute seien einfach und gebildet, Margarita sei in einem edlen Kreise, und könne sich da noch so Manches erwerben, was ihrem Wesen noth thäte.

Ich erwiederte auf diese Mittheilung gar nichts.

Als man den Grundstein des Haghauses gelegt hatte, damals hatte der alte Pfarrer von Sillerau den Spruch ausgebracht, Margarita möge nur lauter Gutes in dem Hause erleben, und nun bin ich es, der sie dahin brachte, daß sie das Haus ihres Vaters verlassen[e], und ihn allein in demselben zurüklassen mußte!

---

a mB Belange

b Dingen

c mB und weil, wie Thomas sagt, es weiß, daß ich mit Arzneien zu den Leuten fahre,

d mB Eine Woche

e mB meiden

1 üdZ ja
2 aR mB angestrichen
3 mR +
4 das
5 es
6 H
Die Seite mR durchstrichen.

Der Obrist war gegen mich nicht anders als zu jeder andern Zeit.

Wir gingen in dem Hause herum, im Garten, im Felde und in dem Walde.

Dann ging ich nach Hause, und hatte das Ereigniß im Herzen.

Ich dachte in jener Zeit, ich sei im Grunde Margarita nicht werth.

Ich muß mich aufschwingen, ich muß mehr sein als sie, und ein Mann kann stets mehr werden als ein Weib.

Was bin ich denn bisher gewesen?

Bin ich ein rechter Mensch gewesen, oder ein rechter Arzt?

Wer bin ich denn als Mensch gewesen? In Prag habe ich die Bücher auswendig gelernt, die uns anbefohlen waren, und habe in der Arzneischule in zusammengenähte Papiere die Worte geschrieben, die uns unser Lehrer vorgesagt hat. Nicht einmal Hirngespinnste habe ich entworfen wie mein Freund Eustachius. Ich habe mir schöne Kleider zu erwerben gesucht, um in denselben herum zu gehen. Ich bin in dieses Haus und in jenes Haus gegangen, wohin mich meine Freunde geführt haben, und in dem Hause habe ich nichts gethan, als etwa getanzt, und den Mädchen und meinen Freunden und andern Worte vorgesagt, die mir eben auf die Zunge kamen. Habe ich in der Kunst, habe ich in verschiedenen Wissenschaften, oder in dem, was die Welt bisher bewegt hat, Erfahrungen zu machen gestrebt, oder auch nur in den manigfaltigen Verhältnissen, welche die Menschen mit einander verknüpfen? Nein, ich bin in der Gegend umher gestreift, habe Raufhändel gehabt, und habe Trinklieder gesungen. Und dann bin ich fortgegangen, da ich einen Menschen noch bald zum Krüppel gestochen hatte. Und hier in meinem Wohnsize – habe ich Bücher wie der Obrist[1a], in denen andere[2] Dinge stehen, als die zur Arzneikunde gehören? Dinge, die den Geist erheben, erweitern, schmüken, und zieren? Habe ich Bilder, die sanft zu unserer Seele sprechen, und sie in ‖edlere‖[3] Höhen ziehen? Suche ich schöne Gewächse zu pflegen, den Boden zu verfeinern, die Zucht der Pflanzen zu regeln, und den Wald zu höherer[b] Anmuth zu führen oder bringen[4]? Oder strebe ich die Menschen zu bessern, zu klären, zu berichtigen, zu läutern, und in ihren Beschäftigungen zu Ersprießlicherem zu führen?[c] Nein. In meiner Kammer liegen die Bücher umher; aber sie enthalten nur Abtheilungen der Arzneikunde, und ich habe sie zudem noch nicht alle gelesen. Sind nicht Bücher, in denen verzeichnet steht, was das menschliche Geschlecht für Schiksale gehabt hat, seit es auf dem Runde dieser Erde besteht? Sind nicht Bücher, die erzählen, was unser eigenstes Volk gestrebt, gelitten, geduldet, geleistet, gefeiert hat? Habe ich von allem dem nur ein anderes Wissen als das alleroberflächlichste? Habe ich mir dieses Wissen anders als durch die mageren Bücher unserer Schule oder durch gelegentliches Hineinsehn in andere[5d] Bücher erworben? Und hat dieses Wissen mein eigenes Wesen gehoben gefördert, gehoben, und gegeistigt?[6] Sind nicht Bücher, die erzählen, was für Länder Meere Völker Thiere Pflanzen und andere Wunder diese Erde trägt? Und ist es nicht Genugthuung, sich darein zu vertiefen, über die Manigfaltigkeit zu staunen, Gott zu preisen, und andächtiger zu werden? Sind nicht Bücher, die allerlei Wissen enthalten über die Dinge die auf der Erde sind, und des Tages und ‖der Nacht‖[7] über unsern Häuptern glänzen, über ihre Wesenheit, ihre Größen, ihre Entfernungen, ihre Ausdehnungen, ihre Wirkungen auf einander?[e] Weiß ich da mehr, als man uns zur Ausübung der Heilkunst gegen die Schulbänke hin vorgesagt hat? vielleicht irrig gesagt hat? vielleicht mangelhaft gesagt hat? Weiß man überhaupt hierin selber viel? Und wie unermeßlich mag das sein, was in den Dingen und in ihren Beziehungen liegt? Ich bin hierin unbegreiflich sträflich und verachtungswürdig gewesen. Sind die wenigen Pflanzen, die ich zu meinen Zweken gesammelt habe, oder die Steine und Muscheln, die ich bei Gelegenheit aufgelesen, oder die Wässer, die ich ein wenig untersucht habe, der Rede werth? Sind nicht Bücher, in die der Geist des Menschen liebliche Dichtungen niedergelegt hat, die alles wach rufen, was groß und herrlich in unserem Herzen ist? Haben nicht uralte Völker ihre Dichtungen auf uns vererbt, sind nicht immer Völker gekommen, die diesen Schaz vermehrt haben, ist nicht in unserem Volke selber schon in alter Zeit sehr Preiswürdiges entstanden, und entsteht es nicht noch immer? Was von allem diesem kenne ich? Man hat uns von den Griechen und Römern alter Zeit[f] etwas vorgesagt, und hat gesagt, es sei als Muster, wir müßten es lesen, und in unsere Muttersprache übertragen; aber es ist nicht in mich gedrungen, und hat mir damals nicht gefallen. Was habe ich später von Dichtkunst genossen oder getrieben, als etwa Spottverse auf meine Lehrer, eine alte Frau

Mappe 107

a mT beim Obrist lesen: – Wirkung –

b reinerer

c bringen?

d mT durch einige Zeit

e mB Mondviertel

f des Alterthums

---

1 mR angestrichen
2 idZ und andere
3 edleren
4 üdZ führen
5 mR angestrichen
6 idZ mR angestrichen
7 des Nachts
Die Seite mR durchstrichen.

108.

auf eine obrigkeitliche Person, einen Kameraden, oder ein Mädchen gemacht? Oder die Lieder gesungen, und in Beständigkeit stets wiederholt und wiederholt, die auf der Schule gebräuchlich waren, und schon seit sehr langen Zeiten her gebräuchlich waren? Und als ich einmal mit Eustachius, weil er es so wollte, in der Stube neben dem Nähstübchen der ~~einsamen~~[a] Cäcilia aus den Chören des alten griechischen Dichters Äschilos las, oder vielmehr, da er mit lauter Stimme aus den griechischen Versen dieses Mannes herab las, oder herab rief, und mir, wo ich die Werke nicht verstand, dieselben in deutscher Sprache erklärte, haben mir die Gedanken Aussprüche und Ausrufe dieses uralten heidnischen Mannes nicht sehr gefallen? Und habe ich die Sache fortgesezt, habe ich, der ich doch so viel der griechischen Sprache kenne, um ihre Worte zu verstehen, den ganzen Äschilos gelesen? Oder habe ich es nicht vielmehr dem Eustachius überlassen, daß er ihn las, oder ganz allein in seiner Stube seine Worte aus rief, so daß Cäcilia dachte, und es zu mir sagte, er sei doch nicht recht bei Sinnen? Habe ich von Homeros, den sie so preisen, etwas anderes gelesen, als was ich in der frühern Schule mußte, und was mir nicht gefiel? Oder von Sophokles oder Pindaros oder Platon, deren Namen ich doch so oft gehört? Nein, ich habe in meinem angewohnten lustigen Treiben ausgeharrt. Ich will von dem, was in den alten Hebräern und Indern steht, die der Obrist so lobt, gar nicht reden, ich habe damals von ihnen ~~gar~~ nichts gewußt. Und als ich hieher gekommen bin, habe ich in mancher Stunde der Muße, die mir doch zu Theile war, das Versäumte nach geholt? Nein, ich habe es nicht gethan. Und wenn ich schon an mir selber nicht ein reicheres Wesen zu entfalten gestrebt habe, bin ich bemüht gewesen, auf andere fördernd zu wirken? Welche Manigfaltigkeit des Schaffens wäre mir hier in der Heimath gegeben gewesen. In Prag und in großen Städten sind die Menschen leicht in einige Fächer zu bringen. Da sind die, welche sich selber die Gebildeten nennen. Sie sind alle gleich, weil sie nur immer mit ihres Gleichen umgehen, und immer von den nehmlichen Gegenständen und zwar von den Vorkommnissen der Stadt und hauptsächlich von den Vergnügungen derselben reden. Dann sind die Mittleren, Krämer, Wirthe, Werkleute und dergleichen. Sie gehen in ihrer Entwiklung schon weiter aus einander, und sind ungleichartiger. Dann sind die Dienenden. Sie sind fast wieder ganz gleich, und kaum durch irgend eine Bemühung zu ändern. Dann ist die unterste Schichte, meist schlecht und unverbesserlich. Die Künstler die Gelehrten die großen Menschen sind wie Inseln in dem Meere, und kommen hier, wo es sich um Förderung der Menge handelt, nicht in Betrachtung, weil sie eben schon gefördert sind, und auf die andern fördernd wirken. Auf dem Lande, in Bergen und Thälern, weit von der Stadt ist die Sache eine ganz verschiedene, besonders bei uns in dem Walde und in den ihn begränzenden Fruchtstrichen. Welche Abstufung der Stände ist hier vorhanden. Wenn ich von dem Manne anfange, der mit einer alten farblosen ledernen Kappe, einer abgeschossenen Jake uralten lange dauernden Lederhosen grauen oder blaßblauen Strümpfen und schweren Schnallenschuhen auf ‖einer Kraxen‖[b] Glaswaaren oder dergleichen durch den Wald zum Verkaufe herum trägt, oder von dem Manne, der mit den Seinigen in der tiefen Wildniß ist, dort Hütten aus Tannenreisern gebaut hat, und entweder für sich oder gar nur im Dienste eines andern selbst oft im Winter bei ~~ellenhohem~~[c] Schnee aus den diken Hochstämmen des Waldes Kohlen brennt, oder der in Löchern und ungeschlachten Öfen Theer, Wagenschmiere und dergleichen auskocht, oder gar, der Feuerschwamm sammeln geht, und ihn dann bereitet, oder der Wurzeln Kräuter Beeren sucht, und sie dann in Pfennige verwandelt – wenn ich von diesen Leuten beginne, und zu denen komme, welche an dem Holze in dem Walde arbeiten, den Baum umsägen, ihn seiner Äste entledigen, ihn in runde Klöze schneiden, die Klöze zu Scheitern spalten, die Scheiter schlichten, sie dann mit kleinen Ochsen verführen, oder in Schwemmen sammeln, und sie ~~dann~~[d] durch Schleusen in Wasserrinnen weiter hinaus leiten, oder zu denen, welche in einem Steingefilde der Wälder sizen, und Tröge, Schwellen, Stiegenstufen, Platten und Pflasterwürfel, Kufen und Kohlbottiche aus Steinen hauen, welche Leute wie die Holzarbeiter selten zu den Hütten der Ihrigen hinaus kommen, die zwar auch noch im Walde liegen, aber weiter draußen, wo er schon umgänglicher ist, und kleine Gärtchen und Feldchen beginnen, und die Ziegenwirthschaft herrscht, oder zu denen, welche Reifen für Faßbinder sammeln, Stäbe für Gärtner schneiden, Stangen für den Hopfenbau zusammen lesen, Dauben oder Schindel für Dachdeker schneiden, oder Klöze zu Felgen Naben

---

a fleißigen

b mB Hukebakgerüste (hochdeutsches Wort zu finden)
   mT Rükengerüste

c klafterhohem

d hierauf

Fortsetzung auf S. 188   *1 idZ* einem ~~Kraxen~~

Bauche und der weißen Fahne, oder die Zucht der geflekten, braun mit weißem Gürtel und Rüken‑   Mappe 109.
streifen, oder schwarz und weiß, oder gesprenkelt, oder gestriemt wie die wilden Kazen, darunter ge‑
mischt die Zucht der Ziegen und einige Schafe, welche Zuchten, insbesonder die heranwachsenden, er mit schönem
Geläute im Sommer in den hohen Wald hinauf gehen läßt, daß sie die Kräuter und die Luft und das Wasser genießen,
und sie im Herbste wieder allmählich gegen die Niederungen herab zieht, und ~~welche~~ᵃ Zuchten so häufig sind, daß wenn   *a* welcherlei
man eine lange Streke durch den Wald geht, man von den Waldhöhen herab die verschiedensten Geläute
der Heerdengloken hören kann – und wenn ich ferner zu dem Manne übergehe, der sein Haus immer in der
Tiefe hat, an einem großen Steine oder neben einer alten Fichte oder einer kleinen Sammlung finsterer Tannen neben
einem daher strömenden Wasser, das ihm seine Räder treibt, durch die er mit seinem Werke das Getreide
der Bewohner malt, welcher Mann sein Haus mit großen gehauenen Steinen aus dem Nassen heraus baut, die
in der Feuchtigkeit immer grün sind, und auf die Steine einen weiten Holzbau sezt, den er für seine Werke, die
auch Bretter sägen, und für die Menschen und Thiere, die er nöthig hat, braucht, von welchem Baue man längs den
umliegenden Waldlehnen empor sieht, und welchen Bau er selten in Gesellschaft anderer Häuser sondern
stets allein an gelegener Stelle hat, – und wenn ich weiter zu dem gehe, der sein weitläufiges Anwesen bald
auf Höhen bald in Tiefen, bald allein bald unter andern Häusern hat, und in geräumiger Stelle mit Waldkohlen
stets ein Feuer brennt, darin er das Eisen glühet, aus dem er den Waldleuten ihren manigfaltigen Bedarf
schmiedet – oder zu dem, der, wo mehrere Häuser sind, immer das seinige hinzu sezt, oder es auch oft allein
hat, stattlich auf luftigem Hügel, oder in der grünenden Wiesenebene, oder an dem Rande des Waldes mit
der schimmernden Fensterreihe, mit Tischen und Bänken davor, und mit großem Anbaue daran, in welchem
er seine Habschaften an Thieren Früchten und dergleichen birgt, ich meine den Wirth, – und wenn ich zu dem zahl‑
reichen Geschlechte der Waldbauern komme[1], die ihr Haus inmitten ihrer Felder Wiesen und Wälder haben,
und wenn auch weit zerstreut, doch einen Sammelnamen ~~haben~~ führen, mit dem man sie zusammen begreift, oder
die ihre Anwesen in geschlossene Ortschaften zusammen stellen, um welche dann Obstgärten mit Waldbäumen unter‑
mischt und Felder und Wiesen und Waldland herum liegen – und wenn ich in dieᵇ Märkte gehe, wo die Leute Ge‑   *b* mB Ortschaften
werbe treiben, oder auch Aker Wald und Wiese haben, wo mancher ein schöneres Haus hinbaut, als man bisher
gesehen hat, wo sie Blumengärten haben, und geselliges Leben treiben, – wenn ich die vielen Pfarrhöfe über‑
blike, die neben den Kirchen stehen, und in denen meist ||ein älterer oft sehr weißhariger Pfarrerᶜ ist, deren   *c* ~~ist,~~
mancher oft||[2] einen aufstrebenden jungen Gehilfen hat, und ~~der~~[3] aus seinen Fenstern auf das Schulhaus ~~sieht~~[4],   sind, deren mancher
in dem sich der Lehrer Jahr aus Jahr ein mit den Kleinen plagt, – und wenn ich zu Männern übergehe, die
wie Johannes Bloch, der eine Glashütte besizt, oder Mathias Ferent, der große Webereien Spinnereien und
Bleichen betreibt, oder Gerhard Rohr, der die Eisenwerke hat, oder Löff, der weitläufigen Getreidebau
oder Köfner, der die große Meierei ~~hat~~ besizt, ein weitverzweigtes tief eingehendes Geschäft führen – und
wenn ich zu denen gelange, die, wie der Obrist, sich an einer anmuthigen Stelle einen Siz gründen, und dort ihr
Leben vollbringen – und wenn ich auf manches Waldschloß schaue, in welchem Leute sind mit Garten‑ Feld‑ und
                                                                                                                Wiesen‑
bau, mit Wald‑ und Forstzucht – und wenn ich weiter hinaus zu dem Fürsten gehe, der sich jezt von einem
                                                                                             gepriesenen Manne
in ||Braunenhof||[5] einen wundervollen Garten[6] haben anlegen lassen: welche Kreise, um ~~in ihnen~~ᵈ   *d* auf sie
zu wirken, und sie zu belehren, oder auf sich wirken zu lassen, und von ihnen zu lernen! Ich rede von Hausirern
                                             Schleifern
Bettlern Musikern und solchen Leuten gar nicht; denn diese gibt es überall. Selbst die Männer in obrigkeitlichen
Ämtern, die hier nicht viele sind, und von denen sich weit mehrere in großen Städten befinden, sind bei uns in dem
Waldlande, wenn sie länger da verweilen, anders als an anderen Stellen. Wie habe ich unter diesen Leuten
gelebt? Ich habe neben ihnen nach meiner Art gelebt, wie es mir zufällig zu Sinne kam, und wie es mir genehm war,
wie so viele hier neben einander leben. Hat nicht der Obrist in der so kurzen Zeit, in der er erst hier ist, schon
die Menschen an sich gezogen? Kommen sie nicht zu ihm, um sich Rath zu holen, und spricht er nicht zu ihnen, und
                                                                                   leistet er
nicht oft auch werkthätige Hilfe? Hat nicht selbst Mathias Ferent durch seine Geschäfte und durch den Umgang mit
vielen Leuten diese und selbst die Gegend verändert? Was mag der Freiherr von Tannberg, was mag der Fürst
und Ähnliche schon gewirkt haben?

---

1 idZ mR angestrichen   *3* üdZ die   *5* braunenhof   *Fortsetzung auf S. 189*
2 ältere oft sehr weißharige Pfarrer ~~sind, deren mancher oft~~   *4* udZ sehen   *6* üdZ soll

Axen Grundeln für Wägen und Pflüge hauen, oder zu denen, welche Rinden zu Lohe oder andern Zweken oder Erlverknüpfungen und Ähnliches zu feinen Schreinerarbeiten suchen – wenn ich dann zu dem Manne komme, der auf dem sonnigen Waldabhange sein Haus hat, von dem sich Grasboden bis zu dem rauschenden Bache, der in der Tiefe ist, hinabzieht, welches Haus ein langes weißes Stük Untermauer mit den Wohnungsfenstern hat, und dann weitläufigen braunen Holzbau für die anderen Zweke, über welchem Hause ein flaches Dach aus Brettern liegt, die dann grauen großen[2] Beschwerungssteine tragen, und in welchem Hause und um welches Haus
auf dem Grase die zahlreiche Zucht der Rinder ist mit den dunkelbraunen Lenden und dem weißen Munde dem weißen

---

[2] H

Und wer bin ich als Arzt? Habe ich mit Eifer, habe ich mit ~~durchschlagender Hingebung~~ᵉ mich dem Heilzweke gewidmet? Ich habe meine Kranken bei Seite gelassen, und bin nach Prag gegangen, und habe dort viele Zeit bei dem Bürgermeister bei dem Kaufmanne und seiner Tochter bei Lehrern und Freunden bei einer Nähtherin und bei

ᵉ einziger ~~Hingabe~~ Hingabe

110.
einem Juden vertrödelt. Und dieses habe ich zu mehreren Malen gethan. Ich bin bei Hochzeiten Tänzen Schlittenfahrten Waldpilgerungen Scheibenschießen Teichfischen Kameradengelagen und Lattenschlagen gewesen, und habe, daß ich da nichts versäume, meine Kranken vor Tagesanbruch oder nach Eintrit der Nacht schnell besucht, und hinter einander abgefertigt. Und wie oft bin ich mehr, als es die Geselligkeit des Lebens fordert, als Besucher nach Pirling gefahren, oder in die Glashütte, oder sonst irgendwohin. Und habe ich nicht so viele Zeit Margarita geweiht, indem ich nach Tannberg fuhr, oder in das Haghaus ging, daß ich es schwerlich verantworten kann? Und habe ich diese fremden Dinge nicht mit Lust verfolgt, und in ihnen begriffen wenig an das gedacht, was kurz vorher in meinem Berufe nöthig war, und kurz nachher nöthig werden könnte? Und auf welche Weise habe ich mein Amt, wenn ich auch in demselben war, ausgeübt? Ich habe die Merkmale eines Leidens abgefragt, habe dann dem Leiden aus meinen Lehrbüchern oder aus den Heften, die ich mir nach den Worten meines Lehrers zusammen geschrieben habe, einen Namen gegeben, in so weit ich mich des Inhalts meiner Bücher und Hefte erinnerte, oder denselben in ihnen bei der gegebenen Gelegenheit nachlas, und habe endlich ebenfalls aus meinen Büchern und Heften die Mittel für das Leiden angemerkt. Habe ich denn mehr als manches Mal nur flüchtig daran gedacht, daß meine Bücher und meine Hefte doch nicht in allen Dingen und immer und allezeit unfehlbar sein könnten? Und wenn die Männer, aus deren Wissen diese Regeln geflossen sind, die verständigsten erfahrensten und gewissenhaftesten Männer gewesen sind, kann nicht einer und der andere in dem einen und dem anderen Dinge sich geirrt haben? Und kann nicht der Irrthum, der auf einem hohen Namen ruhte, sich vermöge Achtung dieses Namens fortgepflanzt haben, indem ihn einer dem andern nachsagte, wie /ich/ ohne Weiteres meinen Büchern und Heften nachglaubte und nachhandelte? Habe ich gestrebt, zu erkennen und zu ergründen, ob nicht Dinge, die außerhalb meiner Mittel liegen, und die ich nicht vermeiden kann, gut oder böse auf das Leiden wirken? Und habe ich dann, ohne freventliche Versuche zu machen, das, was mir als ein wohlthätiges Geschenk von Außen gekommen zu sein schien, wieder weiter angewendet? Ich habe es nicht gethan. Ist dasjenige, was meine Bücher und Hefte sagten, immer eingetroffen, oder ist es auch zuweilen anders gewesen? Es hat sich nicht stets gefügt, wie in den Buchstaben geschrieben stand, und ich bin von ihnen hilflos gelassen worden. Kann und muß dasjenige, was ausheilt, stets in Stoffen liegen, die sehr entfernt sind, die nach dem Verlaufe von Jahrtausenden erst entdeckt worden sind, oder nach Jahrtausenden erst werden entdeckt werden? Oder kann es Gott nicht liebevoll in unsere Nähe gelegt haben, wie er sonst immer thut? Kann es nicht reichlich vorhanden sein? Die allbelebende Luft, das reinigende klärende Wasser, das durchdringende Licht, und die lindenden und balsamischen Nahrungsmittel? Womit heilt sich der verwundete Hirsch, was macht der Dachs für Vorkehrungen, wenn ihm in seiner Höhle ein Leid widerfährt, und was thut der Fuchs, wenn ihn das Fangeisen beschädigt, oder ihm sonst ein Zufall Krankheit gebracht hat? Habe ich über diese Dinge nachgedacht, und ihre Verwendung und das Verfahren mit ihnen in meinen Kreis gezogen, und gestrebt, das, was in der Heilkunst noth thut, zu erweitern und zu bereichern? Nein, ich habe es nicht gethan. Ich bin verfahren, wie ein schlechter Handwerker, der seine Beschäftigung wie ein Wasserrad fortwährend gleichmäßig betreibt. Der alte Tobias, der im weißen Linnenroke von Haus zu Haus geht, verwaltet sein Amt, das Bettleramt, wie ich. Hat er nicht gesagt: Ich bettle mich sehr leicht, ich bin der glüklichste Bettler unter Gottes Himmel, alle Leute geben mir etwas, beherbergen mich, kleiden mich, lieben mich, und so geht es fort? Und thut Tobias nicht Dinge, die über seinen Beruf hinaus gehen? Er hat meinen Namen und meine Heilkunde unter die Leute gebracht, er trägt Botschaften, gibt wegen des Viehes Rathschläge, und ordnet die Spiele der Knaben. Ist er daher nicht besser als ich?

Solche Gedanken trug ich viele Tage, ich durchdachte sie immer, und durchdachte sie immer wieder, und dachte, es soll anders werden.

Da kam das rothe Buch aus Prag, und ich begann die Einschreibungen in dasselbe, und die Verschließungen des Eingeschriebenen, wie ich sie mir ~~erdacht~~^a habe, und wie ich die Einrichtung mittelst der Seidenbänder dazu dem Bücherbinder in Prag angegeben hatte. Ich finde eine Ruhe meines Herzens in den Einschreibungen, ich habe eine Befriedigung in denselben, ich freue mich, daß ich das Zeichnen und die Behandlung der Farben ein wenig in Prag gelernt habe, und daß ich manchen Anfangsbuchstaben schön zeichnen und mit Farbe schön ausmalen kann, was mir Vergnügen macht, wie ja der Mensch irgend ein Vergnügen haben muß, das ihn nach der Übung seines Amtes in die Arme nimmt, und ihn wieder zu neuer Ausübung ~~seines~~^b Amtes stärker macht.

a ersonnen

b dieses

Das Schreibgerüste, welches ich in Prag gekauft hatte, habe ich reinigen und sehr schön abpuzen lassen, habe hiebei selbst geholfen und das Verfahren angegeben, habe es dann mit Harz überziehen, und in meine Kammer stellen lassen. Das Kästchen mit dem Edelweis und das mit den Briefen Christinens an Eustachius that ich nun in ein Fach des Schreibgerüstes. Die zwei Bettler von Prag hatten jeder einen gleichen Schaz gehoben, und hatten ihn gleich behandelt.

Ich ließ die Habschaften des wirren Eustachius wieder einmal durchreinigen, und legte sie dann wieder in ihre Bewahrungsstelle.

Da der Herbst herzu kam, und in den kühleren Tagen ich wieder mehr gehen wollte, vermißte ich meinen Hakenstok. Ich ging, ihn zu suchen. Ich ging in das Lidenholz, kletterte von der Morgenseite auf die Steinwulst desselben, und fand den Stok verrostet auf der Stelle liegen, wo die seltenen Steinbrechen, die ich damals hatte pflüken wollen, unbeirrt verblüht waren. Der treue Stok sollte nicht entgelten, daß ich damals verwirrt war, ich nahm ihn, kletterte wieder von der Wulst hinab, ging nach Hause, reinigte das Eisen ~~des Stokes~~[a] von dem Roste, und nahm ihn wieder als Gefährten zu meinen Wanderungen.

Mappe III.

a desselben

Da die Nebel in unseren Wäldern erschienen, kamen die Hemden der Näthterin Cäcilia aus Prag. Anna ließ sie durch waschen, und schön glätten, und ich bediente mich ihrer gelegentlich, besonders an festlichen Tagen.

Ich dachte in jener Zeit öfter an einen merkwürdigen Mann. Sie haben in Prag erzählt: Es sind noch nicht hundert Jahre[b], da lebte in der Stadt Linz, die doch die nächste große Stadt an unserem Walde ist, in einer engen Gasse ein Mann Namens Johannes Kepler, der kraft seiner Sendung, wie ich meine, Knaben unterrichten, und Landvermessung treiben sollte, der aber die Sterne an dem Himmel betrachtete, um die Geseze ihrer Bewegungen zu finden. Er dachte, Gott habe eine ungeheure Menge sehr großer Weltkörper geschaffen, und habe sich zur Freude dieselben eingerichtet. Diese Einrichtungen nun wollte er ergründen. Weil er kein Kaufgewölbe hatte, weil er kein Haus hatte, weil er keine Liegenschaften oder Schäze besaß, oder gar der Herr eines Schlosses ~~oder~~ und seines Zugehörs war, sondern sich in Armuth befand, achteten sie ihn sehr geringe, ermahnten ihn an seine Pflicht, und höhnten ihn seines Bestrebens willen. Er aber blieb arm, blieb gering geachtet, blieb ermahnt, blieb verhöhnt, und blieb bei seinem Bestreben. Da eine Reihe von Jahren vergangen war, und er die Geseze der Bewegungen der Wandelsterne gefunden hatte, rannen ihm die Thränen über die Wangen, und er sagte: „Wer bin ich denn, o du geliebter Gott, daß du mich würdigst, dir deine Welt nachdenken zu können !?" Dann schrieb er die Geseze auf ein Papier, und machte sie bekannt, und wurde wieder verhöhnt, und man nannte ihn einen Narren. Dann kamen die Einsichtigen, forschten seinen Forschungen wieder nach, und sagten, es sei so. Und dann kamen die Rechner, rechneten auf einer Tafel mit Zeichen, und bewiesen, daß es gar nicht anders sein könne. Es entstand nun ein Erstaunen über den Mann, und es erhob sich eine Lobpreisung desselben. Er aber lag schon lange unter der Erde.

b *mB* vor etwa hundert Jahren

An diesen Mann dachte ich jezt recht oft.

Das Geschik fährt in einem goldenen Wagen. Was durch die Räder niedergedrükt wird, daran liegt nichts. Wenn auf einen Mann ein Felsen fällt, und ihn erschlägt, und er in der Blüthe der Jahre ist, und das Viele nicht mehr wirken kann, was er sonst gewirkt hätte, so wird es ein anderer thun. Wenn ein Volk dahin geht, und zerstreut wird, oder in einem anderen verschwindet, oder von mächtigeren zerstört wird, und das nicht erreichen kann, was es sonst erreicht hätte, so wird es ein anderes erreichen, und noch viel Mehreres wird erreicht werden. Wenn die Ströme der Völker vergangen sind, und Unsägliches und Unzähliges von diesen Strömen getragen worden ist, so werden wieder Ströme kommen, und werden noch Unsäglicheres und Unzähligeres tragen, und werden vergehen, und neue werden sein, und dann werden wieder neue sein, und kein irdischer Mann kann sagen, was kommen wird. Und wenn du deinem Herzen wehe gethan hast, und es zuket, und vergehet, oder es ermannet sich und rafft sich auf, dann ist alles wieder wie vorher, es kümmert sich nichts darum, und drängt dem Ende zu, das Herrlichkeit ist, und du hättest es vermeiden können, oder du kannst es ändern, oder es wird dir vergolten,

Die Seite mR durchstrichen.

112. und wird ein Außerordentliches daraus.

(Ende des 1.ᵉⁿ Bandes)

Die Mappe meines Urgroßvaters. Eine Erzählung von Adalbert Stifter. II.ʳ Band.　　　　Mappe 113.
(Die Seitenzahlen laufen in der Handschrift fort.)

1.
Von meinem Hause.

  Ich fuhr nun mit meinem Fuchse in allen Richtungen herum, und betrachtete
den Wald und seine Gebilde. Da geht die Hochwand von Mittag gegen Mitternacht weit dahin. Wir
sehen sie von Thal ob Pirling gegen Abend. In ihr zieht das Granitgestein steil empor, und auf
diesem Gesteine steht ungelichtet und von menschlichen Händen wenig beirrt der Wald, und macht das
liebliche Gedunkel und Gedämmer, darüber an heitern Tagen die Luft glänzt, und funkelt. Die Kopprippen, die Tarnwirbel und die Samblöke steigen an den Lenden des Waldes hinan, und sind am Morgen im Lichte deutlich und am Nachmittage im Schatten als schwache Streifen erkennlich. Dann gehen
die Höhen und Hügel und Züge weit gegen Morgen, in deren Tiefen und Klammen und Rinnen Wasser[a]　　　　*a mR später*
quellen, und rauschen, und in deren Dunkel schon hie und da ein hellgrüner Flek, und wenn Erndte[1]
ist, ein goldener aus der finstern Farbe des Waldes hervor blikt, welche Fleke immer mehr werden, bis endlich, wo die Ebene sich zu bilden anfängt, wallende Felder gehen, mancher Kirchthurm
schimmert und glänzt, und sich nur mehr schmale Streifen von Gehölze dahin ziehen. Aber nicht blos die lichten grünen oder goldenen Fleke sieht man in den dunkeln weit dahin gehenden Waldhöhen und Waldhü-
geln und Waldzügen, sondern, wenn man gegen sie heran wandert, oder heran fährt, und genauer schaut,
auch helle Punkte an den lichten Stellen, welche Häuser sind, welche sich auf den Höhen einzeln oder zu einigen
vereint befinden, und von denen man oft ein Fenster weithin in der Sonne funkeln[b] sieht, oder　　　　*b mB leuchten*
~~dessen~~ davon zuweilen ein Dach sich von dem Dunkel des Waldes so weiß abhebt, als läge Schnee darauf.
Und von jedem Hause geht eine feuchte Wiese hinab, die, wenn man näher kömmt, den Schein des
Smaragdsteines erreicht.[c] Zu den Zeiten der Urgroßväter unserer /*Urgroßväter*/[2] und　　　　*c mR später*
Urgroßmütter war der Wald unentwirrt über alle Hügel und Höhen bis zu der Ebene gebreitet. Sie erzählen, daß in Vorzeiten mancher Kriegsfürst oder ein sonstiger großer Herr
weite Streken im Walde für geleistete Dienste erhalten habe, wohin er, um sofort Nuzen
von seinem Eigenthume zu ~~haben,~~ ziehen, Leute sandte, die den Wald lichteten, das Holz nieder schlugen, und für ihn verkauften, und von welchen Leuten dann einzelne an dieser oder jener lichten
Stelle sizen blieben, und wohnten, oder daß ein armer Mann um weniges Geld in der Wildniß
sich einen Plaz gekauft habe, den er reutete, auf dem er sich anbaute, und von dem er lebte,
oder daß manch ein Theerbrenner oder Pechhändler die Erlaubniß erhielt, an entlegenen Orten,
denen man kaum mit gelegentlicher Jagd zukam, seine Beschäftigung zu treiben, an welche
Orte er sich dann anheftete, und auf ihnen eine Siedlung errichtete, oder daß einem Wildschüzen einem
Wanderer einem Vertriebenen ein Pläzchen gefiel, auf dem er sich nieder ließ, und von dem aus

---

1 H　　　　*2 statt Urgroßvater*　　　　*Die Seite mR durchstrichen.*

114.
er wirkte. Es soll auch einen Mann gegeben haben, der eine Wünschelruthe besaß, mit der er Gold und Wasser in der Erde entdeken konnte. Der Mann ist sehr arm geblieben, und nachdem sie ihn draußen hatten steinigen wollen, ist er in die tiefste Tiefe des Waldes gegangen, und ist dort geblieben. Von ihm soll sich der Anfang der obern Brentenhäuser herschreiben. Alle diese, die sich an vereinzelten Stellen des Waldes befanden, oder sehr viele von ihnen hatten Nachkommen, die sich nicht weit von den Eltern ansässig machten, und so entstanden die zerstreuten Häuser und Orte und die urbaren Fleke, die sich immer vergrößern, und mehr werden. Ich blikte auf alles oft und öfter, und wenn ich von meinem Wagen aussteigen, und zu einer Hütte auf einen steilen Hügel, auf den man nicht fahren konnte, hinauf gehen mußte, und wenn ich dann zuweilen von Hütte zu Hütte, von Hügel zu Hügel zu gehen hatte, und müde wurde, sezte ich mich auf einen Stein auf einen umgestürzten Baumstamm auf eine Erdwulst nieder, und blikte in die Weite und Breite auf alle die blauen und duftigen Wälder, und sezte dann meinen Weg wieder fort. Auch auf die Häuser sah ich gerne. Wie oft blikte ich auf das Haus des Wirthes am Rothberge. Wenn ich die knorrigen Wege des Sterwaldes, die nie ein Wagen wird befahren können, auf denen kein Saumthier gehen kann, und auf denen sich höchstens ein Mensch fort zu helfen vermag, herunter komme, und auf den freien Berg gelange, seze ich mich gerne nieder, wo der röthliche Stein aus der Erde hervor geht, der Bach mit lebendigem Lärmen zwischen den Bergen heraus rauscht, und jenseits das Haus mit den vielen Fenstern herüber schaut, um mich auf einen ersehnten Trunk abzukühlen, und die stattliche Wirthschaft gegenüber zu betrachten. Die Brettersäge kreischt hinten in dem Thale, der Bach sprudelt schneeweis zwischen den schwarzen Waldsteinen hervor, die Erde stürzt zu meinen Füssen schnell ab, und drüben steht das Haus, davor ein großer Plaz ist, Bänke laufen an den Wänden des Hauses hin, Bänke und Tische stehen auf seiner Gasse, ~~und~~ die breiteste und beste Strasse des Waldes führt an ihm vorbei.[a] Oft lag der glänzendste Sonnenschein auf der Wirthsgasse, wenn ich so saß, und beleuchtete die vielen Fenster des Hauses, die auf den Weg heraus schauten, daß sie schimmerten. Oft aber stand auch die Sonne schon tief, machte die Holzverzierungen am Wirthshause und die Bänke und die Ranken, die an ~~dem Hause~~[b] hinangingen, roth, und legte sich schief gegen den Waldrüken hinüber, daß er einen langen Schatten gegen den Rothberg warf, in dem sich die Waldhäuser wie graue Punkte hinunter zogen. Ich dachte da, wie so sehr die Welt doch schön ist. Dann, wenn mein Körper abgekühlt war, ging ich über den Steg, trat auf die Gasse des Wirthshauses, trank den Trunk aus dem Glase, das sie mir gebracht hatten, redete mit dem Wirthe oder andern, die da waren, ein wenig, und stieg dann in den Wagen, mit dem Thomas in dem Wirthshause auf mich gewartet hatte. Oder ich saß auch oft auf dem sonnigen Bänklein vor einer Hütte, und sprach mit einer alten Frau oder mit Kindern oder mit einem alten Manne oder mit dem Besizer der Hütte, wenn er zu Hause war. Ich wurde jezt auch oft weit hinaus gerufen, und wenn ich mit einem fremden Wagen, den man mir eine Streke entgegen geschikt hatte, von den schönen fast gerade laufenden Strassen der Ebene an die Stelle kam, wo unsere schmalen krummen hin und her gehenden Wege beginnen, und wo Thomas in irgend einer Schenke mit meinem Wägelchen und dem Fuchs auf mich wartete, war es mir beinahe wohl, und wurde mir immer wohler, wenn die dunklen Tannen wieder von den Hügeln herab schauten, manches Bächlein mir entgegen sprang, mancher Birkenstamm von den Bergen leuchtete, mancher dorrende Holzkloz an dem Wege lag, den man nicht beachtete, weil man bei uns des Holzes genug hat, die geselligen Versammlungen der Bäume sich immer dichter folgten, immer näher an den Weg traten, denselben endlich einengten, die wehenden Äste über ihn hinüber strekten, und unten an manchem Stamme irgend ein Bildchen trugen. Wir fuhren langsam auf dem beschwerlichen Wege unserer Heimath entgegen.

      Ich hatte ein sehr großes Buch angelegt, in welches ich[c], nachdem ich von meinen Kranken nach Hause gekommen war, oder nachdem ich die Kranken, welche mich in ~~meinem~~[d] Hause suchten, abgefertigt hatte, einschrieb, was jeder, den ich untersuchte, für eine Krankheit hat, woran ich

---

a , und Leute gehen in dem Hause aus und ein, um Geschäfte zu thun.

b der Wand

c täglich

d unserm

Die Seite mR durchstrichen.

sie erkannte, welche sonst die Beschaffenheit seines Körpers war, die Beschaffenheit seiner Wohnung, die Beschaffenheit des bestehenden Wetters, welche Mittel ich ihm bereits gegeben, und was ich für ein Verhalten angeordnet hatte, was nach den Mitteln für Erscheinungen gekommen waren, ob diese von den Mitteln oder von andern Dingen herrühren könnten, oder von beiden, und was ich in dem Augenblike als das nächste Nothwendige vermuthete. In diesem Buche las ich nun immer, und dachte nach, in welchem Zusammenhange die Dinge stehen könnten, welche auf den Verlauf des Heilungsganges und auf die Ausübung meines Amtes einen Einfluß haben könnten, damit ich in dem immer klarer würde, was zu thun sein könnte, und was für ein Urtheil man über das zu haben vermöge, was andere vor uns zu ergründen gestrebt haben. Meine Vermuthungen und Gedanken schrieb ich dann in einem andern Buche auf. Ich erhielt recht bald einige Zusammenhänge und Weisungen.

  Gegen den Herbst machte mir der Obrist den Vorschlag, daß wir, er und ich, den Griesbühel bewalden sollen. Wir sollen ihn kaufen, und Föhren auf ihm pflanzen. Die Gemeinde Thal ob Pirling hatte bisher von dem Griesbühel gar keinen Nuzen gezogen. Es lagen seit Menschengedenken auf dem Raume, der sich in der Mitte sachte erhob, nur kleine Steine Gerölle und allerlei dürrer Grund, auf dem einzelnes kurzästiges Struppwerk, dürres ~~dünnrispiges~~ᵃ Gras, hie und da sehr kleine Himbeeren, und mancherlei Kräuter wuchsen. Es konnte nur manches Mal eine arme Frau ihrer Ziege mit dem lekeren Maule einige ~~Kräuter~~ᵇ dort pflüken lassen, und ich konnte hie und da eine Pflanze für meine Heilzweke brauchen. Weil der /Griesbühel/¹ ungefähr gleich weit von unserem Hause und dem Buchenhage entfernt ist, meinte der Obrist, könnten wir uns gemeinschaftlich um die Streke annehmen, und sie pflegen. Das sei der Gedanke, sagte er, auf den er, ohne ihn zu nennen, damals in demᶜ Birkenreute, als er mich dort gesucht hat, hingewiesen hatte. Er habe schon im Frühlinge Samen der ‖dürrgrundigen‖² Weißföhre in die äußerst magerste Erde gesät, um Versuche zu machen, und die Pflänzchen auch an schmale Kost zu gewöhnen. Sie gedeihen gut, und werden im Griesbühel noch besser gedeihen, weil dort der Grund nur grobsteinig ist, zwischen den Steinen aber sich gute Erde befindet, und die Wurzeln seiner Weißföhren sich mit Wenigem begnügen. Im Sommer habe er überall den Samen der geeigneten Föhre gesammelt, und werde ihn theils abgesondert theils gleich im Griesbühel säen. Die Stämmchen werden heran wachsen, werden endlich selber den Grund besamen, fort und fort werden die Nadeln fallen, Erde erzeugen, und einst werde auf dem Bühel ein schöner lieblicher und nüzlicher Föhrenwald stehen. Ich willigte in seinen Vorschlag ein, und wir kauften von unserer Gemeinde zu gleichen Theilen den Grund um einen sehr geringen Kaufschilling. Im Herbste wurden Föhrenpflänzchen mit ihren Bällchen aus der Erde genommen, und auf taugliche Pläze des Griesbühels versezt. Als die Leute sahen, daß wir Waldbäume ‖pflanzten‖³, wunderten sie sich, und sagten, es werde sonst zu Nuz und Frommen der Wald gereutet, daß wir milderes Land und urbare Streken bekommen, ‖die wir beide‖⁴ so nothwendig brauchen, und diese zwei Männer gründen Wald, und vergrößern den Wald, und verschlimmern, und erkälten das Wetter. Darauf sagte ihnen der Obrist. An andern Stellen habe er schon Wald gereutet, und werde noch mehr reuten, und sohin in dieser Richtung die Sache ausgleichen, und mehr als ausgleichen. Der Griesbühel würde, wie er bisher war, wenn er so bliebe, nie⁵ einem Gebrauche sein, und würde die Gegend verunzieren, und zwar um so mehr, je mehr sie rings um nach und nach gepflegt und verschönert würde. Das Ausrotten des Waldes sei jezt gut, und werde gut sein bis zu einem gewissen Maße; dann aber werde eine Zeit kommen, in welcher die Waldstreifen zwischen den Feldern als kostbares Besizthum da stehen werden, und dann wird der Griesbühel ein sehr zwekmäßiger Föhrenwald sein, und er wird auch schön sein. Es thue zu der Sache nichts, wenn dann der, der ihn jezt gründe, zu jener Zeit längstens in der Erde ruhen werde. Jezt sehe er ihn wenigstens wachsen, und gedeihen. So sagte der Obrist, und mehrere, darunter auch mein Vater, begrifen ihn.

  Mein Eisraum war indessen auch fertig geworden. Er faßte jezt nicht nur das Dreifache der Eismenge, die sonst in ihm Plaz hatte, er war auch vor äußeren Einflüßen namentlich von dem Eindringen der Wärme geborgener,ᵈ und hatte Abtheilungen, daß die Gattungen Eis nicht durcheinander kämen, je nachdem sie von sehr reinen Wässern stammten oder mehr von trüben Weihern Anschwellungen oder dergleichen. Der Gebrauch des Eises richtet sich nach dieser Beschaffenheit, wenn es entweder nur als bloßes Kühlmittel gebraucht wird, oder wenn sein Wasser mit edlen Theilen des Men-

---

Mappe 115.

a dünnrispiges

b Blätter

c mB (ob dies der rechte Name ist)

d hatte einen leichteren Zugang

---

1 statt Griebühel
2 dürr ~~grundig~~ grundigen
3 pflanzen
4 das wir beides
5 üdZ von

116.

schen in Berührung kömmt.

Bei Gregor am Rintbache, dem Sohne der alten Brigittenhanna, bestellte ich Tröge für unsere Rinder. Er hieb sie im Rintwalde an dem Bache aus großen Granitsteinen. Wir wollten die Stellung ~~unser~~ und Fütterung unserer Kühe und Rinder überhaupt so einrichten, wie es in dem Stalle des Obrists war, die Köpfe gegeneinander, zwischen beiden Kopfreihen ein breiter Gang, und für jedes Rind eine eigene Steinschüssel, daraus es frißt, und trinkt. Reinlichkeit und Pflege der Thiere, sahen wir, gewinne dadurch sehr. Ich ging manches Mal zu Gregor hinaus, und war ihm zur Hand beim Ausmaße und bei der Abtiefung der Schüsselrunde in den Steinblöken.

Der Obrist wurde im ~~Herbste~~[1a] zu Thal ob Pirling als Gemeindeältester gewählt, und nahm dieses Amt auch an.

Zur Wintersaatzeit ließ er in sonniger Lage neben dem Haghause Weizen säen. Alle, und auch ich, zweifelten, ob dieses Unternehmen in unserem Walde einen guten Erfolg haben werde. Auch machte er einen Anfang zur Weidenbewaldung des Holzschlages im Lidholze, so weit der Holzschlag sein Eigenthum war, weil der Grund sich doch weder zu Feld noch Wiese tauglich bezeigte.

Meine Schwester Anna pflegte sorgsam dessen, was ich bedurfte. Sie hielt mir die Stube und Kammer in größter Reinlichkeit, sie ließ täglich den feinsten weißen Sand auf den Boden streuen, und befestigte selber immer zu rechter Zeit die weißesten und klarsten Vorhänge an den Fenstern, sie beaufsichtigte den Knecht Thomas, der mir meine Kleider stäubte, und fegte, sie besorgte mein Linnen, und legte es ~~immer~~[2] geglättet und gefaltet zur Hand, wenn es gebraucht werden sollte, sie leitete die Vorrichtungen zur Anfertigung von Arzneien, die ich ihr übertragen hatte, und bereitete mir oft Speisen, von denen sie wußte, daß ich sie gerne esse. Sie hatte oft von dem Obrist und Margarita gesprochen, jezt sprach sie von Margarita gar nicht mehr.

Wenn ich nach Pirling kam, und in dem Hause des Kaufmannes Ferent war, sah mich seine ältere Tochter Franziska stets sehr freundlich an, und benahm sich herzlich gegen mich, gleichsam, als wollte sie mich trösten. Du gutes Mädchen, dachte ich, wer weiß, wie es gekommen wäre, wenn ich dich erkannt hätte, wenn ich mich dir, wie ich einst gedacht hatte, genähert hätte, wenn ich Neigung zu dir gefaßt hätte, vielleicht wärest du mir auch zugethan geworden, vielleicht hätten deine Eltern in unsere Verbindung gewilligt, und deine sanften schwarzen Augen hätten mir einfach und gütig über mein Leben hinüber geleuchtet. Jezt ist alles anders. Möge dein schöner Forstmann Victor, dem du gewiß anheimfallen wirst, dir eine so sorglose Wohnung bereiten, wie sie seine Vögel in dem Walde haben.

In Pirling fragten sie mich jezt auch in andern Häusern weniger um Margarita als sonst.

Wie die Zeit dahin ging, kamen allgemach auch die Bücher, welche ich in Prag Wien Linz und andern Städten bestellt hatte. Ich ordnete sie nach ihrem Inhalte, und stellte sie in der Art des Obrists in ihre Fächer, die ich gleichfalls nach dem Vorbilde der Fächer des Obrists hatte machen lassen. Ich traf eine Eintheilung der Stunden, die mir zum Lesen konnten zugestanden werden, daß ich von den verschiedenen Dingen, welche die Bücher enthielten, in einer Abwechslung, die der Sache entsprach, stettig und fruchtbringend ein Eigenthum erlangen konnte. Ich las recht eifrig, und las mit Vergnügen und Freude in den Büchern, welche verschiedene Kenntnisse enthielten, und las mit erhobenem Herzen und oft mit großer Rührung in denen, welche die Schönheit des menschlichen Denkens und Empfindens darlegten. Mein Vater betrachtete die Bücher öfters, nahm das eine oder das andere in die Hand, und freute sich seiner schönen Gestalt. Dann las er auch etwas, las immer mehr, und las endlich recht gerne besonders in Büchern, welche von wirthschaftlichen und von Feld- oder Walddingen handelten, oder kurze und anmuthige Erzählungen brachten. Manchen Sonntages saßen wir beide jezt an dem großen Tische der Stube, und lasen zu einer Zeit, die wir sonst zuweilen in der Gaststube des Wirthshauses zugebracht hatten, wohin wir jezt wohl[b] noch manches Mal zu guten Nachbarn aber seltener gingen. Ich lernte mich wieder mit Wohlgefallen in die alte griechische Sprache hinein, und erfreute mich gar sehr der alten Dinge, die ich in ihr zu lesen vermochte.

Am Tage des heiligen ~~Thomas~~[c] kam in einem schönen Gewande und mit einem feinen Waldhute Innozenz, der Sohn unseres Nachbars Isidors des Prägbauers, der auch die Röthelmühle ||besaß||[3], zu der von der hintern ~~linken~~ Eke unsers Gartens weg erst dem Gehege entlang dann durch die Felder dann durch

a mB unter die Gemeindeältesten

b mR auch

c Martin

---

1 mB gestrichen; üdZ mB Winter
2 üdZ mir
3 besizt

Die Seite mR durchstrichen.

den Wald dem Bache entgegen der schöne Fußweg geht, in unser Haus, und warb bei dem Vater um
Anna. Wenn der Vater und Anna nicht dagegen wären, sagte er, so würde dann erst sein Vater und Leonhart
sein Oheim, der Gärber in Pirling als Freiwerber kommen, und alle Punkte in das Reine bringen. Mein
Vater antwortete, /*Innozenz*/¹ müsse ja wissen, daß er gerne in unserem Hause gesehen ist, und daß man ihn recht
gerne in unsere Verwandtschaft aufnehme, es komme nur darauf an, ob auch Anna ebenso bereit ist, seine Hausfrau werden zu wollen. /*Innozenz*/² antwortete, daß er glaube, auf Anna sicher rechnen zu können.
Da er aber auch mit mir und Kaspar in guter Schwägerschaft und sonstiger Freundschaft leben wolle, wenn wir
nicht dagegen sind, und ich jezt gar immer mehr an Ansehen in der Gemeinde und in dem Waldlande gewinne, so
                                      hätte
er es gerne, wenn auch wir zwei vorher noch gefragt würden. Mein Vater ließ es mir sagen, da ~~ich, wie~~
Innozenz ~~nun~~ die Zeit gewählt hatte, ~~zu Hause war~~ᵃ, und ließ³ Kaspar aus der Sölde holen. Da wir in der
Stube waren, legte er uns die Sache vor, und fragte mich als den Erstgeborenen zuerst um meine Meinung. Mir war Innozenz immer sehr lieb gewesen. Er ist das einzige Kind des Prägbauers geblieben, der sich
vor sechs und zwanzig Jahren, als ich ein ganz kleiner Knabe war, die Tochter des reichen Pirlinger Gärbers Leonhart Gweng zur Hausfrau geholt hatte. Ich erinnerte mich noch des Brautganges, der auf dem breiten Wege von Thal ob Pirling gegen den Präghof und die Röthelmühle hinein ging, wie er so schön war, und wie die Braut
einen Rosmarinzweig in die ~~schweren gekämmten~~ᵇ Haare geflochten hatte. Innozenz war mir, obwohl ich
älter bin, ein Spielkamerade gewesen, und als ich in Prag war, und er sich auch dort in einem sehr ausgedehn-
ten ~~Mühlengeschäfte~~ᶜ befand, um die Handhabung eines solchen zu erlernen, brachten wir manche
Stunde, die er frei hatte, mit einander zu. Dann war er auch in Wien und andern Orten gewesen,
und hatte ihre Art und Weise kennen gelernt. Da er zurück gekommen war, besorgte er die Röthelmühle,
half auch sonst in den Dingen des Vaters, war still und bescheiden, hatte feinere Sitten, las öfter in guten
Büchern, kam am häufigsten zu uns herüber, und war willkommen. Mir war auch seine feine Ange-
sichtsfarbe neben /den/⁴ dunkeln Haaren und Augen stets ein lieber Anblik gewesen. Ich sagte, daß ich glaube,
Anna könne sich einen besseren Gatten nicht wünschen, ich wünsche mir einen besseren Schwager nicht, und werde ihm dauernd ein guter treuer⁵ Schwager sein. Er erröthete, und dankte mir. Als man Kaspar die
Frage vorlegte, antwortete er, das sei närrisch, daß man ihn frage, er habe ja zu Innozenz gesagt, daß er
doch einmal ~~dazu thun solle,~~ sich die Anna aus dem Doctorhause zur Hausfrau ‖abzuholen.‖⁶
 Der Vater ließ nun Anna rufen.
 Sie hatte geahnt, um was es sich handelt, und hatte sich schnell etwas besser angezogen, als sie an
gewöhnlichen Tagen war. Auch die Andernᵈ begrifen den Besuch, die Mägde liefen durcheinander, und
Thomas und Kajetan hörten wir vom Gange herein über die Sache reden.
 Anna stand hochroth vor dem Vater.
 Als ihr dieser das Anliegen des Bewerbers eröffnet hatte, kamen ihr die Thränen
in die Augen, und sie antwortete: „Jezt noch nicht."
 Wirᵉ waren erstaunt, Innozenz war fast bestürzt, und sagte: „Anna, hast du mir denn nicht
erst vor kurzer Zeit gesagt, daß du nie einen andern Mann zum Gatten haben willst, als mich?"
 „Innozenz," antwortete sie, „jezt noch nicht. Ja ich habe es gesagt. Innozenz, jezt noch nicht."
 Der Vater fragte: „Aber wann denn, Anna?"
 „Jezt noch nicht, Vater," antwortete sie wieder.
 „Habe ich dir etwas zu Leide gethan, Anna," fragte Innozenz mit einem schmerzlichen Angesichte.
 „Nein, Innozenz," erwiederte sie, „du bist recht gut, und ich liebe dich aus meiner treuen Seele."
 Ich trat näher zu Innozenz, und sagte: „Lasse ihr die Zeit für ihr Herz, ich weiß es, ich will selber
dazu wirken, die Zeit kürzer zu machen."
 Anna sah mich freundlich an.
 „Ich will ja nichts erzwingen," sagte Innozenz, „ich habe mich nur geirrt."
 „Nein, du hast dich nicht geirrt," sagte Anna, „es wird schon werden./"/
 „So thut, wie ihr es für gut findet," sagte der Vater, „ich willige immer in euer Begehren."

Mappe 117

a ehe ich ausfuhr

b zurükge-
kämmten

c Mühlenan-
wesen

d mB (andere Leute)

e mB hatten das nicht erwartet

---

1 statt Inozenz   *4 statt* den den   6 abholen solle.
2 statt Inozenz   *5 üdZ* Freund und   *Die Seite mR durchstrichen.*
3 üdZ auch

118.

"Anna soll nach ihrem Wohlgefallen entscheiden," sagte Innozenz.

"Es wird schon gut werden," antwortete Anna.

"So ist es eine Einwilligung, und nur die Zeit der Erfüllung ist noch nicht näher bestimmt," sagte ich.

"Es soll so sein," entgegnete Anna.

"Und du wirst mir die Zeit sagen, wenn ich dich wieder einmal frage, Anna?" sprach Innozenz.

"Ja," erwiederte Anna ‖.‖[1]

"So mögen mein Vater und mein Oheim erst dann kommen," sagte Innozenz.

"Sie mögen dann kommen," antwortete Anna.

a *mB* Noch eine Weile da bleiben. – Inbis geben –

b *mB* in den Schnee

[a]Innozenz verabschiedete sich von uns, wir reichten ihm jedes die Hand, und ich drükte die seinige herzlich. Wir begleiteten ihn, da er fort ging, bis zu dem Garten. Unsere Leute standen in der Nähe, und sahen auf uns, auch aus manchem Nachbarhause trat jemand unter die Thür oder weiter weg ~~ins Gras~~[2b], und schaute zu uns herüber. Anna begleitete Innozenz durch den Garten, und hatte ihm ihren Arm gegeben. Er ging durch die hintere Thür gegen den Weg nach der Röthelmühle hinaus, sie ging durch den Garten wieder zu uns zurük. Wir zerstreuten uns, ohne weiter etwas über die Angelegenheit zu reden. Nach einer Zeit kam Anna zu mir in meine Stube, und fragte, was ich heute zu essen wünsche, oder ob ich sonst ein Anliegen habe. Ich antwortete ihr, daß mir das, was sie mir täglich zum Essen richten lasse, ohnehin immer das Liebste sei, und ein besonderes Anliegen habe ich nicht. "Anna," sagte ich, "ich verstehe dich schon, es ist ja bereits alles gut, und du sollst durch mich nicht aufgehalten werden."

Sie lächelte, brach in Thränen aus, und reichte mir die Hand.

Ich streichelte dieselbe.

Nach einer halben Stunde fuhr ich zu meinen Kranken.

Von der Zeit an hieß Anna in Thal ob Pirling und in der Umgebung Innozenz Braut.

c *mB* Da eine gute Bahn war

~~Als der Winter schon heran rükte~~[3c], machte der Obrist eine Reise. Er blieb zwei Wochen von dem Haghause entfernt. Ich glaube, er ist bei Margarita in Wien gewesen.

Der Winter kam nicht so gelinde wie der vergangene, aber auch nicht gar strenge. Des Eises konnten wir genug bekommen. Ich füllte ~~den~~[4] ganzen neuen Raum vollständig an. Der Obrist heimste auch ein, was er für nöthig erachtete. In der Glashütte sammelten sie auch Eis, eben so that es Ferent in Pirling, und der Hammerschmied Gerhard Rohr in Rohren. Die übrigen Leute richteten aber auf dieses Ding kein Augenmerk.

Im ersten Frühlinge machte mir der Obrist wieder einen Vorschlag, und verlangte meine Mitwirkung zu einem Werke, nehmlich die Wege im Walde zu verbessern. In uralten Zeiten gingen vorzüglich nur Fußwege durch die Wälder. Mein Großvater erzählte, daß man häufig mit Blokrädern fuhr. Man schnitt nehmlich einen großen Baumstamm zwei Male quer ab, daß eine Scheibe entstand, in den Mittelpunkt dieser Scheibe machte man ein Loch, daß eine Achse durchgehen konnte, und die Scheibe war dann ein Wagenrad. Zwei solche Scheiben an zwei Achsen gestekt, die von einem diken Brette hervor ragten, machten einen zweirädrigen Wagen. Befanden sich vier ‖Achsen‖[5] an dem Brette, so war der Wagen ein vierräderiger. Die zweiräderigen und vierräderigen Wagen wurden von Ochsen gezogen. Meistens waren zwei mittelgroße Waldochsen, wie sie noch jezt vorkommen, an die Deichsel des Wagens gespannt. Man fuhr damals auf einem Grunde, auf dem eben ein solcher Wagen gehen konnte, war es nun eine Weide, war es eine Waldblöße, oder war es eine lichte Richtung in dem Walde. Die Räder machten dann ein Geleise in den Grund, andere Wägen folgten dieser Spur, und so entstanden die Fahrwege. Diese Fahrwege waren noch, als man sich der schweren Blokräder nicht mehr bediente, sondern durchbrochene Räder mit Speichen hatte. Da aber der Boden, auf dem sich die Geleise bildeten, ungleich dicht war, so geschah es, daß Gruben und Vertiefungen in der Sohle der Geleise entstanden, und dadurch die fahrenden Wägen wakelten, so daß das Fahren eine schwere Arbeit wurde, wenn man etwas nach Hause zu frachten hatte. Die großen Gruben wurden später mit Steinen oder dergleichen ausgefüllt, die kleineren blieben, und neue bildeten sich. Daß man sich auf einen Wagen sezen

---

1 *idZ* *mB* vielleicht kann ich dir die Zeit sagen.

2 *mB* gestrichen

3 *mB* gestrichen

4 *üdZ* meinen

5 +

Die Seite mR durchstrichen.

und sich auf demselben fort fahren lassen könne, blos zu dem Behufe, daß man nicht gehen dürfe, davon hatten die Waldbewohner meistens keine Vorstellung. Es wäre damals auch beschwerlicher und langsamer gewesen als das Gehen. Es benüzte nur einer einen Wagen, wenn er als Lenker des Gespannes bei demselben bleiben mußte, und nicht rascher vor ihm voraus gehen konnte. Da stieg er zuweilen, wenn der Wagen eben leer war, hinauf, saß aber dann nicht auf ihm, sondern stand nur, oder lehnte sich an den Leiter- oder Bretterrand des Wagens, und ließ sich langsam wiegen, wie die Räder in Gruben des Weges nieder gingen, oder aus denselben empor stiegen. Inbesonders aber befand sich der Gespannlenker gerne auf dem leeren Wagen, wenn der Rand des Weges Gestrüppe oder Morast hatte, und das Gehen neben dem Fuhrwerke sehr unliebsam war. Mathias Ferent in Pirling dann der Glasmeister Johannes Bloch dann Paul Köfner und Gerhard Rohr der Hammerschmied hatten später wohl leichte Kutschen, die auch in den Waldwegen gehen konnten, um sich derselben zum Weiterkommen für sich oder die Ihrigen zu bedienen. Auch der Krämer in Pirling hatte ein kleines Wäglein, davor er ein kleines Rößlein spannte, um kleine Reisen zu machen. Aber die Waldwege wurden darum nicht besser. In der Ebene, wo Waaren gingen, und sonstiger Verkehr statt hatte, vervollkommneten sich die Wege immer mehr, bis sie nach und nach Straßen wurden. Besonders trug hiezu der Fürst, weil seine Besizungen zum Theile hier zwischen den Hügeln des ebneren Landes liegen, etwas Wesentliches bei, weil er unablässig aufmunterte, und ermahnte, mit einem sehr guten Beispiele auf seinem Grunde voran ging, und mit Geldmitteln die Sache unterstüzte. Im Walde mehrten sich nach und nach auch die Leute, welche für sich Fahrtwägelchen hatten, der Wirth am Rothberge, der Wirth in Thal ob Pirling, der Pfarrer in Sillerau, der Schmied im Thaugrunde.[a] Sie fuhren mit diesen Wägelchen[b] auf ihren Wegen. Wenn einer in die Ebene hinaus kam, und die dortigen Straßen sah, auf denen wie auf einem Tische oder auf einem festen sanften Gewölbe große Lustwagen dahin rollten, als ob die Thiere ledig liefen, so pries er die Sache, und sagte ‖:‖[1] das geht bei uns nicht. Der Obrist aber zeigte, daß es geht. Er hatte im vorigen Sommer schon an einer beschwerlichen Stelle seines Grundes durch viele Arbeiter einen seiner schlechten Wege in eine gute Straße umzuwandeln begonnen, und wurde in diesem Frühlinge damit fertig. Ich, der ich in seinen Vorschlag eingegangen war, stand ihm jezt bei. Ich nahm Arbeiter, und ließ das Stük Weges, das von unserem Hause bis an die lezte Grenze unseres Besizes geht, in eine Straße umwandeln. Die Leute arbeiteten fleißig, und der Obrist stand uns mit seinem Rathe und seinen Erfahrungen bei. Er beantragte im Gemeinderathe von Thal ob Pirling auch[c] unermüdlich die Verbesserung der Wege, und fand noch gerade Anhänger. Als man sagte, man habe nicht das Geld dazu, und erhalte auch keines als Anleihe, boten wir, der Obrist und ich, uns an, einiges Geld als Vorschuß zu geben. Ich begann damals auch, wenn ich auf dem Heimwege war, stets einige kleinere und größere Steine hinter mich auf den Wagen zu legen, deren Gewicht mein Goldfuchs nicht verspürte, und die ich, wenn ich zu einem größeren Loche des Weges kam, in dasselbe legen ließ, wobei die kleineren Steine die größeren verkeilten. Die Verzögerung, welche ich dadurch bewirkte, ersezte sich bald, ja ging in ihr Gegentheil um, wenn der Fuchs nun auf besserem Wege lustiger dahin laufen konnte. Die Leute sahen mir bei meinem Beginnen zu. Ich ließ mich nicht stören, und fuhr in demselben fort. Nach sehr kurzer Zeit konnte ich bemerken, daß mancher ‖aus‖[2] Thal ob Pirling, der hinaus zu fahren hatte, einen Umweg nicht scheute, um das Stük Strasse, welches ich schon fertig hatte, benüzen zu können. Das Nehmliche bemerkte der Obrist auf seiner Straße, und theilte mir die Tatsache mit. Auch konnte es nicht fehlen, daß die Leute bemerkten, wie wir, der Obrist und ich, auf unsern Strassen mit demselben Gespanne weit leichter größere Lasten verführten als sie auf ihren Wegen kleinere. Ich erlebte es noch im Frühlinge, daß ein Mann aus Thal ob Pirling, es war der Grundbesizer Murhard, da er einmal Dünger führte, auf dem leeren Wagen bei der Rükfahrt einige Steine hatte, die er in eine Vertiefung des Weges einquikte, und deren Fugen er mit Rasen verstopfte. Ich sah ihm zu, schwieg, und freute mich der Sache.

Mappe 119.

a Die Schlitten waren im Winter gar sehr häufig
b und Schlitten

c immer

---

1 ,   2 , d   *Die Seite mR durchstrichen.*

120.

a gleichfalls

Indessen war der Weizen des Obrists auch sehr schön geworden. Dunkel und kräftig stand er da, und versprach sehr bald in stämmige Halme überzugehen. Die Leute kamen von allerlei Entfernungen herzu, und sahen die Sache an. Mein Vater ging auch in das Haghaus hinauf, und wir beschlossen, im nächsten Herbste ~~auch~~ᵃ einen Versuch mit Winterweizen auf ‖unserer‖¹ sonnigen Hofmarke zu machen, ‖welche‖² auch wärmer gelegen ist als der jezige Weizenaker des Obrists.

Unsere Föhrenpflanzung auf dem Griesbühel machte auch in der Lenzwärme Fortschritte. Die Bäumchen, welche im Herbste gesezt worden waren, standen freudig da, und der Saamen, welchen wir ausgesät hatten, keimte aller Orten. Ich lenkte meine Schritte gerne zu der Stelle, wenn ich zur Sammlung und Stärkung meines Wesens oder zur Betrachtung der Dinge, die da waren, einen Gang durch den Wald machte.

Im Lesen fuhr ich sehr eifrig fort. Ich nahm gerne ein Buch mit, wenn ich zur Beruhigung meines Hauptes und meines Herzens im Freien ging. Ich habe nie geahnt, daß eine solche Gewalt im Thukidides im Homeros im Platon im Äschilos liege. An mancher Stelle saß ich eine Weile, und las. In das Birkenreut ging ich gerne, und mancher Stein mancher Strunk manche Erhöhung both einen ~~Ruhesiz~~ Ruheplaz. Wenn ich dann von dem Buche aufblikte, sah ich die Wand, auf welcher damals Steinchen oder andere Dinge so fürchterlich geglänzt hatten, oder ich sah, wie mancher lange grüne Bart von irgend einem Aste einer Birke herab hing, oder wie die Stämme wieder, wie ich damals bemerkt hatte, wie silberne Säulen hinter einander standen. Als ich von dem Hause des Obrists in einer so gewaltigen Aufregung meines Gemüthes fort gegangen war, als ich in das Birkenreut gekommen war, und mich nun in demselben befand, hatte eine Ammer mehrere Töne gesungen, und es hatte dann eine Grille gezirpt. Jezt sang zuweilen auch wieder eine Ammer, und zirpte eine Grille, und es war wie ein goldenes Stäbchen, mit dem das Thier an mein Herz klopfte.

Der Obrist war im Frühlinge wieder einige Zeit fort gewesen. Er kam wie das erste Mal sehr heiter zurük.

Von dem Sillerwalde geht gegen den Thaugrund die Siller herunter, wie jeder Mensch in dem Walde weiß. Sie geht an dem oberen Pufter vorüber, der, so groß dieser Bergrüken ist, fast keinen andern Baum trägt als lauter Buchen. Da ließen sie aber aus Nachlässigkeit vor fünf Jahren den Waldsturz mit so vielen Blöken und Steinen in das Thal nieder gehen. Niemand kann an diesem Sillerbruche über den reißenden Bach gelangen, außer, wenn er in heißen Sommern nur als zahmes Waldwässerlein zwischen den trokenen Steinen auf dem schwarzen Moose, das er selber macht, dahin geht, und man beim Übergange von Stein auf Stein treten, oder auch einen Wagen mühselig hindurchzwingen kann. Zu andern Zeiten geht das Wasser rasch in dem Bette nieder, und wenn starke Regen gewesen sind, hadert es gelbtrüb und wild daher, als wollte es alles zerreißen, und führt Steine und Gerölle, und wälzt Holz und Schlamm. Das kann niemand so gut wissen als ich, weil niemand so oft Gelegenheit hat, an die verschiedensten Stellen des Waldes zu gelangen als ich. Und doch soll und muß man recht oft über diesen Bach und zwar meist in der Nähe des Sturzes. Die vom Gehäng vom Haslung von der Sillerau von dem obern Astung, dann der Maierbacher, die Erlehöfe der Obrist und ich selber so wie viele Bewohner von Thal ob Pirling wir alle nehmen das Holz von dem obern Pufter, wir nehmen es gerne, weil dort die allerschönste Weißbuche wächst, das Holz sich in dem Steingrunde zu dem besten Brennstoffe kräftigt, und weil wir es dort um ein Sechstheil wohlfeiler erhalten als anders wo. Alle müssen wir das Holz über den Bach bringen. War es nicht in dem Sommer vor drei Jahren eine Qual, ‖da‖³ so viel Regen war, ‖da‖⁴ /der/⁵ Bach beständig hoch ging, da so viel Holz jenseits ~~des Baches~~ᵇ

b desselben

weithin aufgeschlichtet stand, und nicht herüber konnte? Mußte nicht manches mühselig durchgeschleppt werden, mußte man es nicht an gelegenen Stellen zu einzelnen Stüken werfen, oder mit Kosten mit Zeitvergeudung und Kraftanwendung auf Umwegen weiter befördern? Der Graf draußen, der zur Herstellung einer Brüke an jener Stelle der Siller beitragen müßte, bewies den Umwohnern Jahre lang, daß eine Brüke da nirgends nöthig sei, und sie glaubten es sehr fest, weil sie auch zu dem Baue der Brüke hätten beitragen müssen. Die Brüke ins Werk zu sezen, beschloßen wir jezt, der Obrist und ich. Er begann in dem Gemeinderathe und in jedem Gespräche, das sich über den Gegenstand ergab, oder das er selber herbei führte, dem Beweise des Grafen einen Gegenbeweis entgegen zu stellen, daß es ein schreiendes Übel sei, das da bestehe, indem die Leute, die

---

Fortsetzung auf S. 200

1 unserem
2 welches
3 wo
4 wo
5 *statt* der der
Die Seite mR durchstrichen.

gen Zeit und Gesundheit opfern müssen, und oft am Hinüberbringen ganz gehindert sind. Es sei eine Schande für die menschliche Vernunft, zu sagen, daß etwas zwekmäßig sei, was seinem Zweke Hohn spricht, oder es sei eine Sünde für den menschlichen Willen, den Zwek aus Eigennuz zu verläugnen. Das Nehmliche sagte ich zu Leuten, die in der Sache ein Wort zu reden hatten, und auch zu allen andern, mit denen ich zusammen kam. Zugleich machten wir eine Schrift an das Amt, in welcher wir den Stand der Dinge darstellten. So suchten wir die Sache in den Gang und zur Reife zu bringen.

Mappe 121.

Als ich eines Tages in das Land hinaus gerufen wurde, und mehrere Stunden in der Nähe des braunen Hofes zu verweilen hatte, benüzte ich die Zeit, die ich zur Wahrnehmung der Wirkung einer meiner Verordnungen abzuwarten hatte, um, wie mir schon lange im Sinne war, den Garten zu besuchen, den der Fürst an dem braunen Hofe angelegt hatte, und den ich so oft schon /von/ vielen hoch preisen und von andern heftig tadeln gehört hatte. Ich fuhr bis zu dem Hofe, ließ dort die Pferde, die man mir zur Verfügung gestellt hatte, unterbringen, und ging durch einen der freien Räume, die zu beiden Seiten des weitläufigen Bauwerkes sich befanden, hinter dasselbe, um in den Garten zu gelangen. An der Rükseite des Gebäudes fand ich Wiesengrund mit Gesträuchen mit Bäumen und zwar mit Laubbäumen und Nadelbäumen des Waldes und mit Obstbäumen, die sich unter den andern befanden, mit Feldblumen und Wiesenblumen, und auch mit Gartenblumen, die hie und da sichtbar wurden, gerade wie es vor dem Gebäude gewesen war. Ich ging auf einem der Wege, die da waren, vorwärts. Als ich nach einer Weile zu einem Kohlfelde gelangte, in welchem ein Mann mit einer Haue arbeitete, fragte ich ihn, in welcher Richtung ich in den neuen Garten kommen könnte.

„Ihr seid ja schon drinnen," antwortete er.

Ich erstaunte, und fragte, ob jedermann in den Garten gehen dürfe.

„Ja freilich," entgegnete er, „nur wird er gestraft, wenn er etwas zerstört, oder zu Grunde richtet."

„Das werde ich nicht thun," sagte ich.

„Nein, nein, das thut ihr nicht, Herr Doctor," antwortete der Mann.

Ich ging nun weiter.

Neben dem Kohlfelde war eine Heke von Waldrosen, welche mit ihren fünf schönen Blättern in sanftem Roth und mit den vielen zarten Staubtheilen in tiefem Gelb zu Hunderten blühten. Zwischen ihnen leuchtete an verschiedenen Stellen eineᵃ ‖gefüllte Rose‖¹ mit ihrem Farbenfeuer und ihrem prächtigen Baue hervor. Der Weg, auf dem ich ging, hatte Rasen mit Wiesenblumen neben sich. Links jenseits des Wiesenstreifens gingen große Ahorne sanft hinan, und manche Tanne strekte die starken zakigen Äste zwischen ihnen hervor. Da sich der Boden sachte hob, kam mir ein Wasser entgegen, das sich im Bette eines Baches über Steine und dunkles Moos springend dem Wege näherte, wie es bei uns die Waldwässer thun. Es stand manche Erle neben dem Waldwasser, manches Gebüsch von Weiden, dann Kirschenbäume, und auch Äpfel- und Birnbäume mit starken weit auseinander gehenden Kronen. Da ich durch den Waldstreifen ‖von Ahornen‖² und Tannen undᵇ Ulmen und Linden und Föhren und ‖manchem Obstbaume‖³ᶜ hindurch gekommen war, grünte ein schönes Feld mit Weizen, an dem eine Planke hinlief, dann waren glänzende Wiesen sanft hinan steigend, auf denen Gruppen von Gesträuchen und Bäumen standen, und auf denen man das Berggestein gesammelt und auf einzelne Stellen zusammen getragenᵈ hatte, um die nun seltsame Gesträuche und Erdbeeren und andere Beeren blühten. Weiterhin waren wieder Felder mit verschiedenem Getreide und manchem Baume an ihrem Rande, und endlich war ein ländliches Haus, das bestimmt war, das Heu der Wiesen und die Frucht der Felder aufzunehmen, und an dem Hause waren Gärtchen mit Gemüse und den manigfaltigen Gartenblumen der Gegend, und vor dem Hause spielten rothwangige Kinder. Männer und Frauen waren auf Feld und Wiese beschäftigt. Oberhalb des Anwesens, wo die Wiese schon steil anzugehen begann, und in eine Huthweide überlief, fing ein Wald an. Zuerst war ein Gemisch von großen und kleinen Birken Föhren und Zitterpappeln, dann folgten Tannen Fichten Buchen Eichen und ‖Ahorne‖⁴, und es hob sich das Gestein. Als ich auf dem Fahrwege, der unter den Bäumen hinan ging, fort schritt, und über die Brüke, die den herab rauschenden Bach übersezt hatte, gekommen war, wo sich die Rippen des Granitsteines steiler hoben, war es mir, als sei ich gar nicht in dem Lande heraußen, sondern als ginge ich bei uns in einem unserer schönen Waldtheile, und der Weg auf dem ich war,

a Zahl

b unter denen ich jezt auch
c gewahrte

d gebracht

---

1 gefüllte Rose/n/   3 manche/n/ Obstbaum   Die Seite mR durchstrichen.   Fortsetzung auf S. 203
2 der Ahorne   4 Ahornen

größtentheils ihr Holz selber mit großer Plage an den Bach schaffen, dort aufgehalten sind, beim Hinüberbrin-

sei der Waldweg, der herab geht, daß man auf ihm Holz oder Waldheu oder gelegentlich Steine zum Bauen
herab führen könne. Ich sezte mich ein Weilchen auf einen Granitblok, der zufällig neben dem Wege lag, und
ging dann wieder weiter empor, und hörte das Rauschen des Baches, der, je höher er war, desto lebendiger tönte.
Und wenn mir eine Gebüschwand sein Rauschen dämpfte, vernahm ich deutlicher wieder das unzähligstimmige Singen

122.

und Zwitschern der Vögel, welche in den Zweigen waren. Ich verfolgte stets die Richtung nach aufwärts, obwohl auch andere Wege zu ersehen waren. Der Berg hob sich jäher, der Bach wurde kleiner aber hüpfender, eine Felswand, die sehr ernste Flächen und Giebel hatte, und welche ich aus früherer Zeit, da ich öfter in dieser Gegend war, kannte, erhob sich, und die Bäume wurden stets zakiger und mächtiger. Ich ging lange an der Wand dahin, der Weg, der zwei Geleise hatte, endigte zulezt, und ging in einen Fußpfad über, der treppenartig in dem Gesteine nach verschiedenen Richtungen in starken Windungen empor ~~ging,~~ stieg. Ich verfolgte ihn, bis ich endlich auf der Schneide des Berges stand. Ich sah jenseits derselben über die Waldlehne in das Thal hinunter, in welchem ein Bach ging, Wiesenfleke sichtbar wurden, und eine kleine Mühle ihr Dach im Gebüsche zeigte. Dann gingen wieder bebuschte Anhöhen hinauf, Felder konnten auf ihnen gesehen werden, und hie und da war ein Haus. Dann zogen sich sanfte Hügel hinaus, Meierhöfe waren zerstreut, Felder und Wiesen glänzten, und Dörfer und Kirchthürme waren zu erbliken. Neben mir standen die Trümmer eines alten Thurmes, der in das Granitgestein gebaut war, als wäre er mit ihm verwachsen. Die Leute sagen, der Thurm sei der Überrest des braunen Schlosses, in welchem vor uralten Zeiten die Vorfahrer des Fürsten in Waldesmitte gehaust haben. Braun konnte das Schloß wohl geheißen haben, wenn es so war wie der Thurm das lezte Überbleibsel desselben; denn die Steine, aus denen er gebaut war, und die hie und da eine ungeheure Größe hatten, glänzten in so gesättigter brauner Farbe, als wären sie mit jener Theerflüssigkeit, die die Waldbewohner aus allerlei pechreichen Hölzern zum Schmieren ihrer Wagenachsen brennen, dünn überstrichen worden. Sie waren aus dem Granitfels der Gegend gebrochen aber aus jener Gattung, welche in der Luft eine immer braunere Farbe annimmt, ja zuweilen röthlich wird wie auf dem Rothberge, während um Pirling Thal ob Pirling und in den nahegelegenen Strichen der Stein eine schöne graue Farbe annimmt, wenn er sich in Regen Luft und Sonne allgemach mit dem dürren kleinen und feinverzweigten Moose überzieht. An den Seiten des Thurmes war noch allerlei Getrümmer, welches von dem andern Bauwerke herrühren mochte, welches aber nur zum kleinen Theile offen lag, zum größeren überwachsen war, und in buschigen oder mit Rasen überzogenen Knollen die Gestalten verfallenen verschütteten und überwachsenen ~~Bauwerkes~~[1a] zeigte. Sonst war keine Spur einstiger Bewohntheit. Ich ging in das Innere des Thurmes. Da war alles leer. Eine Seite desselben fehlte fast ganz, und bestand nur aus ungeschlachtem Hügelwerke, die zwei andern Seiten waren staffelartig angehend wie die Saiten einer Harfe, und nur die vierte Wand war ganz; aber an ihrem Ende lag in einer Eke Schutt bis zu ihrem Rande empor. Sonst war unebener Rasen, wo einst geglätteter ~~Steinboden~~[b] gewesen sein mochte, und manches zarte Ruthengewächs hob die[c] goldig grün glänzenden Zweige von dem Braun der Mauerwände ab. In dem emporsteigenden Schutte waren Steine und Trümmer zerstreut, die eine zwar ungleichmäßige aber nicht unbequeme Treppe bildeten. Ich stieg auf derselben empor. Da ich an dem Rande der Thurmmauer angekommen war, sah ich, daß dort der Schutt eine ebene Fläche hatte, deren Brustwehr die Thurmmauer war, und an deren Grenze herum Steine lagen, auf welche man sich sezen konnte. Auf der Fläche hätten etwa sechs bis zehn Menschen Plaz gehabt. Ich konnte mich nicht erinnern, ob in den Zeiten meiner Jugend, wenn ich in dieser Gegend gewesen war, und den Thurm besucht hatte, wie ich gerne that, der Schutt[d] schon an der Stelle ~~gewesen war~~[e], und ~~sich~~ auf ihm die Treppe ~~befunden hatte~~[f]; aber das wußte ich gewiß, daß ich nie an dem obern Mauerrande gestanden war; denn das hätte ich nicht vergessen, was ich hier sah. In Weite und Breite ging das schöne Land in allen Richtungen von mir hinaus. Nicht nur sah ich im Mittage und Abende die blauen und immer blaueren Bänder des großen Waldes an dem Himmel dahin gehen, sondern in Mitternacht und im Morgen sah ich Hügel und Lehnen und Ebenen und Felder und Wiesen und Wäldchen und Gehöfte und Dörfer und Ortschaften und Silberspiegel von Teichen im Dufte dahin ziehen, bis wo etwa die Gefilde der Stadt Prag sein mochten, oder in schwachen Streifen das Land Mähren begann. Der Berg, auf dem ich stand, war eben nicht sehr hoch; aber er war in niedrerem[2] Grunde so glüklich gelegen, daß man über alle Umgebung hinweg sehen konnte. Ich stand länger auf dem Plaze, als ich mir gedacht hatte, und konnte mich an dem Anblike nicht satt sehen. Das, meinte ich nun, müsse ich schließen, daß der Schutt, wenn auch zum Theile doch nicht ganz so da gewesen sei, wie er jezt war, und daß das Übrige so wie die Treppe und der ebene Plaz auf dem Gipfel künstlich gemacht worden sei, obwohl das alles aussah, als wäre es immer so gewesen. Ich stieg nun von meinem Standorte nieder, weil meine Zeit zu Ende zu gehen drohte. Ich wendete mich von dem Thurme rechts, und wandelte auf der Schneide des Waldes dahin. Es führte mich ein Weg,

---

a *mB und mT* Mauerwesens

b Steinfußboden

c in der Sonne

d sich

e befunden habe

f gewesen sei

Fortsetzung auf S. 206   1 *üdZ mB* (werkes)   2 *H*   *Die Seite mR durchstrichen.*

g mR später	auf welchem man auch sogar hätte fahren können.^g Der Fels, auf welchem der Thurm stand, war hinter mir geblieben, und das Joch des Waldes ging nun sanft und gedehnt dahin. Ich sah überall zwischen den Baumlüken über die Höhenlehnen hinab in das bebuschte und bebaute Land. Eine Begrenzung des Gartens, wie etwa eine Mauer ein Gitterwerk oder auch nur ein Zaun ist, konnte ich nirgends erbliken, sowie ich vom Thurme nirgends eine Einfriedigung hatte sehen können. Ich dachte mir, daß sei eigentlich kein Garten, wie wir uns in unserer Gegend und auch in Prag und in anderen Orten, in denen ich gewesen war, einen Garten zu denken gewohnt waren. Nach-

dem ich eine Weile auf dem Joche gegangen war, schlug ich einen Seitenweg, der sich mir both, wieder in der Richtung gegen den braunen Hof ein. Ich ging durch Nadelwald, Buchenbestände, an sehr schönen großen Kirschenbäumen vorüber, kam auf einen Wiesenstreifen, der ein Gehege von vielen Rosen /hatte/[1], an die sich Holunderbüsche und andere Gesträuche anschloßen, welche im Frühlinge reiche Blüthen geben, und welche Gesträuche ich schon unter die Rosen gemischt gesehen hatte, dann waren wieder Baumabtheilungen, Ahorne Birken Tannen Linden, dann war wieder eine kleine Wiese, eine Wucht von Lilien stand an einem schönen klaren stillen Wasser, in dem sich mächtige Rüstern spiegelten, dann ging ich einen Abhang schief hinunter, der Föhren Apfelbäume und einzelne Eichen trug, ein Bach rauschte an seinen Seiten gegen den braunen Hof zu, Felder gingen sanft hinab, auf denen schöne Saaten in einem Grün wogten, das verheißungsvoll war, und in denen zerstreut wieder Birnbäume Apfelbäume und Pflaumenbäume standen. Durch eine Lichtung sah der Wald mit den Trümmern des Waldschlosses dämmerig und weithingehend herein, der im Mittage von Pirling steht, daß man meinte, man könne, wenn man in dem Garten immerfort gehe, endlich zu dem Walde gelangen, der Wald gehöre zu dem Garten, und der Garten sei ungeheuer groß. Ich sah, daß, wenn ich auch den Garten eigentlich einen Garten nicht nennen konnte, doch diese Gegend, in welcher ich in früheren Jahren sehr oft gewesen war, sich gänzlich umgestaltet hatte, und daß das Gemüth und das Gefühl sich immer höher und immer freudiger und immer spielender erhob. ~~Ich ging wieder~~ Der schöne Wald, in welchem mein Wohnort lag, in welchem andere Orte und Häuser lagen, die Leute beherbergten, die mir theuer waren, ist so herein bezogen worden, daß man ihn bald hier bald da erblikte, daß sein Blau über dem Grün der Bäume dahin zog, daß er sich in Einbiegungen sanft erhob, und daß man sich mit ihm verbunden wähnte, wenn er auch weit entfernt war, und Felder und Gelände und Ortschaften dazwischen lagen. Ich wendete mich von den freundlichen Wiesen wieder links gegen Gebüsch, von wo mir ein Weg entgegen kam. Ein Waldstreifen von Aprikosenbäumen stand da, Haselnußgebüsche von verschiedenen Arten und in großer Menge mischten sich darunter, und sezten den Streifen fort, dann folgten große Birken Zitterpappeln Eichengestrüppe, bis über einen mächtigen Hang hinüber tiefschattend ungeheure Eichen folgten, welche ihre mannsdiken weitgreifenden Äste oberhalb des äußerst breiten Weges verschränkten, den sie säumten, und der gegen sie doch sehr schmal erschien. Sie standen tief hintereinander, gleichsam einen riesigen Wald bildend, und säumten doch den weithingehenden Weg so, daß sie mich obwohl in weit großartigerem Maßstabe an die Lindenallee erinnerten, die in des Kaufherrn Emerich Bolzons Garten stand, und in der der arme verrükte Eustachius mit der vielleicht ebenfalls verrükten Christine gegangen ist. Ich wandelte in dem tiefen Ernste dieser ungemein gewaltreichen Stämme dahin, zwischen denen dunkler dichter kurzer Rasen war, und die immer fort und fort gingen, daß es einen schauernden Eindruk machte. Endlich gelangte ich in dem finsteren Schatten auf eine kleine dunkle Waldwiese hinaus, die von Eichen Tannen Fichten Lärchen und Ahornen umstanden war, und an deren entgegengeseztem Ende ich ein Försterhaus erblikte, wie das schöne nicht nachgebildete sondern wirkliche Hirschgeweih an dem Giebel des schönen Daches anzeigte. Ich ging auf das Haus zu. Eine junge Frau trat in die Thür desselben, nach mir auszusehen. Ich bath sie um ein Glas des klaren Wassers, das aus einem Ständer in eine Kufe vor dem Hause floß. Sie holte ein Glas, ließ es mit Wasser voll rinnen, und reichte es mir. Sie sagte, wenn ich im Herbste käme, würde sie mir auch Obst geben. Jezt habe sie Milch, wenn ich eine wolle, möchte ich es sagen. Ich dankte ihr, und sagte, daß ich durch das Wasser schon erquikt sei, und daß ich mein Mittagsmal erst später einnehmen werde. Ich reichte ihr das leere Glas, dankte ihr noch einmal, und verabschiedete mich. Sie knixte, und blieb unter der Thür stehen, um mir, da ich fort ging, nach zu sehen. Ich suchte nun die allernächste Richtung gegen den braunen Hof zu gewinnen, um zu den Pferden zu gelangen, die ich dort gelassen hatte; denn es nahte bereits die Zeit, in welcher ich wieder bei meinem Kranken sein mußte. Als ich einen Weg gefunden hatte, der nach meiner Meinung zu dem Hofe führen mußte, und an einem Hange auf diesem Wege aus dem Walde zu kommen suchte, ging seitwärts über eine Blöße auf einem Fußwege ein Mann gegen mich zu, der grün gekleidet war, eine graue Haube trug, und dem ein großer weißer Hund folgte. Als der Mann zu mir herzu gekommen war, erkannte ich, daß es der Fürst sei, und grüßte ihn ehrerbietig.

„Seid auf das Allerherzlichste gegrüßt, Herr Doctor," sagte er, „seid ihr auch einmal zu uns heraus gekommen? Wir müßten das Unglük oder das Glük haben, krank zu werden, und euch zu rufen, wenn wir euch hier sehen sollten, und das hat sich bis jezt noch nicht zugetragen."

Mappe 123.

---

1 statt hatten   *Die Seite mR durchstrichen.*

124.

„Ich habe nach und nach mein Amt so einsehen gelernt, durchlauchtiger Fürst," antwortete ich, „daß ich fast keine Zeit finde, irgend wohin zu gehen, oder etwas zu betrachten, oder einen Freund zu besuchen, wenn dies eine etwas längere Weile in Anspruch nimmt, und so habe ich diesen Garten heute zum ersten Male gesehen, obwohl ich schon viel von ihm gehört habe."

„Und hat er euer Wohlgefallen erregt?" fragte der Fürst.

„Er hat mein Wohlgefallen erregt," entgegnete ich, „er hat viel mehr erregt als bloßes Wohlgefallen, er hat eine Wirkung hoher Art auf mich hervor gebracht, ich kann mich ihrer aber nur noch nicht recht klar bewußt machen, es ist eine Wirkung wie von einem Buche oder von einer Stadt oder von einer Musik oder von einem Gebirge."

„Sagt, von einem Kunstwerke," erwiederte der Fürst.

„Es mag so sein," entgegnete ich, „aber ich weiß es noch nicht, ich ahne nur, daß ich es vielleicht wissen werde, und daß es sich noch mehr entfalten wird, wenn ich wieder komme, obwohl das nicht recht ein Garten ist, worin ich mich befinde."

„Es ist kein Gemüsegarten, es ist kein Obstgarten, es ist kein Garten mit Laubgängen geschorenen Heken grünen Wänden und Springbrunnen," antwortete der Fürst, „der Gedanke, welcher zu dem geleitet hat, was hier gemacht worden ist, war ein ganz anderer. Wenn man in einer Gegend wohnt, oder sich öfter in ihr aufhält, und sich in ihr zur Wohnung oder zum öfteren Aufenthalte ein Haus baut, so thut man es gerne so, daß das Haus ein schönes Werk ist, das außer dem Schuze, den es gegen Wind und Wetter gewährt, und außer der Bequemlichkeit des Daseins in ihm auch die Seele anmuthet, und in ihr ein liebliches Gefühl erzeugt, wie die Künste thun, die dem Menschen zur Verherrlichung des Lebens gegeben sind. Und wenn man nun um das Haus ein Stük Grundes hat, es sei ein größeres oder kleineres, das man nicht ganz allein zur Gewinnung von Früchten verwenden muß, die man zum Lebensunterhalte nöthig hat, so sucht man dem Grunde, und[a] was darauf ist, eine Gestalt nach den Künsten zu geben, welche zu dem Garten paßt. Da prägt nun jeder dem Dinge sein Wesen ein, und gibt dem Garten mancherlei Ansehen. Sie machen meistens die Gärten, wie es eben der Brauch ist, was auch die Gegend, in welcher der Garten ist, für eine Gestaltung haben mag, und wie auch der Garten mit der Gegend in Einigung oder Widerspruch ist.[b] Wir haben anders gedacht. Ein Landhaus muß mit dem Lande, auf welchem es steht, zusammen stimmen. Ein anderes gehört zu dem Walde, ein anderes zu dem zakigen Felsgebirge, ein anderes zu dem öden Steinlande, ein anderes zu gedehnten Erdrüken, ein anderes zu Getreidehügeln, ein anderes zur Ebene zur Haide und zur Steppe. Wie der braune Hof immer zu dem sachte angehenden Walde in Eintracht stand, so suchten wir den Garten zu dem Hofe in Eintracht zu stellen. Ein Lustgarten, dachten wir, muß die Schönheit, welche eine Gegend, in der er ist, überhaupt hat, zu der allerschönsten Gestaltung bringen, wodurch das Gefühl und die Annehmlichkeit, welche die Gegend für sich in uns erregt, zur Vollendung gebracht und zum Abschlusse geführt wird, darin wir uns ganz und befriedigt empfinden. Darum kann nur in der schönsten Landschaft der schönste Garten sein, darum ist in der gestaltarmen Ebene ein mittelmäßiger schön, und ein sehr schöner stört und peiniget uns eher darin[1] mit seinem Gegensaze, als daß er uns entzükt oder erquikt. So sagte der Mann, der diesen Garten angelegt hat, so schlug er mir vor, so begrief ich es, so machte er Zeichnungen und Gemälde von dem Vorhandenen, und entwarf Zeichnungen und Gemälde von dem, was aus dem Vorhandenen werden sollte. Wir berathschlagten nach dieser Richtung und nach jener, und als in vielen Blättern der Garten, wie jezt ist[2], vor uns vollendet lag, und wir einig waren, gingen wir zur Ausführung."

„Ich habe nirgends eine Begrenzung des Gartens erblikt," sagte ich.

„Er hat auch gar keine," entgegnete der Fürst; „denn nach unserem Grundsaze ist er ein Stük seiner Gegend, aus der er nicht heraus geschnitten sein soll, er soll das schönste Stük der Gegend sein, er soll täuschen, als ginge diese Schönheit in all das Übrige fort, und er soll hinwider auch durch die Größe und Weite der Umgebung gewinnen, als sei diese sein Eigenthum."

„Das ist wahr," erwiederte ich, „da ich unsere Wälder durch Lüken dieses Gartens erblikte, war es mir, als gehörten sie zu ihm, und als sei das alles Eines, so groß es ist. Das ist wahr, was ihr gesagt habet. Aber ist in diesen[3] einfriedungslosen Garten nicht Diebstahl zu befürchten?"

„Gerade wie in unserem anderen nicht eingefriedigten Besizthume," antwortete der Fürst, „da müßte ich jeden großen Wald, jede große Wiesenfläche und Feldfläche, jede große Weide zulezt umzäunen,

die zum Stehlen geneigt sind, nicht höher als die Blumen, die man hier überall in den Hausgärten zu Sträußen hat, weil sie eines Theiles die Schönheit und Würdigkeit dieser Blumen nicht zu beurtheilen vermögen, und weil es anderen Theiles gerade nicht die Schönheit ist, die sie stehlen möchten, sondern der Geldwerth, und dieser aber für die Blumen hier in der Gegend schwer zu erlangen wäre außer wieder bei mir selber, abgesehen davon, daß das Stehlen von Gewächsen unbequemer ist als das von andern Gegenständen, weil die Gewächse mit den Wurzeln ausgegraben und sorgsam weiter gebracht werden müssen. Diese Gewächse aber sind für uns das Werthvollste in dem Garten. Die Früchte, welche die zahlreichen Bäume bringen, die unter die andern Bäume der Anlage gemischt sind, verführen freilich manchen vorzüglich Kinder, die Hand darnach auszustreken; aber das könnten sie auch in einem geschlossenen Garten, in welchen ich doch nicht den Eintrit jederman verwehren möchte, obgleich bei einem offenen Garten der Zugang und die Gelegenheit manigfaltiger ist. Der Schaden aber zeigt sich nicht als groß, und wird bei den Früchten und bei dem Holze noch dadurch weit geringer, daß hier durch drei Forsthäuschen und die andern Ansiedlungen, die da sind, die Aufsicht größer ist als überall draußen in meinen Besizungen, und wird auch insbesondere noch dadurch geringer, daß wir auch außerhalb des Gartens allerorts herum Fruchtbäume haben, gegen deren Beraubung wir wieder /strenger/¹ sind als hier, und als wir in Hinsicht des Holzes solchen Leuten, die selber keines haben, das Sammeln des Streuholzes so wie der Abfälle in Holzschlägen und das Ausgraben der Strünke in allen unsern Waldungen erlauben, und auch geschlagenes Holz solchen, die es wollen, entweder gegen mäßige Arbeit oder gegen sehr geringe Kaufschillinge geben, weßwegen in der That hier die Holzentwendungen seltener sind als anders wo. Und was den Wilddiebstahl anbelangt, so ist außer den Federthieren, die wir hier sorgsam hegen und verwahren, wenig eigentliches Wild in dem Garten, da wir außerhalb desselben für die Thiere zahlreiche Futterstellen und sonst bequemere Aufenthaltsorte und namentlich größere Ungestörtheit für sie haben, weßhalb sie weniger Ursache finden, hier herein zu streichen. Gegen Wilddiebstahl besonders in ungeeigneten Zeiten, sind auch unsere Forstwarte sehr wachsam, daher solcher nur von schlechten und auch sonst übelberüchtigten Menschen vorkömmt, die auch meistens schnell in die Hände unserer Gerichte fallen, und auf eine Zeit unschädlich werden, bis sie ihre Strafe überstanden haben, und wieder fehlen, und wieder gefangen werden, ~~und bis wohl andere kommen, und ähnliches~~ᵃ Loos erfahren. ~~In~~ Man muß sich in diese Dinge fügen, und sie zu vermindern streben, wie es uns wirklich theilweise gelingt. Diebstahl an Feldfrüchten kömmt hier nicht vor außer unbedeutend an Kohl und Gemüsen, und was mein Gras anbelangt, so geschieht in unsern Wiesen und Weiden wohl öfter Viehtrieb, aber doch nur an entlegeneren Stellen, in der Nähe selten, im Garten nie. Ähnlich wird es auch bei euch im großen Walde sein."

„Es ist bei uns im Walde nicht sehr genau," antwortete ich, „die ärmeren Hüttler und andere räumen die Überbleibsel des Holzes nach Hause, und es wird nicht gefragt, wenn etwa ein dürres Stämmchen, das irgendwo steht, und nicht zu groß ist, mit geht, und wenn einer ein Federthier des Waldes oder einige Fischlein oder selbst ein größeres Wild gelegentlich leichter fängt, oder sonst in seine Gewalt beköm̃t, als er sich auf andere Weise ein Stük Nahrung erwirbt, wenn er es nur nicht zu einer dauernden Lebensbeschäftigung macht, so wird er von niemanden verurtheilt. Beim Holzschlagen bleibt so viel an Wipfeln Ästen und selbst dünnen Klözen liegen, daß es eine Wohlthat ist, wenn es weggeräumt wird, und oft ein Rest noch verbrannt werden muß, und an den Thieren des Waldes ist troz der harten Winter noch ein solcher Überfluß, daß wenn eines auf die Seite gebracht wird, kein Abgang zu verspüren ist. Manche Stüke Vieh weiden bei Gelegenheit in Holzschlägen, wenn auch der Grund nicht dem Eigenthümer des Viehes gehört, und wenn da auch ein Maul voll Gras von einer fremden Weide oder einem Raine oder einer Wiese mitunterläuft, so hat das nicht viel auf sich, es vergleicht sich meistens, wenn nur kein arger Mißbrauch getrieben wird."

„Ihr scheint da in einer Allgemeinheit duldsamer Sitten der Vorzeit zu leben," sagte der Fürst.

„Wir sind zum Glüke so weit zu Ämtern und Gerichten," antwortete ich, „daß sich Gelegenheiten zu Verhandlungen Klagen Vertheidigungen Fristen und dergleichen nicht aufdringen, und unsere Streite und Häkeleien² auf der Wiese im Walde an dem Zaune oder in der Gaststube oder auf dem Kirchwege schlichten."

„Ihr müsset heute auch den braunen Hof besehen, verehrungswürdiger Herr Doctor," sagte der Fürst, „es hat sich in seinem Innern seit der langen Zeit, die ihr nicht dagewesen seid, so vieles verändert, daß ihr erstaunen werdet, und ich kann wohl sagen, es hat sich so verschönert, und der Schönheit des

Mappe 125.

a mB (?) mT wobei sie durch Beispiel wohl auch andere verloken, die aber auch wieder dasselbe

---

1 statt strenge   *2* üdZ sich   *Die Seite mR durchstrichen.*   *Fortsetzung auf S. 211*

c *mB* und Holze

und im Wilde^c des Waldes wie in seinem Holze, in dem Heu der Wiese, in den Früchten der Felder, und endlich auch im Grase der Weide kann mir ein größerer Diebstahl zugefügt werden als in den Gegenständen dieses Gartens. Die edlen und schönen Blumen, welche ihr in ihm zerstreut angetroffen und beobachtet haben werdet, schäzen die Leute,

Gartens angeschlossen, daß wir, die Fürstin und ich, uns stets auf den Tag freuen, wann wir wieder hier eintreffen, und von dem an wir wieder eine Weile hier hausen^b können. Die Fürstin wird vergnügt sein, euch begrüßen, und in meiner Gesellschaft euch den Hof zeigen zu können."

„Durchlauchtiger Fürst," antwortete ich, „es würde mir eine große Auszeichnung sein, wenn ich der durchlauchtigen Frau Fürstin meine tiefe Ehrerbietung bezeigen, und neben ihr dieses schöne Besizthum

b mB zubringen

126.

besehen könnte; allein ich habe schon so viele Zeit in dem Garten verbracht, und muß zu einer ganz bestimmten Frist bei dem Kranken sein, zu dem ich hieher geholt worden bin, und dem ich etwas gereicht habe, dessen Ergebniß ich nach[1] Ablaufe der Wirkungszeit untersuchen muß, so daß mir jezt kaum etwas anderes übrig bleibt, als auf dem kürzesten Wege den braunen Hof zu suchen, wo meine Pferde stehen."

„So nehmt euch, wenn ihr etwa wieder zu einem Kranken im Verlaufe seines Übels heraus kömmt, einige Zeit, oder wenn euch wieder wie heute eine Wartezeit zufällt," entgegnete der Fürst, „so verwendet sie zu einem Gange in den braunen Hof, und gönnt uns in demselben eure Gesellschaft im Innern des Hofes. Noch schöner aber wäre es, wenn ihr, falls eure Obliegenheiten durch einen geringen Krankenstand auch geringer würden, freiwillig zu uns heraus kämet, und eine lange Frist bei uns bleibet, die wir mit euch zubringen könnten."

„Es mag nun das Eine oder das Andere eintreffen," sagte ich, „so werde ich eurer freundlichen Einladung folgen."[2]

„Jezt aber erlaubt," entgegnete er, „wenn ihr schon auf dem kürzesten Wege zu dem braunen Hofe gelangen müßt, daß ich euch diesen Weg zeige, und euch auf demselben begleite."

„Ich bin euch sehr dankbar dafür," antwortete ich.

„So folgt mir auf diesem Wege," sagte er.

Er wendete sich mit diesen Worten gegen einen Weg, der ganz nahe an der Stelle, auf welcher wir gestanden waren, von der Richtung seitwärts ging, die ich zu dem braunen Hofe hätte einschlagen wollen, so daß ich sah, daß ich nicht den kürzesten Weg zu dem Hofe zu ergreifen im Begriffe gewesen war.

Wir gingen eine Streke zwischen sehr großen schlanken Buchen dahin, der weiße Hund ging still und fromm hinter uns. Der Abhang, an dem ich früher dahin gegangen war, zog sich gegen links zurük, und wir gingen gegen rechts auf einer sehr schwachen Senkung abwärts.

„Ich habe Anfangs die Absicht gehabt," sagte der Fürst, „dort, wo sich in diesen Anlagen Wege von einander abzweigen, Tafeln errichten zu lassen, auf denen die Richtung der Wege angezeigt wäre; aber mein guter Gartenmeister war so entschieden dagegen, daß ich die Sache aufgab. Er sagte, diese Einrichtung wäre dem Wesen der Anlagen, die wir errichten wollten, so sehr entgegen, daß dadurch sogleich in die Augen gehen würde, es sei hier ein von Menschenhänden Gemachtes vorhanden, nicht ein zu ruhiger Schönheit ursprünglich Gewordenes. Darum mußten auch Ruhebänke, wie sie in Gärten oder Lustwaldanlagen gerne sind, hier wegbleiben, außer jenen Bänklein oder Tischlein an den Forsthäuschen oder den andern Hütten und Häuschen, wie sie sich bei solchen Wohnungen gewöhnlich vorfinden. Zum Niedersizen und gelegentlichem[3] Ausruhen wurden solche Anstalten getroffen, daß die Gegenstände, welche dazu dienen sollten, wie vom Anbeginne der Gegend dazu liegen scheinen müßten. Meistens war es ein oder waren es mehrere Steine, die wir dazu verwendeten. Auch ein hingehender Riegel von Rasen war dienlich oder irgend eine Wulst und Erhöhung. Wenn wir einen Baum fanden, der in Sizhöhe einen breiten Ast wagrecht von seinem Stamme wegtrieb, so sezten wir den Baum so an einen Weg, daß der Ast durch sich selbst zum Niedersizen einzuladen schien. Wo künstliche Sizgegenstände angebracht werden sollten, mußten es solche sein, die von Menschen gewöhnlich in solchen Gegenden errichtet zu werden pflegen, wie etwa Stiege über Zäune und Einfriedigungen von Feldern oder Gärtchen an Häuschen, deren Tritbretter auch zum Sizen gebraucht werden können. Gegen den Einwurf der Fürstin, daß, wenn keine Wegzeigetafeln da wären, die Leute sich in dem großen Garten verirren könnten, antwortete der Gartenmeister, daß ja auch überall auf viele Meilen in der Weite und Breite hier wenigstens an Fußwegen, die doch weitaus am besuchtesten wären, in jedem Falle besuchter als die sogenannten Straßen, sich keine solchen Tafeln befänden; und sie auch niemand begehre, sondern, daß jeder, der solche Wege gehen müsse, sie sich vorher, wenn er sie nicht schon kenne, erklären lasse, und daß überdies hier die Leute Wege, die sie noch nie gegangen sind, richtig zu verfolgen ein großes Geschik haben. Diejenigen, welchen der Garten gehöre, oder die sonst Ursache haben, oft in ihm herum zu gehen, werden die Wege desselben bald kennen lernen; die andern, die freiwillig in ihn kommen, thun es auf ihre Gefahr, verlieren durch eine Verirrung höchstens ein Bischen Zeit, und werden doch immer wieder heraus gelangen. Zudem habe das Verirren und Wiederzurechtfinden oder das ursprüngliche Auffinden der gehörigen Richtungen für jeden einen großen Reiz,

---

Fortsetzung auf S. 214   1 üdZ dem   3 H   Die Seite mR durchstrichen.
                          2 aR mR angestrichen

lich und so findig sein werden wie die jezigen. Die Grenze dessen, was man dem Menschen machen soll, und dessen, was er selber machen soll, zu finden, dürfte, wenn es zum Heile der Menschheit gereichen soll, eine der allerschwersten Aufgaben sein. Ich, der ich in den Grundgedanken des Gartenmeisters einmal eingegangen war, und nach und nach Freude daran gefunden hatte, fügte mich bald. Die Fürstin, wenn sie auch nicht überzeugt war ließ uns schalten, wie wir wollten, und jezt ist sie von dem Gewordenen so überwunden, daß sie es nicht anders möchte, woran ich meine Freude habe; denn mir ist Übereinstimmung mit meiner Gattin immer ein Glük."

/./Aus allem dem erklärt sich nun eine Thatsache in Hinsicht dieses Gartens," antwortete ich, „daß er nehmlich so verschieden beurtheilt wird. Einige sagen es sei gar nichts geschehen, und man gehe von dem braunen Hofe durch den Wald zu dem alten Thurme mit der großen Aussicht empor, wie man immer gegangen ist, und wie der liebe Gott die Sache erschaffen hat, höchstens, daß hie und da Blumen und Obstbäume gesezt worden sind, und daß sich Wiesen und Felder und Häuschen gebildet haben, wie es ja auch in dem großen Walde gegen Sonnenuntergang geschehen ist, und wie es an dem braunen Hofe immer gewesen ist. Nicht einmal ein einziges Gartenbeet mit Gemüse geschweige mit Blumen sei vorhanden, kein einziger Springbrunnen, kein einziges Gitter oder dergleichen, kein einziger Ruhesiz. Andere sagen, es sei gar sonderbar viel geschehen, sie hätten selber jahrelang arbeiten gesehen, und durch die Anlage, die entstanden ist, sei der Hof wunderbar wirksam geworden, und jezt erst sei dieser fürstliche Siz großartig und eindringlich. Die Zahl der ersten habe ich bisher aber als die größte erfahren."

„Das freut mich beinahe," entgegnete der Fürst, „ich habe es schon gewußt, und habe auch die Erfahrung gemacht, daß die Leute, die den Tadel aussprechen, immer wieder kommen, und durch den Wald, den der liebe Gott erschaffen hat, zu dem Thurme empor steigen. Es muß ihnen also doch die Schöpfung des lieben Gottes angenehm sein. Ich halte den Tadel, der mit der Wiederholung des Besuches verbunden ist, für ein großes Lob. Wenn die Menschen ein Kunstwerk machen wollen, das immer auch ein Werk der Schönheit sein soll, so können sie es nur thun, wenn sie einen Theil dessen nachahmen, was Gott hervorgebracht hat, und wenn sie die Merkmale auffassen, und wieder darstellen, die sie in dem Vorhandenen finden. Wenn sich nun den Leuten die Mittel, wodurch das Werk entstanden ist, verbergen, wenn sie sagen, es sei kein Kunstwerk, es sei immer so gewesen, und wenn sie sich doch daran erfreuen und vergnügen, so kann das ein Zeichen sein, daß das Werk gelungen ist, und daß die Nachahmung vollständig geworden ist, weil in ihr die Willkühr nicht erkannt werden konnte. Und wenn wir nicht ein Beet mit Gemüse oder Blumen haben, so ist die Menge der Gemüse, die in diesem Garten vorhanden sind, so groß, daß, wenn ich mit allen den Meinigen in dem Hofe zugegen bin, wir nicht im Stande sind, das, was täglich nachwächst, zu verzehren, und es auch die, welche in dem Garten wohnen, mit uns nicht im Stande sind, und daß wir den Rest theils an Arme verschenken theils verkaufen müssen. Was die Blumen anbelangt, so ist[1] ihre Menge in dem Garten so ~~groß~~[a], daß, wenn sie alle auf einer Stelle beisammen stünden, jeder Mensch über sie erstaunen würde. Als wir sie sammelten, und vertheilten, meinten wir, der Garten sei unerfüllbar, und wir müßten alle Kunstgärten und Handelsgärten, die wir kannten, um sie erschöpfen. Und wenn wir, was das Andere betrifft, einen Garten nun angelegt hätten, der geschorene Bäume und Gänge hat, in dem sich Blumenbeete hinziehen, und Blumenhügel erheben, in welchem schöne Sandwege Rasenflächen Standbilder steinerne Wasserbehälter und künstliche Gebäudetrümmer sind, so wäre die Last, die wir zu bewältigen gehabt hätten, nicht so groß gewesen, als die, welche uns hier entgegen gekommen ist. Ihr würdet dieses erkennen, wenn ihr die Zeichnungen und Gemälde sähet, die darstellen, was gewesen ist, und was[2] geworden ist. Wenn ihr uns einmal einen freundlichen Besuch gönnet, werde ich sie euch vorlegen. Ihr werdet das Ganze sehen, und ihr werdet die zahlreichen Theile sehen. Der Gartenmeister hat alles zwei Male gemacht. Das Eine hat er zur Ausführung vorgenommen, und uns dann dagelassen, das Andere hat er in seine Sammelmappe gelegt.[3] Wenn wir nicht eine so große Anzahl von Arbeitern beschäftigt hätten, wenn wir nicht so viele Fuhrwerke und Geräthschaften gehabt hätten, wenn nicht ~~der Meister~~ so viele Vorrichtungen ~~angegeben hätte~~[b], die uns dienten, wenn wir nicht alles stets zu reger Thätigkeit befeuert hätten, so wäre es nicht möglich gewesen, in den Jahren fertig zu werden, in denen wir das Werk zu Stande gebracht haben. Wie viele Erde mußte weggeschaft, wie viele angehäuft, wie viele Wässer mußten gesucht, hieher gelokt, und mit den hiesigen in[c] Wege geleitet, wie viele Steine mußten aus ihrer Lage gebracht, an andere Stellen gefördert, angehäuft oder vertheilt werden. Die Bäume, die

Mappe 127.

a bedeutend

b aR von Prag gekommen wären,

c die beabsichtigten

---

1 üdZ auch
2 üdZ daraus

3 aR mR angestrichen

Die Seite mR durchstrichen.

Fortsetzung auf S. 215

bei dem die Kräfte des Geistes in lebendiger Richtung sind, und der nicht daran gewöhnt ist, daß andere alles für ihn thun. Es wird gewiß eine Zeit kommen, in der man, weil die sogenannte Weltverbesserung alles recht bequem einrichten zu müssen meint, auch hier ja sogar in dem Waldlande an allen Fußwegen Anzeigetafeln haben werde. Er zweifle aber sehr, ob die Menschen, welche alsdann leben werden, so fröhlich glük-

hier brüderlich beieinander stehen, als wären sie vom Anbeginne so gewachsen, und als hätte Gott ihre Mischung so entstehen lassen, waren meist an Stellen, die oft weit voneinander entfernt waren, und die Stämme, wenn sie zu

128.

denken vermöchten, würden nie vermuthet haben, einmal in Gesellschaft mit ihren jezigen Nachbarn zu stehen. Was haben nur die Eichen für Zeit und Mühe verlangt. Die Bäume dieses Gartens, jezt das Schönste und Anmuthigste sind für uns das Beschwerlichste gewesen. Wenn nicht der Gartenmeister den Grundsaz hätte, jede Gegend aus sich selber heraus zu bilden, und wenn nicht auserlesene Bäume in schöner Vergesellschaftung schon früher hier gestanden wären, und Hügel und Thäler um den braunen Hof von Uralter her bedekt hätten, wäre die Sache nicht möglich gewesen, eine andere Gegend hätte sie nicht geduldet. Es wäre fast so gewesen, als wenn man einen Wald dadurch bilden wollte, daß man Stamm für Stamm neu einsezt. Wir sind aber auch, nachdem die Anlagen auf dem Papiere fertig geworden waren, erst an die Ausführung gegangen, nachdem wir uns versichert hatten, daß die Bäume, die wir brauchten, zu unserer Verfügung ständen, und wir durch die Wegnahme derselben von ihrer Stelle nicht einen zu großen Unglimpf anrichteten. Wir haben auf das Emsigste selbst in nicht unbeträchtlichen Entfernungen von hier geforscht. Ich will von den kleineren Schwierigkeiten gar nicht reden, Anlage von Wegen, um die Gegenstände an ihre Stellen zu bringen, und wieder Vertilgung dieser Wege, nachdem sie gedient hatten, Aufstellung der Geräthschaften, ewige Ausbesserungen an denselben, wenn etwas brach, Kampf mit der Unvernunft und dem bösen Willen der Leute, die unser Thun gar nicht begriffen, ~~Auffindung~~^a der Wiesen und Felder, Bau der Häuschen und Hütten, Auffindung der Quellen zu Trinkwasser für die Bewohner des Gartens und für das Federwild desselben, Besamung der Wiesen mit würzigen Kräutern, und so weiter, und so weiter."

Wir waren, da er so sprach, den Buchenweg hinab gegangen, kamen dann durch Erlen und Birken und hierauf durch eine Sammlung von Wacholderbüschen, an denen sich weiße Blumen hinzogen, ins Freie. Eine schön grüne Wiese ging noch ein wenig abwärts. Wir sahen auf die Gebäude des braunen Hofes. Von ihnen strekte sich eine Waldlehne weg. Rechts von ihr ragte aus der Schneide dunkler Waldung der alte Thurm der früheren braunen Burg empor, links sah ich die blaue Wand des Waldes meiner Heimath herein schauen. Ich blieb, obwohl mir meine Zeit schon sehr sparsam zugemessen war, doch ein Weilchen stehen, und sagte: „Es wird mir immer deutlicher, daß hier sanfte tiefe Gefühle entstehen, wie etwa nach dem Lesen einer alten griechischen Dichtung."[1][b]

„Die Einfachheit wirkt so," entgegnete der Fürst, „sie wirkt durch das, was nicht auffällt, selbst die vielen Blumen dieses Gartens fallen nicht auf, sie wirkt immer wieder, und wirkt stets sicherer. Unser Gartenmeister, der fort gereist ist, hat sehr viele Zeichnungen solcher Dinge, und er vermehrt sie noch immer. Es haben sich hier bei den Arbeiten Leute gefunden, die ausführen, was er denkt, und ich bin nicht der lezte unter ihnen."

Nach diesen Worten gingen wir über die Wiese in den Hof. Ich ließ sogleich meine Pferde herausführen, und anspannen. Dann verabschiedete ich mich von dem Fürsten. Ich stieg in den Wagen, und er ging mit dem weißen Hunde wieder gegen den Garten. Ich fuhr nun schnell zu meinem Kranken. Gott hat mich glüklich sein lassen. Die Arznei, welche ich gegeben hatte, ist von einer guten Wirkung gewesen, und ich konnte die Hoffnung fassen, daß auch die Folge günstig ablaufen werde. Ich gab wieder eine Arznei, ~~und~~ verordnete das andere Verhalten, und versprach, am nächst nächsten Tage wieder zu kommen. Ich fuhr nun so rasch, als es möglich war, meiner Heimath zu. Nach etwas mehr als zwei Stunden kam ich in das Helmwirthshaus, welches an der Straße nicht weit von Theiring steht. Dort erwartete mich Thomas mit dem Fuchse. Ich befahl dem fremden Knechte, daß er die Pferde, die mich hieher gebracht hatten, gut pflege, und dann langsam zurük fahre. Hierauf stieg ich sofort^c welches Thomas bespannt hatte, und wir fuhren gegen unsern Wald. Ich mußte jenes Tages noch bis tief in die Nacht beschäftigt sein, um auch nach meinen anderen Kranken zu sehen.

Ich fuhr noch sechsmal zu meinem Kranken in das Land hinaus; allein jedes Mal hatte ich so wenig Zeit, daß ich den Garten nicht mehr besehen, und den braunen Hof nicht besuchen konnte. Nur einmal bezeigte ich in einem kurzen Weilchen der Frau Fürstin meine Ehrerbiethung, und durchblätterte schnell die Zeichnungen der Anlagen, welche mir der Fürst vorgelegt hatte. Ich nahm mir vor, einmal, wenn meine Geschäfte etwas geringer geworden sein würden, eigens in den Hof heraus zu fahren, den Garten recht sorgfältig zu durchwandern, und die Zeichnungen mit Muße zu betrachten. Der Kranke war so weit genesen, daß keine Gefahr mehr für ihn drohte, und daß ich ihn dem Arzte, welcher zuerst bei seiner Erkrankung gerufen worden war, und der sich bei meiner Behandlung desselben immer gegenwärtig befand, zur

a aR Herrichtung

b mR ?

c in mein Wäglein,

Fortsetzung auf S. 218   1 aR mB angestrichen   Die Seite mR durchstrichen.

machen. So wie der Grundbesizer Murhard öfters, wenn er leer des Weges fuhr, einige Steine auf
seinem Wagen hatte, die er dann in eine schadhafte Stelle des Weges legte, und deren Fugen er mit Rasen
verstopfte, so thaten später auch mehrere. Ich sah unsern Nachbar Allerb bei diesem Geschäfte, dann den Friedmaier und Katerirner an den Schäden des Mitterweges bei ihren Feldern, den Erlebauer auf dem Wege
gegen Thal ob Pirling herein, den Schmied im Thaugrunde auf dem Wege des Thaugrundes, den Knecht
des Herrenwirthes in Thal ob Pirling, den Knecht des Färbers, den Bauer Dofer, dessen zwei Knaben ich
von den rothen Fleken geheilt hatte, an seinen Feldern, den Mörichbauer ebenfalls an seinen Feldern.
Hadmar Kunter der Maurermeister führte einen langstieligen Hammer auf seinem Wagen mit,
und wenn er Steine in eine Vertiefung des Weges gelegt hatte, verstopfte er ihre Fugen nicht mit Rasen, wie
einige thaten, oder legte nicht lose kleine Steinchen ~~dazwischen~~[a], wie andere pflegten, sondern er verkeilte   *a* in sie
dieselben mittelst Steinen durch Hammerschläge wie an Steinmauern, welches Geschäft er mit besonderem Vergnügen zu verrichten schien. Der Grundmüller hatte sich den Weg von der Mühle zu seinen Feldern vollständig neu gemacht. Eben so war der Weg von Thal ob Pirling zur /*Röthelmühle*/[1], in welcher Innozenz war, ohne
Schaden, und so auch der Weg seines Vaters Isidors des Prägbauers von dem Bauerngute gegen die Felder.
Als nun der Obrist im Rathe der Gemeindeältesten wieder die Sache der Verbesserung der Wege vorbrachte, sprachen mehrere darüber, nahmen sich derselben an, und sagten, daß ein Beginn gemacht werden solle. Der Gegenstand wurde durchgesprochen, und wurde noch ein Mal durchgesprochen, und dann beschlossen sie anzufangen.
Der Obrist und ich schoßen etwas an Geld vor, was man verlangte, und sie sagten, man müsse den Herbst, welcher
im Walde /*gewöhnlich*/[2] die trokenste und heiterste Zeit ist, sehr fleißig zu der Arbeit benüzen. Sie hatten vor,
die Wege an vielen Stellen zu erweitern, dann an andern zu verbessern, und Streken ganz neu zu bauen. Es
wurden fünf Männer gewählt, darunter der Obrist, welche die Wege sofort begehen, und dann einen Antrag
über die Art und Weise des Beginnes und des Fortganges der Arbeit stellen sollten. Der Obrist sprach vorher mit
mir, und fragte mich um meine Meinung. Ich sagte ihm, was mir von den Erfahrungen eben in das Gedächtniß
kam, die ich mir über die Wege der Gemeinde, die ich öfter als ein anderer befahren mußte, gesammelt
hatte, und versprach, daß ich nachdenken, und ihm noch Weiteres sagen werde, was vielleicht nüzlich sein könnte. Es
wurde mit der Erweiterung der Wege begonnen. Das war in der That sehr nöthig. Ich selber habe oft,
wenn mir ein schwerer Wagen begegnete, auf eine Wiese oder gar in ein Feld seitwärts fahren
müssen, um auszuweichen, oder wenn dieses wegen der tiefen Lage des Weges nicht möglich war, habe ich
an einer breiteren Wegestelle warten müssen, bis der Wagen heran gekommen, und vorüber war, oder
wir haben unser leichtes Wägelchen zurük schieben müssen, und einmal an ||einer||[3] besonders schwierigen[b]   *b* Orte
~~Stelle~~ mußte Thomas den Fuchs ausspannen, wir mußten ihn mühselig hinter den Wagen bringen, hinten
anspannen, und den Wagen rükwärts ziehen lassen. Ich konnte dem Obrist ganz vorzüglich die Stellen angeben, an denen man den Weg nicht übersehen, und sich mit dem Ausweichen nicht richten konnte. Auch das konnte ich
ihm am besten sagen, wo öde Gründe und werthloses Land an die Wege grenzten und man leichter Wegbreiten
anlegen konnte, ohne kostspieligen Boden einlösen zu müssen. Viele Menschen legten, da die Arbeiten einmal
begonnen hatten, selber Hand an, oder stellten Taglöhner, oder Knechte, und die Fuhrwerke hatten, schikten sie zeitweise zur Hilfe. Ich ließ öfter den Knecht Kajetan mitarbeiten, oder sendete Taglöhner, und wenn es sein konnte, miethetete ich die zwei älteren Pferde meines Vetters des Wirthes am Rothberge,[c] und ließ sie Zugfrohne   *c* die Braunen,
thun. Mein Bruder Kaspar leitete da selber gerne die Pferde, und hatte seine Freude an der Sache.

      Als diese Dinge im Gange waren, kam ein Unglük in unser Haus, ein Unglük, das
ich wohl immer als ein solches bereuen und beklagen werde. Mein Bruder Kaspar erkühlte sich beim Forellenfange, und wurde krank. Das Übel war gleich Anfangs heftig, und ich hegte Besorgnisse. Ich gab ihm Arznei, ich
ließ ihm Auflagen machen, und ordnete an, was sonst mit ihm zu geschehen habe. Wenn ich zu Hause sein konnte, war
ich bei ihm, beobachtete ihn, und nahm Bücher und Schriften zu mir, um in ihnen nachzuschlagen, daß ich etwas
                                                 fände, was
mir Anhalte geben könnte, mein Urtheil zu ordnen, zu erfahren, ob es richtig sei, und, wenn es irrte, den Irrthum zu verbessern. Anna und der Vater unterstüzten mich in Allem. Anna kam gar nicht aus den Kleidern,
der Vater entkleidete sich nur, und legte sich zur Ruhe, wenn ich es ausdrüklich als Arzt verlangte. Aber was mochte das
für eine Ruhe sein. Anna und ich wechselten im Nachtwachen ab, oder vielmehr, wenn ich wachte, so wachte sie in
                                                 ihrem

Mappe 129.

---

1 *statt* Rothelmühle   3 einen *H*   *Die Seite mR durchstrichen.*   *Fortsetzung auf S. 219*
2 *statt* gewöhnliche

Vollendung der gänzlichen Heilung überlassen konnte. Die Gattin des Mannes und seine Kinder dankten mir recht herzlich, und als ich zum lezten Male die fremden Pferde zurük geschikt hatte, und mich in mein Wäglein sezte, hatte ich ein sehr angenehmes Gefühl. Nach zehn Wochen kam der Mann einmal selber zu mir herein gefahren, und dankte mir für seine Rettung. Er war jezt vollkommen gesund und kräftig.

Gegen den Herbst erfuhr ich auch noch etwas anderes, das mir Freude machte. Die Gemeinde von Thal ob Pirling faßte den Beschluß, zur Herstellung der Wege einen ordnungsmäßigen Anfang zu

Bette, und sprang aus demselben, und eilte herbei, wenn ich nur einen leisen Ruk mit meinem Stuhle machte. Ich zwang mich zuweilen aus Pflicht mit meinem Willen zu schlafen, um mich nicht zu sehr zu schwächen. Der hochwürdige Herr

130.

Pfarrer von Pirling kam öfter herüber, und tröstete den Kranken, und reichte ihm die heiligen Sakramente. Mein Urtheil über die Krankheit bestätigten die Bücher und Schriften, und ich fand in ihnen, was ich mir gedacht hatte. Als Kaspar fühlte, daß es mit ihm übel sei, verlangte er, seinen lezten Willen zu sagen. Wir, nehmlich der Herr Pfarrer von Pirling, der Nachbar Allerb, der Prägbauer und sein Sohn Innozenz, welche lezteren zwei er ausdrüklich verlangt hatte, dann der Vater, ich und Anna gingen zu ihm in sein Stüblein in der Sölde, welches er sich in der lezten Zeit recht schön eingerichtet hatte, und sezten uns zu seinem Bette. Da er uns eine Weile angeschaut hatte, sagte er, daß er mich zu seinem Erben einseze; aber er bitte mich, alles der Anna zu geben, welche es mehr bedarf als ich. Ich versprach, daß ich thun werde, was er verlange, und gab ihm vor den Zeugen die Hand darauf. Ich glaubte, daß er nun ruhiger werden würde. Er ward auch ruhiger, und blieb auch ruhig bis am andern Tage um zwölf Uhr. Da starb er nach einem kurzen und schwachen Todeskampfe. Am Morgen des zweiten Tages darauf wurde er begraben. Seine Krankheit hatte dreizehn Tage gedauert. Wir trösteten nun eines das andere. Anna ließ das Bett, welches sie sich im Nebenstüblein des Krankenzimmers hatte aufschlagen lassen, forttragen, ich räumte alle Sachen, die ich für mich in das Krankengemach besorgt hatte, weg, dann ließen wir alles, wie es gewesen war, und sperrten die Wohnung Kaspars zu.

So vergingen fünf Tage. Da erkrankte Anna. Sie erkrankte an demselben Übel, an dem Kaspar gestorben war. Die Hize und die Erregung der Nerven zeigte sich auch gleich Anfangs so heftig wie bei Kaspar. Ich erschrak sehr, und sandte sogleich den Knecht Kajetan mit den besten Pferden des Wirthes am Rothberge in die Stadt Budweis, er möge fahren, was er könne, und mir den Stadtdoctor bringen, daß er mir beistehe. Ich gab ihm einen Brief an den Doctor mit. Des andern Tages kam der Doctor. Er untersuchte die Kranke. Wir berathschlagten dann, und er blieb zwei Tage. Sein Urtheil war wie das meinige. Die Gefahr zeigte sich sehr groß. Wir kamen darin überein, wie die Kranke zu behandeln sei, und was gethan werden solle, wenn Erscheinungen kommen, die wir vermutheten. Ich bath ihn, da er fort^a fuhr, wieder zu kommen. Er sagte es auf den vierten Tag zu, und er werde mit Stadtpferden kommen. Die vier Tage vergingen, und die Krankheit nahm den Verlauf, den sie gleich Anfangs gezeigt hatte, dem Tode zu. Am Abende des vierten Tages kam der Stadtarzt. Er untersuchte die Kranke wieder, er befragte mich, was in der Zwischenzeit geschehen ist, und ließ sich von mir erzählen, was ich ihm ohne Befragen sagen wollte. Hierauf zeigte er sich mit meinem Verfahren und mit meiner Meinung einverstanden, und sagte, daß wohl kaum auf Rettung zu hoffen sei. Er blieb in der Nacht da, und fuhr des andern Morgens fort.

Auf meine Bitte versprach er, nach jedem vierten Tage auf eine Nacht zu kommen. Anna war sehr ergeben, und dankte mit den Augen für alles Gute, das ihr erwiesen wurde. Der Vater wurde blaß und hager in der Sorge. Die Mägde thaten alles, was in ihren Kräften war, und die Knechte zeigten sich bereit zu jedem Dienste, der etwa nothwendig werden könnte. Der Herr Pfarrer und auch sein Aushilfspriester kamen oft zu ihr heraus, und reichten ihr die lezten Tröstungen der Religion. Die Nachbarn nahmen großen Antheil. Da der Arzt noch zwei Male gekommen war, starb sie sanft und geduldig.

Das Maß war noch nicht voll. Gleich nach der Beerdigung Annas mußte sich der Vater in das Bett legen. Er bekam die nehmliche Krankheit. Mich befiel eine ungeheure Furcht. Wenn die Krankheit bei ihm gleich nicht so heftig auftrat^b wie bei den zwei jüngeren ihm Vorangegangenen, so war sie doch zerstörend, und obwohl der Arzt von Budweis sehr fleißig kam, und ich auch noch einen dritten Arzt aus der entfernten Stadt Linz hatte rufen lassen, so konnte ihn unsere Mühe nicht retten, und er starb, nachdem er in der lezten Zeit seiner Sinne wieder mächtig geworden war, von mir unsern zwei nächsten Nachbarn und von dem Gemeindevorsteher, den er eigens hatte holen lassen, Abschied genommen, und sich mit seinem lieben Gotte versöhnt hatte. Er wurde an der Seite seiner Gattin und nicht weit von seinen zwei Kindern begraben.

Ich hätte mich nun, wie ich erschöpft war, und mein ganzes Wesen nicht empfand, am liebsten nieder gelegt, und wäre mit großen Freuden gestorben.

Aber ich mußte zu meinen Kranken, und da ihre Zahl immer wuchs, mußte ich viel herum fahren. Als mehrere Nächte vergangen waren, und der Schlaf meine Augen doch besucht hatte, und als ich wieder stärker geworden war, sah ich, daß es in meiner Pflicht sei, nicht zu sterben; aber ich meinte, ich müsse mir die Augen aus dem Kopfe weinen, daß das gekommen ist.

a mB weg

b mB anfing

Fortsetzung auf S. 222   *Die Seite mR durchstrichen*

Freie heraus kam, sah ich die Sonne am Abendhimmel zwischen Dünsten wie ein rothes Glutauge, und die dünne stehenden Stämme um mich waren wie feurige Stäbe. Da ich die lezten ~~Stämme~~[a] hinter mir hatte, lagen die Felder ruhig gegen Thal ob Pirling hinab. Einige hatten die braune Farbe, da sie ungeakert waren, andere schauten mich mit dem tiefen Blaugrün an, da sie die Wintersaat trugen. Ich ging auf dem Mitterwege hinab. Da ich in die Nähe unseres Hauses und an unsere Hofmarke kam, sah ich den Weizen, den auf meine Anregung und nach dem Beispiele des Obrists der Vater und Kaspar ~~auf~~ in diesem Herbste auf die Hofmarke gebaut hatten, stehen. Er war schon dicht beraset, und die Spizen seines Grases leuchteten schwach in dem Wiederscheine des Abendrothes des Himmels. Ich ging an ihm vorbei, ging durch den Garten, und ging in das Haus.[1][b]

    Nach ein paar Tagen kam troz des kühlen Wetters in seinem weißen Linnenroke und in Holzschuhen der Bettler Tobias. Er wollte mit mir sprechen. Da ich ihn in die große Stube hatte kommen lassen, und ihm einen Plaz an dem Tische angewiesen hatte, sagte er: „Ich bin sehr weit draußen im Gestoke gewesen, verehrungswürdigen Herr Doctor, ~~gewesen~~ und da habe ich gehört, daß euch alle ~~eurigen~~[c] Angehörigen gestorben sind, und daß ihnen alle Doctoren nicht haben helfen können, und da bin ich herein gekomen, um euch trösten zu helfen."

    „Ich danke dir recht von Herzen, guter Tobias," sagte ich, indem ich ihm die Hand reichte.

    „Er ist ein sehr guter Mann gewesen, der Eberhard," entgegnete er, nachdem er meine Hand losgelassen hatte, „und ein sehr rechtschaffener Mann, er hat erlaubt, daß ich ihn zuweilen du nennen durfte, und Kaspar ist auch recht gut gewesen, und Anna ist auch gut gewesen, und ihr seid auch gut, Herr Doctor."

    „Sie sind alle besser gewesen, als ich bin," sagte ich.

    „Und wenn ich kam, hatte ich meinen Plaz in der Sölde, und sie sind sehr freundlich mit mir gewesen," sagte er.

    „Du sollst deinen Plaz in der Sölde nicht verlieren, Tobias," antwortete ich, „ich werde dir ein Kämmerlein zurecht richten, in welchem du schlafen sollst, und in welchem du Speise und Trank erhalten sollst, so lange es dir gefällig ist, bei mir zu bleiben."

    „Es ist nicht wegen dem," sagte er, „ich bin nicht wegen dem gekommen. Ich habe es gewußt, wenn ich jezt nicht gekomen wäre, und wenn ich später gekomen wäre, so hätte ich einen Plaz und Nahrung bekommen, weil ihr mich geheilt habt. Und ich kann nicht lange da bleiben, weil ich auch zu andern Leuten muß. Ich bin gekommen, daß ich in der großen Stube, in der er so freundlich gewesen ist, um ihn weine."[d]

    Und da er diese Worte sagte, brachen ihm die Thränen hervor und seine Lippen zitterten.

    Ich fühlte auch die heißen Tropfen in meine Augen steigen, ich sagte nichts, und saß bei dem Bettler an dem Tische, und weinte mit ihm.

    Nach einer Weile sagte er: „In dieser Stube ist er gewesen, da ihr noch nicht geboren waret, und da ihr ein Kind waret, und da ihr in der großen Stadt Prag waret, und der Kaspar ist in der Stube gewesen, und die Anna ist aus und ein gegangen, da sie eure Mutter in dem Kirchhofe begraben hatten, und ich habe ihn zuweilen du nennen dürfen."

    „Guter Tobias," entgegnete ich, „wenn es dir dieses Haus heimischer macht, und wenn du es lieber besuchst, wo du an ihn denkst, so nenne mich auch zuweilen du."

    „Ihr seid ein vornehmer Herr geworden," entgegnete er, „und habt seltsame Geräthe in eure Kammer gestellt, es schikt sich nicht. Weil ich euch aber auch du geheißen habe, da ihr ein Kind waret, und da euch eure Mutter genährt hat, und da ihr mit den nakten Füssen in dem thauigen Grase herum gesprungen seid, so könnte es schon sein, daß ich euch auch einmal du nenne, wenn meine Gedanken irrig würden."

    „Nicht, wenn sie irrig würden, sondern auch zu anderer Zeit," sagte ich, „und wenn mein Vater länger gelebt hätte, wie er ja nach seinem Alter noch lange hätte leben können, und wenn er, weil du älter bist als er, darauf gesonnen hätte, dir noch manches Andere zu geben als Obdach Speise und Trank, da deine alten Tage herein brechen würden, so soll es dir nicht entgehen, weil er im Grabe liegt. Ich werde Manches für deine Kleidung thun, und auch sonst für dich sorgen."

    „Der Leinwandherr, Mathias Ferent in Pirling," entgegnete er, „läßt manches Mal einen Streifen Linnen für mich auf einer Bleiche mit bleichen, und der Schneider Lind näht ihn, wenn

---

Mappe 131.

a Bäume

b mR später

c eure

d mB 133

1 aR mR angestrichen   aR mT einige Federproben;   Die Seite mR durchstrichen.   Fortsetzung auf S. 223

Manche Menschen aus der Nachbarschaft gingen zu mir, um mich zu trösten. Der einzige Innozenz, der meine Schwester Anna zum Weibe begehrt hatte, kam nicht. Nach mehreren Tagen begegnete ich ihm, er sah so verfallen aus, daß ich ihn kaum erkannte. Er sprach manches zu mir, brachte aber keinen Trost zwischen den Lippen hervor.

Als einmal ein sehr heiterer Spätherbsttag war, und ich etwas Muße hatte, ging ich in das Birkenreut hinauf zu der Stelle, wo mich der Obrist gefunden hatte, als das Band zwischen mir und Margarita zerrissen war. Ich weiß es nicht, warum ich zu dieser Stelle ging, ich weiß auch nicht mehr, was ich dort dachte, und fühlte; aber ich blieb dort, bis der Rest des Nachmittages zu Ende war, und die Sonne zu ihrem frühen Untergange, wie es die Jahreszeit mit sich brachte, neigte. Dann begab ich mich auf den Rükweg. Es war Alles wie sonst um mich herum, als ob nichts geschehen wäre. Da ich gegen das

er zugerichtet ist, mit starken Fäden zu einem Roke zusammen, ich darf diese Männer nicht zurük sezen."

„Aber wenn du älter wirst," antwortete ich, „wenn deine Glieder mit dem Linnenroke nicht mehr reichen, und wenn recht harte Winter erscheinen, so wäre ein Pelz schon wohlthuend, und auch dichte warme Doppelwollstrümpfe in die Holzschuhe, und auch für die Hände etwas vom Fuchsbalg."

„Wenn einmal ein Pelz nothwendig sein sollte," ~~antwortete~~^e er, „wie ich gar nicht meine, und ihr einmal aus den alten Fellen, die jezt in eurem Wintermantel, mit dem ihr in dem Schlitten herum fahret, neu sind, etwas um meinen Linnenrok wollt zusammen nähen lassen, so werde ich es schon nehmen. Die Strümpfe habe ich immer von der Glashütte, sie nehmen die schwarze Wolle von den schwarzen Schafen dazu, die sie im Sommer im Gehölze hinauf mit den weißen und mit den braunen und mit den schekigen weiden haben, und sie auch die grobe weiße Wolle dazu und die braune, deßwegen meine Strümpfe stets mischfarbig sind. Und an den Händen habe ich nie etwas getragen, mich friert nicht an denselben, und wenn sie erkalten wollten, steke ich die eine um die andere in

        e erwiederte

132.

den Rok, und dann muß ich ja auch den Stab in den Händen tragen, und den Kindern und andern Leuten mit ihnen
etwas
zeigen, und die Handschuhe machen mir die Hände nur immer hilflos, ich kann sie nicht nehmen."

„Nun, wie du willst, Tobias," entgegnete ich, „ich werde dich schon zuweilen erinnern, ob du nicht dieses oder jenes brauchst, und du mußt mir antworten."

„So erinnert mich nur," sagte er.

Dann blieb er noch eine Weile in der Stube. Da er von derselben fort wollte, führte ich ihn in die Sölde, und gab ihm dort ein Stüblein, daß er nicht mehr in dem Heu schlafen dürfe; denn jezt wohnte und
schlief gar
niemand mehr in der Sölde, und sie stand ganz leer.

Tobias blieb dieses Mal länger in dem Hause als sonst, und ging in /und/ außer demselben herum.

Dann aber nahm er wieder den Stab, und wanderte weiter.

Auch von ferneren Gründen kamen nun Leute herzu, um mir ihre Theilnahme zu beweisen. Mathias Ferent kam mit seiner Gemalin, und blieb eine Zeit bei mir in der großen Stube. Später kam er wieder mit seinem Sohne, und den zwei Töchtern. Der Glasmeister Johannes Bloch kam mit den Seinigen zu wiederholten Malen. Es kam zuweilen der hochwürdige Pfarrer von Pirling und dreimal in kurzer Zeit der greise Pfarrer von der Sillerau. Es kamen mehrere Leute von Pirling, darunter zwei Male der Krämer, öfter der Lehrer, dann der obere und untere Wirth der alte Bernsteiner, dann der Färber, der Tischler, und noch andere. Paul Köfner, der die Meierei im Kirnwalde hat, kam, und Gerhard Rohr der Hammerer mit den Seinen, und Herrmann Löff, der den Getreidehof hat, und Wenzel Gladrub der Forstmeister von Pirlingau. Es kam auch der beinahe neunzigjährige Zimmermeister Agapitus Klenz mit seinem Sohne, es kam die alte Taglöhnerin Mechthild Korban, die ich einmal geheilt hatte, und die Heidelis von der Ahornöd, und der Erlebauer mit seinem Weibe. Sie kamen stets zu der Zeit, in welcher ich zu Hause war, und in welcher ich mit den Kranken, die herbei kamen, zu reden pflegte. Die meisten von denen, welche mich besuchten, habe ich mir nicht merken können.

Von dem Freiherrn von Tannberg, welcher in diesem Jahre auf seinem Gute nicht wohnte, habe ich in seinem und im Nahmen der Seinigen einen theilnehmenden Brief empfangen.

Die Bewohner von Thal ob Pirling, welche meine nächsten Nachbarn waren, machten sich jezt öfter bei uns etwas zu thun, als das in früheren Zeiten der Fall gewesen war, sie grüßten mich recht herzlich, wenn ich an einem Hause vorbei ging, oder in eines trat, und von den Hausthüren sahen mir manche lange nach, wenn

a *aR mR* 139

ᵃich so dahinging, wie ich es bemerken konnte, wenn ich umblikte.

Meine Leute in dem Hause waren sehr theilnahmsvoll, sie verrichteten jede Arbeit mit der größten Bereitwilligkeit, widersprachen nie, und suchten mir dienstlich zu sein, wenn sie glaubten, mir etwas an den Augen ansehen zu können.

Ich dachte recht sehnlichst an den Obrist. Da die Herbstarbeiten vollendet waren, hatte er eine Reise angetreten, und war noch immer fern. Ich vermuthetete, daß er zu Margarita gegangen sei. Er weiß gewiß nicht, was sich indessen bei uns zugetragen hat.

b *mR* später erscheint später
    mB wenn das Haus fertig ist

¹ᵇDas Haus, welches bisher unser Haus gewesen ist, und welches ich auch immer unser Haus geheißen habe, ist jezt mein Haus geworden, und ich erkannte, daß ich mich daran gewöhnen müsse, es statt unser Haus mein Haus nennen zu müssen. Es erschien mir nun viel zu groß, und die Gemächer desselben waren so leer. Sonst waren sie in denselben gewesen, die nun nicht mehr kamen. Der Vater hatte hier gewaltet, Anna war nicht davon fort gegangen, und hatte mir eher ein Opfer gebracht, als sie dachte, ~~ich~~ daß ich in demselben nicht ganz glücklich sei,
und sie mich
jezt nicht verlassen dürfe, und Kaspar war in demselben herum gegangen, und hatte gearbeitet. Ich habe nie gewußt, wie sehr ich ihn geliebt habe.

c Nun habe ich
d *mB* Diese alle denken

~~Ich habe nun~~ᶜ nichts mehr als meine Kranken. ~~Alle~~²ᵈ denken an mich, und ich denke an ~~alle~~³. Es ist, als warteten alle auf mich. Und es warten alle auf mich, und die auf mich nicht denken und auf mich nicht warten können, wie das unschuldige Kindlein in der Wiege, ~~das erkrankt ist und das mich fürchtet, wenn ich hiezu trete und~~

e und wie

~~das die Arznei von mir nicht nehmen will, und wie~~ᵉ der, dem im Fieber das Bewußtsein ausgelöscht ist, ~~und den ungeheure Gedanken und Gefühle begraben,~~ für diese denken die Angehörigen auf mich, und warten auf mich, und sie fragen mich mit den Augen, ~~wenn ich gegenwärtig bin,~~ ob etwas zu fürchten ist, und sie fragen mich mit den Lippen,

Fortsetzung auf S. 226

1 aR mB und *mR* bis zum Ende der Seite angestrichen

2 üdZ mT Diese alle
3 üdZ sie

Die Seite *mR* durchstrichen.

Arzneien verwenden könnte, stieg er von seinem Wagen, und ich führte ihn in meine Kammer. Dort bath ich ihn, eine kleine Weile allein zu sein, bis ich an dem Küchenfeuer die nöthigen Anordnungen gemacht hätte. Er willigte ein. Ich ging in die Küche, gab meiner Magd /*Appollonia*/[1] einige Kräuter und andere Gegenstände, und sagte ihr, was sie damit thun müsse. Dann ging ich wieder zu dem Obristen in die Kammer. Er stand vor meinem kunstreich geschnizten Schreibschreine, und betrachtete ihn. Ich wollte ihn zu einem Size nöthigen, er aber sagte, daß das sehr ernst sei, was er mit mir zu reden habe, und daß wenigstens der Anfang im Stehen abgemacht werden möchte. Ich willigte ein, und sagte: „So seid mir von tiefem Herzen willkommen, Herr Obrist, ich habe heute vormittags schon im Haslung erfahren, daß ihr gekommen seid, man hat in der Nacht euren Wagen durchfahren gesehen."

„Ich habe mir ihn auf fünf Meilen entgegen kommen lassen," antwortete er.

„Das ist recht schön, daß ihr heute gleich zu mir herab gekommen seid," sagte ich, „es ist eine Freundlichkeit von euch, ich hatte mir vorgenommen, wie es sich gebührt, heute gegen Abend, wenn ich frei geworden sein würde, zu euch hinauf zu kommen."

„Es ist die Schuldigkeit dessen, der fortgereist war, den ersten Besuch zu machen, wenn er wieder gekommen ist, damit er seine Rükkehr anzeige," sagte der Obrist.

„Wir wollen nicht so scharf rechnen, Herr Obrist," erwiederte ich, „ihr seid der ältere, und ich bin euch viele Verehrung schuldig, und da ich eure Rükkehr erfahren habe, wollte ich euch besuchen, ihr seid mir aber zuvor gekommen. Es hat sich während eurer Abwesenheit manches verändert."

„Es hat sich manches verändert, Herr Doctor," entgegnete er, „wenn ich auch nicht gar so lange von dem Walde entfernt gewesen bin. Ich bin in Wien bei meiner Tochter Margarita gewesen. Ein Brief von meinem Vetter Tannberg hat uns belehrt, was in eurem Hause vorgefallen ist. Ihm hat es sein Forstwart aus Tannberg geschrieben. Meine Tochter Margarita läßt euch durch mich sehr viele Grüße sagen, sie ist sehr betrübt über das, was vorgefallen ist, und sie läßt euch melden, daß die innige Freundschaft, die sie euch immer gewidmet hat, und die sie euch für ihr ganzes Leben zu widmen versprochen hat, ihr Herz erfüllt, daß diese Freundschaft, deren Vergrößerung sie nicht für möglich gehalten hat, durch das Unglük, welches euch getroffen hat, dennoch vergrößert worden ist, daß sie nun aber eine Höhe hat, für die sie sich eine Vermehrung nicht mehr denken kann, und daß sie so dieselbe euch bewahren will, so lange ihr Herz schlägt."

„Ich danke," erwiederte ich, indem mir die Thränen hervor brachen, die ich nicht zurük halten konnte, und indem ich ihm die Hand reichte, weil ich nicht weiter zu reden vermochte.

„Ich danke," fuhr ich dann fort, „und sagt Margarita, daß ich das höchste Gefühl der Ehrerbietung für sie hege, und daß ich dieses Gefühl behalten werde, so lange ich lebe."

„Sie weiß es wohl, daß ihr sehr gut gegen sie gesinnt seid," antwortete er, „ich werde ihr aber doch eure Worte berichten."

„Thut das, Herr Obrist," sagte ich.

„Und von mir, lieber Doctor," fuhr er fort, „dürft ihr der größten Zuneigung stets versichert sein. Ihr verdient sie durch das, was ihr seid, und durch das, was ihr thut, und ihr verdient sie durch das Wohlwollen, das ihr mir über meinen Werth angedeihen lasset. Ihr verdient die Zuneigung aller Leute, die euch kennen, und sie tragen das auch in ihrem Gemüthe, und widmen euch diese Zuneigung. Die meinige wird euch bleiben, so lange ich lebe, und wenn ich sie durch Thaten beweisen kann, so werde ich darüber eine Freude haben, und schenkt mir die eurige auch noch für diese Spanne, die mich Gott auf Erden verweilen läßt."

„Ich danke euch, Herr Obrist," sagte ich, „ich danke euch aus meiner innersten Seele. Ich weiß es schon lange, daß ihr gütiger gegen mich seid, als ich es verdient habe. Ihr seid gütig[a] gewesen, als ihr mich kaum

---

[1] statt Appolonia   *Die Seite mR durchstrichen.*   *Fortsetzung auf S. 227*

[a] gegen mich

f noch
g tief
h recht
i dessen
k dem ich

l und wenn es
m den Tod wünscht, und auf ihn wartet, und doch die Augen wieder
n denn alle Hoffnung abspreche

ob ich[f] eine Hoffnung gebe. Ich empfinde es[g], wenn ich das unschuldige Kind in der Wiege sehe, dem das Leben vielleicht schon verschwinden soll, ehe es[h] angefangen hat, ~~zu verstehen, was das Leben sei,~~ oder ~~wenn der~~[4] Jüngling in dem Bette ~~liegt, und seine~~[i] rosigen Wangen durch die Hize noch röther und dunkler werden, und ‖er‖[5] mich bittet, ich möge nur etwas thun, daß die Hize aufhöre, dann sei er gesund, und ~~ich ihm~~[k] die Hize nicht nehmen darf, weil dann leicht, wenn ich das wohlthätige Fieber zerstöre, mit der Hize und Röthe auch die ganze rosenfarbene Zukunft abgeschnitten sein könnte, oder ~~wenn~~ ein altes Mütterlein ~~da liegt~~, das niemanden mehr hat, dem alle weggestorben sind, und das in Ergebung ~~auf den Tod wartet,~~[l] ~~doch die Augen~~[m] voll Angst auf mich richtet ~~wenn~~[6] ich weggehen will, und in meinen Mienen zu lesen strebt, ob ich ~~Hoffnung versichere~~.[n] Das Leben ist ein wunderbares außerordentliches Werk, und der Tod ist auch ein wunderbares außerordentliches Werk.

Als die Nachtfröste eintraten, kam der Obrist von seiner Reise zurük. Er war in später Nacht gekommen, und fuhr des andern Tages, als ich von meinen Krankenbesuchen zurük gekehrt war, zu mir herunter. Er fragte, ob ich ein Stündchen Zeit hätte. Als ich sagte, daß ich jezt bis gegen Mittag wohl ausruhen könnte, nachdem ich nur noch angegeben hätte, was die Magd an das Feuer zu stellen habe, daß ich es dann mit zur

Bereitung von

---

4 üdZ den   5 der   6 üdZ da

noch näher kanntet, ihr seid immer gütiger geworden, als wir öfter zusammen gekommen sind, und ihr habt eure Güte
nicht
vermindert, als ich euch wehe gethan hatte. Ihr habt alles dieses durch Thaten gezeigt. Ich erkenne es, ich erkenne es mit
Dankbarkeit, und innige Liebe und Verehrung ist es, die ich entgegen als Dank und Anerkennung eures Wesens geben
kann, und die ich in dem höchsten Maße, dessen mein Herz fähig lebenslänglich bewahren werde, und auch bewahren
werde als Zeichen der Reue über das, was ich euch in eurer Tochter Margarita gethan habe. Im Übrigen wird mir der
Trost in meinem Hause das Andenken an die Meinen sein und die Erfüllung meiner Pflicht."

„Und die Liebe, mein verehrter Freund," entgegnete er. „Ihr habt Liebe verlo-
ren, oder vielmehr diese Liebe ist von der Erde an einen andern Ort übergegangen, wo sie größer und gerei-
nigter ist, als sie auf der Erde zu sein vermochte, wo sie immer größer werden wird bei eurem steigenden Werthe,
und von woher sie euch unsichtbar zufließen wird, und euch in euren Thaten umschweben wird, an denen ihr Freude
haben werdet, wenn auch die Liebeszeichen, die ihr auf der Erde zu empfangen gewohnt waret, verstummt sind. Dann
habt ihr auch noch Liebe auf der Erde. Die Liebe eurer Mitbewohner dieser Gegend, die ihr euch durch guten Rath
durch Hilfe in eurer Amtsausübung und durch viele andere Dienste, die ihr ihnen erwiesen habt, und die sie, wie ich
wohl weiß, sehr gut erkennen, ~~zu erwer~~ in der Zeit her zu erwerben gewußt habt, wird euch bleiben, und wird noch
immer wachsen.
Dann ist die Liebe eurer Freunde und näheren Bekannten. Und wie viele Liebe kann noch in der Zukunft in dieses Haus

134.

kommen. Lieber Doctor, ihr seid noch jung, ihr habt in der lieblichen Lage der Biegung des Thales hier ein schönes Anwesen, das, wenn ihr euch bestrebt, noch immer schöner werden kann. Dieses Haus kann sich wieder füllen, und eure Liebe, welche sich bisher an die gerichtet hat, die vor euch gewesen sind, und die neben euch gewesen sind, wird sich an die richten, die später kommen, und nach euch sein werden."[1a]

a mR später

„Das wird sich wohl nicht fügen," entgegnete ich, „das wißt ihr recht gut, Herr Obrist, ich kann wohl fremde Leute in mein Haus nehmen, gegen die ich eine Zuneigung fassen werde, und die eine Zuneigung gegen mich haben werden; aber solche, die mir näher angehören, und die ich mit Liebe im Herzen haben werde, werden in dieses Haus nicht kommen."

„Das wißt ihr nicht, Herr Doctor," antwortete der Obrist, „ich habe schon viel länger gelebt als ihr, ich kenne die Herzen der Menschen, und ich glaube zu wissen, was sich ereignen wird."

„Nun, lassen wir das," antwortete ich, „und erwarten wir in Vertrauen, was Gott verhängen wird, und tragen wir in Ergebung, was er bereits verhängt hat."

„Das ist wohl das beste Gefühl, was der Mensch in jeder Lage haben kann," erwiederte er, „ich habe erwartet, daß ihr dieses Gefühl hegen werdet, weil ich euch kenne, und wenn es auch jezt nur noch eher das Gefühl der Ergebung ist, als das Gefühl der Erwartung, von dem ihr beherrscht seid, so wird euch Gott dieses Gefühl der Ergebung immer ruhiger und sicherer machen, ehe er das Gefühl der Erwartung wekt, welches für sich allein schon immer eine Art Glük bringt, und ehe er durch seine Gnade die Erfüllung der Erwartung eintreten läßt, welche Erfüllung für uns ~~immer~~[b] ein Gut ist, wenn wir es auch nicht jedes Mal erkennen, und zuweilen gar einen Schmerz darüber empfinden."

b stets

„Er wollte mich dadurch besser haben, daß er die Meinigen zu sich nahm, und bei sich befeligt,[2]" sagte ich, ~~und es quollen mir doch wieder Thränen in die Augen.~~[c]

c indem mir doch wieder die Thränen in die Augen quollen.

„Ihr seid schon besser, da ihr dieses ausssprecht," ~~sagte~~ antwortete er, „und werdet durch dieses Ereigniß mit desto größerer Gewißheit besser werden, was ihr sonst nur vielleicht mit großer Mühe und in langer Zeit erreicht hättet."

„Es wird so sein, Obrist," sagte ich, „ es wird so sein."

„Und nun, lieber Freund," antwortete er, „erlaubt mir, daß ich mich auf einen eurer Stühle nieder seze, und ein wenig ruhe. Ihr aber geht hinaus zu den Eurigen, und thut, was ihr etwa für nöthig haltet, damit das geschehe, was für heute in Vorbereitung ist."

„Wenn ihr mir es gestattet," sagte ich, „so werde ich es thun. Es wird nicht viel Zeit in Anspruch nehmen, und ich werde bald wieder bei euch sein."

„Wie viel es auch Zeit fordert," entgegnete er, „ist einerlei, mir ist keine Zeit gemessen, und die ich habe, gehört euch."

„So erlaubt," sagte ich, „und nehmet euch einen Plaz./"/

Er sezte sich auf einen Stuhl, der seitwärts des Schreibschreines stand, und ich ging hinaus.

Draußen that ich, was zu thun war. Dann ging ich wieder in meine Kammer, und Appollonia folgte mir mit den Dingen, die ich ihr angegeben hatte. Ich trat nun vor meinen Arzneischrein, und mischte aus ~~Dingen~~[d] in meinem Schreine und aus dem, was Appollonia gebracht hatte, Arzneien in Gläser, damit sie bereit wären, wenn die, welche sie haben sollten, darum kämen. Dann sezte ich mich auf den Stuhl vor meinem Schreibschreine, und schrieb noch einiges Nothwendige auf ein Papier. Als ich damit fertig war, blieb ich auf meinem Stuhle sizen, und sagte: „Bei meinem Amte ist es nun schon so, Herr Obrist, daß manches Einzelne unaufschieblich gethan werden, und die Zeit damit unterbrochen werden muß. Ihr entschuldiget es gewiß."

d Stoffen

„Ich weiß die Sache," entgegnete er, „und habe euch aufgefordert, eure Geschäfte zu verrichten. Es wäre gelegener gewesen, wenn ich in den Nachmittagstunden gekommen wäre; allein ich wollte meinen Besuch bei euch nicht um das Geringste aufschieben, und bin darum jezt herab gefahren."

„Das ist recht schön und freundlich gedacht," sagte ich.

„Euer Weizen, Herr Doctor," sprach er, „wie ich mit einem Blike, da ich gegen das Haus

---

Fortsetzung auf S. 230   *1 aR mR angestrichen*   *2 H*   *Die Seite mR durchstrichen.*

„Es ist gut," sagte er, „und die Sache wird sich ausbreiten."

„Es sind unter den Waldbewohnern doch viele kluge und wohlmeinende Leute," antwortete ich, „welche der Entwiklung und Förderung der Gegend nicht abgeneigt sind."

„An den Wegen habt ihr auch sehr fleißig zu arbeiten begonnen," entgegnete er, „wie ich bereits gesehen habe, und wie mir Jakob während des Hereinfahrens gegen den Wald erzählt hat."

„Jakob ist in der Sache mit euern Pferden nicht säumig gewesen," sagte ich.

„Ich habe es ihm bei meiner Abreise aufgetragen," antwortete er.

„Die Leute sind guten Wegen immer geneigter geworden, seit sie dieselben gesehen, und auf ihnen das Fahren versucht haben," entgegnete ich.

„Wir werden die Wohlthat in dem nächsten Jahre und in den darauffolgenden erst recht verspüren," sagte er.

„Was mich am meisten beruhigt, ist, daß die Angelegenheit nun nicht mehr ganz ins Stoken oder gar in den Rükgang gerathen kann," antwortete ich.

„Es ist schon zu sichtlich geworden," sagte er, „der Fürst hat draußen in seiner großen Besizung begonnen, und von da ist es auf die Wege in dem oberem Lande übergegangen, und hat sich nun auch zu uns in den Wald herein gezogen. Ich habe auf meiner Fortreise den neuen Garten des Fürsten sehr genau angesehen. Es ist da eine hohe Bedeutung Schönheit und Trefflichkeit. Das ist von einem Menschen von Gefühl und Herzlichkeit ausgegangen. Der Fürst ist ein ganz anderer Mensch als der Graf, der mit seinem Einfluße bis tief zu uns herein reicht. Mein Vetter Tannberg wäre wohl recht; allein Tannberg ist zu klein, als das auf diesem Gebiethe viel Anregendes zu bewerkstelligen wäre. Auch halten sie sich viel zu selten in diesem Besizthume auf."

„Es ist aber doch recht klar und rein hergerichtet," sagte ich.

„Das ist sein und seiner Gemahlin Wesen," erwiederte er. „Hat der Graf gegen die Sillerbrüke wieder Anstände erhoben, und ist noch nichts darüber von dem Amte eingelangt?"

„Nach meinem Wissen nicht," entgegnete ich, „und der Graf ist wohl immer gegen den Bau der Brüke."

„Das hat mir auch unser Gemeindevorstand gesagt, mit dem ich, als ich hieher fuhr, an dem rothen Kreuze einige Worte gesprochen habe," erwiederte er, „der Vorstand glaubt, daß, so wie an unsere Gemeinde nichts gekommen ist, auch die andern Gemeinden, welche in dieser Sache betheiligt sind, nichts erhalten haben, die Männer, mit denen wir in gutem Einvernehmen sind, hätten es uns sonst mitgetheilt."

„Das Werk kann aber doch nicht mehr hintertrieben werden," sagte ich.

„Das glaube ich auch," entgegnete er, „wenn wir die Hände nicht in den Schooß legen."

„Das werden wir nicht thun," antwortete ich.

„Sind eure Schafe schon angekommen?" fragte er.

„Mein Vater hat sehr sehnlich auf sie gewartet," entgegnete ich, „seit er die schöne Art dieser Thiere in dem braunen Hofe gesehen hat, seit er erfahren hat, wie die einigen Stüke, die ihr erhalten habt, in den lezten zwei Sommern gediehen sind, und seit wir uns entschlossen haben, auch einige zur Zucht kommen zu lassen. Er sollte diese Freude nicht mehr erleben. Mir ist die Sache in der lezten Zeit aus den Augen gekommen, ich werde aber doch wieder an den Verwalter um die Zusendung schreiben."

„Thut das, Herr Doctor," sagte er.

„Ja, ja, ich werde es thun," entgegnete ich.

„Die Zucht der Kühe, die euer Vater und Kaspar und ihr in eurem Hause heran gebildet, und wovon ihr mir mitgetheilt habt, und die bei mir recht wohl gedeihet, freut mich sehr ‖.‖[1a] Ich sehe schon manche ähnliche[b] auf den Weiden, und es wird ein wohlthätiger Anblik sein, wenn wir immer mehr diese edle Art in unseren /Wäldern/[2] herum gehen sehen werden."

„Es kann wohl so kommen," sagte ich.

„Es wird kommen, lieber Doctor," entgegnete er. „Ihr habt ja auch an euerem Hause und an dem Garten und in der Umgebung wieder schöne Veränderungen vorgenommen, seit ich aus war, wie

a fuhr er fort,/„/
b Thiere

1 idZ ;"   2 statt Wälder   Die Seite mR durchstrichen.   Fortsetzung auf S. 231

herzu fuhr, sehen konnte, steht sehr schön, ihr werdet sehen, daß er äußerst gut gedeiht, und daß er auf diesem Grunde noch besser gedeiht als bei mir oben im Hage."

„Das habe ich wohl gedacht," antwortete ich.

„Ihr werdet dann durch das Beispiel, das ihr gabt," fuhr er fort, „und vielleicht auch dadurch, daß ihr Saamen, der bereits dem Waldboden entsprossen ist, und ihm daher mehr zusteht als ein von Außen herein gebrachter, an solche abläßt, die ihn begehren, zum Weizenbaue, in so ferne er in diesem Lande möglich ist, und in so ferne er demselben nüzlich, und, wenn recht betrieben, sehr nüzlich ist, beitragen, so viel in euren Kräften ist."

„Das erste Beispiel ist von euch ausgegangen," sagte ich, „euere ersten Nachfolger sind mein Vater mein Bruder und ich gewesen, andere Leute sind bereits auf die Sache aufmerksam geworden, ihr habt gesehen, daß viele zu euch hinauf gekommen sind, euren Weizen anzuschauen, sie haben gesehen, daß er gut wird, sie werden sehen, daß auch der meinige wohl geräth, und werden dann allgemach mit der Nachahmung beginnen. Ich bin entschlossen, meine ganze Weizenernte zu weiterem Saamen für mich und für solche, die Saamen begehren, zu verwenden."

ich bemerken konnte."

„Das haben der Vater und Kaspar gethan," sagte ich.

„Und ihr wohl auch, Doctor," erwiederte er. „Wollt ihr wohl die Güte haben, mich ein wenig in eurem Hause und seiner Angrenzung herum zu führen, ehe ich fort gehen, und euch eure Zeit wieder gebe, die ihr zu eurem Amte braucht?"

„Wenn ihr es verlangt, recht gerne, Herr Obrist," entgegnete ich.

„Nur, wenn euch eure nöthige Zeit dadurch nicht verkürzt wird," bemerkte er.

„Ich kann es recht leicht thun," erwiederte ich, „und wenn ich meine Zeit dringend für Kranke brauchte, würde ich es euch sagen."

„So ist es recht," sagte er, „und so gehen wir."

Er erhob sich von seinem Size, ich mich auch von dem meinigen, und wir gingen von der Kammer durch die große Stube hinaus, damit ich ihm zeige, was er verlangte.

136.

Wir gingen zuerst in die noch übrigen Gemächer des Hauses. Sie standen außer denen für das Gesinde leer. Die Geräthe waren vereinsamt, weil die nicht mehr da waren, die sie geöffnet, oder sonst berührt hatten. Dann gingen wir zu den Thieren. Meine zwei schwarzen Pferde hatten nun ihr Wachsen vollendet, und waren schlanke Thiere. Sie kannten den Obrist, weil er sie stets, wenn er zu ihnen kam, gestreichelt, und für sie ein Stükchen Zuker in Bereitschaft gehabt hatte. Sie drehten die Köpfe gegen ihn hin. Auch jezt bekamen sie ihren Zuker. Mich schauten sie an, als wüßten sie, daß etwas im Hause fehle. Der Fuchs stand ruhig, und sich erholend an seiner Krippe, und sah nach mir seinem täglichen Freunde. Dann besahen wir die Rinder. Den Obrist freute es, daß ich seine Einrichtung nachgeahmt hatte, und er lobte sehr die Reinlichkeit Geräumigkeit und Luftigkeit der Stände und das fröhliche gesunde Aussehen der Thiere. So war es bis zu dem Geflügel herunter. Dann gingen wir in die Scheune in die Wagenlaube in die Geräthkammer in den Keller und in den Eisbehälter. Denselben nannte der Obrist vortrefflich. Hierauf besuchten wir den Garten die Hauswiese die Felder der Hausmarke und den Anger mit der Hausfichte. Er bemerkte die Veränderungen in der Gittereinfriedigung des Gartens, die neuen Zwergobstbäume, die Glättung der Wiese, und die Eintheilung des Feldes.

Als wir wieder in die Stube gekommen waren, sagte er: „Ich will nun eure Zeit nicht länger mehr für mich in Anspruch nehmen, und will euch jezt verlassen, Herr Doctor. Lebet recht wohl, und kommet ja sehr bald, so bald es nur immer euer Amt gestattet, zu mir hinauf. Es dürfte sehr vieles, sehr vieles, zu besprechen sein."

„Ich werde kommen," sagte ich, „und so lebet indessen wohl, Herr Obrist."

Er ging hinaus zu seinem Wagen. Vor demselben reichte er mir noch einmal seine Hand, und drükte die meinige. Dann stieg er in den Wagen. Von demselben aus sagte er noch zu mir: „Denkt zuweilen an das, Herr Doctor, was ich euch von dem Tode meines Weibes erzählt habe."

„Wie oft, wie oft habe ich daran gedacht," entgegnete ich.

Darauf fuhr er davon, den Weg nach Pirling hinunter.

Ich ging des andern Tages zu ihm in das Haghaus hinauf, und wir sprachen von verschiedenen Dingen.

So kamen wir in den nächsten Tagen noch öfter zusammen. Ich habe auch erfahren, daß er damals, als er mich besucht hatte, auch noch in dem Friedhofe von Pirling auf den Gräbern der Meinigen gewesen ist.

Die Krankheit, an der mein Vater Kaspar und Anna gestorben sind, breitete sich später auch noch in der Gegend aus. Sie war wohl auch in früheren Zeiten öfter vereinzelt vorgekommen; aber jezt wurde sie so herrschend, daß fast alle andern Übel verschwanden, und in dieses einzige übergingen. Sie war auch stärker und heftiger als sonst, besonders im Anfange. Es mußte etwas in der Luft oder im Wasser oder in den Nahrungsmitteln oder in andern Dingen sein, das sie hervor rief. Kaspar, der in sie nach seiner Erkühlung verfiel, wäre wohl nicht in sie gerathen, wenn das Wesen, das ihre Erregung bewirkte, nicht vorhanden gewesen wäre. Ich hatte außerordentlich viel zu thun, und konnte außer meinem Amte zu gar keiner andern Beschäftigung mehr gelangen. Zu dem Obrist ging oder fuhr ich nicht mehr hinauf, auch ließ ich ihn bitten, er möge nicht zu mir kommen, eben so ging ich zu keinem anderen Menschen außer im Krankenbesuche, um das Übel nicht in meinen Kleidern oder sonst wie dahin zu bringen. Denn es zeigte sich, daß das Fieber der Nerven, in dem die Seuche besonders hervortrat, sehr ansteckend wirkte. Ich kaufte im Gesenke noch ~~paar Pferde~~[a] und einen leichten Wagen, weil ich sonst die Sache, die mich in Anspruch nahm, nicht zu bewältigen im Stande gewesen wäre. In Thal ob Pirling bei meinen nächsten Nachbarn war das Übel besonders eingewurzelt, und jezt zeigte sich, wie gut die Anlegung meines Eisraumes[b] ist; denn beständig waren Leute zwischen den Häusern von Thal ob Pirling und meinem Hause auf dem Wege, um Eis, das ich verordnete, zu den Ihrigen zu bringen. Ich verwendete alle meine Kräfte einzig und ganz allein für die Krankheit, und hatte gar keinen andern Gedanken mehr als[1] an sie. ~~Ich ließ mir einen sehr großen ledernen Polster machen,~~[2] und als die Krankheit auf ihrem Gipfel war, zog ich in der Nacht meine Kleider gar nicht mehr aus, sondern legte mich in ihnen auf den[c] ledernen Polster, der ~~auf~~[3] die Bank gebreitet war, um, wenn ich in der Nacht gerufen wurde, was sehr oft geschah, sogleich bereit zu sein. Viele Menschen starben an dem Übel, viele genasen auch, und wenn ich einen gerettet hatte, so freute ich mich dessen, und dachte, ich hätte einen der Meinigen gerettet. Von meinen näheren Freunden ist niemand erkrankt, und[4] hatte

---

a ein Pferd

b gewesen

c mB großen

Fortsetzung auf S. 234

1 üdZ nur
2 idZ mB gestrichen
3 üdZ über
4 üdZ ich

Die Seite mR durchstrichen.

Angehörige genesen waren.

    So wie die Krankheit Betrübniß in fast alle Theile des Waldes gebracht hatte, so folgte, als dieselbe gewichen war, eine Zeit, in der fast gar niemand erkrankte. Ich hatte Muße zu thun, was ich wollte. Oft vergingen mehrere Tage, ohne daß irgend jemand zu mir kam, über ein geringes Leiden zu klagen, oder daß ich zu jemanden gerufen wurde, den ein kleines Übel befallen hatte. Und dann waren es meistens Dinge, welche sich ein Gesunder durch ein Ungeschik zugezogen¹, oder ~~das~~² durch einen Zufall über ihn gekommen ‖war‖³, wie eine Verwundung eine Quetschung /eine/⁴ Beule. Es war, als hätte die Seuche alle jene, die irgend wie eine Schwäche in ihrem Körper hatten, ergriffen, und als sei, da diese weggestorben oder genesen waren, kein Stoff übrig geblieben, an den sich eine Krankheit hätte wenden können. Und wie es geht, daß die Menschen[,] eine Heimsuchung, die über sie gesendet worden war, bald, nachdem sie sich verloren hatte, wieder vergessen, und sich einer desto größeren Fröhlichkeit hingeben, so war es auch hier. Bald war die Zeit, die über dem Walde gewesen war, aus dem Gedächtnisse verschwunden, eine Lustigkeit stellte sich ein, die gemeinsamen Zusammenkünfte belebten sich, die Spiele wurden beweglicher und die Belustigungsorte erfüllter, nur daß hie und da ein Herz war, das seine Verlorenen in sich trug, sich zurük zog, und in dem allgemeinen Vergnügtsein verschwand. Dazu kam noch, daß, wie der Winter gegen auswärts neigte, sich immer mehr die Zeichen vervielfältigten, daß ein balder und ~~günstiger~~ᵃ Frühling kommen werde.

    Als die Zeit der Krankenlosigkeit war, und es schien, als würde man im Walde gar keinen Arzt mehr brauchen, wenigstens so lange nicht, bis die Menschen wieder die Gründe zu neuen Krankheiten gelegt hätten, benüzte ich die Freiheit, die mir geworden war, um eine Reise in die Stadt Budweis und von da in die Stadt Linz zu machen, und den beiden Ärzten, welche mich in der Krankheit der Meinigen unterstüzt hatten, meinen tiefen und meinen herzlichen Dank darzubringen. Sie nahmen mich beide sehr freundschaftlich auf.

    Da ich zurük gekommen war, erhielt ich die Nachricht, daß ich an die Stelle meines Vaters zu einem Gemeindeältesten unserer Gemeinde gewählt worden war. Ich nahm die Wahl an, und war nun der jüngste Gemeindeälteste. Ich leistete das Versprechen in die Hände unseres Vorstandes, und sagte, daß ich alle meine Pflichten, die mir aus dem neuen Amte erwüchsen, auf das Getreueste und Gewissenhafteste, in so weit es mein Beruf gestatte, erfüllen werde.

    So hatte ich die drei Verpflichtungen, die ich damals, als mir der Vater das Haus hatte übergeben wollen, abzulehnen gesucht hatte, nun doch bei einander: meinen ärztlichen Beruf, den Hausbesiz und das Gemeindeamt.

    Ich ging nun recht oft zu dem Obristen hinauf, und er kam auch sehr oft zu mir herunter. Wir sprachen von den verschiedensten Dingen. Ich bath ihn, mir die Gemeindeangelegenheiten, die eben im Laufe waren, auseinander zu sezen, und mir zu sagen, wie diese Dinge zu behandeln seien. Er that es auf das Bereitwilligste ‖.‖⁵ᵇ Ich las jezt auch sehr oft in seinen Schriften.

    Da der Frühling heran nahte, nahm ich mehr Leute in mein Haus. Katharina eine sehr entfernte unverheirathete Verwandte meines Vaters, welche fünfzig Jahre alt war, nahm ich als Haushälterin und als Vorsteherin der Dinge im Innern des Hauses. Aus dem obern Haslung nahm ich noch einen Knecht, einen treuen willigen Menschen, der den Namen Andreas trug. Dann nahm ich noch eine Magd, Namens Crescentia. Ich brachte sie in Gelassen des Hauses unter, die ich hatte zusammen richten lassen. Die Vorstandschaft über die Feldarbeiten über die Arbeiten im Garten auf den Wiesen und in dem Walde übertrug ich niemanden, ich behielt mir vor, diese Arbeiten selber zu überschauen und zu vertheilen.ᶜ

    Als die Fröste wichen, und wieder Maurerarbeit im Freien verrichtet werden konnte, begann ich, die Sölde umzubauen. Eigentlich sollte sie nicht umgebaut, sondern nur vergrößert werden. Der alte Theil sollte die Sölde bleiben, und einen Söldner, wenn sich wieder einmal einer an dem Hause einfinden sollte, und wohl auch eine Söldnerin und etwaᵈ Angehörige beherbergen können. Das Haus wird dann wohl in Händen sein, welche weit von denen meines Vaters von denen meiner Angehörigen und von den meinigen entfernt sein werden. Der neue Theil der Sölde sollte Gemächer enthalten, in welche ich Kranke weisen konnte, die vielleicht zu mir die Zuflucht nehmen würden, und bei mir bleiben wolllten. Der alte Theil der Sölde sollte, wenn er auch Sölde zu bleiben bestimmt war, doch die Einrichtung erhalten, daß er, so lange kein Söldner da ist, dem Krankenzweke die-

---

Mappe 137.

a gesegneter

b mB in 2. Var. ~~ich~~ mT in 3. Var.
und suchte mir
die Sache geläufig
zu machen.

c mR 141

d sogar

---

1 üdZ hatte
2 üdZ die
3 waren
4 statt ein
5 idz ,
Die Seite mR durchstrichen.

Fortsetzung auf S. 235

stets eine große Freude, wenn mir von den ganz besonders gutem Wohlbefinden des Obrists Nachricht zukam.

Als der Winter schon gegen den Hornung neigte, und nach langem Schneefalle und nach nassem und weichem Wetter eine strenge und heitere Kälte eintrat, nahm sie^d bedeutend ab, und in wenig mehr als zwei Wochen war sie völlig verschwunden, daß kein einziger Fall mehr nun hinzu kam. Die noch mit ihr behaftet waren, genasen fast alle, und ||ihr ganzes||⁵ Wesen^e war überhaupt jezt sehr gelinde. Als in den ersten Tagen der Fastenzeit bei strengem Schlittenwetter keine Spur der Krankheit mehr vorhanden war, und ich wieder zu Athem gelangen konnte, war es mir, als sei mir ein Schleier von den Augen gefallen^f, und als sei die ganze Welt jezt heiterer und klarer.

Ich ging, da gar nichts mehr zu befürchten war, zum ersten Male wieder zu dem Obrist hinauf, und wurde von ihm mit der allergrößten Herzlichkeit empfangen. Er kam auch kurz darauf zu mir herunter.^g Ich besuchte so auch viele andere meiner näheren Bekannten in Pirling und in anderen Orten. Viele besuchten mich in meinem Hause, und besonders kamen mit Danksagung zahlreiche solche, die entweder selber, oder von denen

d die Seuche

e des Übels derselben
   des Übels

f genommen

g und sprach mit großer Freundschaftlichkeit mit mir

---

5 üdZ das idZ ganze

nen könnte. Es waren hinzu nicht viele Umänderungen nöthig. Kaspars Gemach und die Nebenkammer konnten bleiben, wie sie waren, nur daß in den Geräthen ein theilweiser, wie Wechsel wird eintreten müssen, wie ihn der Zwek erfordert, und die Stuben, in denen ein Knecht oder der Bube Thomas oder auch manches Mal eine Magd geschlafen hatten, konnten leicht hergerichtet werden. Der neue Theil sollte an den alten angefügt werden, und so beschaffen sein, daß er nach Nothwendigkeit immer wieder erweitert werden konnte. Jezt wollte ich mich auf einen kleinen Zubau beschränken. Die Arbeiten schritten schnell vor, ich war oft bei ihnen zugegen, und konnte erwarten, daß sie in nicht zu langer Zeit im Allgemeinen fertig sein werden.

  Als der Frühling gekommen war, und an manchem Nachmittage wie ein glänzendes Schild

138.

a Eschen

die Sonne über den ergründenden Wäldern stand, ging ich schwermüthig in der Gegend dahin, und ging zuweilen gegen die ~~Erlen~~ᵃ hinauf, an denen ich das weiße Haus des Obrists zu mir herab schimmern sah, ich ging in das Haus, ich war bei dem Obrist, wir waren in den Zimmern oder in dem Garten oder auf den Fluren oder im Walde.

In dem oberen Thaugrunde, wo man zu der Mühle des Innozenz hinein geht, rieselt ein kleines Wässerlein zwischen den Steinen hervor, es geht unter einer Schwelle des Weges fort, und fällt dann gleich in den Bach, der von der Mühle heraus fließt. Die Leute haben seit unvordenklichen Zeiten gesagt, daß dieses Wässerlein Heilkraft besizt, und wenn einem am Halse die Schilddrüse schwoll, so nahm er zuweilen dieses Wasser, und wusch sich die Stelle, und sie sagten, die Geschwulst vermindere sich. Dieses Wasser hatte ich schon zu öfteren Zeiten geschöpft, und es geprüft und untersucht. Aber ich hatte nichts in

b *mB* Thälern
mT den Thälern flossen.
c Heilkunde

demselben zu finden vermocht, was anders gewesen wäre als die Merkmale aller anderen Wässer, die in ~~der Gegend floßen~~ᵇ. In der Frühlingszeit las ich nun in dem Buche des kundigen Quadrinus, in welchem ich schon einmal etwas Gutes für die ~~Heilkunst~~ᶜ gefunden hatte, daß ein Wasser, welches gestärktes Linnen blau gefärbt hatte, in der Gegend der mitternächtlichen Alpen in dem österreichischen Lande einen Mann, der mit Geschwüren bedekt war, und dem kein Mittel hatte helfen können, und eben so auch ein mit Geschwüren behaftetes Mädchen und einen Knaben der Gesundheit zugeführt habe. Von diesem Wasser seien auch Geschwülste des Halses und der Leber vergangen. Ich schöpfte nun von dem Wasser in dem oberen Thaugrunde, ließ es in mein Haus tragen, und tauchte weißes gestärktes Linnen in dasselbe. Das Linnen wurde blau gefärbt.ᵈ Nun kaufte ich von dem Gerbauer, auf dessen Besizthume das Wasser fließt, das Stüklein Grund,

d Die andern Wässer, die ich jezt auch noch versuchte, färbten die Stärke nicht.

aus dem das Wasser hervorquillt, und ließ mit Steinen ein Beken schwellen, um darin einiges zu sammeln. Da das Wasser eine andere Eigenschaft hatte als die Wässer des Waldes, so ließ ich es niemanden mehr trinken, der in die Veranlassung dazu gekommen wäre, in so weit er nehmlich meinen Rath befolgte, und wendete es auch bei keinem ||kranken||¹ Menschen an, da ich es noch nicht kannte. Ich versuchte es an Thieren, und band Lappen, welche damit befeuchtet wurden, um den mit Fraß behafteten Fuß einer Kuh, um die Geschwürstelle eines Füllens und um das geschwollene Knie eines Pferdes. Ich glaubte wesentliche Spuren der Besserung zu finden.

e herein

Am Ende des Monates Mai kam der Inbuchshäusler aus der mittleren Astung zu mir ~~herunter~~ᵉ, und hatte einen Knaben bei sich. Der Knabe war sein Sohn, des Namens Gottlieb. Das Büblein war schwach bleich und traurig. Der Vater sagte, es nehme an nichts Theil, size gerne in der Stube, und habe zuweilen an der einen oder der andern Stelle seines Körpers besonders an dem Halse ein Geschwür oder auch mehrere. Diese heilen, und es kommen wieder andere. Er bürde dem Knaben keine Arbeit auf, und sein Eheweib auch nicht, sie lassen ihn oft mehrere Wochen in dem Bette liegen, und geben ihm eine bessere Nahrung, als sie selber haben, süsse und wohlschmekende Dinge. Das dauere nun schon acht Jahre. Sie wollen jezt das Heilwasser des Thaugrundes anwenden. Der Gerbauer gebe dem Knaben eine Schlafstelle und eines Tages in der Woche das Essen. Der Münichbauer gebe ihm an zwei Tagen das Essen, der Steinmeißler Simon an einem Tage und der Granhäusler auch an einem Tage. Es fehlen nun noch zwei Tage, und wenn er diese irgend wo erbitten könne, dann sei der Knabe versorgt, und er könne sich alle Tage das frische Wasser auf seinen Schaden auflegen. Darum bitte er mich, ob ich dem ~~Knaben~~² nicht auch ein Bischen zu essen geben möchte.

Ich antwortete, der Knabe könne an den zwei Tagen, an welchen ihm das Essen noch fehle, in mein Haus kommen, Morgens Mittags und Abends, und ich werde ihm Nahrung ~~geben~~ᶠ lassen.

f reichen

Fortsetzung auf S. 238   1 Kranken   2 üdZ Kinde   *Die Seite mR durchstrichen.*

Verpflegung nehmen wolle, so lange er das Heilwasser gebrauche, ob es ihnen recht sei. Sie dankten beide sehr, und der Häusler sagte, daß er morgen, da ein Sonntag sei, selber heraus kommen, und sich bedanken werde.

 Der Knabe brachte am Nachmittage in einem Bündel seine Dinge, welche er an seiner Schlafstelle bei dem Gerbauer gehabt hatte. Ich ließ ihn in das kleine Hinterstübchen neben dem Gesindegemache bringen, weil ich in der Sölde, wo eben gebaut wurde, noch keinen Raum für ihn herrichten konnte. Er hätte dort auch nicht die nöthige Ruhe gehabt. Er bekam ein sehr reinliches Bett, dann von weichem Holze einen Tisch dann einen Schrein mit zwei Schiebladen und drei Stühle in sein Stüblein.

 Des andern Tages kam sein Vater, und dankte mir für mein gutthätiges Vorhaben.

 Ich bestimmte nun eine Nahrung für den Knaben, von der ich glaubte, daß sie seinem Zustande angemessen sei, was die schweren und oft sehr starken Speisen, die er in den Waldhäusern bekommen hätte, gewiß nicht gewesen wären. Diese Nahrung mußte in meiner Küche bereitet, und ihm zur anberaumten Zeit gereicht werden. Zum Aufenthalte bestimmte ich ihm, wenn heiteres Wetter wäre, für den ganzen Tag das Freie. Er möge im Garten sein oder auf der Wiese oder auf dem Felde oder in dem Walde. Wenn sich da sehr leichte und kurze Arbeiten ergaben, wurden sie ihm zugewiesen. An Regentagen mochte er bei starkem Regen im Hause bleiben, bei schwachem aber doch ein wenig hinaus gehen. Arzneien gab ich ihm gar nicht. Von dem Heilwasser that ich sehr wenig in sein Trinkwasser, und da ich angeordnet hatte, daß der Knabe in jeder Woche zwei Male in lauem Wasser gebadet werde, so mischte ich auch von dem Heilwasser ein kleines Theilchen in sein Badwasser.

 So hatte ich nun wieder um einen Bewohner mehr in meinem Hause.

 Der Knabe war in Hinsicht meiner Anordnungen sehr folgsam.

 Der Freiherr von Tannberg kam in diesem Jahre gegen den Anfang des Sommers mit den Seinigen wieder in seine Waldbesizung. Ich fuhr eines Tages zu ihm hinüber. Ich wurde sehr freundlich und mit Aufmerksamkeit empfangen. Nach zwei Tagen kam er mit seiner Gemalin mit seinen zwei Töchtern und mit der alten Frau in zwei Wägen zu mir herüber. Sie gingen in die große Stube, und wurden von Katharina mit etwas Wenigem bewirthet. Dann besahen sie meine Kammer und die alten Geräthe darinnen, dann die anderen Gelasse des Hauses und besonders die obere Stube, die ihnen sehr gefiel. Hierauf besuchten sie alle andern Räume des Hauses, den Garten, die Wiese, den Weizen der Hofmarke, und saßen dann eine Zeit unter der Hausfichte. Die Mädchen lobten die Vorrichtung sehr, welche ich unter den dunkeln Ästen der Fichte hatte anbringen lassen. Sie verabschiedeten sich hierauf, und fuhren nach Tannberg zurük. Es war das erste Mahl[1], daß sie unser Haus besucht hatten. Ich kam in Kurzem noch einige Male zu ihnen hinüber, und sie zu mir. Der Obrist war auch zuweilen zugegen. Ich wurde von ihnen sehr achtungsvoll behandelt, und es wurde mir auch alles auf der ganzen Besizung gezeigt.

 Als die Kornblüthe begann, starb der Auszügler des Alighofes in sanftem Schlafe. Es hatte wohl kein Mensch viel von dem alten Manne geredet, und niemand gar oft an ihn gedacht als etwa seine Nachbarn und seine nächsten Angehörigen. Jezt aber, da er gestorben war, redeten sehr viele von ihm und zwar seines hohen Alters willen. Man sah in dem Taufbuche nach, und sah, daß er nicht gegen hundert Jahre alt[a] war, wie er selber immer gesagt hatte, sondern, daß er drei Monate über hundert und eilf Jahre gelebt habe. Ich dachte bei dieser Veranlassung, warum denn mein Vater, der um so sehr Vieles jünger gewesen ist, habe sterben müssen, und diesem Manne sei die Gnade eines so hohen Alters zu Theile geworden. Ich erinnerte mich aber doch bald wieder, daß wir diese Dinge Gott anheim stellen müssen, und sie nicht begreifen können.

 Als mein Zubau zu der Sölde, der sehr schnell vorschritt, in dem Mauerwerke und in der Dachung vollendet war, ereignete sich etwas sehr Merkwürdiges in meinem Hause. Eines Tages fuhr ein

---

1 H   Die Seite mR durchstrichen.

a   üdZ war sei, wie er udZ gewesen

Der Häusler war sehr erfreut, sagte, der Knabe werde am Freitage und Samstage zu mir kommen, und ging mit ihm fort.

Der Knabe kam nun an dem nächsten Freitage des Morgens, und erhielt warme Milch und weißes Brot. Des Mittags kam er wieder, und erhielt Mittagessen. So auch des Abends. An dem folgenden Tage führte ich ~~den Knaben~~³ vor dem Mittagsessen in meine Kammer, ließ ein Linnen auf die Bank breiten, ~~hieß den Knaben sich bis zum Hemde entkleiden und sich auf die Bank legen. Er that es. Ich untersuchte nun die Beschaffenheit seines Körpers.~~ᵍ Ich fand alle Theile ordnungsgemäß. An dem Halse hatte er wieder Geschwüre. Ich fragte ihn, welche Schlafstelle er bei dem Gerbauer habe. Er sagte, daß er neben der Waschküche in einer hölzernen Kammer ein gutes Bett habe. Darauf fragte ich ihn, was er täglich esse. Er antwortete, wenn die Leute an ihrem Tische essen, esse er mit. Ich fragte ihn, was er mit dem Heilwasser thue. Er sagte, daß er im Vormittage zu der Quelle gehe, seinen Linnenlappen eintauche, ihn ausringe, und ihn dann unter dem Tuche um den Hals binde.ʰ

„Und lässest ihn bis zum nächsten Vormittage liegen?" fragte ich.

„Nein," antwortete er, „des /Nachts/⁴ thue ich ihn mit dem Halstuche weg."

„Mein lieber Knabe," sagte ich, „wenn du alle Tage des Morgens des Mittages und des Abends und zu anderen Zeiten, ~~wenn~~⁵ du hungrig bist, bei mir essen könntest, und wenn du bei mir ein noch besseres Bett bekämest als bei dem Gerbauer, wäre es dir recht?"

„Ja," antwortete der Knabe.

„So hole dir heute noch die Dinge, die du etwa bei dem Gerbauer hast," entgegnete ich,⁶ „bringe sie hieher, und bleibe hier. Jezt aber lege dein Röklein an, und gehe zum Essen."

Der Knabe that es.

Da meine Leute ihr Mittagmahl verzehrt hatten, schikte ich den Knecht Andreas zu dem Inbuchshäusler hinaus, und ließ ihm und seiner Ehefrau sagen, daß ich ihren Knaben Gottlieb ganz und gar in mein Haus und in meine

g mB ihn
   mT ließ ihn die Oberkleider weglegen, und untersuchte ihn auf der Bank an seinem ganzen Körper.

h mB 149

3 üdZ ihn
4 statt Nacht
5 üdZ da
6 idZ ~~und~~

kleines Wäglein, dem ein Pferd vorgespannt war, und auf dem sich eine lange Truhe befand, über welche sich ein Leinwanddach wölbte, vor mein Haus. Das Wäglein hielt an dem Thore still. Kajetan holte mich dazu hinaus, weil ein Mann und eine Frau, welche bei dem Wäglein standen, es verlangt hatten. Da ich hinaus gekommen war, sah ich den Mann und die Frau.

Der Mann ging auf mich zu, und sagte: „Herr Doctor, seid sehr schön gegrüßt. Ich bin der Bergbauer in den Angerhäusern. Wir sind gestern schon den ganzen Tag und heute an dem Vormittage gefahren, daß wir auf den Umwegen, die in dem Walde sind, durch den großen Wald zu euch herein gekommen sind. Da ist ein Kranker, daß ihr ihn bei euch heilet."

„Wenn der ganze Berghof in den Angerhäusern darauf geht, so klagen wir nicht, wenn ihr nur den Kranken gesund macht," sagte die Frau.

„Seid ihr seine Eltern?" fragte ich.

„Ja," sagten beide, und die Frau sezte hinzu: „Wir sind neben dem Wagen, auf dem er liegt, zu euch herein gegangen."

„Ihr hättet mir doch früher Nachricht geben, und anfragen sollen, ob ich ihn aufnehmen kann," sagte ich.

„Dann hättet ihr ihn vielleicht zurük gewiesen," sagte der Mann, „aber ihr müßt ihn aufnehmen und heilen, darum habe ich mein Pferd angespannt, und habe ihn herein geführt."

„Und ich bin neben meinem Kinde hergegangen," sagte die Frau.

Ich ging zu dem Wagen, hob die große Leinwandklappe, welche in dem Dache war, empor und sah

140. in das Innere. In der Truhe lag in Polstern ein großer starker Jüngling, und blikte mit sanften blauen Augen zu mir empor.

Ich rief meinen Knecht Thomas, und sagte ihm, er möge das Pferd mit dem Wagen an die Sölde führen. Er that es, wir folgten.

Da dieses geschehen war, brachten wir den Jüngling in ein Gemach, und Appollonia richtete ein sehr gutes Bett. Wir legten den Kranken in dasselbe. Ich fragte nun den Vater um den Beginn des Übels. Dieser sagte, es sei eine kleine Wunde auf der Brust geworden, auf dieselbe habe man ein sehr gutes Pflaster von Pech gelegt, dann ein Balsampflaster, und dann wieder ein sehr wirksames Pflaster aus Pech Wachs und Kräutern, und da sei der Schaden so groß und hoch geworden. Ich entfernte nun die Kleider und die anderen Hüllen und die Pflaster von der schadhaften Stelle des Kranken, und untersuchte sie. Dann untersuchte ich auch alle andern Theile des Körpers, und fragte den Kranken um seine Lebensweise und um seine bisherigen Schiksale. Da diese Frage beantwortet war, und ich noch genauer die Miene und die Augen des Kranken betrachtet hatte, sagte ich: „Vater und Mutter, ich will den Kranken zur Heilung und Verpflegung übernehmen, ich werde alle Sorgfalt und allen Eifer, wie es nur immer in meiner Macht ist, anwenden, ich werde jene Mittel in Wirksamkeit sezen, welche uns für solche Übel /gegeben/¹ sind, ich werde die Bewachung und Betreuung des Kranken selber üben, wenn ich zu Hause bin, und für eine sehr entsprechende Bewachung und Betreuung sorgen, wenn ich mich entfernen muß. Ihr aber betet zu Gott; denn ohne seinen Segen und seine Gnade ist alles, dessen sich der Mensch unterfangen kann, vergeblich. Geht nach Hause; denn euer Angesicht und eure Sorge würde den Kranken beunruhigen. Ich werde euch zu rechten Zeiten von dem Fortgange schon Nachricht geben."

„Es wird schon recht sein, was ihr thut," sagte der Mann, „wir lassen euch den Kranken, [„] ihr werdet das Rechte schon thun."

„Ich möchte alle Hilfe leisten, die nothwendig ist," sagte die Frau, „ich würde den Kranken schon gar nicht beunruhigen."

„Das vermögt ihr nicht, Frau," antwortete ich, „fahret mit eurem Wagen nach Hause. Ich werde euch etwas zum Essen und Trinken reichen lassen, daß ihr euch erquiket, ich werde eurem Pferde Futter und Trank geben lassen, daß es wieder erfrischt werde, und dann fahret im Namen Gottes nach Hause."

„Ich möchte recht gerne bei meinem Kinde bleiben," sagte die Frau.

„Das bedarf es nicht, liebe Frau," antwortete ich, „habt ihr noch andere Kinder?"

„Drei jüngere," erwiederte sie, „welche in der Aufsicht der Großmagd geblieben sind."

„Geht zu euren Kindern, daß ihnen kein Unglük begegnet," sagte ich, „dieser hier wird schon versorgt werden."

„Wir lassen unsern Sohn wohl recht gerne in euerm Hause, Herr Doctor," sagte der Mann, „ihr werdet ihn schon verpflegen, und wir werden unsere Dankbarkeit getreulich verrichten, und wir werden fleißig und eifrig bethen."

„Was es auch kostet, wir werden es gerne bezahlen, wenn wir auch das halbe Haus verkaufen müßten/,/" sagte die Frau, „sparet keinen Eifer, Herr Doctor, und wir werden andächtig bethen."

„Es wird kein Verkauf nöthig werden," antwortete ich, „das Gebet wird Gott erhören, verabschiedet euch von euerm Sohne, daß die Heilung beginnen kann."

Sie traten jezt beide zu dem Bette, sagten dem Kranken Lebewohl, und trugen ihm allen meinen Anordnungen recht folgsam nachzukommen.

Er reichte ihnen die Hand aus der Deke des Bettes heraus, und sagte mit /freundlichen/² Bliken, daß er

---

Fortsetzung auf S. 242   1 statt gegegen   2 statt freudlichen   Die Seite mR durchstrichen.

Dann ging ich wieder in das Krankengemach, und begann das Werk. Die Dinge, die ich zu demselben brauchte, hatte ich so gelegt, daß sie der Kranke nicht sehen konnte. Ich entfernte mit dem Messer von der Wunde alle Afterdinge Unglüksbildungen und bereits begonnene Zerstörungen. Das Messer wurde durch die Wissenschaft immer weiter geführt, bis es mich ~~selbst~~[a] schauerte, ich ~~zauderte~~[b], ob ich[1] weiter gehen ~~sollte~~[c]; aber ich empfahl meine Seele Gott, und that es. Ich war ganz allein, und hatte niemanden, der mir helfen konnte. Endlich war ich fertig. Es war sehr vieles und an einer Stelle fast alles weg, so daß ich an dieser Stelle durch das einzige innerlich gebliebene Häutchen die Lunge wallen sehen konnte. Ich legte schwach feuchtes sehr reines Linnen und andere Dinge, welche das, was nun abfließen sollte, in sich aufnehmen konnten, auf die Wunde, und bedekte sie. Ich war nun mehrere Tage zitternd bebend und zu Gott bethend. Ich wich fast nicht von dem Kranken, wechselte sehr oft, wie es nur immer nöthig war, die Auflagen, und that ihm alle anderen Dienste, daß er sich nicht auf eine schädliche Weise bewege. An Speise gab ich ihm das Wenigste, daß er nur nicht erhungere, damit die Glut der Entzündung nicht zu stark würde, und neue Zerstörungen brächte. Er lag geduldig da, und wenn seine ruhigen und unschuldigen Augen, da ich bei ihm stand,[d] oder an ihm vorbei ging, auf meinem Angesichte hafteten, wußte ich, wie viel meine Miene werth sei, und bath Gott, daß er sie gelassen zeige. Kein Mensch wußte, wie die Sache sei; denn ich hatte zu niemanden etwas gesagt. Nur den Obristen führte ich einmal, da er bei mir war, in das Krankengemach, und entblößte ihm die Wunde. Er sah mich sehr ernst an. Ich aber führte ihn, da ich die Wunde wieder zugedekt hatte, in das Nebengemach. Dort redete ich nichts, daß der Kranke nichts höre, legte eine Hand auf meine Brust, und wies mit der andern nach Oben. Der Obrist sagte auch nichts, und nikte mit dem Haupte. Dann entfernte er sich, und ging nach Hause. Als einige Tage vergangen waren, zeigten sich schon, wie ich es vermuthet hatte, als ich den Jüngling zu ersten Male sah, und wie ich[e] in der Zeit, da ich ihn blos beobachtet hatte, mit Sicherheit aus den schönen Lippen aus den hellen Augen aus der Haut und andern Dingen erkannt[2], welch reines Blut und edle Kraft er haben müsse, die ersten Spuren guter Bildungen und beginnender Genesung. Ich beharrte bei meiner Behandlung Pflege und Beobachtung, und das Gute wurde nun deutlich. Ich ging wieder in die obere Kammer, schloß mich ein, kniete auf den Boden, und dankte Gott. Mein Herz war sehr erleichtert. Ich schikte sogleich gute Nachricht an den Obrist, und schrieb tröstende Zeilen an die Eltern. Wenn ich auch gegen meine Leute von der Sache nicht gesprochen hatte, war sie ihnen doch im Allgemeinen aus den Umständen etwas kund geworden, und als die Gefahr fast gewichen war, dachten sie erst an dieselbe, hatten nun auch den Muth mich zu fragen, und erzählten wohl auch andern von dem, was sie wußten. Es entstand Theilnahme an dem Jünglinge, und zuweilen trat einer oder der andere aus Thal ob Pirling in mein Haus, und fragte um den Kranken. Der Obrist kam auch öfter herunter, und war erfreut, als ich ihm immer bessere Nachricht geben konnte. An die Eltern schrieb ich nun auch einige Male Gutes. Da[f] vier Wochen vergangen waren, konnte ich ihn als genesen erklären. Er saß jezt auch sehr oft in der warmen Sonne an der Sölde, oder ging im Garten oder auf der Wiese[g] lustwandeln. Und ehe die Getreide ihre Körner zu völliger Reife geschwellt hatten, und ehe in ihre Halme die Goldfarbe gekommen war, die sie zur Sichel geeignet machte, war das Rosenroth wieder auf den Wangen des Jünglings,

Mappe 141.

a fast selber
b dachte
c dürfte

d oder saß

e mB Geschichte
mT aus seiner Geschichte und

f hierauf

g langsam

---

1 üdZ denn   2 üdZ hatte   Die Seite mR durchstrichen.   Fortsetzung auf S. 243

mir in Allem gehorchen werde.

Dann verließen sie mit nassen Augen das Gemach, ich führte sie in die große Stube, und ordnete an, daß ihnen Speise und Trank gegeben werde. Thomas hatte indessen den Wagen wieder in das Haus zurük geschaft, und das Pferd in den Stall gebracht. Als die Eltern ihren Hunger und Durst gestillt hatten, und das Pferd wieder gestärkt war, traten sie den Rükweg an. Ich hatte in der Zeit ein laues Bad richten lassen. Als der Vater und die Mutter fort waren, legte ich den Jüngling in dasselbe, und ließ ihn die Wirkung des Bades genießen. Dann ließ ich die Wunde auswaschen, und alles, was darauf gelegt worden war, entfernen, daß man nichts mehr davon gewahren konnte. Als er wieder in dem Bette lag, tröstete ich ihn mit freundlichen Worten, daß sein Gemüth gelindert würde. Ich gab ihm an diesem Tage keine Arznei, nur einen milden Trank und eine leichte Speise.

^aAuch in den folgenden Tagen reichte ich ihm^b keine Arzneimittel, sondern nährte und tränkte ihn mit leichten Gegenständen, hielt die Wunde rein, und beobachtete, wie sie sich weiter bildete, und was sonst für Erscheinungen an dem Kranken hervor träten.

Als ich mit meinem Urtheile klar geworden war, und in Büchern und anderen Aufzeichnungen, die ich mir gemacht hatte, mir Rathes geholt hatte, bestimmte ich den nächsten Tag zur Behandlung des Übels.

Als die Sonne aufgegangen war, brachte ich alle Gegenstände, die ich nöthig zu haben glaubte, in das Krankengemach, bestimmte den Knecht Thomas und die Mägde Appollonia und Crescentia in das Nebengemach, daß, wenn ich irgend einen Dienst derselben brauchte, er mir zur Hand wäre, und ging dann noch auf einen Augenblik in das Haus zurük. Dort ging ich in die kleine Kammer, welche ich ~~in~~ neben der Stube in dem ersten Stokwerke hatte herrichten lassen, und welche sehr einfach war. Ich schloß die Thür hinter mir zu, und that ein kurzes inständiges Gebet zu Gott.

a *mB* Bau der Sölde aussezen
mT Den Arbeitern an der Sölde sagte ich, daß der Bau so lange eingestellt werden müßte, als der Kranke in der Sölde wäre.
b dem Jünglinge

der Glanz in seinen Augen, die Seidenfarbe auf seinen Armen, und die Auflagen konnten weggenommen werden. Ich hatte nun alle Bäume unsers Thales die Wälder den Himmel und die äußere Welt wieder. An die Eltern that ich Botschaft der gelungenen Heilung. Ehe sie ihren Sohn wieder in die Heimath geleiteten, kam die Mutter, um mehrere Tage da zu bleiben. Dann kam auch der Vater mit dem Pferde und dem Wagen. Dieses Mal hatte er keine Truhe auf dem Wagen, sondern einen schönen weichen Siz, auf dem die Mutter mit dem Sohne sizen ‖sollte‖³, er selber hatte sich zur Lenkung des Pferdes an dem Vordertheile des Wagens ein Brett aufgeschnallt. Die Leute dankten mir auf das Inständigste, und sagten, ich möchte meine Forderung⁴ jezt angeben. Ich erwiederte ihnen, sie möchten in dieser Hinsicht beruhigt sein, meine Forderung werde gar nicht groß sein, heute an dem Tage der Freude dürfe davon nicht gereden werden, heute sei auch der Tag, an dem sie dem danken müßten, der alles gegeben, und ihr Gebet erhört hat. Was mir zu gebühren scheine, werde ich ihnen einmal später in einer Schrift anzeigen, und sie könnten es in einer Zeit, die ihnen gelegen wäre, entrichten. Sie assen bei mir noch ihr Mittagmahl, ihr Pferd wurde verpflegt, und dann rüsteten sie sich zur Abreise. Der Jüngling hatte, als er mir dankte, nasse Augen, und wollte mir die Hand küssen. Ich duldete es aber nicht. Dankend spannten die zwei Leute ihr Pferd vor den Wagen, dankend stiegen sie auf, und dankend fuhren sie davon. Meine Leute hatten sich auf der Gasse versammelt, als sie abfuhren, einige Menschen aus Thal ob Pirling waren auch herzu gekommen, andere sahen ihnen aus den Thüren der Häuser oder den Fenstern nach, da sie durch den Ort fuhren. Ich aber ging sogleich zu dem Obrist hinauf.

  Da die Zahl der Kranken noch immer sehr geringe war, da ich Muße hatte, und da ich, so lange der Jüngling in meinem Hause war, sehr wenig mich von demselben entfernt hatte, und nie in irgend ein Thal auf eine Höhe oder in einen Wald lustwandeln konnte, so suchte ich nun, was ich entbehrt hatte, ~~nun~~ doch ein wenig zu genießen. Ich ging zu manchen Zeiten in der Gegend herum. Oft hatte ich ein Buch in der Hand, oft ein Papier mit einem Stifte, oft auch nichts. Ich sah auf Pflanzen oder auf Steine oder ging in einem Walde, oder saß unter einem Baume oder auf einem Felsstüke, und schaute in die Thäler oder auf Waldrüken hinaus, auf denen das liebe Blau liegt, und aus deren Schooße manchmal ein dünner leichter freundlicher Rauchfaden aufsteigt. Und an dem Himmel waren die Wolken als Verzierungen, und glänzten am Tage in Silber und Edelsteinen und Abends in rothbrennenden Bändern und Schleiern. Und wenn ich dann nach Hause ging, so wallte vor den Fenstern des Hauses mein goldener Weizen, den sie nicht mehr hatten sehen können. Ich nahm mir vor, in die Kammer neben meiner obern Stube, welche Kammer meine Hauskirche geworden war, ein Standbild der heiligen Margarita zu bestellen.⁶ʰ   *h* ~~später~~

---

3 sollten   4 üdZ nur   6 *Der ganze Absatz aR mR angestrichen.*

142.

Der ~~Bau~~ innere Bau und die Einrichtung der Zuthat zur Sölde wurde nun mit Eifer wieder fortgeführt.

Da der Obrist sich der Sache wegen der Sillerbrüke sehr ernsthaft annahm, und selber zwei Gänge in das Amt wegen der Angelegenheit machte, so kam endlich der Bescheid, daß die Brüke gebaut werden müsse. Die Sache wurde noch einmal in unserer Gemeinde und in den andern Gemeinden, die mit betheiligt waren, berathen, und als wir uns verständigt hatten, begonnen. Der Graf konnte sich seiner Beihilfe nun auch nicht mehr entschlagen. Der Obrist trug an, daß er, damit die Brüke in der gehörigen Höhe geführt werden könnte, aus eigenen Kräften an dem diesseitigen Ufer einen Mauerdamm aufrichten ‖lassen wolle‖[1a]. Das Anerbieten wurde mit Freuden und Dank angenommen. Ich erboth mich auch zur Erleichterung der Gemeinden einen größeren Theil beizutragen, als der auf mich fiel.

a wolle

Ich wohnte unseren Gemeindeversammlungen nun jedes Mal bei, und übte mich in die Angelegenheiten immer mehr ein. Man nahm die Rüksicht, die Versammlungen ~~immer~~[b] auf die Tageszeit anzuberaumen, wann ich zu Hause sein konnte.

b stets

Eine nochmalige genauere Besichtigung des fürstlichen Gartens an dem braunen Hofe, zu der ich von dem Fürsten so freundlich war eingeladen worden, hatte ich bisher nicht vorgenommen, ja die Sache war mir vor den Ereignissen in meinem Hause und in der Gegend fast aus dem Sinne gekommen. Jezt aber fuhr ich einmal vor Tagesanbruch hinaus, und brachte eine geraume Zeit in dem Garten zu. Es ist bei diesem Besuche an mir wahr geworden, was ich geahnt hatte, und was der Fürst gesagt hatte, daß die Anlage bei der Wiederholung der Besichtigung schöner werde. Ich fand mich ruhig und groß und heilsam umfangen. Der Fürst und die Fürstin sprachen viel mit mir, sie redeten auch von dem Geschike der Meinigen, von der großen Krankheit, und von der Geschichte des Jünglings, die zu ihnen hinaus gekommen war. Sie waren so freundlich, mir die Zeichnungen und Malereien zu den Anlagen des Gartens mit zu geben, daß ich sie genauer besehen, und bei Gelegenheit wieder zurükschiken möge. Dann fuhr ich wieder mit fremden Pferden in das Helmwirthshaus, und von dort mit Thomas und meinem Fuchs nach Hause. Als ich da ankam, war es Abend geworden. Der Knecht Kajetan trieb, da wir an das Gitterthor kamen, eben meine Rinder hinein, und den Knecht Andreas, dem an diesem Tage, wo Thomas abwesend war, die Pflege der andern Pferde anvertraut worden war, hörten wir aus dem Stalle singen. Ich ging, ehe mir das Abendessen, welches mir Katharina hatte richten lassen, aufgetragen wurde, in die leeren Räume meiner Zimmer, durch welche die warme Luft strich, und in welche die rothen Abendwolken hinein schauten.

In meinem Garten war freilich der Gedanke, auf dem der Garten des Fürsten beruhte, nicht ausgeführt. Er war zu klein, als daß in ihm die Schönheit der Gegend dargestellt, und dadurch der ganze Geist der Gegend erhöht werden konnte. Ich hatte erst vor Kurzem den hölzernen Gitterzaun, der ihn umfing, ausbessern, und die ganze Einfriedigung dunkelbraun anstreichen lassen. Ich nahm mir vor, auf meinen Gründen vom Gartenweg bis zum Walde, so weit sie dahin reichten, Äpfelbäume Birnbäume Pflaumenbäume Waldkirschenbäume, je nachdem der Boden für einen tauglich war, und mitunter auch Zwergbäume zu sezen, um meinen Garten mit dem Lande zu verbinden, und dem Ganzen einen wohlthuenderen Anblik zu geben.

Die Zeichnungen und Malereien des Fürsten legte ich mir in der oberen Stube zurecht, um sie in den kommenden Tagen genießen zu können.

Der Knabe Gottlieb nahm sichtbarlich an Gesundheit zu. Auf seinen Wangen begann ein Hauch von Roth, und sein Gang wurde lebhafter und sicherer. Da ich die Wahrnehmung machte, daß er gar keinen Unterricht empfangen hatte, so machte ich mit dem Hilfslehrer von Thal ob Pirling einen Vertrag, in Folge dessen der Hilfslehrer ihn in den Anfangsstüken des menschlichen Wissens unterrichten sollte. Der Knabe folgte den Anleitungen des Lehrers, ich weiß nicht, that er es meinethalben, oder weil er eine Ahnung hatte, daß ihm hier etwas Gutes widerfahre. Besonders schloß er sich an die jungen schwarzen Pferde an. ~~Sie~~ Sie gefielen ihm, und er schien sie zu lieben. Er war gerne in dem Stalle bei ihnen, und machte sich bei Gelegenheiten um sie zu thun. Ich trug ihm daher einen Theil der Mitaufsicht über dieselben, wenn sie im Freien waren, auf. Er besorgte diese sehr ernsthaft.[2c]

c mR später

Fortsetzung auf S. 246   *1* ~~zu~~ lassen   *2 aR drei Zeilen mR angestrichen*   *Die Seite mR durchstrichen.*

Die bestellten Schafe kamen endlich auch, schöne reine Thiere.   Mappe 143.

Der Zubau zu der Sölde wurde fertig, und konnte in den klaren Herbsttagen noch recht troknen.

Die Wunden an dem Halse des Knaben Gottlieb hatten sich geschlossen, und weil der Knabe gerne bei mir war, machte ich seinem Vater den Antrag, daß ich ihn auch im Winter in meinem Hause behalten wolle. Der Antrag wurde angenommen. Der Unterricht des Knaben konnte nun ordentlich fortgesezt werden.

Obwohl die Gesundheit des Knaben sich sehr gebessert hatte, wußte ich doch nicht, wie viel ich davon der Wirkung des Heilwassers anrechnen dürfe, da wohl die freie Luft, die man ihm früher zu viel entzogen hatte, die mäßige Bewegung des Körpers und die heilsame Nahrung den größten Antheil an seinem Besserwerden haben mußte. Der Beinfraß der Kuh, an welchem ich das Wasser auch angewendet hatte, war nicht wesentlich anders geworden, die Geschwüre des Füllens hatten sich geschlossen, die Kniegeschwulst des Pferdes war aber nicht gewichen. Die Kuh mußte ich zur Fortsezung des Versuches kaufen, da sie der Eigenthümer sonst hätte erschlagen lassen, das Pferd aber blieb in der Behandlung. Ich suchte auch noch andere Thiere auszuforschen, an denen ich das Heilwasser versuchen könnte.

Als im Herbste die Obstbäume und die Zwergbäume, die ich zum Anpflanzen um mein Haus bestellt hatte, eingetrofen waren, konnte ich an manche Nachbarn, die herzu gekommen waren, und denen die Sache gefallen hatte, Bäume abtreten, daß sie dieselben gleich mir anpflanzten; denn ich hatte schon zu diesem Zweke mehr bestellt, als ich nöthig gehabt hatte.

Eben so konnte ich von meinen neuen Schafen einige Zuchtthiere an Nachbarn überlassen.

Der Winter kam über die Gegend, nachdem der Weizen, der aus meinen^a Samenkörnern gekeimt   *a* *mB* ausgetheilten
war, an manchen Stellen auf diesem oder jenem Felde dunkel und dicht gegrünt hatte. Ich richtete mir nun meine Schlafstelle in der oberen Stube zurecht, nachdem ich mir noch ein Gemach neben der Stube ~~zurecht~~ in Stand gebracht hatte. Ich ließ auch Schreib- und Lohndinge in die Stube bringen. Das Bildniß der heiligen Margarita war fertig geworden, und ich stellte es in die einfache Kammer, die ich schon früher her neben der oberen Stube gehabt hatte.

Da die Krankheiten sich wieder gemehrt hatten, mußte ich abermals viel in der Gegend herum fahren. Der Schnee erschien sehr zeitig, und es konnte der Schlitten genommen werden. Meine Leute waren recht aufmerksam und gütig gegen mich. Wenn ich oft in der Nacht allein nach Hause fuhr, und ein Gestöber war, daß der Schnee an den Lehnen sich haushoch aufthürmte, oder wenn Kälte herrschte, und die Sterne so scharf am Himmel standen, als wären sie an demselben angefroren, stand schon der Knecht Thomas, da er mein Schellengeklingel hörte, an dem Thore des Hauses, und nahm mir das Pferd ab den guten Fuchs, und führte es, ehe er es in den Stall that, eine Zeit in dem Hofe herum, Katharina nahm mir, wenn ich in die Stube trat, in welcher der hellste Glanz von der lodernden Leuchte war, und die sanfteste Wärme sich verbreitete, den Pelz ab, in dem Eis oder Schnee hing, und gab mir, wenn ich auch den Rok und die Haube und die Pelzhandschuhe abgelegt hatte, den Hausrok und die Haushaube, und wenn ich dann etwas aufgeschrieben oder etwas nachgelesen oder sonst etwas gethan hatte, was nothwendig war, und wenn ich das Essen, welches von Appollonia herein getragen worden war, verzehrt hatte, zündete wieder Katharina zwei Kerzen an, und geleitete mich in meine Stube in das obere Stokwerk empor, in deren Ofen auch die Tannenscheite krachten, oder ein nachgelegter Buchenstok^b in wärmeverbreitende Glut zerfiel. Sonst wohl waren diese Flammen noch geselliger   *b* langsam
gewesen als jezt.

Die Zeit ging hin, wie sie an andern Tagen auch wohl immer hingegangen war.

Die Seite mR durchstrichen.   *Fortsetzung auf S. 247*

Der Wegbau wurde in unserer Gemeinde thätig fortgesezt, auch in andern Gemeinden, wo sie angefangen hatten, arbeiteten sie fort, und in jenen Gemeinden, in denen noch die alten Wege waren, regte sich die Nachahmung. In der einen oder in der andern Waldschenke wurde gesprochen, einige predigten, man solle sich nicht schimpfen lassen, andere besserten wenigstens die Wege in ihren eigenen Feldern aus, und manche Gemeindeälteste machten in der Versammlung schon eine Anfrage.

Als die Ernte gekommen war, und bei sehr schönem Wetter ihren Fortgang nahm, ließ ich meinen Weizen, nachdem ich ihm recht viel Zeit zu seiner völligen Reife gegönnt hatte, nachdem er dann geschnitten und in der heißen Sonne sehr getroknet war, in die Scheuer bringen. Ich ließ ihn dann auch bald ausdreschen. Als die schönen goldbraun glänzenden Körner wohlgereinigt auf der Tenne aufgeschüttet lagen, und die Sonne durch das offene Thor auf sie herein schien, stand ich lange dabei, und sah sie an. Ich behielt nur so viel, als ich zu neuer Aussaat nöthig hatte, allen andern überließ /ich/ jenen, die herbei gekommen waren, das Gedeihen gesehen hatten, und nun auch Samen wollten, um auf ihren Gründen einen Versuch zu machen.

Dem Fürsten schrieb ich eine Entschuldigung, daß er seine Abbildungen so lange nicht erhalten habe. Er schrieb mir aber zurük, daß sie bei mir sein dürften, so lange ich wollte. Ich brachte sie ihm aber dann selber hinaus. Dieses Mal war auch der Obrist mit, und sagte, daß er erst jezt, da er diese Blätter sorgfältiger besehen habe, die Anlagen zu würdigen wisse.

Da schöne Schneebahnen waren, und Schlitten ein Zugwerk bildeten, das durch die leichteste Kraft zu bewegen war, versuchten wir auch nach und nach die jungen schwarzen Pferde zum Ziehen einzuüben. Ich hatte ihnen ein feines Ledergeschirr, das eine schwach dunkelrothe Farbe trug, machen lassen, und an dem, daß die Sache recht schön aussähe, das Metall gutes Silber war. In diesem Lederzeuge erfreuten die Pferde das Herz. Wir spannten sie vor einen Schlitten, der nur allein für sie gemacht worden war,[c] und führten sie auf der Bahn dahin, daß sie sich an diese Art Bewegung und Dienst gewöhnten. Nach einer Zeit ließen sie sich auch schon von rükwärts durch die langen Zügel leiten. Sie bewiesen sich als feurig und fromm. Der Obrist, wenn er bei mir herunten war, versuchte sie auch selber oft[2] lenken, in welchem Geschäfte er eine große Geschiklichkeit hatte. Er konnte sie auf dem Schlitten sizend,[d] so fein zusammen fassen, als wären sie längst eingeführte Pferde, und fuhr mit ihnen schlicht und klar auf dem Wege von meinem Hause fort, auf dem er dann auch wieder zurük kehrte, und durch das Thor einfuhr. Für den Sommer ~~besorgte~~[e] ich ihnen ein himmelblaues Riemenzugzeug mit Silber und einen Wagen, dessen Speichen und die andern passenden Theile himmelblau waren, und der silberne Thürgriffe hatte.

    Der Frühling kam in diesem Jahre sehr bald, und es konnten die Arbeiten an der Sillerbrüke und an den Wegen, wo noch eine Arbeit nothwendig war, wieder begonnen werden.

    Als die Thäler und Wälder grünten, kam eines Tages der Bettler Tobias. Es kam ein anderer Bettler mit ihm, der aber nur über die Nacht blieb. Tobias blieb länger. Er ging in der Sölde herum, und sah die neuen Gemächer an, er sah die neugesezten Obstbäume und Zwergbäume an, er sah die dunkelbraune Gittereinfassung des Gartens an, er sah den silberfarbenen Tisch ~~unter~~ und die Bank unter der Hausfichte an und das leinene Dach darüber, und er ließ sich von Gottlieb in den Stall zu den zwei schwarzen Pferden führen, und in die Geschirrkammer, in welcher das schwachdunkelrothe mit Silber gezierte Riemzeug hing.

---

c weßhalb er auch die schwach dunkelrothe Farbe und hie und da Silber hatte,

d mit den Zügeln

e bestellte

---

1 üdZ zu

144.

Nachdem er sein Mittagmahl verzehrt hatte, sagte er zu mir: „Doctor, die Leute nennen euch den Vater und den Bruder der Kranken. Als ich damals in der Krankheit herum ging, die Menschen zu trösten, hörte ich euch so nennen."

„Wenn es nur immer wahrer würde, guter Tobias," entgegnete ich.

„Das müssen die andern wissen," sagte er.

„Bist du nie von jener Krankheit ein wenig ergriffen worden?" fragte ich.

„Dann wäre ich ja zu euch gekommen," antwortete er.

„Das wäre ein schweres Kommen gewesen," sagte ich, „jene Krankheit warf die Leute oft plözlich in das verworrenste Fieberbett."

„Nun dann wäret ihr zu mir gekommen, es hätte euch schon jemand gerufen," sagte er.

„Wenn mich jemand gerufen hätte, wäre ich gewiß gekommen," entgegnete ich.

„Ich bin immer gesund gewesen," sagte er, „ich habe wenig Zeit gehabt, es gab sehr viel zu thun."

„Der mit mir zu euch gekommen ist," sagte er nach einer Weile, „ist ein gemeiner Bettler, er fügt sich an die Leute, ihr müßt mir das nicht verübeln."

„Ich dachte an nichts," antwortete ich/,/ „und beherbergte ihn, weil er es wollte."

„Ja, ja, so thut ihr," entgegnete er.

Tobias blieb in der kommenden Nacht noch in meinem Hause. Als ich am andern Tage von meinen Krankenbesuchen zurük gefahren kam, stand er den Stab in seiner Hand vor meinem Hausthore.

„Ich habe auf euch gewartet," sagte er, da ich aus dem Wagen stieg, „ich hätte schon längst fort sollen; aber ich dachte, es wäre unschiklich, wenn ich ohne Abschied davon ginge."

„Es freut mich, Tobias," sagte ich.

„Es ist unschiklich, und das thue ich nie," fuhr er fort, „und da ich jezt keine Zeit mehr habe, so darf ich nicht ~~mehr~~ aufgehalten werden, und so lebet recht wohl, Herr Doctor, und bleibet gesund."

„Lebe recht wohl, Tobias," antwortete ich, „komme bald wieder, du findest hier ein offenes Haus, und wenn du etwas brauchst, so sage es."

„Ich weiß, daß ich es sagen darf," antwortete er, „das ist ein festes Haus, und ein vortreffliches Haus, ein Haus, das auf guten Grundpfeilern steht, man wird weit und breit ein solches Haus nicht antreffen, ich komme in sehr viele Gegenden, ich bin nicht immer in dem Walde, obwohl mir der Wald schier lieber ist als alles andere, ich komme in sehr viele Häuser; aber wenige sind so, treib es nur so fort, und lasse es nur so fort sein, es wird noch besser werden als bei deinem Vater Eberhard, der mich oft angehört hat, und um meinen Rath gefragt hat."

„Es wird auch mir dein Rath sehr lieb sein Tobias," sagte ich.

„Nun er wird euch nicht fehlen, wenn ihr mir glaubt, Herr Doctor," antwortete er, „sie thun die Sachen dort so und dort anders, und werken in den verschiedenen Gründen verschieden, jezt gehabt euch wohl, ich muß fort gehen."

„So lebe wohl, und komme bald wieder," sagte ich.

„Wie es sich fügt," entgegnete er, „es fügt sich bald so und bald so. Ich werde schon wieder kommen. Gottes Dank."

Und mit diesen Worten schlug er den Weg gegen die andern Häuser in Thal ob Pirling ein. Ich ging in mein Haus, und Thomas fuhr mit dem Wagen in den Hof.

Von meinen neuen Obstbäumen blühten schon sehr viele, und viele werden auch Früchte bringen. So war es auch bei denen, die ich an meine Nachbarn abgelassen hatte.

Den Knaben Gottlieb beschloß ich auch durch die Sommerzeit bei mir zu behalten. Seine Wangen blühten schon wie an den fröhlichsten Kindern des Waldes. Ich konnte ihm nun noch mehr von der Mitaufsicht über die schwarzen Pferde übertragen. /Er/[1] that auch so manches Andere in dem Hause. Sein Unterricht ging fort.

Der Freiherr von Tannberg kam auch wieder in sein Waldanwesen. Ich fuhr zu ihm ein paar Male hinüber, und er kam auch mit den Seinigen zu mir.

Fortsetzung auf S. 250   1 statt Es   Die Seite mR durchstrichen.

In der Sommerszeit machte ich es mir zur Gepflogenheit, wenn Kranke nicht zu weit entfernt waren, und ich die Sache leicht verrichten konnte, zuweilen zu gehen statt zu fahren. Wenn ich nun in der Nacht irgend wo ging, und an einer Waldeke oder in einem feuchten Grunde ein schönes hohes Irrlicht stand, dachte ich doch wieder an Margarita.[1][a]

Ich las jezt auch so wie in andern Büchern öfter in des armen Eustachs Hirngespinnsten. Es war sehr seltsamlich; aber es war auch oft, als wäre etwas tief dunkles darinnen, das mir in das Herz ging.

Im Erntemonate wurde die Sillerbrüke fertig. Der alte Pfarrer von Sillerau und der Pfarrer von Pirling weihten sie ein.

An unsern Wegen war nicht mehr viel zu arbeiten. Die leichteren Wägen, die jezt nach und nach zum Vorscheine kamen, gingen heiter auf ihnen dahin, und der den Wagen lenkte, ging sorglos daneben.[2][b]

Die schöneren Wege[3] die leichteren Wägen und die Reinlichkeit, die die Sache hatte, schienen mir auch weiter zu wirken. Manche Wiese wurde klarer und sauberer, hie und da erschien an einem Hause ein Stük weiß getünchter Wand, und manches Gewand wurde, wenn auch nicht kostbarer, doch netter.

Da die Erntezeit war, da ich sehr fleißig meine Werkzeuge der Luft und der Wolken beobachtete, und auf die Zeichen des Himmels schaute, und es daher in meinen Feldarbeiten mit dem Wetter sehr gut traf, und da meine Nachbarn dieses merkten, besuchten sie mich oft, und fragten um die bevorstehende Wetterbeschaffenheit. Ich sagte ihnen, was ich wußte.[c]

Im Herbste bestimmte ich, daß der Knabe Gottlieb auch im nächsten Winter bei mir bleiben sollte.

Es kam ein sehr früher Winter. Da der Tag aller Heiligen war, dekte ein fußhoher Schnee, den es in den Tagen vorher geworfen hatte, das Waldland. Die Sonne stand wohl klar an dem Himmel; aber es war so kalt, und der Schnee so gefroren, daß er eine Bahn für Schlitten machte, und die Schlitten auch zurecht gerichtet wurden. Und dieser Schnee ging nicht mehr weg, und die Schlitten durften nicht mehr in die Wagenlaube gebracht werden. Es kam noch immer mehr dazu. So weit die ältesten Leute zurük dachten, konnten sie sich nicht erinnern, daß so viel Schnee gefallen wäre als in diesem Winter. Einmal waren wir vier Wochen in ein fortdauerndes graues Gestöber eingehüllt, das oft Wind hatte, oft ein ruhiges dichtes Niederschütten von Floken war. Die ganze Zeit konnten wir nicht in die Ferne sehen. Wenn ich vor Tagesanbruch in meinem Zimmer saß, und die Kerzen brannten, hörte ich das unablässige Rieseln an den Fenstern, und wenn es licht wurde, und die Tageshelle eintrat, sah ich das Herzueilen der Floken; die baumreiche Gegend und den Wald, die sonst durch die Fenster meiner oberen Stube herein schauten, konnte man nicht erbliken, sondern nichts war da als die graue lichte aber undurchdringliche Schleierwand. Ich sah nur die Gegenstände, die sich unmittelbar vor dem Hause befanden, etwa das kurze Ende eines Pflokes, der eine große Schneehaube hatte, oder wo Gartenmauern oder Zäune waren, eine weiße dahingehende Wulst. Als der Schneefall vorüber war, und sich wieder der blaue Himmel zeigte, standen die Bäume in einer weißen Schneelast da, und die Wälder standen ruhig da von unendlichem Weiß überschüttet, und auf Feld und Bühel und Höhe lag das weiche dichte sanfte ~~undurchdringliche~~[d] Weiß. Man konnte jezt erst langsam daran gehen, die Verbindungen zwischen den Häusern und Ortschaften wieder zu errichten, und die Größe des Vorgefallenen zu ermessen. Leute, die sich in längerer Zeit nach dem Schneefalle von jenseits der Schneide des Waldes mühselig einen Weg herüber gebahnt hattèn, sagten, daß

Mappe 145.

a mR später

b mR später

c mB Statue

d unergründliche

---

1 aR mR angestrichen   2 aR mR angestrichen   3 üdZ und   Fortsetzung auf S. 251

Als die schöne Jahreszeit vorwärts schritt, und die Wärme sich mehrte, stand der neueingeführte Weizen auf manchen Stellen des Waldlandes in dunkeln schönen Halmen. Die Leute freuten sich darüber, und manche Bewohner fernerer Waldgründe, welche von der Sache gehört hatten, kamen herzu sie zu besehen. Es gefielen ihnen auch meine neuen Schafe, und die, welche ich davon an Nachbarn ~~verkauft~~[a] hatte. Auch gingen von der Zucht meiner Rinder und von der des Obrist[2] schon viele auf den Weiden des Waldes herum.

Da die Heuernte nahte, kam der blaue Wagen und das blaue Schirrzeug von Prag an. Wir schirrten zum ersten Male die schwarzen Pferde, da der Obrist dazu eingeladen worden war, in das neue Zeug, und spannten sie vor den neuen Wagen. Es war ein wunderschöner Anblick. Der Obrist und ich fuhren mit den guten Thieren eine Weile herum. Sie schienen an ihrem Gewande Freude zu haben. Das Blau lag mit Pracht auf den schwarzsammetnen Körpern, und das Silber leuchtete von ihnen herab. Wir beschlossen nun, täglich mit den Thieren eine Zeit zu fahren. Die von Tannberg kamen herüber die von Pirling die von der Glashütte vom Eisenhammer Köfner vom Kirnwalde Löff Gladrub und andere und schier alle meine Nachbarn, und lobten die Thiere und ihre Ausstattung.

Meine und des Obrists Föhrenpflanzung gedieh vortrefflich, die Stämmchen strebten sehr schön empor. Ich ging öfter hinaus, und sah auf das junge Waldwerk.

a abgetreten

in den Schlünden, wo sonst die Waldwasser rieselten, so viel Schnee angehäuft worden war, daß die Tannen von vierzig Ellen, und darüber, nur mit den Wipfeln heraus ragten. Nach dem Schneefalle trat eine große Kälte ein, und wuchs in den heitern Nächten, die stets auf einander folgten, immer mehr, so daß wir in der Todtenstille, die jezt eingetreten war, oft ein Krachen von dem Walde herab hörten, wie ein Baum oder sonst etwas in der Kälte zersprang. Diese Kälte hatte einerseits etwas Gutes, sie hinderte das schnelle Schmelzen des Schnees, das ein Thauwind bewirkt, und dadurch vielleicht Wassergefahr gebracht hätte, sie gab dem Schnee eine Stärke, daß er ein noch besseres Schuzmittel für die Pflanzen der Erddeke wurde, sie verhinderte Krankheiten, und machte ~~so feste sichere Bahnen,~~[e] daß Schlitten aller Art fahren, und die Waldbewohner reichlich Holz und andere Dinge, die sie hatten, zum Verkaufe in das Land bringen konnten. Sie hatte aber auch andererseits etwas Übles. Die Menschen, welche unwissend waren, und viel gingen, sezten sich in der Ermüdung, die aus der Kälte wird nieder, und wurden dann erfroren gefunden, wie sie sich nieder gesezt hatten, das Wild des Waldes ging zahlreich zu Grunde, die Vögel fielen von den Bäumen, und wenn einer dieses sah, und den Vogel in die Hand nahm, war er fast wie eine Steinkugel, die man werfen kann, das Wasser wurde in der Gegend immer weniger, und endlich war fast nichts als Schnee und Eis, selbst da, wo sonst lebendige rinnende Brunnen waren. Ich gab von meinem rinnenden Ständerwasser, dessen Leitung ich im Herbste sehr warm umhüllt hatte, und dessen Ständer ich im harten Winter noch dichter mit einem Haufen von Flachsabfällen Stroh und Dünger umgeben hatte, und das daher nicht ausgeblieben war, nachdem ich meinen täglichen Bedarf gesammelt hatte, allen Leuten, die oft von sehr weit herzu kamen, was sie brauchten, und in ihre Gefäße rinnen lassen konnten. So groß war die Kälte, daß, wenn wir mit unsern schwarzen Pferden ausfuhren, und von einem Baume oder einem Dache ein Stükchen Schnee auf sie fiel, dasselbe nicht schmolz, sondern auf ihren kurzen schwarzen Haaren liegen blieb, bis sie in den Stall kamen.[f] Ich sorgte für das, was mir angehörte, so gut ich konnte. Um die Ställe und andere Räume waren Wälle von ~~Dingen~~ gelegt worden, welche die Kälte abhielten. Stroh Laub Flachsabfälle Dünger, der Schnee wurde von den Dächern nicht weggenommen, und an manchen Wänden noch angehäuft, alle Fenster hatten Doppelgläser selbst in den Ställen, und wo eine Fuge klaffte, wurde sie mit Werg oder der-

[e] den Schnee so fest, daß man über Schlünde und Abgründe weggehen konnte, wo es sonst nicht möglich gewesen war, und daß so sichere Bahnen wurden,

[f] *mB* zu mir

146. gleichen verstopft, jedes Thürchen jede Klappe jede Luke, wodurch Luft eindringen konnte, mußte geschlossen oder gedekt werden. Ich ging oft in die Räume meiner Leute, und sah, ob alles in Ordnung sei, ob sie gehörig Holz zum Heizen haben, und ob die Wohnung gut geborgen sei. Auch auf die Speisen hielt ich ein Augenmerk, denn bei solcher Kälte ist es nicht einerlei, was man ißt. Dem Knaben Gottlieb, welcher sein Stüblein mit Spänen und Abfällen heizt, ließ ich gutes Buchenholz hinlegen. Im Hage oben hatten sie die größten Vorkehrungen gemacht. Der Obrist hatte auch Wasser wie ich, und theilte den Leuten aus. Wir kamen jezt sehr selten zusammen. Für den Bettler Tobias hatte ich einen Pelz aus einem meiner alten Fahrpelze verfertigen lassen. Er holte sich denselben auch ab, und wenn er auch nicht troz der Kälte an einem Orte blieb, so ging er doch jezt in einem Pelze mit einer Pelzhaube und mit Handschuhen von Fuchsbalg herum, mit denen er wie in einer großen rauhen Faust seinen Wanderstab trug. Ich fuhr in diesem Winter gar nie allein aus. Da noch der Schnee ungefügig war, mußten wir zwei sein, um uns gegenseitig Bahn brechen zu helfen, den Weg, wenn wir ihn verloren, zu finden, oder gar den Fuchs, wenn er sich in den Schnee verfiel, auszutreten. Als die Kälte war, schien es rathsamer, ihr auch zu zweien entgegen zu kommen. Wir waren mit Kleidern und Pelzen so versehen, daß wir wie zwei große Ballen auf dem Schlitten saßen. Die Kälte wuchs immer mehr, da stets heitere Tage waren. Morgens, wenn die Sonne aufging, rauchte es von Glanz und Schnee, am Tage stand die Sonne am Himmel, ohne zu wärmen, und in der Nacht waren, wenn der Mond nicht schien, unzählbare Sterne an dem Himmel, der eine dunklere Farbe hatte als je. Zulezt geschah es, daß alle Wege verödeten, kein Mensch und kein Fuhrwerk war mehr auf ihnen zu erbliken, wenn es nicht die höchste Noth erforderte. Die Leute verstekten sich in ihren Hütten und Häusern. Der Obrist und ich kamen nicht mehr zusammen. Dies dauerte lange.
 Endlich trat eine Wandlung ein. Am Gregorstage zeigten sich wieder die ersten Wolken an dem Himmel in[1] Gestalt von feinen weißen Streifen, die immer breiter wurden und endlich das ganze Blau des Himmels trübten. Gegen Mittag fiel die Kälte so schnell ab, daß man die Luft bald warm nennen konnte. ~~Als wir zu~~ Als wir zum Essen gingen, kamen von der Mittagseite des Waldes Wolkenballen an dem Himmel, gedunsen und fahlblau, in einem milchigen Nebel schwimmend, wie im Sommer, wenn ein Gewitter kommen soll. Ein leichtes Windchen hob sich, daß wir die Fichten seufzen hörten, und daß Ströme von Wasser aus ihren Ästen nieder floßen. Ehe es dunkel wurde, standen bereits die Wälder, die bisher immer bereift und wie mit Zuker bestäubt gewesen waren, ganz schwarz aus der Menge des bleichen und wässerigen Schnees[a] empor. Wir hatten, da es Nacht wurde, bange Gefühle, und ich sagte dem Thomas, daß sie abwechselnd nachschauen, daß sie die hintern Thore im Augenmerke halten sollen, und daß er mich weke, wenn das Wasser zu viel werden sollte. Ich wurde aber nicht gewekt, und als ich des Morgens die Augen öffnete, und es nach und nach lichter wurde, war alles anders, als ich erwartet hatte. Das Windchen hatte aufgehört, es war so stille, daß sich an der Hausfichte, die ich von den Fenstern der obern Stube sah, keine Nadel rührte.

a mB des Bodens

Fortsetzung auf S. 254   *1 üdZ der*

Zweige und an das langhaarige Moos der Bäume angehängt hatten, losbrachen, und herabfielen. Wir horchten eine
Zeit, und es war das Ding fast lieblich zu hören. Dann fuhren wir wieder weiter. Endlich kamen wir aus dem Thale heraus, und fuhren durch die Gegend hin, in der die Felder liegen. Der gelbe Mantel des Thomas glänzte vor mir, als wenn
er mit Öhl übertüncht worden wäre. Ich sah nach einer Zeit, daß hier, wo so lange eine feste Schlittenbahn gewesen
war, das Wasser aus der gestrigen Wärme und dem heutigen Regen durch die seither entstandene Kälte bereits so
fest gefroren[a] war, daß es der Fuchs mit seinen Hufen nicht mehr durchbrechen konnte, sondern mit hallenden Schlä-
gen auf demselben dahin lief. Der Schlitten flog widerstandslos fort, und glitt mit uns an leicht abschüssigen Stellen des
Weges seitwärts.

Mappe 147.

a mB eingetreten

    Das erste Haus, an dem wir halten mußten, war der Kernbauer, der ein krankes Kind hatte.
Als Thomas sich zum Absteigen regte, krachte sein Mantel, als zerbräche er, und kleine Eistäfelchen fielen von
demselben
herab. Bei mir war das Gleiche. Ich mußte meinen Mantel, da ich abstieg, wie ein starres Ding wegdrüken und
brechen,
und meine Kappe nahm ich wie eine Kriegshaube vom Kopfe. Von dem Dache des Hauses hingen ringsum, wie ein ver-
kehrtes Orgelwerk, unzählige Zapfen herab, die lang waren, theils herab brachen, theils ein Tröpfchen an ihrer Spize
hatten,
das fror, und das den Zapfen wieder länger und zum Herabbrechen geneigter machte. Da wir den Fuchs mit dem
Schlitten
aus dem vielen Regen in die Laube gebracht hatten, sahen wir, daß jede Stange jedes Holz jede Schnalle jedes
Theilchen
des ganzen Schlittens in Eis wie in durchsichtigen flüssigen Zuker gehüllt war, in den Mähnen des Fuchses hingen die
gefrornen Tropfen wie tausend bleiche Perlen, seine Deke hatte Fransen, und um seine Hufhaare waren silberne Bor-
den geheftet.

    Ich ging in die Stube, und gab dem Kinde, was noth that. Wir konnten uns nicht lange aufhalten. Da
wir fortfahren wollten, sahen wir, daß nicht alles Eis von den Haaren des Fuchses, und von unsern Überkleidern
geschmolzen war. Wir zerbrachen es daher, und zerrieben es, so gut wir konnten. Auch von dem Schlitten schlugen
wir
so viel herab, als wir ~~konnt~~ vermochten. Dann sezten wir uns zurecht, und fuhren weiter. Da wir unter den Obstbäumen
des Kernbauer dahin fuhren, sah ich, daß unter denselben sehr viele kleine schwarze Zweige auf dem weißen Schnee
lagen. Ich hielt an, nahm einen Zweig, ihn zu besehen, und erblikte um ihn eine durchsichtige Eishülle, und an
seinem Ende die
frische gelbe Bruchfläche, zum Zeichen, daß er eben herabgefallen sein mußte. Wir fuhren wieder weiter. Da wir abermals auf die Felder hinaus gekommen waren, dauerte der Regen die Stille und die graue Einöde des Himmels um uns
fort.

    Wir fuhren gegen die Dubs hinüber. Da wir auf die Höhe gekommen waren, und uns dem Walde
mehr näherten, dort, wo links das Gehänge ist, und da wir in gleicher Richtung mit dem Striche des Waldes dahin
fuhren,
nicht weit von ihm entfernt, sahen wir, daß der Wald nicht mehr schwarz war, wie wir gestern Abends und auch noch
heute
früh die Wälder aus dem Schnee empor ragen gesehen hatten, sondern daß er wieder bereift war wie im Winter, wenn
der Schnee in die Nadeln gestreut ist, und lange Zeit Kälte herrscht; aber der Reif des Waldes war heute nicht so
weiß wie
Zuker, dergleichen er sonst ähnlich zu sein pflegt, sondern es war ein dumpfes Glänzen und ein gleichmässiges
Schimmern,
wie wenn es bei trübem Wetter überall naß ist, aber das Glänzen war heller als das bei trübem Wetter, zum Zeichen,
daß es nicht von Nässe, sondern von Eis herrühre, das in allen Ästen war. Wir hielten still, um genauer hinsehen
zu können. Wir erkannten nun deutlich, daß Eis in den Bäumen des Waldes sei, und da wir nun die Hufschläge
unsers

---

1 idZ ~~konnt~~

Fortsetzung auf S. 255

Die blauen mitunter bleifarbigen Wolkenballen waren nicht mehr an dem Himmel, der dafür in einem stillen Grau unbeweglich stand, welches Grau an allen Stellen dasselbe war, und gegen das Dunkel von Bäumen konnte ich erkennen, daß ein feiner dichter Regen nieder falle. Als ich aber auf die Gegenstände des Bodens blikte, sah ich auf ihnen ein schilleriges Glänzen, das nicht die Farbe des Schnees war, in welchen Regen einsikert, sondern das[b] Glänzen eines Überzuges, der über Schneeflächen und Schneehügel gelegt war. Ich kleidete mich völlig an, aß schnell meine Suppe, die mir Appollonia gebracht hatte, und ging in den Hof hinunter. Da bemerkte ich, was ich geahnt hatte, daß herunten an der Oberfläche des Schnees ~~während~~[2c] der Nacht wieder Kälte eingefallen sei, während es oben in den höheren Theilen des Himmels warm geblieben war; denn der Regen floß fein und dicht hernieder, aber nicht in der Gestalt von Eiskörnern, wie im Winter oft, sondern als reines fließendes Wasser, das erst an der Oberfläche der Erde gefror, und die Dinge mit einem Schmelze überzog, wie man denselben im Innern von Thongeschirren anzubringen pflegt. Im Hofe zerbrach der Eisüberzug unter meinen Tritten noch in die feinsten Scherben, ein Zeichen, daß es erst vor Tages Anbruch zu regnen angefangen haben mußte. Ich ging in die Wagenlaube zu meinem Knechte Thomas, der dort den Schlitten zur heutigen Fahrt zurecht richtete. Ich sagte ihm, daß wir heute vielleicht an manchen Stellen auf Eis würden zu fahren haben, er möge den Fuchs zum Schmied führen, und an den Eisen zusehen, und wenn es nöthig ist, dieselben schärfen lassen. Statt der Pelzdinge möge er heute seine Regenkappe und seinen Regenmantel nehmen. Dem Fuchse möge er die Schellendeke nicht geben, daß die Schellen in dem Regen nicht leiden. Als ich diese Anordnungen getroffen hatte, ging ich wieder in meine Schlafstube hinauf. Dort schrieb ich noch einiges, was nothwendig war, und legte mir die Ordnung meiner heutigen Fahrt zurecht. Da dies geschehen war, nahm ich die Dinge, welche ich mitführen sollte, trug sie zu dem Schlitten hinab, und pakte sie ein. Indessen war auch Thomas mit dem Fuchs von dem Schmiede zurük gekommen,[3] spannte ihn an. Wir richteten uns zur Fahrt. Ich nahm über meine Kleider meinen schwarzen Regenmantel aus Wachstuch, der oben in eine gute Regenhaube endete, sezte mich in den Schlitten, zog dessen Leder rings um mich empor, hüllte mich in den Regenmantel, und zog die Haube über den Kopf. Thomas hatte einen gleichen aber gelben Mantel. Er sezte sich, in denselben gehüllt und dessen Kappe über ‖dem Haupte‖[4d], vor mir auf den Schlitten, nahm die Zügel, und wir fuhren in den Regen hinaus. Wir fuhren gegen den Thaugrund hinunter. Als wir in das Freie kamen, war es an dem Himmel und auf der Erde so stille und einfach grau, daß wir, als wir auf einen Augenblik mit unserm Schlitten anhielten, den Regen durch die Nadeln sinken hörten. Wenn wir fuhren, vernahmen wir einen andern Laut, nehmlich das Zerbrechen des Eises unter den Tritten des Fuchses, das ein stettes Rascheln verursachte. Da wir nach einer Weile wieder anhielten, weil Thomas etwas an dem Riemzeuge zu richten hatte, konnten wir in der ungemeinen Stille, welche waltete, noch ~~zu Zeiten~~ etwas ~~anderes~~ hören, das wir Anfangs nicht kannten, das wir uns aber doch nach und nach, da wir freiwillig hinhorchten, enträthseln konnten, nehmlich von Zeit zu Zeit etwas wie ein zartes Klingeln oder gleichsam ein zitterndes ‖Zerbrechen‖[5]. Es rührte von den Stükchen Eises her, die sich an die dünnsten[6]

---

b blasse

c mB in

d gezogen

2 mB gestrichen   4 das Haupt   6 aR mB angestrichen
3 üdZ und   5 Brechen

Fuchses nicht mehr hörten, vernahmen wir ein Geräusch von herabbrechenden Zweigen, und vernahmen es immer wieder von der Höhe herab, gleichsam, als sei der Wald lebendig geworden. Da wir weiter fuhren, da wir wieder mehr in das Freie hinaus kamen, und uns von dem Walde entfernten, war das blasse Leuchten des Eises auf allen Hügeln des Schnees rings um uns herum, das Grau des Himmels war ebenfalls beinahe weis[1], und der Regen dauerte stille fort, gleichmäßig fein und gleichmäßig dicht.

Ich hatte erst in den hintern Häusern der Dubs etwas zu thun. Wir fuhren an den vorderen Häusern und Hütten mit ihren großen Zapfen vorüber. Im Wirthshause der hinteren Dubs stellten wir den Fuchs in den Stall, nachdem wir ihn vorher von seinem Eise befreit hatten. Ich befahl dem Thomas, von dem Schlitten, welcher in eine Laube geführt worden war, alles ‖Eis‖[2] vollständig herab zu schlagen, und den Fuchs zu betreuen. Ich aber, der in mehreren Häusern etwas zu thun hatte, schüttelte meinen Mantel oberflächlich ab, nahm ihn wieder um, ließ mir meine Steigeisen an die Füße schnallen, und begab mich auf dem Eise auf meinen Weg. Kein einziger Mensch begegnete mir auf meinem Gange. An den Zäunen an den Strunken der Obstbäume an Pfählen und Latten und an[3] Allem, was da fest war, hing unsägliches Eis. An mehreren Planken waren die Zwischenräume verquollen, als wäre das Ganze in eine Menge eines zähen Stoffes eingehüllt worden, der dann erstarrte. Mancher Busch sah aus wie viele in einander gewundene Kerzen oder wie lichte wässerig glänzende Korallen.

Ich hatte dieses Ding nie so gesehen wie heute.

Ich ging in die Hütten und Häuser, in denen ich wegen Krankheit Vorkehrungen zu treffen hatte. Als ich auf dem Rükwege war, und in der Nähe des Gasthauses auf den Plaz gelangte, den mehrere Häuser bildeten, und einschlossen, sah ich den Gemeindebrunnen, den sie mit Brettern verschlagen und mit wärmenden Dingen umhüllt hatten, wie einen einsamen Eisberg stehen, nicht einmal Stufen waren zu ihm hinan in das Eis geschlagen, weil er seit vielen Wochen schon kein Wasser mehr gegeben hatte. Vor den Thüren der Häuser sah ich, daß die Leute am Morgen Sand oder Erde oder Heustaub auf die Glätte der Wege gestreut hatten, damit man nicht falle; aber der Regen hatte das Aufgestreute mit neuem Eise überzogen.

In dem Wirthshause der hintern Dubs konnte ich meinen Mantel und jezt auch meine Stiefel vollkommen

---

1 H   2 Eise   3 H

148.

vom Eise befreien, das sich dort angesezt hatte. Der Wirth zeigte[1] Wohlgefallen an meinen Steigeisen, und sagte, das sei eine vortreffliche Einrichtung, und auf einem solchen Eise mit völliger Sicherheit zu gehen, auf das man sonst bei dieser vollständigen Glätte und Feinheit keinen Fuß sezen dürfte, ohne in Gefahr zu gerathen Arme und Beine zu brechen, und gegen das kein Mittel helfe, weil sich das Eis immer von neuem erzeuge. Wir hielten in dem Wirthshause unser Mittagmahl, und als wir gegessen hatten, als unser Fuchs gestärkt war, seine Eisen sich wieder in geschärftem Zustande befanden, und unsere Sachen frei und leicht waren, wie am Morgen, da wir unser Haus verließen, fuhren wir wieder weiter.

Ich mußte in die Holzhäuser hinüber fahren.

Da wir wieder im Freien und in den Feldern waren, hörten wir einen dumpfen Falle, wußten aber nicht recht, was es war. Auf dem Raine sahen wir einen Weidenbaum gleißend stehen, und seine zähen silbernen Äste hingen herab, wie mit einem Kamme niedergekämmt. Wir mußten uns dem Waldringe nähern, gegen den hinauf auf Wiesen und Weidegründen die Holzhäuser stehen. Auch diesen Wald sahen wir fein bereift aber schwach merklich glänzend gegen den grauen Himmel ragen.

Von den Holzhäusern mußte ich noch in das Eidun. Ich hatte in den vorderen Eidunhäusern etwas zu thun. Wir fuhren wieder etwas[a] in den Feldern zurük, und gegen diese Häuser hinüber.

Von den Eidunhäusern weg konnten wir endlich den Heimweg einschlagen. Als wir uns da[b] so wie früher in den Holzhäusern abermals vom Eise gereinigt hatten, und als der Fuchs ein wenig Futter bekommen hatte, und wir auch von einem Trunke gestärkt waren, sezten wir uns wieder in den Schlitten, um nach Hause zu fahren. Wir konnten auf einem Wege fahren, wo im Sommer die Eidunwiesen sind, wo sich aber im Winter ein Weg bildet, den alle diejenigen begehen und befahren, die von dem Eidun den Holzhäusern und der Umgebung in den Waldhang und in das obere Hag müssen, weil sie da näher haben. Wir durften auf diesem Wege nur eine halbe Stunde fahren, um dann in die Strasse einlenken zu können, die gegen den Thaugrund und gegen mein Haus führt. Als wir uns auf den Wiesen befanden, und über ihre Ebene, freilich klafterhoch erhöht, dahin fuhren, hörten wir wieder denselben dumpfen Fall, wie heute schon einmal; aber wir erkannten ihn wieder nicht, und wußten auch nicht einmal genau, woher wir ihn gehört hatten. Wir kamen endlich von diesem Winterwege in die Straße. Wir waren froh, einmal nach Hause zu kommen; denn der Regen und das Feuchte, das in unserm ganzen Körper stekte, that uns recht unwohl, auch war die Glätte unangenehm, die allenthalben unnatürlich über Flur und Feld gebreitet war, und auf die man keinen Fuß sezen konnte, der nur ein bischen gehaftet hätte. Der Obrist hatte einmal gesagt, da wir unsere Wege bauten, wir würden die Wohlthat in dem nächsten und in darauf folgenden Jahren erst recht verspüren. Ich verspürte sie nun, da mein Fuchs mit dem Schlitten auf der breiten festen überall gleichmäßig geebneten Strasse dahin lief. Was wäre aus uns an diesem Tage geworden, wenn die Wege noch so ungleich, schief, und holperig gewesen wären, wie einstens.

Da wir endlich gegen den Thaugrund kamen, und der Wald gegen unsere Strasse herüber langte, hörten wir plözlich in dem Schwarzholze, das rechts von uns auf dem Felsen stand, ein Geräusch, das sehr seltsam war, und das keiner von uns je vernommen hatte. Es war, als ob viele Tausende oder gar Millionen von Glasstangen durcheinander rasselten, und in diesem wirren Laute in die Ferne zögen. Das Schwarzholz war aber doch noch zu weit von uns entfernt, als daß wir den Schall recht klar hätten erkennen können. In der Stille, die am Himmel und auf der Erde war, erschien er uns sehr sonderbar. Thomas wollte den Fuchs aufhalten, konnte es aber nicht sogleich bewerkstelligen, weil der Schlitten auf der glatten Bahn dahin schoß, und dem Thiere nachschob, und weil der Fuchs auch auf dem Heimwege freudiger lief, und jedem Anhalten langsamer gehorchte, und weil er besonders an diesem Tage trachten mochte, in den Stall zu gelangen. Als er endlich stand, war das Geräusch vorüber. Wir hörten jezt wohl auch ein schwaches Rauschen in den Lüften, das wir früher bei den Hufschlägen unseres Pferdes nicht gehört hatten, aber das Rauschen war etwas sehr ‖Unbestimmtes‖[2], und war auch etwas ganz anderes, als der Schall, der uns zum Anhalten unsers Pferdes bewogen hatte. Es dauerte auch schwach oder schwächer fast immer fort. Wir fuhren wieder weiter. Wir näherten uns dem Thaugrunde, und sahen endlich schon die dunkle Öffnung, wo die Strasse in den Wald

---

a ein wenig
b in dem Eidunwirthshause

Fortsetzung auf S. 258   1 üdZ sein   2 unbestimmtes

und Geglänze rührte sich kein Zweig und keine Nadel, außer wenn nach einem Eisfalle irgend ein Ast empor schlug. Dann war es wieder ruhig. Wir harreten, und schauten hin, ich weiß nicht, war es Bewunderung oder Furcht, in das Ding hinein zu fahren. Unser Pferd mochte die Empfindung in einer Ähnlichkeit theilen; denn das arme Thier schob, die Füsse sachte anziehend, den Schlitten in mehreren Ruken etwas zurük.

Wie wir noch da standen, und schauten – wir hatten noch kein Wort geredet – hörten wir wieder den Fall, den wir heute schon zweimal vernommen hatten. Jezt war er uns aber völlig bekannt. Ein helles Krachen, gleichsam wie ein Schrei, ging vorher, dann folgte ein kurzes Wehen Sausen oder Streifen, und dann der dumpfe dröhnende Fall, mit dem ein mächtiger Stamm auf der Erde lag. Der Knall ging wie ein Brausen durch den Wald und durch die Dichte der dämpfenden Zweige, es war auch noch ein Klingeln und Geschiener, als ob unendliches Glas durcheinander geschoben und gerüttelt würde. Dann war es wieder wie /vorher/[1], die Stämme standen und ragten durcheinander, nichts regte sich, und das schwache still stehende Rauschen dauerte fort. Es war merkwürdig, wenn ganz in unserer Nähe ein Ast oder Zweig oder ein Stük Eis fiel; man sah nicht, woher es kam, man sah oft gar nicht das kaum das Niederblizen, oft das nicht einmal, sondern hörte nur das Aufschlagen, und das Starren war wie früher fortw währte wie früher fort.

Es wurde uns begreiflich, daß wir in den Wald nicht hinein fahren konnten. Es mochte irgend wo schon ein Baum mit all seinen Ästen auf dem Wege liegen, über den wir nicht hinüber könnten, und der nicht zu umfahren wäre, weil die Bäume dicht stehen, ihre Nadeln und Zweige vermischen, und weil der Schnee bis in das Geäste und Gezweige ‖der niedreren Bäume‖[2a] empor ragte. Wenn wir dann umkehrten, und auf dem Wege, auf dem wir gekommen waren, zurük wollten, und da sich etwa auch unterdessen ein Baum hinüber gelegt hätte, so wären wir mitten drinnen eingeschlossen gewesen. Der Regen dauerte unablässig fort, wir selber waren schon wieder eingehüllt, daß wir uns kaum regen konnten, der Schlitten war schwerfällig und verglaset, und der Fuchs trug seine Lasten. Wenn irgend etwas in den Bäumen nur um eine Unze an Gewicht gewänne, so mochte es fallen, die Spizen der Zapfen wie Keile mochten nieder fahren, und uns durchbohren, wir sahen ohnedem auf dem Wege, den wir vor uns hatten, viele zerstreut und zerbrochen liegen, und während wir standen, waren in der Ferne wieder dumpfe Schläge zu vernehmen gewesen. Und wie wir auf die Felder, durch die wir gekommen waren, zurük schauten, war[b], wie wir heute den ganzen Tag erfahren hatten, kein Mensch und kein lebendiges Wesen zu erbliken, nur ich Thomas und der Fuchs waren allein in der freien Natur.

Ich sagte zu Thomas, daß wir umkehren müßten. Er schlug dasselbe vor. Ich stieg aus, und er wendete das Pferd mit dem Schlitten um. Dann stieg er auch ‖aus‖[3]. Wir schüttelten unsere Oberkleider, so gut es ging, ab, und befreiten nach Möglichkeit den Fuchs und den Schlitten vom Eise. Bei dem Schlitten diente uns trefflich das Beil, das wir stets mit führen. Es war uns, als wachse jezt das Eis viel schneller an als am Vormittage, war es nun, daß wir früher die Erscheinung weniger beachteten, oder war wirklich entweder Regen oder Kälte oder beides mehr geworden. Da wir wieder ein wenig in Ordnung waren, stiegen wir ein, und fuhren zurük. Ich hatte vor, zum Eidunbauer, dessen Haus das äußerste der weit zerstreuten Eidunhäuser ist, und[4] uns eben am nächsten lag, zu fahren. Ich wollte auch, um Zeit zu gewinnen, nicht so weit zurük fahren, bis ich auf den Weg käme, den der Eidunbauer zur Strasse herab hat, sondern ich beschloß, den Versuch zu machen, von irgend einer Stelle unsers Plazes, wo es thunlich wäre, über Wiese und Feld in gerader Richtung zu dem Hause hin zu fahren, falls die Eisdeke, welche der Regen auf dem Schnee gemacht hat, uns trüge.

Als wir zu einer Ebne[5] kamen, an der ich von der Strasse ablenken konnte, ließ ich halten, und theilte dem Thomas meine Absicht mit.[6] Er war einverstanden. Wir stiegen ab, nahmen unsere Steigeisen, und führten den Fuchs mit dem Schlitten

Mappe 149.

a Holzes

b auf ihnen

---

1 statt vorherr
2 des niedreren
3 ab
4 üdZ das
5 H
6 aR mB angestrichen

Fortsetzung auf S. 259

hinein lief. Wenn es auch nach frühem Nachmittage war, wenn auch der graue Himmel so licht schien, daß es war, als müßte man die Sonne durch denselben hindurch ~~scheinen~~[c] sehen, so war es doch ein Winternachmittag, und es war so trübe, daß sich schon die weißen Gefilde vor uns zu entfärben begannen, und im Walde von ferne gesehen Undeutlichkeit herrschte.

  Als wir an die Stelle kamen, wo wir unter die Wölbung des Gehölzes hinein fahren sollten, blieb Thomas stehen. Wir sahen vor uns eine sehr schlanke Fichte zu einem Reife gekrümmt stehen, und einen Bogen über unsere Straße bilden, wie man sie einziehenden Kaisern zu machen pflegt. Es war unsäglich, welche Pracht und ~~Last~~[d] des Eises von den Bäumen hing. Wie Leuchter, von denen unzählige umgekehrte Kerzen in unerhörten Größen ragten, standen die Nadelbäume. Die Kerzen schimmerten alle von Silber, die Leuchter waren selber silbern, und standen nicht überall gerade, sondern manche waren nach verschiedenen Richtungen geneigt. Das Rauschen, welches wir früher in den Lüften gehört hatten, war uns jezt bekannt; es war nicht in den Lüften, jezt war es bei uns. In der ganzen Tiefe des Waldes herrschte es ununterbrochen fort, und entstand, wie die Äste und Zweige krachten, und zur Erde fielen. Es war um so fürchterlicher, da alles Andere unbeweglich stand. Von dem ganzen Geglizzer

c schimmern

d Last

auf den Schnee. Die Eisdeke desselben trug das Pferd und den Schlitten. Zu genauerer Untersuchung nahm ich das Beil, kniete nieder, und that die stärksten Schläge, so wie ich nur konnte, auf das Eis. Es widerstand, und schien mir hinreichend stark. Wir sassen nun ein, ließen den Fuchs Schritt für Schritt auf dem Eise fort gehen, und gelangten in Kurzem vor das Haus. Ich bath den Bauer, der unter das Hausthor getreten war, um Unterkunft für das Pferd und den Schlitten. Er sagte es bereitwillig zu. Für den Fuchs wurde ein Plaz in dem Ochsenstalle zurecht gerichtet, und der Schlitten in die Laube gebracht. Als das Thier auf seiner warmen Stelle stand, und vom Eise und von seinem Geschirre befreit war, bath ich auch für Thomas um eine Nachtherberge, der das Pferd verpflegen müsse, ich wolle den Weg zu meinem Hause zu Fuße antreten. Man suchte mich von meinem Vorhaben abzubringen; ich aber sagte, ich müsse in der Nacht, die kommen werde, in meinem Hause sein, ich hätte auch manches zu bereiten, dessen ich morgen bedürfte, ich müßte morgen einen andern Weg einschlagen, da ich die Kranken in dem oberen Lande besuchen müßte, die mich heute nicht gesehen hatten, ich könnte den Thaugrund umgehen, ich wolle durch das Gebühl in die Schlucht hinab, dann durch die Wiesen des Maierbacher empor, dann durch die Erlhaide, deren kleine Gebüsche gefahrlos sind, dann gegen die Hagweiden und von da zu meinem Hause hinüber.

    Als ich das gesagt hatte, wollte mein Knecht Thomas nicht zugeben, daß ich allein gehe, denn der Weg, den ich genannt hätte, wäre hüglig und ungefüg, man müsse an Höhen und Wiesen hinauf, wo etwa[c] überhängende Schneelehnen sind, und wo in dem glatten Eise das Klimmen und Steigen von der größten Gefahr sein könnte. Er sagte, er wolle mit mir gehen, daß wir einander an den Maierbacher Wiesen empor helfen, daß wir einander beistehen, und uns durch die Erlhaide hinüber ziehen könnten. Dem Eidunbauer würde er schon sagen, wie der Fuchs zu halten und zu verpflegen sei. Morgen, wenn sich das Wetter geändert hätte, könnte ich mit dem Scheken in die oberen Häuser fahren, er würde um den Fuchs herüber

c vielleicht

150.

gehen, wenn ja Gott überhaupt einen Tag sendete, an dem ein Mensch sich unter den freien Himmel hinaus wagen dürfe.

Ich sah das alles ein, was mein Knecht Thomas sagte, und da ich mich auch nicht ganz genau erinnerte, ob überall, wo ich zu gehen vor hatte, keine Bäume ständen, oder ob ich nicht einen viel weiteren Umweg zu machen oder gar wieder zurük zu gehen hätte, wenn ich nicht vordringen könnte, so gestattete ich ihm, daß er mitgehe, damit wir unser zwei wären, und die Sache mit mehr Kräften beherrschten.

Nachdem er dem Bauer das Nöthige auseinander gesezt hatte, und unsere Wachstuchmäntel wieder[1] ausgeschüttelt waren, schnallten wir die Steigeisen fest an, nahmen die Mäntel über uns, banden sie um die Lenden zusammen, nahmen unsere Waldhakenstöke, Thomas hing in seiner Ledertasche das Beil um die Schulter, wenn etwa Stufen in das Eis zu hauen wären, und wir traten unsern Weg an.

Wir gingen an dem sanften Hange, der sich in der Richtung gegen Abend von dem Eidunbauer gemach bildet, auf dem Fußwege, welcher gegen den Thaugrund läuft, dahin. Als wir uns der Stelle näherten, an welcher der Weg in den Wald geht, beugten wir links ab, und gingen auf dem freien Grunde weiter, um die Lichtung zu gewinnen, die die Maierbacherwiesen durch den Wald ziehen, der dort auch seine geringste Breite hat. Da wir dem Walde wieder näher waren, hörten wir abermals das Rauschen. Wir kamen nach einiger Zeit zu dem Abhange, der gegen die Schlucht abführt, jenseits welcher die Maierbacherwiesen beginnen. Am Rande des Abhanges sezten wir uns nieder, nahmen die Steigeisen ab, hängten sie an Riemen über unsere Schultern, und fuhren mit Hilfe der Waldstöke die Füsse vorwärts gestrekt die schiefe Fläche des Eises hinab. Wir waren in Schnelligkeit unten. Da wir unten waren, glaubte ich zu empfinden, daß sich ein Windchen höbe. Das wäre ein gutes Zeichen gewesen, daß etwa ein warmer Wind begänne, und die Eisbildung aufhörte. Aber es war eine Täuschung gewesen. Das Lüftchen hatten wir nur durch unser schnelles Abfahren empfunden. Da wir unten standen, war es wieder so ruhig um uns wie den ganzen[2] über. Wir legten unsere Steigeisen neuerdings an, und begannen die Maierbacherwiesen empor zu klimmen. Das will sagen, wir waren auf den Wiesen, aber auf dem Schnee sehr hoch über ihrem Grasboden erhöht. Das Hinanklimmen war sehr beschwerlich. Der Bühel, über den wir hinauf mußten, und oberhalb dessen die Erlhaide lag[a], die wir gewinnen wollten, lag wie eine ungeheure gläserne Spiegelwalze vor uns. Wir sezten langsam einen Fuß vor den andern, drükten die Steigeisen, deren Spizen ich immer sehr schärfen lasse, in den glatten Boden, und stüzten uns auf die rükwärts eingestellten Stöke. Es war Festigkeit jedes Trittes nöthig; denn wenn einer gefallen wäre, hätte er leicht wieder bis in die Tiefe des Schlundes zurük gleiten können. Wir vermochten die Höhe, die leicht jemand im Sommer, wenn das Gras kurz geschoren ist, in einer halben Stunde empor geht, wohl erst nach reichlich zwei Stunden zu überwinden. Wir standen endlich oben am Rande der Erlhaide. Es würde schwer gewesen sein, durch ‖die‖[3] Büsche derselben hindurch zu dringen, wenn nicht der Schnee so hoch gewesen wäre, daß nur die Wipfel hervor ragten. Die Zweige und Äste standen uns wie unzählige stählerne Stangen und Spieße entgegen, die nicht zu biegen waren, und die den Fuß, der gegen sie stieß, verlezt haben würden. Wir zerschlugen vor uns mit den Waldstöken und dem Beile das Eis und das Holz der Zweige, daß sie weicher und gefügiger würden. So gingen wir vorwärts, /indem/[4] wir uns häufig in dem dichtverworrenen Gezweige der Krüppelerlen, das wir vorher zerschlagen hatten, mit den Steigeisen verwikelten. Auch mußten wir häufig unsere Mäntel wieder abschütteln. Dennoch waren wir dieses Weges froh; denn es wäre ein anderer baumfreier für uns nicht vorhanden gewesen. Endlich hatten wir auch die Erlhaide überwunden, und gelangten an den Rand von Wiesen und Feldern,[b] wo ein Weg an der ~~Haide~~[c] von Astung gegen Thal ob Pirling herein geht. Wir blieben hier

a hin ging

b die die Hagweiden heißen,
c Erlbüsche

Fortsetzung auf S. 262

1 idZ ~~ab~~
2 üdZ Tag

3 dieselbe

4 statt inden

„Nicht jeder hat solche Fußhaken wie der Herr Doctor," sagte der Weber wieder.

„Wir haben den ganzen Tag keinen Menschen auf dem freien Felde gesehen," entgegnete ich.

„Und wenn auch einer darauf gewesen ist, so muß er schleunig eine Unterkunft gesucht haben," sagte der Wirth.

„Es kann schon sein," antwortete ich; „aber auch wir müssen jezt unsere Unterkunft suchen; es thut uns sehr noth. Gehabt euch wohl."

„Gehabt euch wohl, Herr Doctor," riefen mehrere.

„Und ruhet euch gut aus," sezte der Wirth hinzu.

„Wie es Gott fügt," sagte ich, und ging mit Thomas weiter.

Wir kamen jezt an Obstbäumen vorüber, und unter jedem sah ich einen schwarzen Flek von Zweigen liegen, als wären sie von einem großen Hagel herab geschlagen worden. Das Gitter an meinem Garten sah silbern zu mir her, als stünde es in einer Kirche vor einem Altare. Als wir zu meiner Hausfichte kamen, sah ich sehr wenig Eis auf ihr, und sie war fast nicht beschädigt. Unter ihr lagen Haufen zerbrökelten Eises zerschlagener feiner Zapfen und dünner Zweige und Nadeln. Von mehreren der bedeutendsten Äste hingen lange Wiesbaumseile hernieder, und an ihrem Stamme lehnte eine Leiter. Als ich weiter gegen das Haus ging, bemerkte ich, daß meine Obstbäume und die Zwergbäume ziemlich frei vom Eise seien. Ehe ich an das Thor gelangte, lief mir der Knecht Kajetan entgegen, und rief: „Weil ihr nur da seid."

Ich fragte ||ihn: „Was||[1] habt ihr denn mit der Fichte und den Bäumen gethan?"

„Weil ihr immer einen Tisch und eine Bank und ein leinenes Dach unter die Fichte thut, wenn Sommer wird," sagte er, „so haben wir gedacht, es wäre Schade um den Baum, da so viel Eis wurde, und Andreas und ich haben eine Leiter hinzu getragen, stiegen hinauf, und zerschlugen das Eis, so lange es noch Zeit war, und haben heute das drei Mal gethan, und der Andreas hat Seile an Äste gebunden, daß man das Wasser aus ihnen schütteln kann wie aus nassen Wedeln, sonst müßte ja der Baum in dem heutigen Eise zerreißen und zerspellen, da er so dicht in Nadeln und Büscheln ist, und das Nadelholz kann seine Schäden nicht ausbessern, und erlangt nur den häßlichen Harzfluß. Und für den Garten und die anderen Bäume habe ich den Kulm und den alten Christoph und den Karreiter und den Sebastian und den Felix gedungen, da es immer ärger wurde, und sie haben an Fußeisen genommen, was da war, oder haben die Füsse in Lappen gehüllt, daß sie gehen konnten, und haben Säke um die Schultern genommen, die sie wechseln konnten, und sind in dem Garten und unter den Bäumen herum gegangen, und wir haben ihnen gezeigt, wie sie das Eis in den Ästen mit Stangen herab schlagen sollen, und so haben wir es bis jezt gerettet, da die Nacht herein bricht."

„Ich danke dir, Kajetan," sagte ich, „allen danke ich, und ich werde euch erst noch recht danken, wenn alles vorüber ist."

Und als ich noch redete, kam auch Andreas herzu, und Katharina lief aus dem Hause, so weit sie dieses auf dem glatten Eise zu thun vermochte, und rief mir entgegen: „O heilige Nacht, was wird das für eine Nacht und Finsterniß sein, weil ihr nur gekommen seid, und wo habt ihr denn den Fuchs und den Schlitten?"

„Die haben wir in eine Herberge gethan, Katharina," sagte ich, „und wir verlangen nun auch nach einer Herberge."

Es kamen ~~nun~~[2] auch noch Appollonia und Crescentia heraus und Sebastian und Felix.

Ich hatte indessen das Thor erreicht, und ging in das Haus.

---

1 ihn, was   *2* üdZ jezt

eine Weile stehen. Es war uns, als ob bereits die Dämmerung eingetreten wäre. Das Eis auf den Feldern gegen mein Haus hin hatte einen fahlen Glanz wie Zinn, und wo sich an kleinen Hängen Schneelehnen überwölbten, und Löcher und Rinnen bildeten, saß es in denselben wie grauliche Schatten. Wir wußten nicht, ob es die Dämmerung oder die Beschaffenheit des Tages sei, die dieses erzeugte. Wir vernahmen, da wir standen, deutlich wieder manchen Fall, und dann das Brausen, das darauf durch die Glieder der Bergzüge ging.

Wir bogen nun rechts, und begannen, gegen Thal ob Pirling hinein zu gehen.

Bald konnte ich hinter den andern Häusern der Ortschaft die kleine Streke entfernt auch mein Haus in der weißgrauen Luft sehen, und ein blauer Rauch stieg aus demselben empor, wahrscheinlich von dem Feuer kommend, an dem Katharina unser Abendmahl bereiten ließ.

Da wir zu den ersten Häusern kamen, sahen wir unter den Thüren Gruppen von Menschen, die den Himmel anschauten.

„Ach, Herr Doctor," rief einer, „wo kommt ihr denn an diesem Tage her?"

„Ich komme von der Dubs und von den Eidunhäusern," antwortete ich, „mein Pferd und den Schlitten habe ich zurük gelassen, und bin mit Thomas über die Maierbacherwiesen und die Hagweiden herein gegangen."

Ich blieb bei den Leuten ein wenig stehen. Das Rauschen der Wälder rings um war bereits bis hieher zu hören, dazwischen tönte der Fall von Bäumen, und folgte immer dichter auf einander. Ja sogar von dem oberen Walde, den man wegen des Regens gar nicht zu sehen vermochte, konnte man das Krachen und Stürzen vernehmen. Es dämmerte nun wirklich, der Himmel war weißlich wie an dem ganzen Tage, ja sein Schimmer schien jezt gegen Abend noch lichter zu werden, und der⁵ Regen fiel ganz gerade hernieder.

„Gott genade dem Menschen, der jezt im Freien ist," sagte der Kalmenweber, „oder gar in dem Walde."

„Da wird er nicht geblieben sein," entgegnete der Wirth, „er wird sich schon in eine Herberge gerettet haben, da es noch Zeit war."

---

5 üdZ dichte

Ich ging in das Küchenzimmer, um nur erst der Klumpen von Stiefeln, aus denen die Steigeisen hervor ragten, und des Wachsmantels los zu werden. Thomas ging gegen die Gesindestube. Als ich mich der genannten Kleidungsstüke entledigte, und sich die Stube mit meinen Leuten und den Taglöhnern füllte, und ich den Knaben Gottlieb nicht darunter sah, fragte ich nach ihm.

„Er hat vor zwei Stunden Tuchendenschuhe angezogen," sagte Crescentia, „und ist zu dem Walde des Thaugrundes hinab gegangen, weil er weiß, daß ihr durch den Thaugrund mit eurem Schlitten kommen müßt. Und da ist er noch nicht zurük gekehrt."

„Kajetan, Andreas," sagte ich, indem ich im Auskleiden inne hielt, „nehmt Stöke und Fußeisen, und nehmt zur Vorsicht auch eine Laterne mit, und bringt den Knaben zurük. Das Kind könnte den größten Schaden haben, wenn es in diesem Wetter an dem Thaugrunde stünde."

Die zwei Knechte gingen sogleich fort, und ich legte die Stiefel und das Oberkleid ab. Die Stiefel wurden auf einem Schemel in die Küche zum Aufthauen gestellt, und der Mantel in der Küchenstube auf die Ofenstangen gehängt.

Dann ging ich in die[a] Kammer neben der großen Stube, und kleidete mich vollends um. In der Stube und in der Kammer brannte ein wärmendes Feuer. *a* meine

Als ich angekleidet war, und als ich manches geordnet hatte, was ich heute an Heilstoffen bei mir gehabt hatte, und manches Andere, was ich morgen mit nehmen wollte, ließ ich die Männer kommen, welche Kajetan zum Abeisen des Gartens gedungen hatte, und sezte ihnen auseinander, was wir etwa in der Nacht mit Hilfe von Laternen, so weit sie uns dienen könnten, noch auszurichten vermöchten, falls sie mir der[3] Nacht auch ihre Dienste zuwenden wollten.

Die Männer zeigten sich hiezu bereit, und ich sagte, Katharina und Appollonia möchten[b] herbei schaffen helfen, was nöthig wäre, bis die Knechte zurük gekommen wären, und ich mit ihrer Hilfe die Anstalten vollendete. *b* vorläufig

Die Leute gingen wieder aus meiner Kammer.

[4]Da ich jezt allein war, und mich ein wenig nieder sezte, konnte ich das verworrene Getöse selbst in meine Kammer herein hören. Die Dämmerung war bereits so weit vorgerükt, daß ich in dem Gemache nichts zu lesen vermocht hätte, und die Nacht mußte bald völlig da sein.

Endlich kamen die Knechte mit dem Knaben Gottlieb. Er hatte an seinen Kleidern Eispanzerringe, und

---

3 H   4 idZ Nach einer Zeit brachten die Knechte den Knaben

152.

die Endschuhe waren ein Klumpen. Ich sagte, man solle ihm etwas Wärmendes zu essen geben, und er solle sich dann ins Bett legen. Der Knabe entfernte sich.

Mit den Knechten beredete ich, was man noch in der Nacht thun könne.

„Viel," sagte ich, „wird es nicht sein. Was eben in unsern Kräften steht, wollen wir zur Abwehr versuchen. Ist uns irgend ein Übel bestimmt, so wollen wir es tragen."

Die Knechte gingen, um in Ausführung zu bringen, was wir verabredet hatten.

Nach einer Weile kam Thomas zu mir herein, der auch theilweise ein anderes Gewand genommen, und etwas gegessen hatte, und sagte, daß sich die Leute der Nachbarhäuser versammeln, und in großer Bestürzung seien.

Ich that einen starken Rok um, nahm einen Stok und Fußeisen, und ging zu den Häusern hinüber. Es war ganz finster geworden, das Eis der Erde gab einen zweifelhaften Schein. Das Niederfallen des Regens spürte man an seinem Körper.

Das Getöse hatte sich in der Finsterniß vermehrt, es war rings herum an Orten, wo das Auge nicht hindringen konnte, es war wie das Rauschen entfernter Wasserfälle. Das Brechen wurde[1] immer deutlicher, als ob ein starkes Heer oder eine geschreilose Schlacht im Anzuge wäre. Ich sah die Leute, als ich näher gegen die Häuser kam, stehen; aber ich sah die schwarzen Gruppen derselben von den Häusern entfernt mitten auf dem Eise stehen, nicht vor den Thüren oder an Wänden.

„Ach Doctor, helft, ach Doctor helft," riefen einige, da sie mich kommen sahen, und mich etwa an meinem Gange erkannten.

„Ich kann euch nicht helfen, Gott ist überall groß und wunderbar, er wird helfen und retten," sagte ich, indem ich zu ihnen hinzu trat.

Wir standen nun eine Weile stille, und horchten auf die Töne.

„Ehe die Hilfe Gottes kömmt, werden unsere Dächer eingedrükt sein oder[2] durch die Last ~~auf den~~[3] Häuptern ~~unsere Mauern~~ geborsten," ~~sagte Bernhard der Wägler.~~ wenn[a] die Stämme des Waldes ~~schon~~ nicht mehr zu widerstehen vermögen," sagte Bernhard der Säkler.

„Das ist nicht ganz so, wie du sagst, Bernhard," entgegnete ich, „und Klenz der Zimmerer, der neben dir steht, könnte meine Worte bestätigen, und sein alter Vater, wenn ihr denselben in seinem Gemache aufsuchen wolltet, noch mehr, und Wenzel Gladrub der Förster desgleichen. Unsere Wälder haben Nadelbäume, die Nadeln fallen im Winter nicht ab, und zwischen ihnen und in den feinsten Reisern, die Wedel bilden, sezt sich das Wasser, das heute unaufhörlich herab rinnt[b], es wird Eis in dem seltsamen Froste, der herrscht, und durch das stets nachhaltende Wasser zieht es nieder, und Nadeln und Zweige und Äste fallen herab, die schlanken Stämme, die im Walde sind, biegen sich, wenn an einer Seite die Last größer ist, und biegen sich immer mehr, und brechen, wie man einen Stab ‖beugen‖[4] und brechen kann. Die schiefen Flächen des Schnees auf den Dächern aber haben keine Zwischenräume, in welche sich das Wasser einsaugen und große Lasten machen könnte. Und da einmal auf dem Schnee eine Eisrinde geworden war, mußte das folgende Wasser so schneller herab rinnen, je glatter es durch das Rinnen die schiefe Eisfläche gemacht hatte. Versucht es, reißt mit einem Haken ein Stük Eis der Dachfläche herab, ihr werdet sehen, welch geringe Dike die Eisrinde hat.[5] An den Bäumen ziehen unendlich viele Hände gleichsam an unendlich vielen Haaren und Armen hernieder, an den Häusern schiebt alles gegen den Rand, und an diesem erst drängt das Wasser fallrecht ab, und bildet die Zapfen."

a schon

b ~~fest~~ an,

Fortsetzung auf S. 266

1 üdZ auch
2 üdZ unsere Mauern

3 üdZ über ihren
4 biegen

5 idZ ~~An dem Rande des Daches zieht erst das Wasser fallrecht, und macht die Zapfen.~~

lichter wäre. Ich wandelte eine Zeit in der Stube hin und wider. Dann zündete ich meine Lampe, welche wie eine Blendlaterne geschlossen war, an, und ging in den Garten, und besah die Arbeiten der Leute. Obwohl ich auf die Festigkeit meiner Dachungen und meiner Mauern sehr vertraute, ordnete ich doch an, daß man die Zapfen herabschlage, und den Schnee, wo er etwas höher lag, zum Herabgleiten veranlasse. Dann ging ich wieder in die Stube.

Mappe 153.

Nach einer Stunde kam Thomas, und sagte, daß die Leute zusammen gekommen seien, und bethen. Das Getöse sei furchtbar. Ich ging mit meiner Lampe zu den Häusern und den Leuten hinüber, und als das ‖Gebeth‖[1], das sie laut sprachen, zu Ende war, sagte ich, daß das gut sei, und daß sich die Sache bald ändern werde.

Dann ging ich wieder in meine Stube, in welche der Lärm wie tosende Meereswogen herein drang.

Nach einer Zeit ging ich in Gottliebs Kammer, um nach ihm zu sehen. Er lag in seinem Bette, und schlief. Auf seinen Wangen war es fast wie Rosen.

Meine Leute gingen in Angst herum, und sahen mich an, wenn ich mit der Lampe im Hause wandelte.

Weil ich sehr ermüdet war, legte ich mich ein wenig in der Kammer angekleidet auf den ledernen Polster, welcher auf der Bank war, und schlief aus starker Müdigkeit ein.

Als ich wieder erwachte, hörte ich ein Sausen ober meinem Dache, das ich mir nicht gleich zu erklären vermochte. Als ich aber aufgestanden war, mich ermannt hatte, an das Fenster getreten war, und einen Flügel desselben geöffnet hatte, erkannte ich, daß es Wind sei, ja daß ein Sturm durch die Lüfte dahinsause. Ich wollte mich überzeugen, ob es noch regne, und ob der Wind ein kalter oder warmer sei. Ich nahm einen Mantel um, zündete die Lampe an, und ging hinaus. Im Vorhause begegnete mir Thomas mit einem Lichte. Ich sagte ihm, daß ich hinaus gehe, um das Wetter zu prüfen. Er bath, daß er mit gehen dürfe. Ich sagte es zu. Wir stellten unsere Lichter im Vorhause nieder, und gingen in den Hof. Da wir aus dem Gange des Hauses hinaus gekommen waren, schlug uns draußen eine warme weiche Luft entgegen. Der ungewöhnliche Stand der Dinge, der den ganzen Tag gedauert hatte, war nun mehr gelöset. Die Wärme, welche vorgestern durch das Aufsteigen der Wolkenballen an dem mittäglichen Himmel angezeigt worden war, und welche gestern den ganzen Tag in den oberen Theilen der Luft geherrscht hatte, war nun auch in die unteren herab gesunken, und der Luftzug, der gewiß oben stets da gewesen war, hatte sich herab gedrükt, und war in völligen Sturm übergegangen. Auch an dem Himmel war es, so viel ich sehen konnte, anders geworden. Die einzelne graue Farbe war unterbrochen; denn ich sah dunkle und schwarze Stüke hie und da zerstreut. Der Regen war nicht mehr so dicht, und schlug in weiter zerstreuten ~~Tropfen~~ und stärkeren Tropfen in unsere Gesichter. Da wir so standen, näherten sich einige Leute, und gingen durch das Gitterthor, das offen war, zu uns in den Hof. Sie sagten, sie seien in der Nähe meines Hauses gestanden, weil sie gar nicht wußten, was sie thun sollten, und da sie gesehen hätten, daß ich mit einem Lichte aus meiner Kammer gehe, seien sie herzu gegangen, um vielleicht mit mir zu reden. Nun sei zu Allem noch der Sturm gekommen. Ich erwiederte, das sei die Änderung zum Guten.

„Wir mußten es ja erwarten," sagte ich, „daß die Kälte, welche nur unten an der Erde war, nicht oben, wie der Regen erweist, der gemeinschaftlichen Wärme, die in der Luft daher getragen wurde, weichen wird."

„Nun aber ist der Wind, der Alles, was durch die Lasten schwach ist, zerstören wird," sagte der Schreiner.

„Das ist nicht so, Joseph," antwortete ich, „da der Wind sich gehoben hat, ist er gewiß nicht so stark gewesen, viel von dem, was durch das Eis belastet war, nieder zu werfen, wohl aber war er schon so stark, alles Lokere herab zu schütteln, besonders das Wasser zwischen den Nadeln Zweigen und weichen Dingen, er hat Erleichterung gebracht, und

---

[1] Gebet

Fortsetzung auf S. 267

„Wir wissen das, was ihr sagt, Herr Doctor," entgegnete Sebastian der Besizer des Klumhauses, „aber auf den flachen Dächern, die da sind, und auf denen die Schwersteine liegen, fließt das Wasser nicht so schnell ab, wie ihr sagt, um die Steine wird eine Eiswulst, das Eis, wenn auch langsamer, wächst doch auf den Dächern, und wenn alles so fort dauert, brechen die Bäume des Waldes jezt, und die Dächer und Mauern unserer Häuser später, und das Krachen wird mitten unter uns sein."

„Ja bei ungemein langer Dauer des Regens und der Kälte könnte es werden," sagte ich, „aber ~~es~~[6] wird nicht[7] lange dauern, und thut, was in euern Kräften ist, dagegen. Gott hat uns die Arbeit gegeben, daß wir uns helfen. Reißt mit Haken die Zapfen von den Rändern, reißt die Eisdeke von den Dächern, sucht den Schnee zum Gleiten zu bringen, schafft fort, was ihr könnt, und Gott wird der Arbeit Segen geben, und ruft zu ihm, daß er das Übel wende."

„Wir wollen so thun," entgegnete der Wirth, „aber was sind so wenige Hände bei so vieler Arbeit?"

„Geht rasch daran," sagte ich, „und ~~sucht~~[c] durch Raschheit die Hände ~~zu vermehren,~~ und baut auf Gott."

c vermehrt

„Wir haben wohl schon davon gesagt, daß wir es so angreifen müssen," sagte Klenz der Zimmerer.

„So thut es, und ich werde auch an meinem Hause so thun, und gehabt euch wohl," sagte ich.

„Gehabt euch wohl, Doctor," riefen mehrere.

Ich ging nach diesen Worten von ihnen weg, meinem Hause zu. Die Sorge wuchs in mir. Was sollte das werden, wenn der Regen noch immer so fort dauerte, und das Donnern der armen Gewächse in so rasender Folge zunahm, wie jezt, wo schier Alles zum Äußersten gekommen war. Die Lasten hatten sich zusammen gelegt. Ein Loth ein Pfündchen ein Tropfen konnte den hundertjährigen Baum stürzen. Und tausend Lothe und tausend Tropfen, und Millionen davon und wieder Millionen konnten den Druk vermehren, der auf Allem lastete. Ich ging in die große Stube und in die Kammer. Ich legte die Steigeisen nun gar nicht mehr ab. Ich zündete sowohl in der Stube als in der Kammer noch eine Kerze an, als wäre es besser, wenn /es/

---

6 üdZ beides   7 üdZ so

da er stärker wurde, konnten die erleichterten Gegenstände besser widerstehen. Die Windstille, in der sich alles heimlich sammeln und aufladen konnte, ist das Furchtbare gewesen, der Sturm aber, der das Zusammengeladene erschütterte, die Erlösung. Und² wenn er auch manches Belastete nieder geworfen hat, so war es gewiß ein Solches, das schon am Äußersten gestanden war, und das auch in der Windstille eine kleine Zeit später gefallen wäre. Und nicht zur Erleichterung durch Herabschütteln hat der Wind gebracht, sondern auch, weil er warm ist, das Aufhören der Eisbildung, und weil sein linder Hauch zuerst die zarteren Gewebe und dann die dichteren zerfrißt, und das Wasser, das dadurch entstanden ist, und davon ein Theil bei warmer stiller Luft in den Zweigen stehen geblieben wäre, zerweht, eine immer fort schreitende Verminderung der Lasten. Wir gehen nun stets dem Besseren entgegen."³

Und in der That, obwohl wir durch das Sausen des Sturmes das frühere Rauschen der Wälder nicht vernehmen konnten, so waren doch die dumpfen Fälle, die wir allerdings noch hörten, viel seltener geworden.

Wir blieben noch eine Zeit beisammen. Dann, da der Wind immer heftiger, und wie wir meinten, auch immer wärmer geworden war, sagten wir uns einen Gutenachtwunsch, und gingen auseinander.

Ich nahm im Vorhause meine Lampe, suchte meine Knechte und die gedungenen Leute, sagte, sie sollten ihre Arbeit jezt einstellen, sollten im Gesindegemache Wein und Speise, die ich ihnen senden werde, verzehren, und dann ihr Lager suchen. Sie waren mit meinem Vorschlage einverstanden.

Ich gab nun Katharina die Weisungen hierüber, ging dann in meine Kammer, und aus ihr endlich in meine Schlafstube empor. Ich entkleidete mich dort, löschte die Lichter aus, legte mich in das Bett, und schlief recht fest bis an den Morgen, da schon der helle Tag an dem Himmel stand.

---

2 idZ nicht nur Erleichterung durch Herabschütteln hat der Wind gebracht, sondern auch, weil er warm ist, das Aufhören der Eisbildung, und weil sein linder Hauch zuerst

3 aR mB angestrichen

154.

Als ich erwacht war, stand ich auf, legte die Kleider an, die ich am Morgen gerne habe, und ging an das Fenster. Der Sturm hatte sich noch gesteigert. Ein weißer Schaum jagte an dem Himmel dahin. Der blaue Rauch, der aus dem Hause des Klum heraus ging, zerflatterte wie ein zerrissener Schleier. Wo sich ein Stük einer schwarzen Wolke hinter einem Walde hervorragend sehen ließ, wälzte es sich am Himmel hin, und war gleich darauf schon an einer entfernten Stelle. Es war, als sollte jeder Dunst verjagt werden, und sogleich das reine Blau zum Vorscheine kommen; allein es quoll der weiße Qualm immer wieder heraus, als würde[1] stets in der Tiefe des Himmels neu erzeugt, und braunliche graue und röthliche Stüke jagten in ihm dahin. Die Dächer der Nachbarhäuser schimmerten naß. In den Mulden des Eises, das über den Schnee lag, stand Wasser, und wurde gekräuselt, und in feinen Tropfen in die Lüfte zersprizt. Das andere nasse Eis glänzte schimmernd, als wäre die Weiße des Himmels darauf geworfen. Die Wälder ragten finsterer gegen den Himmel, und gewannen stets eine schwärzere Farbe, nur daß es auch heute noch zuweilen wie ein verlorenes Geschimmer und Geglänze über sie hin lief. Wo ein näherer Baum seine Äste im Winde wiegte, war oft augenbliklich ein Bliz, der gleich wieder verschwand. An meinem Hause war es überall naß, und einzelne große Tropfen schlugen gegen die Fenster. An der Hausfichte waren Kajetan und Andreas beschäftigt, die Seile von den Ästen abzulösen.

Die Gefahr, in der wir schwebten, war nun eine andere und größere als gestern, wo hauptsächlich für Wälder und Gärten ein großer Schaden zu fürchten gewesen war. Wenn das Wasser von dem außerordentlich vielen Schnee, der im Winter gefallen war, auf einmal los gebunden wird, so kann es unsere Felder unsere Wiesen unsere Häuser zerstören. Ich öffnete das Fenster, und empfand, daß der Wind noch wärmer sei als in der vergangenen Nacht. Wenn da[2] nur erst die dichte Eisdeke, die sich gestern wie zum Schuze auf die Erde gelegt hat, zerfressen ist,[a] dann wird der Schnee, dieses lokere Gewebe von dünnen Eisnadeln, schnell in Tropfen zerfallen, die wilden Ungeheuer der Waldbäche werden aus den Thälern heraus stürzen, und dauernd gegen Felder Wiesen und andere Flächen anstürmen, und über sie das Gerölle der Wälder säen, oder wo sie von Schneefällen gedämmt werden, Teiche Seen Meere vom Wasser bilden, welche dann durchbrechen, und Alles vor sich darnieder werfen. Baldige Aufheiterung des Himmels und Eintreten einer mäßigen Kälte war sehnlich zu wünschen.

Ich aß schnell mein Frühmahl, welches mir Appollonia gebracht hatte, kleidete mich vollständig an, und ging dann hinab, und von da in das Freie, um genauer nachzusehen. Ich untersuchte die Eisrinde des Schnees vor meinem Hause. Sie war noch nicht zerstört, aber an vielen Stellen so dünn, daß ich sie mit meiner Hand zerbrechen konnte. In muldenartigen Gräben rann das Wasser auf der glatten Unterlage bereits sehr emsig dahin. Der Regen hatte zwar aufgehört, und nur einzelne große Tropfen wurden von dem Winde geschleudert; aber er konnte in jedem Augenblike und noch ergiebiger als gestern wieder beginnen, und konnte zur Vermehrung des Übels beitragen. Indessen arbeitete der Wind fort, er glättete das Eis, auf dem[3] das dünne Wasser dahin jagte, zu dem feinsten Schliffe, und lösete durch Weichheit unaufhörlich alles Wassergebende auf. Ich ging in meine Kammer, und sah auf meine Wettergeräthe. Ich konnte an ihnen weder eine Verbesserung noch eine Verschlimmerung des Wetters vorher sehen.

In meinem Hause waren meine Leute bei ihren Beschäftigungen. Gottlieb hatte sich durch seinen gestrigen Gang kein Übel zugezogen. Thomas, sagte mir Kajetan, ist mit dem frühesten Morgen in den Thaugrundwald hinab gegangen, um nachzusehen, ob man hindurch kommen könne. Er muß in den nächsten Augenbliken wiederzurük kommen. Ich legte das Geld zurecht, um welches die Leute für die Nacht[b] gedungen worden waren, und beauftragte Andreas, es ihnen sogleich zu bringen. Dem Kajetan sagte ich, er möge den Scheken und den Schlitten, der zu ihm gehöre, in Bereitschaft sezen, daß er mit mir in einer oder zwei Stunden in die oberen Waldhäuser fahre. Dann ging ich in den

a aufzulösen vermocht hat,

b Abeisung bei mir

Fortsetzung auf S. 270   1 üdZ er   2 üdZ er   3 üdZ er

Stube. Es war ein Knecht von meinem Vetter dem Wirthe am Rothberge darunter, der ein Übel an einem Arme hatte. Dieser sagte, daß an dem Gehängsaume vom Rothberge herunter schier kein Schaden geschehen ist. Man konnte zwar heute in der Frühe nachsehen, daß gestern die Buchenäste bis auf die Erde herab gedrükt ~~worden~~[1] waren, aber, wenn auch Äste und Zweige losgerissen worden sind, so ist doch kein einziger Baum zerrissen worden, so weit man das Gehänge sehen kann; aber auf dem Fichtensenke, wie man ihn von den Fenstern des Rothbergwirthshauses über den Steg hinüber sehen kann, müssen sehr viele Bäume gefallen sein. Im Sillergrunde, wo die Buschfichten stehen, liegen sie wie gemähte Garben, sagte ein Mann, der vom Oberhag herab gekommen war, die Linde des Hagbauer ist entzwei, daß die Theile wie Froschfüsse auseinander hängen, von den Buchföhren liegen drei, bei dem Obrist ist kein Schaden geschehen, weil sie Tag und Nacht abgeeist haben. Ein Mann aus dem Stergraben sagte, daß er sieben Bäume in dem Graben gefunden habe, die über den Weg lagen, und die Sterfelstannen, wo das Bild ist, liegen beide, dem Lenzsteinhauer habe es das halbe Dach herab gerissen. Vom Dubsficht herab liegen die Bäume wie Halme, sagte eine Frau, die dort herab gekommen war, und ein Knecht aus Tanig sezte hinzu, sie hätten vom Grunnert herab krachen gehört wie bei einer Feuersbrunst.

  Als ich die Leute abgefertigt hatte, richtete ich mich zu der heutigen Fahrt zurecht. Ich nahm, nachdem ich meine Nothwendigkeiten in den Schlitten gepakt hatte, meinen Wachstuchmantel über mich, sezte ~~sich an~~ mich auf meinen Schlittensiz, Kajetan vor mir, und so fuhren wir gegen den Weg, der in die oberen Waldhäuser führt, hinaus. Der Regen hatte ganz aufgehört; aber der Wind wehte sehr warm und weich und stark. Wir schlugen den Seitenweg durch die Felder und die Hagweiden ein, weil ich die Bäume vermeiden wollte, deren einige vielleicht doch die Strasse verlegt haben mochten. Heute war alles anders als gestern. Statt, daß es gestern auf den Höhen und in den Wäldern gerauscht hatte, rauschte es heute in allen Thälern, statt daß es gestern an den Haaren des Fuchses niedergezogen hatte, flatterten sie heute an dem Scheken in allen Winden. Wenn wir um eine Schneelehne herum biegen wollten, sprang uns aus ihr ein Guß Wasser entgegen, es raschelte in allen Gräben, und in den kleinsten unbedeutendsten Rinnen rieselte und brodelte es. Die Siller brauste aus dem Walde heraus, hatte die fremdartig milchig schäumenden Wogen des Schneewassers, und stach blendend gegen die schwarze Farbe des Waldes ab, der sie säumte, und in dem wir, so weit wir von unserem Seitenwege hinab sehen konnten, gestürzte Bäume über einander liegen und theilweise in das Wasser ragen sahen. Der Schlitten sank auf dem Wege, der den ganzen Winter über eine sehr feste Bahn gewesen war, oft über die Kufen in den weichen Schnee ein, und an dem Erlensaume reichte das Wasser bis an den Schlittensiz. Wir fuhren in den Waldhäusern herum, und ich verrichtete, was heute noth that. Der Regen war nicht wieder gekommen; aber der Wind machte aus dem Schnee Wasser nach Wasser. Auf dem Rükwege, der uns durch die Sillerwiesen führte, mußte Kajetan einmal den Scheken vorsichtig durch Wasser führen, und ich mußte bis auf die Brust durch dasselbe gehen. Am Mittage kamen wir wieder zu Hause an, und ich wechselte meine Kleider.

---

1 üdZ gewesen   Fortsetzung auf S. 271

Garten, um nach dem Schaden zu sehen, den der gestrige Tag und die Nacht angerichtet haben. Wenn auch Zweige durch das Eis und durch das Herabschlagen des Eises in großer Zahl losgerissen worden waren, so zeigte sich der Schaden als ein weit geringerer, als zu befürchten gewesen war. Namentlich ist durch das Abeisen verhindert worden, daß größere Äste der Bäume herab brachen. Auf ~~allen Fall~~ diese Weise konnten, wenn im Nachwinter das Gartenmesser richtig angewendet wird, im Sommer die Bäume so schön da stehen wie in jedem andern Jahre, oder auch noch schöner. Wie in dem Garten so war es auch auf der Hauswiese und in den andern Umgebungen des Hauses. An der Fichte, unter welcher man die Abfälle bereits weggeräumt hatte, war gar nicht irgend ein Schaden bemerkbar.

Bei der Fichte traf mich Thomas, der von dem Thaugrunde zurük gekehrt war. Er brachte die Nachricht, daß der Weg im Thaugrunde an mehreren Stellen durch gestürzte Bäume unfahrbar sei. Ein neuer Baumsturz sei nicht mehr zu befürchten; denn die Bäume tragen das Eis, welches sie noch haben, nunmehr sehr leicht, und es schwinde sichtlich zusammen. Der Gemeindevorsteher von Thal ob Pirling dann Innozenz dann der Schmied im Thaugrunde haben Leute gesendet, und von dem Astung seien sie auch herüber gekommen, um durch Zersägen der Bäume die Straße wieder fahrbar zu machen. Das Wasser sei noch geringe; dasselbe aber kann mehr werden. Er hätte im Sinne, wenn ich nicht anders verfügte, jezt um den Fuchs und den Schlitten in das Eidun hinüber zu gehen. Es würde, wenn er mit dem Fahrzeuge in den Thaugrund käme, der Weg schon hergestellt sein, und das Wasser dürfte dann auch noch nicht so hoch sein, daß es ein Hinderniß böthe. Später könnten sich die Sachen ändern. Auch möchte der Fuchs wohl desto besser daran sein, je eher er in seine gewohnte Pflege zurük käme.

Ich sagte zu Thomas, er möge thun, wie er gesagt habe, ich bedürfe seiner im heutigen Vormittage nicht.

Thomas verabschiedete sich, wendete sich um, und ging sogleich wieder den Weg gegen den Thaugrund hinunter.

Ich ging in das Haus.

Es waren einige Menschen gekommen, die mit mir reden wollten. Ich bestellte sie in die große

Thomas war mit dem Fuchse und dem Schlitten, den wir gestern gehabt hatten, indessen angekommen. Er ging, da ich umgekleidet war, zu mir in die Stube, um mir die Nachricht über das Nähere zu bringen. Der Eidunbauer habe den Fuchs gepflegt, wie er selber es kaum besser gekonnt hätte. Das Thier habe recht fröhlich nach ihm umgeschaut, da er in den Stall getreten sei, und habe gegen ihn Scherzbewegungen gemacht. Der Eidunbauer habe für die Verpflegung gar nichts angenommen. Darauf habe er den Fuchs vor den Schlitten gespannt, an dem nun gar kein Stükchen Eis gewesen sei, so gut haben ihn die Leute des Bauers gereinigt, und sei auf dem Feldwege des Bauers durch den erweichten Schnee zur Strasse gefahren, und auf der Strasse, auf welcher die Bahn noch etwas fester war, in den Thaugrund. Dort sei kein Hinderniß mehr durch Bäume gewesen, wohl aber wäre bald eines durch Wasser geworden. Eine breite Fläche rann daher, daß kein Gegenstand darunter zu erkennen war. Er habe den Fuchs stehen gelassen, sei in das Wasser gewatet, habe mit einem Stoke und mit den Füssen den festen Boden des heurigen Schlittenweges gesucht, und dann den Fuchs mit dem Schlitten hindurch geführt. Später wäre es kaum mehr möglich gewesen; denn das Wasser wuchs immer mehr, und der Schmied sage, daß jezt ein ganzer See in den Niederungen des Thaugrundes stehe. Der Fuchs sei vom Thaugrunde herauf gelaufen, jezt stehe er in warmer Streu, und er habe ihm das Schneewasser von den Gliedern gerieben. Der Schlitten habe keinen Schaden gelitten.

„Und ich hoffe, du wohl auch nicht, Thomas," sagte ich.

„Nach der Unterbringung des Fuchses habe ich trokene Strümpfe und Stiefel angelegt, weil ihr es immer so verlangt, Herr Doctor," sagte Thomas.

„Den Fuchs hätte Andreas besorgen können, und du hättest dich sogleich umziehen sollen," sagte ich.

„Das hätte dem Fuchs schaden können," sagte er, „ihr zieht euch auch nicht gleich um, wenn wir zu Kranken fahren."

„Das ist nothwendig, und kann nicht anders sein," sagte ich.

„So wird es nicht viel schaden," entgegnete er.

Ich dankte ihm, und er verließ die Stube.

Am Nachmittage kam der Obrist zu mir herab. Er wollte nachsehen, ob ich keinen Schaden gelitten

156.

hätte, sowohl was mich selbst und meine Leute als auch was die Gegenstände meines Eigenthums anbelangt. Er sprach seine Freude darüber aus, daß alles so gut abgegangen ist. Er erzählte mir, daß er im Buchenhage wenig und im Garten und am Hause gar keinen Schaden gehabt habe. Im Haidgraben und an dem Wege zu mir herab, sagte er, ist alles frei geblieben. Ich äußerte ihm meine Besorgniß wegen des Wassers, er sagte, daß er auch nicht ganz ohne Furcht sei; daß er aber doch die Hoffnung hege,[a] da am ganzen Tage gar kein Regen mehr gefallen sei, ~~könnte~~[b] das Thauwetter bereits im Abnehmen sein, und könne bald wieder Frost eintreten, wornach dann der Baumsturz das einzige ~~einzelne~~ über uns verhängte Übel bliebe. Als er noch da war, kam der Knecht des Erlebauer, und sagte, daß auf den Niederwiesen vor ihrem Hause lauter Wasser stehe, der Astunggraben sei auch voll, und der Thaugrundschmied habe im Wirthshause erzählt, daß in dem Schlunde vor den Wiesen des Maierbacher sich das Wasser gänzlich[c] geschwellt habe. Ähnliche Nachrichten kamen auch noch aus verschiedenen Theilen der Nachbarschaft. Von der Ferne konnte ich keine bekommen, weil sich niemand getraute, unter diesen Umständen einen weitern Weg zu gehen. Selbst zwei Boten, die mir von entfernten Kranken Nachricht bringen sollten, sind ausgeblieben.

Der Obrist verabschiedete sich bald, und fuhr mit Jakob und seinem Schlitten wieder nach Hause.

Ich machte noch einige Anstalten, und so brach die Nacht herein, und hüllte uns die Kenntniß aller Dinge zu, außer dem Winde, den wir über die dunkle wassergetränkte gefahrdrohende Gegend daher sausen hörten.

Am andern Tage war blauer Himmel, nur daß einzelne Wölklein nicht schnelle sondern gemach durch das gereinigte Blau dahin gingen. Der Wind hatte fast gänzlich aufgehört, und zog auch nicht mehr aus Mittag sondern ganz schwach aus Untergang. Auch war es kälter geworden, nicht so kalt, daß es gefroren hätte, aber doch so, daß sich kein neues Wasser mehr erzeugte.

Ich fuhr mit Thomas und dem Fuchse zu meinen Kranken. Wir konnten sehen, daß das Wasser beginne, sich zu verlaufen. Wir konnten bis zum Kumberg Franz überall durchdringen. Dort aber stand das Wasser in der Mulde rings um das Haus so tief, daß sie mich auf zusammen gebundenen Bäumen wie auf einem Floße hinüber zogen. Zu zwei weiteren Kranken konnte ich gar nicht mehr gelangen; es war aber auch nicht so nothwendig, und ich hoffte auf morgen bessere Wege zu finden.

Am nächsten Tage war es wieder schön. Es war in der Nacht so kalt geworden, daß sich die stehenden Wasser mit einer Eisdeke überzogen. Diese schmolz am Tage nicht weg, zerbrach aber, da die unter ihr stehenden Wasser in den Schnee einsanken, und zu versiegen begannen. Ich konnte zum Kumberg Franz und den zwei andern Kranken. Ich konnte freilich nicht fahren, ging aber mit einer Stange und meinem Bergstoke durch das Wasser und die Eisschollen. Die Kleider troknete ich mir im Gollwirthshause.

Am folgenden Tage gelangte ich in das Eidun und in die Dubs hinüber.

Es kamen nun lauter schöne Tage. Eine stettige schwache Luft ging aus Sonnenaufgang. Nachts fror es immer, und bei Tage thauete es wieder. Die Wässer, die sich in jenem Sturme gesammelt hatten, vergingen, daß keine Spur mehr von ihnen zu sehen war, und daß man auf allen Wegen, die sonst im Winter gangbar sind, gehen und in Schlitten fahren konnte. Im Schnee zeigten sich endlich freie Stellen der Felder, die immer größer wurden, bis nur mehr in Vertiefungen die Schneeflächen saßen, und man zu einer Zeit, da lange noch der Frühling nicht angebrochen war, und da in andern weit schneeärmeren Wintern noch Alles das weiße Kleid gezeigt hatte, mit Wägen fahren mußte, und die Erde schon zu troknen anfing. Es kam ein so zeitiger Frühling, wie sich die Bewohner des Waldes keines so zeitigen erinnerten.

Als sich die Wasser nach dem Eisfalle verlaufen hatten, konnte man erst die Nachrichten der Wirkung aus verschiedenen Gegenden erlangen. Es waren sehr viele Bäume zerstört worden. An Stellen, wo sie dicht und schlank gestanden waren, dann auf Berghängen, wo sie durch herrschende Winde schon früher eine

a ~~es könnte~~
b es könne
c mB mannshoch

Verlezungen und wunderbaren Rettungen gehört; aber von bleibenden Verstümmlungen oder Tod ist nichts vernommen worden. Der Jagdgehilfe aus Gerung ist völlig mit Zapfen verschüttet worden. Er ist an der Bringswand hingegangen, da das Eisfallen begonnen hatte, und weil er der Absenkung wegen von der Wand nicht weg konnte, so mußte er unter den fallenden Zapfen derselben fortlaufen, bis er ans Ende kam. Er erhielt unzählige Verwundungen, ist aber glüklich und bald geheilt worden. Der Knecht des Gwing aus den Waldhäusern des Rothberges ist am Abende des Eistages in dem Kirmwalde[1] gewesen, er hat zuerst das Rauschen und Fallen nicht beachtet, und mußte sich dann schnell in die Höhlung zweier gegen einander gestürzter Tannen flüchten. Dort blieb er den Abend und die ganze Nacht. Er mußte immer fürchten, daß ein neuer Stamm auf seine zwei Schuzstämme falle, und sie auf ihn niederdrüke. Am Morgen kam er wie ein abgematteter Kranker[2a] nach Hause. Ein Mann aus den jenseitigen Waldgräben soll die ganze Nacht auf einer von Holz umgebenen Wiese haben stehen bleiben müssen, weil er durch die gefährlichen Bäume nicht hindurch konnte. Auch den Josikrämer hielt man für verunglükt. Er ist im Haslung mit seinen Steigeisen gegen die Klaus fortgegangen. Aber er ist, da das Eis fiel, nicht in der Klaus und nicht an einem andern Orte angekommen, und kam immer nicht, da schon drei Tage vergangen waren. /Die/[3] Leute glaubten, er sei im Dustwalde erschlagen worden. Endlich aber kam er doch in die Klaus, und erzählte, was ihm geschehen war. Er ging an der Dustwand dahin, wo er oberhalb seines Hauptes die Steinföhren das Gestrippe und Geklippe hatte, und auf der andern Seite neben sich den abschüssigen Grund bis in den Dustgraben hinab, da er das Rauschen des Eises hörte, und Zapfen über seinen Weg mit glänzendem Sprunge in das Thal eilen sah, dessen Tiefe man kaum mit den Augen erreichte. Da er an den Kreuzstein kam, wo der fromme Sollibauer das Kreuzbild hatte sezen lassen, kroch er in die ‖Kreuzhöhle‖[4], um das Herabkommen des warmen Wetters aus den oberen Luftgegenden in die untern und das Aufhören des Eisfalles abzuwarten. Er saß den Rest des Tages und die ganze Nacht in der ‖Höhle‖[5], und aß von seinem Brote und seinem Speke. Als es Morgen geworden war, ging ein Wasserfall über seine Höhle herab. Und immer tosender wurde das Wasser, und immer stärker schlug es gegen das Thal ~~hinab~~[6b]. Der Krämer blieb den ganzen Tag und einen Theil des folgenden in der Höhle sizen. Wenn er seitwärts unter seinem Wasserbogen hinaus bliken konnte, sah er ähnliche Wässer an dem Hange herab gehen, und an Felsen oder Baumstämmen sah er Schnee aufstäuben, ~~wie er von oben herab gefallen war~~[7c]. An dem dritten Tage ging er am Vormittage, da das Wasser und das Schneefallen weniger geworden war, zu dem Dustwaldhäusler hinaus, und blieb bei ihm den Tag und die Nacht in der warmen Stube. An dem darauf folgenden Tage ging er erst in die Klaus hinaus.

    Und lange noch nach dem Ereignisse hörte man bald hier bald da etwas erzählen, das sich während desselben zugetragen hatte.

    Ich werde die Größe und Herrlichkeit der Erscheinung nie vergessen. In Pirling hielt man einen Dankgottesdienst, da sie worüber war, dem eine große Menschenmenge beiwohnte.

    Der Frühling kam nicht nur sehr bald sondern auch sehr warm und sehr mild. In den ersten Tagen des Lenz-

Mappe 157.

a mB?

b mB unter

c mB wie er ob Lasten desselben herab …

---

1 H
2 idZ mB angestrichen
3 statt Der
4 Höhe
5 Höhe
6 idZ mB gestrichen
7 idZ mB gestrichen

Fortsetzung auf S. 275

schiefe Richung^d hatten, lagen sie haufenweise. Und von den stehenden waren viele durch die fallenden gespalten oder geknikt oder in ihren Ästen zerschlagen oder in ihrer Rinde gestreift und zerschunden worden. Am meisten hatte das Nadelholz gelitten, da es auch im Winter dicht bebuscht ist, und schlankere Stämme hat. Am wenigsten wurde die Buche und Birke mitgenommen. Die Leztere hatte meist nur die feinsten herabhängenden Zweige verloren, die wie Streu um den Stamm lagen. Allein wie groß auch die Zerstörung und der Schaden war, den die Wälder erlitten hatten, war dieses in unserer Gegend doch weniger empfindlich, da wir an Holz keinen Mangel sondern eher Überfluß haben, und da wir das gefallene für die Bedürfnisse der nächsten Jahre verwenden konnten, außer wo es unzugänglich ist, da es in Schluchten liegt, oder an steilen Felsen hängt. In den gelichteten Stellen wird wieder Nachwuchs erscheinen. Schwerer wird der Schaden an Obstbäumen zu tragen sein. Das Obst ist bei uns seltener als anderswo, es braucht auch zum Gedeihen mehr Sorgfalt und Pflege, und die Leute sind durch das Beispiel, das ihnen hier und in Pirling und in Rohren und in Tannberg gegeben wird, schwerer zum Sezen von Bäumen zu bewegen, weil an Bäumen anderer Art in der Gegend Überfluß herrscht, und von den Bäumen die Feuchte und Kühle der Luft herrührt. Es sind manche Obstbäume zerrissen geknikt und in ihren Ästen beschädiget worden, und das Übel muß in der kommenden Zeit geheilt werden. Es ist in diesem Winter im Thurwalde durch einen Schneesturm auch ein Streifen Holz mit herab genommen worden.

    Von Unglüksfällen mit Menschen ist bei dem Eissturze beinahe nichts vorgekommen. Man hat wohl von

d gehabt

monates grünte und blühete schon alles. Die Bäume belaubten sich sehr bald, und merkwürdig war es, wo einer verwundet
worden war, und wo man in den Ästen oder Zweigen hatte schneiden müssen, da drängte und trieb es jezt um so kräftiger.
Blätter kamen hervor, wie wir sie in dieser Größe nie gesehen hatten. Die Blüthenbüschel entwikelten sich, und auf den
Zweigen waren Blumen von ungemeiner Pracht. Meine Zwergbäume trugen ihr Gezweige strozig, und breiteten dichte kleine Kronen um ihre Stämme aus. Auch die Blumen des Gartens regten sich, die Rosensträuche die Hollunder und andere, und bereiteten sich zu reichlichen Knospen. Und das Blätterwerk der Laubbäume des Waldes that sich fröhlich auseinander, und die Stämme standen mit den neuen lichteren grüneren Kronen da. Meine Hausfichte hatte unzählige junge weiche Wedel, und alle die Nadelwälder trieben deßgleichen, und ragten in den neuen Ansäzen nicht
mehr so schwarz gegen den Himmel wie sonst, sondern, namentlich wo sie die Sonne beschien, in dem sanften milden schimmerigen Farngrün ‖,‖ ~~empor~~ daß es eine Erquikung war, sie anzusehen. Und wo Hügel und Hänge und Flächen nicht mit Bäumen bedekt waren, grünte und glänzte es noch lebendiger, sei es mit der helleren Farbe des aufschießenden Wiesengrases oder mit dem holden Bläulichschillern des Winterkornes oder dem helleren Leuchten der Sommerfrucht oder dem hervorscheinenden Glanze des jungen Flachses. Es kam in den schönen Tagen, die fast ununterbrochen auf einander folgten, ~~eine solche F~~ nach dem harten Winter eine solche Fülle in das Waldland, wie
sie noch nicht erlebt worden war. Die unermeßlich vielen Vögel des Waldes schienen auch mehr zu singen als sonst, und wenn man unter den Nadelbäumen wandelte, war ein Harzgeruch, wie man ihn nie empfunden hat. Der Herr Mathias Ferent in Pirling sagte, daß, wenn der Sommer so günstig bleibe, er auf seinem Besizthume eine dreifache Ernte erwarte.

  Ich ließ in meinem Hause und an demselben und auf meinen Wiesen und Feldern und in meinen Wäldern und in meinem Garten arbeiten, was noth that, daß die Dinge wurden, wie sie mir wohlgefielen, und wie ich sie liebte.
Die Sonne scheint auf das glänzende Dach meines Hauses hernieder, der Garten und die Wiese um dasselbe schreiten in die Weite, und die Fruchtbäume, die zum Theile das Eigenthum meines Vaters waren, zum Theile das Eigenthum meiner Nachbarn, und die ich zum Theile selber erst im Garten auf der Wiese auf dem Anger auf den Rainen gesezt habe, gedeihen[8] besser, und lassen wie in Dankbarkeit die Last ihrer Äste bis zu meinen Fenstern herüber schimmern. Ich schreite an manchem Tage einsam von Gemach zu Gemach, und werde in meiner Kammer von dem Scheine der heiligen

---

[8] üdZ stets

158. Margarita gegrüßt. Oder ich bin am Abende in der oberen Stube, die laue Luft weht in den weißen Fenstervorhängen, und umfließt mich Wandelnden, während sie vom Hofe herein die Hufschläge meiner jungen Pferde trägt, die der Knecht von der Abendschwemme nach Hause bringt. Manch rother Pfeil der Abendsonne schießt durch die Zimmer, und beleuchtet mir die Dinge, die in denselben sind.

Ich habe für den Knaben Gottlieb im Frühlinge ein Stükchen Wiese gekauft.

2.
Das Scheibenschießen in Pirling.

Und der Segen dieses Jahres dauerte fort. Wie nach der großen Krankheit eine Freudigkeit in die Menschen gekommen war, so kam nach dem starken Winter eine Freudigkeit in die Pflanzen. Sie wußten ihres Reichthums kein Ende. Der Obrist sagte, mit dem Sturze der Bäume sei das Übel von unserer anderen Habe fort genommen worden. Es war, als liege jenes Ereigniß schon weit hinter uns. Man ging daran, das gefallene Holz in Verwendung zu bringen. Es wurde aller Orten heraus gearbeitet. Wer Holz zu kaufen hatte, erhielt leidlichere Preise als sonst, wer eines verkaufte, hatte nicht erheblichen Schaden, und die Armen, die sich keines kaufen konnten, wurden besser bedacht als in anderen Jahren. So wuchs schier allen etwas Gutes hervor.

Der Obrist und ich ließen die Röhren der Wasserleitung unserer Brunnen tiefer legen, damit, wenn wieder ein so kalter oder noch kälterer Winter mit weniger Schnee käme, als der vergangene war, nicht auch bis zu unseren Röhren der Frost eindringe, und das Wasser ausbleibe. Andere Leute, die das sahen, thaten das Gleiche, so namentlich Mathias Ferent in Pirling dann der Glasmeister, dann der Schmied im Thaugrunde, dann der Krämer Geran in Pirling bei seinem Hausbrunnen, und dann Rohr der Besizer der Hammerschmiede. Die Gemeinde von Pirling ging nach langen Berathungen endlich auch daran, und von der Dubs, in welche ich lange nicht gekommen war, hörte ich auch, daß sie daran[a] seien, ihren Gemeindebrunnen sicherer zu legen.

a beschäftigt

Ich ging recht oft zu dem Obrist hinauf, er zu mir herunter. Wir besahen Stellen, an denen im Winter Schaden geschehen war, liegende oder zerschlagene oder zerschundene oder abgebrochene Bäume, dann Pläze, von denen man das Holz bereits weggeschaft hatte, und wir berathschlagten dort, wie man wieder neues ziehen, oder den Plaz anderweitig verwenden könnte. Auch in der Höhle waren wir gewesen, in welcher der Josikrämer zwei Tage und Nächte gesessen war. Man erzählte, daß in verschiedenen Theilen des Waldes Körper von Wild gefunden worden sind, das umgekommen war, sei es durch den Eisfall, sei es durch die dauernde Härte des Winters.

Der Obrist ließ in diesem Sommer die Hagsenkung reinigen. Dieselbe war bis jezt nur ein lichtbraunes faules Moor gewesen, darauf nur die kleinen Sumpfföhren und die rothen Moosbeeren wuchsen, und ein gelbes Gras war, dessen Spizen bald braun wurden. Er begann Abzugsgräben schlagen und ausmauern zu lassen, und hatte vor, dann den Grund mit dem Pfluge umzureißen, ihn zu ebnen, und Sämereien in ihn zu säen.

Da in dem herrlichen Sommer die Krankheiten sehr wenige waren, so hatte ich wieder so manche Muße für unser Waldland. Wenn an diesem oder jenem Nachmittage die Gemeinderathung, der ich beiwohnen mußte, zu Ende war, nahm ich ein Buch, ging durch meinen hinteren Hof, wo Hühner und Geflügel sind, dann durch den Garten voll Sperlingsgeschrei, welche Vögel eben beginnen, mir mei-

160.

ne Kirschen zu stehlen, dann hinaus in die Felder, wo meine Ernte reift, – ein viel zu großes Feld für mich Einzelnen – bis ich in den Wald gelange, besonders gerne in das Birkenreut, bei dessen Stämmen ich dann size, und das mir die Gedanken leicht und stille aus dem Buche lesen läßt, und mir neue gibt. Oder ich wandle ~~auf off~~ betrachtend auf offenen hohen Stellen dahin, da die Sonne wie ein klares blühendes Rund über der Dunkelheit der Wälder steht. Und oft bin ich noch unter den Bäumen, wenn das Dämmer schon aus den Gründen der Erde steigt, ich sehe, wie die Nadeln gemach schwarz werden, wie die Finsterniß gleichsam durch die feinen Zweige und Haare der Tannen rieselt, und um die starken Äste der Buchen der Ahorne der Eschen ist. Und wenn ich dann meinem Hause zu gehe, flimmern schon die Sterne, und über meinem Haupte raschelt leise das nächtliche Laub.

Meine Leute sind in diesem Winter sehr gut gewesen, ich nahm mir vor, sie recht /zu lieben/¹, und auch die Thiere zu lieben, die mir dienen.

Nach der Heuernte kam einmal der Bettler Tobias. Er hatte jezt wieder den weißen Rok, und trug in der bloßen Hand ganz leicht den Wanderstab. Ich gab ihm, was er bedurfte. Ich fragte ihn, wo er denn während des großen Eisfalles gewesen sei, und ob er keinen Schaden gelitten hätte.

„Das wäre eine große Schande für mich, wenn ich da zu Schaden gekommen wäre," entgegnete er, „unser einer muß das wissen, und solche Dinge kennen, und muß den Leuten, die nicht erfahren sind, Rath geben, daß sie heil bleiben. Nicht ein Härchen ist mir naß geworden, und kein Zäpfchen Eis hat mich berührt."

„Ich hätte das wohl wissen sollen, Tobias," sagte ich.

„Nun, ihr denkt nicht an alles," erwiederte er, „und ihr habt an sehr vieles zu denken."

„So ist es," sagte ich.

Tobias ging nach Erquikung durch Speise und Trank und nach einem Nachtlager wieder fort.

Gladrub sandte mir einen sehr schönen ausgestopften Luchs, den er in den Niederungen vor den Kopprippen angetroffen hatte. Ich that ihn auf die Höhe meines geschnizten Schreibschreines.

a bekommen hatte

Als der Weizen, der in diesem Sommer wieder in unserer Gegend mehr geworden war, ~~sich~~ schon ‖seiner goldenen Farbe näherte‖²ᵃ, wurde das Schüzenfest in Pirling anberaumt.

O Pirling, du freundlicher Ort, wie bin ich dir immer geneigt gewesen; aber wer hätte gedacht, daß du mir so theuer werden würdest. Wie erfreut sich mein Herz, wenn es deiner Schönheit gedenkt, wie du so lieblich einsam auf deinem sammetgrünen Hügel liegst, und deine weißen Häuser auf den Fluß herab sehen, der seinen Saum benezt, und der so emsig durch deine Holzbrüke rollt, auf welcher das rothe Thürmchen steht, das das Bildniß des heiligen Johannes enthält. Sei mir von heute an gesegnet, und sei mir in Ewigkeit gegrüßt.

Ich will alles in dieses Buch einschreiben.

b mB nehmlich

Es sollteᵇ auf dem Steinbühel bei Pirling ein Scheibenschießen stattfinden. Alles, was auf dem Steinbühel vorgenommen worden war, um die Stelle zu einem noch lieblicheren Plaz für das Vergnügen der Bewohner von Pirling und der ganzen Umgegend zu machen, war endlich zum Ziele geführt worden, und es sollte das Scheibenschießen die erste Zusammenkunft in der neuen Gestalt der Dinge sein.

Ich fuhr eines Tages mit meinen jungen schönen Rappen in ihren blauen Geschirren und in dem blauen Wagen durch die Bindergasse am oberen Ende des Ortes, wohin ich von meinem Hause gelange, nach Pirling hinein. Als ich auf den Marktplaz kam, lenkte ich die Thiere rechts ab gegen die Herberge des Gastwirthes Kern, des oberen Wirthes, wie sie ihn heißen, und blieb mit dem Wagen

---

1 statt zulieben   *2* seine goldene[n] Farbe

auf der Wirthsgasse stehen. Ich leitete nehmlich ein Weilchen meine jungen Pferde selber, und Thomas saß hinter mir in dem Wagen, wie ich öfter thue, daß sich die Thiere an mich gewöhnen, und ich an sie, und weil ich Freude an den jungen Geschöpfen habe.

Der Wirth kam auf die Gasse, als er meinen Wagen herzu fahren gesehen hatte. Ich stieg ab, und gab dem Thomas die Zügel in die Hände.

„Schön willkommen, Herr Doctor," sagte der Wirth, indem er seine Haube lüftete, „das muß wahr sein, solche Thiere sind in der obern und in der untern Pfarre nicht anzutreffen, wie eure Rappen, ihr habt wohl gethan, daß ihr ihnen bei mir ein eigenes Ställchen habt richten lassen, mit eurem eigenen Gesparre, damit kein anderes Stüklein Vieh hinein kömmt, ich thäte es auch, wenn ich so etwas hätte, eine Farbe wie das reinste Pech, drinn kein Faserchen anderes Ding ist, und diese schlanken Glieder!"

Thomas hatte indessen die Pferde ausgespannt, und führte sie in den Stall, von dem der Wirth gesprochen hatte, und den ich in der That in einem Seitentheile seiner Stallungen hatte richten lassen.

„Da müßt[1] zu dem Schießen mit dem Gespanne fahren, damit alle Welt, die weit und breit herzu kömmt, sehe, was ihr habt," fuhr der Wirth fort, „und das blaue Riemzeug mit den silbernen Dingen und den blauen Wagen mit dem Silbergriffe und den Spangen, das habt ihr gut ausgedacht."

„Ja bin ich denn zu dem Schießen geladen?" fragte ich.

„Ihr werdet doch," entgegnete der Wirth, „es ist ja in der Schüzenkanzellei schon längst ausgefertigt, und der Schüzenbothe muß saumselig sein, wenn der Rundbrief noch nicht in eurem Hause ist. Ich werde ihn! Ihr seid ja unter den Vorzüglichsten, und könnt antreten, wie ihr zufahrt[2], es weicht jeder Schüze."

/„/ Ich werde nicht schießen," sagte ich, „aber kommen werde ich doch."

„Wir thun mit Vorbereitungen unsere Schuldigkeit," sagte der Wirth, „ich bin heuer Schüzenmeister, drum werde ich den Schüzenbothen, und beim unteren Wirthe beim Pernsteiner ist der Tanz. Wenn auf den einen Wirth das Schüzenamt fällt, ist der andere Tanzgeber. Das ist seit alten Zeiten. Der Bernsteiner hat es sich einen Groschen kosten lassen, um seinen Steinbühel zusammen zu richten. Es wird ein großer Zulauf sein. Ihr seht, wie er sich noch in dem Augenblike bemüht."

Mit diesen Worten wies er gegen die obere Gasse, aus welcher der Wirth Pernsteiner mit einem Wagen voll Tannenreiser zu Einzugsbögen und dergleichen gegen den Marktplaz von Pirling herein fuhr. Er[a] ging mit einer Stange neben dem Wagen, und seine drei Söhne gingen[3] Streumessern auf Stangen zum Herabschneiden der Tannenäste hinter ihm. Sie grüßten freundlich auf mich herüber, und fuhren mit ihrem Wagen über den Marktplaz dem unteren Wirthshause zu.

Ich hatte indessen manche Dinge, die ich brauchte, aus dem Wagen genommen, und zu mir gestekt. Dann trank ich das kleine Gläschen Wein, welchen mir das Wirthstöchterlein stets auf einem Teller auf die Gasse[b] bringt, und richtete mich, zu meinen Kranken zu gehen, derentwillen ich herein gekommen war. Ich verabschiedete mich von dem Wirthe, und ging meines Weges.

Die Kranken waren nicht von Bedeutung. Ich hatte sie nebst drei Besuchen, die ich bei Nichtkranken machte, in zwei Stunden abgefertigt, und kam wieder auf die Gasse des oberen Wirthes[c] zurük. Auf derselben stand jezt ein großer schöner weißer Ziegenbok, und Zuber und andere Gefässe standen neben ihm, und der Bok wurde von drei Knechten mit Wasser Seife und Bürsten gewaschen, und der Wirth stand dabei, und beaufsichtigte die Sache.

„Seid ihr schon zurük, Herr Doctor?" sagte er, da er mich erblikte, „das ist nun schon das dritte Mal, daß ich das Thier reinigen lasse, und es wird noch einmal nothwendig werden, bis es so weiß ist wie Ferents Leinwanden. Ich lasse es in der Sonne thun, daß man den Glanz und auch alles, was ihn noch trübt, recht[d] sehen kann. Er hat kein schwarzes Härchen, wie eure Pferde kein weißes. Den Preis gebe ich. Die Thaler habe ich mit Seife und Wasser und einer Zahnbürste gepuzt, und mit Kreide und feinem Leder abgerieben. Sie werden in rosenrothe Seidenbänder gefaßt."

Da er so sprach, kam auch die Wirthin auf die Gasse, und sagte zu mir: „Seid recht schön gegrüßt, Herr Doctor, werdet ihr euch auch heute nicht aufhalten, und gleich wieder von dem Plaze da weg nach Hause fahren?"

„Ich habe noch Einiges zu thun, und muß früh nach Hause[4] kommen," sagte ich.

„Ihr seid völlig aus eurer Art geschlagen, Herr Doctor," entgegnete die Wirthin, „sonst

Mappe 161.

a Derselbe

b heraus

c Wirthshauses

d genau

---

1 üdZ ihr
2 H
3 üdZ mit
4 üdZ heim

162.

a und wie

b Marktschreiber

c wahr

seid ihr gerne ein wenig in unsere Stube gegangen, und habt mit den Leuten geredet, jezt trachtet ihr immer gleich nach Hause. In euren jüngeren Jahren habt ihr auch Tänze und Lustbarkeiten angeordnet, nun es sind Heirathen daraus entstanden, das ist ganz in der Ordnung, wo sollten denn junge Leute sonst zusammen kommen, jezt tanzt ihr selber nicht, und gebt nicht an, wo*a* getanzt werden soll, und seid im Winter auf keinem Eisvergnügen, und habt kaum ein Stündchen, bei jemanden zu sein, die euch gerne sehen."

„Wie es eben die Zeit mit sich bringt," sagte ich, „in diesem Winter habe ich Eisvergnügen genug gehabt."

„Ein schönes Vergnügen," erwiederte sie, „euer Thomas hat uns das Schrekliche von diesem Dinge erzählt. Wie ihr nur so davon gekommen seid. Heute versäumt ihr auch nicht viel in Pirling. Es sind schier alle Männer mit diesem Scheibenschießen närrisch geworden. Sie verwenden sogar das Rathaus dazu. Unter den Säulen des Söllers, von dem so oft die Ankündigungen geschehen, puzen sie Fahnenstangen, und schneiden gefärbte Papierstreifen, mit denen sie umwikelt werden, und öhlen anderes Papier, dahinter Lampen gestellt werden, und weiter hinten im Thorwege zählen der Schüzenschreiber und der Schußzeiger eiserne Stiften auseinander, die sie beim Schießen brauchen werden, und in dem Gewölbe werden Tannenzweigbüschel auf Schnüre gebunden, und auf andere Schnüre sogar Preißelbeerkraut, das arme Weiber sammeln und bringen müssen. Nun das ist gut, so haben doch diese einen Verdienst, und der Krämer verkauft mehr Ellen Schnüre als sonst in zwei Jahren. Der Tischler, statt die Thür unseres Mauerschreines, drin wir unser Geld haben, zu leimen, streicht Scheiben an und allerlei andere Holzdinge und Latten, und vor dem unteren Wirthshause wird ein Gerüste gezimmert. Der ~~Schüzenschreiber~~*b* hat sein schönes Gewand auf dem Holzgange in die Sonne gehängt, und die Schuhe mit den hohen rothen Absäzen dazu gestellt, ich habe es gesehen, da ich aus dem Frühgottesdienste ging. Und als ich an der Schule vorbei ging, bliesen sie drinnen auf Waldhörnern, und übten die Stüke ein, welche aufgeführt werden sollen. Und der Herr Mathias Ferent, der sonst nichts bei der Sache zu thun hat, steht wenigstens in der Sonne auf der Gasse, und schaut herum, und grüßt jeden, der vorbei geht. Und es werden Büchsen gepuzt, und Büchsensäke gereinigt, und Pulver gekauft, und in Papierhülsen abgetheilt, und Kugeln gegossen. Und die das nicht zu thun haben, kommen zusammen, und reden, wie alles werden soll, und welche ganz und gar nichts bei der Sache zu verrichten haben, nehmen die Gelegenheit*c*, sich einen Feiertag zu machen, und ein Glas zu trinken. Die Weiber haben ein Kreuz und Elend mit ihren Männern, weil diese ihre Tagespflichten verabsäumen, sie müssen ihren Puz herrichten, und für den Puz ihrer Töchter sorgen, einige müssen sich sogar zum Kuchenpaken[1] vorsehen oder zum Braten eines seltenen Stükes. Es darf gar nicht anders sein."

„Ich habe selber schöne Kleider bei Herrn Ferent gesehen, welche die Töchter bei dem Schüzenfeste tragen werden," sagte ich.

„Nun also," entgegnete sie, „und diese können es thun, und wenn sie auch mehr brauchen, so macht doch einer ein Glük, der die schwarzäugige Franziska oder braunäugige Josepha heim führt. Und mein Mann, seht ihn nur an, Herr Doctor, hat er denn nicht zur Schande da den großen Bok auf die lichte Gasse heraus geführt, und wäscht ihn da, statt, daß er es in dem Hofe thäte, wo es sich schikt, und die ganze Zeit her hat er schon seine Geschäftigkeit mit dem Boke, wir dürfen das Thier kaum schel ansehen, und er legte es gar in unser Ehebette, wenn anders so ein Ungethüm mit diesen Hörnern in einem Bette liegen könnte."

„Ja, es ist so," sagte der Wirth, „und gerade auf der lichten Gasse muß ich ihn waschen, wie du sagst, damit ich im Lichte sehe, ob er rein ist. Ich kann nicht einen schmuzigen Schüzenpreis geben."

„Da bringt euer Thomas wirklich eure Pferde zum Einspannen," sagte die Wirthin, „nein, diese Thiere sind so schön, wie ich noch keine so schönen gesehen habe. Wenn ihr durch die Bindergasse hinaus gefahren seid, Herr Doctor, so ist der einzige vernünftige Mann fort, der heute in Pirling gewesen ist. Ihr werdet doch zu dem Schüzenfeste kommen? Der Wirth Pernsteiner hat von uns zur Aushilfe einigen Wein bezogen, ich habe ihm auch Flaschen von dem gegeben, den ihr auf unserer Gasse trinkt, und habe es ihm gesagt, daß er euch davon gibt. Er hat auch, wie ihr eine Eisgrube unter euerm Hause habt, im heurigen Winter unter den Steinbühel hinein Eis gesammelt, und kann euch den Wein im Eise kühlen. Es wird sehr schön werden, alle Menschen aus der Umgegend kommen herzu, und werden im Puze sein. Wir können euern Mundbecher hinaus geben, wenn ihr wollt, ich wer-

Fortsetzung auf S. 282   *1* H

de es dem Wirthe sagen. Wir werden gleich zum Anfange draußen sein. Alle werden das Fest zieren, wir halfen selber den Steinbühel herrichten. Kommt nicht zu spät."

„Ich werde schon zu rechter Zeit kommen," antwortete ich, „meinen Mundbecher dürft ihr nicht hinaus geben, ich kann auch aus einem andern Glase trinken. Außerdem komme ich ja noch vor dem Tage des Festes nach Pirling."

Da ich auf meinem Heimwege wieder in die Felder hinaus gekommen war, und von dem hinter mir arbeitenden Pirling kein Ruf kein Hammerschlag mehr vernehmbar war, sondern nur mehr ein sanftes Läuten seiner Gloken hinter mir her schwamm, war ich fast traurig. Ich legte das Buch, in welchem ich gerne zu lesen pflege, in dem Wagen seitwärts, lehnte mich auf dem Size zurük, kreuzte die Arme, und sah vor mich hin. Der Spätsommerhimmel spiegelte heiter, lag ganz unbeschreiblich glänzend über den ~~Feldern~~^a, und diese standen ruhig, und empfanden die Wärme der Mittagsonne. Mein Thomas saß unbewegt vor mir, ich sah nur seinen Rüken und seinen großen Hut, und er regte ~~nur~~¹ von Zeit zu Zeit die Zügel leicht hin, während meine jungen Rappen freudig in der reinen Luft vor ihm her tanzten und fast übergewöhnlich in diesem Sonnenscheine glänzten. Ach die guten die treuen die willigen Thiere, wie liebte ich sie! Die Felder flogen rasch zu meinen beiden Seiten zurük, und funkelten. Sie waren zum Theile schon in Roggenstoppeln, ja schon hier und da geakert, während Weizen und Gerste in Reife schimmerten, und der Haber bleichte; abe es war kein Mensch auf ihnen. Stille herrschte rings umher, und selbst das Mittagläuten, welches jezt^b statt haben mußte, konnte ich nicht mehr vernehmen. Die Waldwiege, durch die ich meinem Hause zufahren mußte, lag sanft vor mir. Die Stille manches Sommermittages spinnt mit Sonnenstrahlen über Wald und Thal wie ein Traum, und wie ein Traum war es mir auch, daß dies die nehmlichen Felder und Gründe sind, wo ich so oft als Knabe gewesen bin, wo ich mich^c herum getummelt hatte, wo ich mich vor Glük, das kaum zu tragen war, in das Gras nieder warf, und wo ich, wenn ein Schießen war, wie das, was jezt bevor stand, mit dem Vater mit dem Bruder und mit der Schwester voll Freude hinab ging, der Dinge harrend, die da kommen werden. Jezt sind Jahre vergangen, und ich fahre hier mit meinen eigenen Thieren, die ich liebe, als ein thätiger Mann, und ich darf es wohl^d sagen, als ein Mann, den man hie und da ehrt.

    Die Waldwiege nahm mich auf, wir waren auf dem Gemeindegrunde von Thal ob Pirling, der Wagen rollte auf der schönen fest gestampften Strasse dahin, welche auf Antrieb des Obristen gebaut worden war, die Bäume gingen an unserer Seite zurück, bald nahm mich die Lichtung wieder auf, und ich sah in dem Grün der Wiesen und Wälder und in dem Golde der Felder mein Haus wie eine weiße Stelle herüber schimmern. Die Pferde empfanden die Heimath, und flogen dahin, und nach Kurzem knirschte mein Wagen auf dem Kieswege meines Gitterthores in meinen Hof hinein. Meine Leute empfingen mich. Ich stieg ab, und streichelte die Pferde, und liebkoste sie. Dann ging ich in die Stube. Auf dem großen Tische war zu meinem Mittagessen gedekt. Eine einzelne Flasche stand auf dem breiten weißen Tischtuche, ein einzelnes Glas daneben, und ein einzelnes Gedeke. Auf diesem lag der Ladebrief zum Scheibenschießen. Ich that einige Dinge, die man mir aus dem Wagen gebracht hatte, in die Kammer, und verzehrte dann mein Mittagessen, das mir Katharina selber brachte.

    Nach dem Essen reichte ich einigen Leuten, die gekommen waren, Hilfe, und denen ~~Trost~~, die seiner bedurften ||.||²

    Am Tage des Festschießens fuhr ich mit meinem Fuchs sehr früh zu meinen Kranken. Als ich fertig war, und als ich mein ||Mittagsessen||³ in meinem Hause eingenommen hatte, ließ ich durch Thomas meine schwarzen Pferde vor den blauen Wagen spannen, und fuhr nach Pirling. Ich kam dort um zwei Uhr an. Ich ließ die Pferde in ihr Ställchen führen, und beschloß, zu Fusse durch die Felder nach dem Steinbühel zu gehen. Dem Thomas empfahl ich die Thiere, und sagte, wenn er etwa auch auf den Steinbühel ginge, möge er den Stall zusperren, und den Wagen in die Laube bringen. In Pirling war außer der gewöhnlichen Sonntagsnachmittagruhe noch eine ungewöhnliche größere. Der ganze Ort schien wie verödet. Auf der Wirthsgasse hatte mich kein Wirth und keine Wirthin begrüßt, auf dem Marktplaze waren beinahe keine Menschen, nur auf manchem Hausbänkchen saß hie und da ein Greis, dem der Steinbühel keine Freude mehr geben konnte, und labte sich in der Sonne. Ich ging, obwohl heute mein Krankentag für Pirling nicht war, doch zu einigen, und begab mich dann auf den Weg zum Steinbühel.

    Als ich durch die untere Gasse hinaus gekommen war, lag der Weg auch ganz verödet vor mir; denn alle, die ihn heute ~~betreten~~^e wollten, mochten⁴ schon ~~draußen sein~~^f, und ich war vielleicht der lezte, der ^g~~auf ihm ging~~. Über die helle Farbe ||der Getreidefelder||⁵ sah ich schon den seltsamen Fels herüber ~~schauen,~~^h der ohne Vermittlung aus den Feldern empor ragt, an seinen Steinen schöne grüne Pläze⁶ hat, und von den Pirlingern zu einem Vergnügungsorte umgeschaffen worden war.

Mappe 163.

a Wäldern

b in Pirling

c gerne

d auch

e begehen
f ~~zu Bühel gegangen~~ ~~zurük gelegt haben~~ ~~zurük gelegt haben~~ betreten haben
g ~~betrat.~~ betrat *üdZ* ||ihn|| einschlug
h bliken,

---

1 üdZ blos
2 idZ , Trost.
3 Mittagsmahl
4 üdZ ihn
5 des Getreides
6 udZ und Wäldchen

Fortsetzung auf S. 285

164.

a kurz darauf

b Weile

erkennen, daß man auf ihm ein Gezelt errichtet hatte. Es schimmerte weiß aus den dunkeln Föhren herüber. Auch konnte ich bald die Schüsse hören, und wenn ein guter gelungen war, das weiße Rauchwölkchen aufsteigen[1], dem ~~bald~~[a] der Mörserknall folgte, der den Schuß anzeigte. Jezt sah ich auch die lange weißrothe Fahne wehen, die sie auf dem Gipfel des Felsens aufgepflanzt hatten. Nach einer kleinen ~~halben Stunde langsamen~~[b] Wandelns kam ich an dem Fusse des Bühels an, und ging seinen Schlangenweg um Geklippe und Büsche hinan. Ich ging links an der Schießhütte vorüber, und sah jenseits der grünen Mulde, über die man vom Bühel ~~aus~~[2] auf eine Waldwiese schoß, die schönen glänzenden Scheiben stehen. Noch weiter links von meinem Wege war die Kegelbahn, an der sich ein Häufchen Menschen erlustigte. Ich ging in der Mitte zwischen der Schießhütte und der Kegelbahn empor, dem großen Gezelte zu. Auf meinem Wege begegnete mir der Krämer von Pirling, und sagte: „Seid gegrüßt, Herr Doctor, den besten Schuß hat bisher der alte Pernsteiner. Unten steht er, und wirthschaftet mit seiner langen schlechten Büchse. Er ist im Gesichte ganz berußt, und schleudert die schmuzigen Lappen, womit er sein Gewehr puzt und wischt, umher. Ihr könnt ihn selber sehen, wenn ihr in den Stand geht."

„Ich werde zuerst die Gesellschaft, die oben unter der Leinwand ist, begrüßen," antwortete ich, „dann werde ich im Schüzensaale den Schüzen und dann allen andern, die heute auf diesem Felsen zerstreut sind, meinen Gruß darbringen."

„Thut so, Herr Doctor," sagte er, „der Forstemeister[3] von Pirlingau schwört stark und fest, er werde heute noch alle zurük schießen, die da versammelt sind. Ich habe bisher entschiedenes Unglük gehabt. Ich bin eben oben im Speisesaale gewesen, und habe meiner Gattin Wallburga erzählt, wie es steht. Ich hoffe, daß es nun anders werden wird. Den Marktschreiber neken sie, und sagen, er schieße alle Male so schlecht, wenn er die rothen Stökelschuhe an habe. Lebt wohl, Herr Doctor."

„Lebt wohl," antwortete ich.

Und er ging abwärts der Schießhütte zu, und ich aufwärts gegen das Gezelt.

Ich kam endlich bei demselben an. Es war eigentlich kein Gezelt, sondern über einen großen vierekigen Plaz, der von Föhren umstanden ist, war Leinwand gespannt, deren Enden mit Schnüren an den Ästen und Stämmen der Föhren befestiget waren. Die Sache war erst bei diesem Schießen so eingerichtet worden. Sonst standen die Tische unter dem offenen Himmel auf dem Raume. Das Vierek hatte in seinen Schmalseiten Eingänge, im Übrigen war es von Gewinden aus Tannenreisern und /Preißelbeerenkraut/[4] eingeschlossen, in welche Blumen, die die Jahreszeit gab, und Schleifen von verschiedenen Farben eingebunden waren. Im Schatten des Leinwanddaches stand ein langer Tisch, an welchem Festgäste saßen. Außerdem waren noch mehrere kleine Tische an beiden Seiten des langen Tisches zerstreut. Ich trat durch die mir zunächst liegende Öffnung ein. Nach Waldesbrauch strekten sich mir die Hände der zunächst Sizenden ~~zum Grusse~~ entgegen, und wurden mir mehrere Gläser gereicht. Nachdem ich einige Hände zum Grusse geschüttelt, und aus einigen Gläsern Bescheid gethan hatte, schritt ich vorwärts, im Allgemeinen grüssend, und noch hie und da aus einem Glase nippend. Ich sah fast alle Bewohner der Gegend, die überhaupt an solchen Vergnügungen Theil zu nehmen pflegen. Es waren Menschen aus dem flacheren Lande da, aus dem Walde und sogar jenseits der Schneide herüber. Einige hatten Speisen vor sich, andere hatten dieselben schon verzehrt, und aller Orten waren Gespräche.

„Ihr seid sehr spät gekommen, Herr Doctor," sagte Theresia, die Gattin des Herrn Mathias Ferent von Pirling, „werdet ihr zuerst eure Schüsse thun, und uns dann ein Zeitchen hier das Vergnügen eurer Gegenwart schenken, oder werdet ihr jezt hier bleiben und dann schießen, oder seid ihr etwa unartig gewesen, und habt, ohne uns vorher im Speisesaale hier zu grüßen, in der Schießhütte bereits die Geschäfte eures Scheibengewehres abgethan?"

„Ich bin leider so spät gekommen," antwortete ich, „unartig sein, verehrte Frau, möchte

Fortsetzung auf S. 286

1 üdZ sehen
2 üdZ weg

3 H

4 statt Preißerbeerenkraut

Ich ging an den ruhigen gelben Halmen dahin.
Als ich eine Streke meines Weges zurük gelegt hatte, sah ich den Fels schon deutlicher, und konnte

ich gar nicht[5], und wenn ich auch an dem Geschäfte meines Scheibengewehres, wie ihr das Ding nennt, noch so große Freude hätte, so würde ich doch früher herauf gehen, und die Gesellschaft hier in diesem Leinwandsaale begrüßen, ehe ich mich dem Vergnügen meiner Scheibenbüchse widmete. Aber ich schieße gar nicht mehr; denn es würde mich kränken, unter den Schlechtesten zu sein, und unter die Guten könnte ich nicht kommen, weil ich mich nicht mehr so übe wie früher, und da lasse ich meine Hand von dem Dinge."[6]

„Ja der Herr Doctor schießt gar nicht mehr," sagte die obere Wirthin, die mit einem ledernen Fache in der Hand hinter mir her ging, „er hat es meinem Manne dem Schüzenmeister schon gesagt. Werdet ihr hier euren Plaz nehmen, Herr Doctor, oder hier, oder anderswo?"

/„/ Ich werde diesen Stuhl benüzen," sagte ich, „wenn er nicht schon Eigenthum eines Andern ist."

„O nein, er ist frei, und es ist ja hier noch Plaz genug," sagte Lenore die Tochter Pernsteiners des unteren Wirthes, der die Verpflegung der Gäste hatte.

Ich sezte mich also auf den Stuhl, um welchen es sich handelte gegenüber den Angehörigen des Herrn

---

5 *üdZ* sein
6 *idZ* der Sache weg."

Konkordanz

Mappe 1	Seite 5	Mappe 37	Seite 55/57	Mappe 73	Seite 129/131	Mappe 119	Seite 199
Mappe 2	Seite 6	Mappe 38	Seite 56/58	Mappe 74	Seite 130	Mappe 120	Seite 200/202
Mappe 3	Seite 7	Mappe 39	Seite 59	Mappe 75	Seite 133/135	Mappe 121	Seite 201/203
Mappe 4	Seite 8	Mappe 40	Seite 60/62	Mappe 76	Seite 134/136	Mappe 122	Seite 204/206
Mappe 5	Seite 9	Mappe 41	Seite 61/63	Mappe 77	Seite 137	Mappe 123	Seite 207
Mappe 6	Seite 10	Mappe 42	Seite 64	Mappe 78	Seite 138	Mappe 124	Seite 208/210
Mappe 7	Seite 11	Mappe 43	Seite 65	Mappe 79	Seite 139	Mappe 125	Seite 209/211
Mappe 8	Seite 12	Mappe 44	Seite 66	Mappe 80	Seite 140/142	Mappe 126	Seite 212/214
Beilage 8	Seite 13	Beilage 43	Seite 67	Mappe 81	Seite 141/143	Mappe 127	Seite 213/215
Mappe 9	Seite 15	Mappe 45	Seite 69	Mappe 82	Seite 144/146	Mappe 128	Seite 216/218
Mappe 10	Seite 16	Mappe 46	Seite 70	Mappe 83	Seite 145/147	Mappe 129	Seite 217/219
Mappe 11	Seite 17	Mappe 47	Seite 71	Mappe 84	Seite 148/150	Mappe 130	Seite 220/222
Mappe 12	Seite 18	Mappe 48	Seite 72/74	Mappe 85	Seite 149/151	Mappe 131	Seite 221/223
Mappe 13	Seite 19	Mappe 49	Seite 75	Mappe 86	Seite 152/154	Mappe 132	Seite 224/226
Mappe 14	Seite 20	Mappe 50	Seite 76	Mappe 87	Seite 155	Mappe 133	Seite 225/227
Mappe 15	Seite 21	Mappe 49a	Seite 77	Mappe 88	Seite 156	Mappe 134	Seite 228/230
Mappe 16	Seite 22	Mappe 50a	Seite 78/80	Mappe 89	Seite 157	Mappe 135	Seite 229/231
Mappe 17	Seite 23	Mappe 51	Seite 81	Mappe 90	Seite 158/160	Mappe 136	Seite 232/234
Mappe 18	Seite 24	Mappe 52	Seite 82	Mappe 91	Seite 161	Mappe 137	Seite 233/235
Mappe 19	Seite 25	Mappe 51a	Seite 83/85	Mappe 92	Seite 162	Mappe 138	Seite 236/238
Mappe 20	Seite 26	Mappe 52a	Seite 84/86	Mappe 93	Seite 163	Mappe 139	Seite 237/239
Beilage 19	Seite 27	Mappe 53	Seite 87	Mappe 94	Seite 164/166	Mappe 140	Seite 240/242
Rückseite der		Mappe 54	Seite 88	Mappe 95	Seite 165/167	Mappe 141	Seite 241/243
Beilage 19	Seite 28	Mappe 53a	Seite 89/91	Mappe 96	Seite 168/170	Mappe 142	Seite 244/246
Mappe 21	Seite 29	Mappe 54a	Seite 90/92	Mappe 97	Seite 171	Mappe 143	Seite 245/247
Mappe 22	Seite 30	Mappe 55	Seite 93/95	Mappe 98	Seite 172	Mappe 144	Seite 248/250
Beilage 21	Seite 31	Mappe 56	Seite 94/96	Mappe 99	Seite 173	Mappe 145	Seite 249/251
Mappe 23	Seite 33/35	Beilage 56	Seite 97	Mappe 100	Seite 174/176	Mappe 146	Seite 252/254
Mappe 24	Seite 34	Mappe 57	Seite 99/101	Mappe 101	Seite 177	Mappe 147	Seite 253/255
Mappe 25	Seite 37	Mappe 58	Seite 100	Mappe 102	Seite 178	Mappe 148	Seite 256/258
Mappe 26	Seite 38	Mappe 59	Seite 103	Mappe 103	Seite 179	Mappe 149	Seite 257/259
Beilage 25	Seite 39	Mappe 60	Seite 104	Mappe 104	Seite 180/182	Mappe 150	Seite 260/262
Mappe 27	Seite 41	Mappe 61	Seite 105/107	Mappe 105	Seite 181/183	Mappe 151	Seite 261/263
Mappe 28	Seite 42	Mappe 62	Seite 106	Mappe 106	Seite 184	Mappe 152	Seite 264/266
Mappe 29	Seite 43	Mappe 61a	Seite 109/111	Mappe 107	Seite 185	Mappe 153	Seite 265/267
Mappe 30	Seite 44	Mappe 62a	Seite 110	Mappe 108	Seite 186/188	Mappe 154	Seite 268/270
Mappe 31	Seite 45	Mappe 63	Seite 113	Mappe 109	Seite 187/189	Mappe 155	Seite 269/271
Mappe 32	Seite 46	Mappe 64	Seite 114	Mappe 110	Seite 190	Mappe 156	Seite 272/274
Mappe 33	Seite 47	Mappe 65	Seite 115/117	Mappe 111	Seite 191	Mappe 157	Seite 273/275
Mappe 34	Seite 48	Mappe 66	Seite 116	Mappe 112	Seite 192	Mappe 158	Seite 276
Beilage 33	Seite 49	Mappe 67	Seite 119	Mappe 113	Seite 193	Mappe 159	Seite 277
Rückseite der		Mappe 68	Seite 120	Mappe 114	Seite 194	Mappe 160	Seite 278
Beilage 33	Seite 50	Mappe 69	Seite 121/123	Mappe 115	Seite 195	Mappe 161	Seite 279
Mappe 35	Seite 51	Mappe 70	Seite 122	Mappe 116	Seite 196	Mappe 162	Seite 280/282
Mappe 36	Seite 52/54	Mappe 71	Seite 125/127	Mappe 117	Seite 197	Mappe 163	Seite 283/285
Beilage 36	Seite 53	Mappe 72	Seite 126/128	Mappe 118	Seite 198	Mappe 164	Seite 284/286

Korrigenda

Mappe 38/*Seite 56*:
7. Zeile von unten: ~~Leder +~~ konnte jetzt als ~~Lederschuhe~~ entziffert werden.

Mappe 57/*Seite 99*:
Die 18. Zeile von unten muß sich an die 19. Zeile von unten anschließen.

Mappe 62/*Seite 106*:
letzte Zeile: wurd *H*